国家出版基金项目
NATIONAL PUBLICATION FOUNDATION

“十三五”国家重点出版物出版规划项目—新时期产业工人队伍建设改革研究丛书

走向技能社会

国家技能形成体系与产业工人技能形成

王星 著

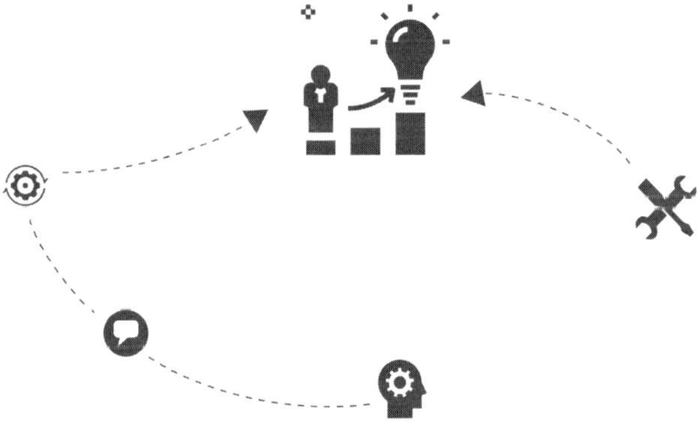

中国工人出版社

祖辈中的制造业劳动楷模正在绝迹。孩子们不再在后院、商店或是地下室修修补补，也不再跟在大人后面去学习怎样组装物品——有时这些物品甚至能再次派上用场！他们不再子承父业，对在美国的制造车间学习交易和技能不感兴趣，而这些工作曾经被视为肥缺。就这样，多年以后，人们发现支撑我们发展本土生产的人力资本贫乏。

——蒂姆·哈特泽尔，戴夫·里珀特，2016

序　言

新世纪初年，在社会学进入中国约百年之际，费孝通先生曾撰文提出关于“拓展社会学研究界限”的问题，费老将社会学的学科、学术发展置于中西文化数百年激荡的背景之下，强调学科拓展的重要意义。毫无疑问，其观点对于重建后的中国社会学发展而言可谓振聋发聩，成为新世纪社会学进一步发展的纲领性篇章。的确，作为以现代社会为直接研究对象的现代性学科，社会学分支学科意义上的工业社会学虽一度辉煌，但其发展并未表现出应有的持续性，而是呈现出一种吊诡的弥散消解状态，亟待改变。

正是基于上述思考，2021 年春节期间，当我接到南开大学王星教授即将付梓的《走向技能社会：国家技能形成体系与产业工人技能形成》一书的电子书稿时，还是不由得心头一振。因为这正是工业社会学视域下社会学所应关注却迄今力所未能及的研究领域与问题。正如作者在书中大声疾呼的那样——技能既是一种劳动者个体能力，同时还带有强烈的社会公共品色彩：它既是劳动者谋生的工具，同时也是国家经济增长的引擎；它既是劳动者社会流动和社会地位获得的载体，同时也是国家竞争优势达成的核心要素之一；它既是一种人力资本投资选择，同时也是社会融入的一种努力。基于此，我们可以说，技能形成政策既是一种经济政策，同时也是一种社会政策。把“技能”带回理论研究的视野，对于拓展劳工社会学、经济社会学、职业教育学乃至人力资本理论的研究视域具有积极价值。

一般而言，技能在惯常的话语体系中，无论是学术话语还是政策话语，多是作为人力资本的组成部分而存在，并嵌入经济生产活动之中。因此，经济学视技能为“经济增长的引擎”。随着人力资本理论判断在经济学界取得基本共识后，技能慢慢淡出了宏观经济学的理论视野，逐渐细分至人力资源管理领域的范畴。在此理论架构中，技能形成事实上属于企业组织或者社会个体的一种投资选择策略。在社会学脉络中，经典社会学家将之界定为一种劳动能力，并置入劳动关系结构中来分析。技能一方面是劳动者谋生的工具，因为受雇劳动者没有生产资料，只能依靠出卖体力或技术劳动来谋生；另一方面，技能也是劳动者对抗资本剥削控制的依赖。产业工人通过技能及技能组织搭建劳动过程的壁垒，以此强化对生产过程的控制权，并作为与资本谈判斗争的筹码。至此，“技能”具有强烈的社会色彩。

不过，随着福特主义和泰勒制的盛行，生产劳动过程的去技能化和客观化基本上成为社会学，尤其是经典马克思主义劳动过程理论的一个共识性判断。尽管布雷弗曼对于技术变迁导致的劳动退化甚为惋惜，但是不可否认的是，技能分析在社会学甚至劳工社会学理论框架中已然被边缘化了，取而代之的是市场组织、劳工运动、亚无产阶级等议题。与此同时，随着家庭作坊式生产逐渐被工业化机器大生产所替代，技能形成过程逐渐外化为职业学校教育体系，企业组织内的技能形成行动多作为一种“技术黑箱”而无法被研究者所观察与分析。

在教育学理论框架中，技能是劳动者经过系统学习和培训后的产物。技能形成更多属于教师与学生之间教与学的微观互动过程。在这个过程中，个体运用已有的知识经验，通过练习而形成的智力动作方式和肢体动作方式的复杂系统，与技能形成相关的教学内容、教学方式、教学时间、教学手段等是教育学所主要关心的议题。教育不仅仅要教给学生系统的知识，同时还要形成一定的技能，知识学习和技能训练都是具体的教学内容，而技能形成则是教育尤其是职业教育所要达到的目的。显然，在教育学理论框架中，技能及其形成是专业教学行动，而与技能形成密切相关的制度基础、产业结构以及社会环境等议题并没有进入其分析的视野。近些年来，技术进步、新兴业态兴起引发了巨大的经济社会结构变迁，技能议题重新进入学界的分析视野中，并引起了社会各界的普遍关注。

本书的研究问题包括两个：一是使用韦伯理念型方法，从经济社会学制度主义视角，讨论国家技能形成体系的内涵与特征，比较分析发达资本主义国家技能形成体系的多样性，阐释不同技能形成体系下技能生产与积累的状况；二是以技能形成体系为分析框架，对中国的技能形成体系与产业工人队伍建设进行分析。在理论分析路径上，本书参考了经济社会学历史制度主义的立场，从国家卷入与企业卷入两个变量入手来分析中国产业工人技能形成体系的历史变迁过程，并尝试对研究问题进行解释。与王星教授既往关注企业内部学徒制不同，本书主要聚焦于中国产业工人外部技能形成方式，各种类型的产业工人职业技术教育是其中的主体。本书的研究还发现，计划体制时期，产业工人身份化与“招生即招工”政策促进了企业组织与职业学校尤其是厂办技校之间的深度融合，实现了工学一体化，稳定了产业工人技能形成秩序。

改革开放后，作为劳动力市场建设的匹配举措，劳动人事制度、职业教育体系以及相关财政制度都进行了必要改革。在这个释放市场力量的转型过程中，产业工人劳动力被商品化，企业组织逐步退出了产业工人外部技能形成，职业技能教育、职业技能认定等走向社会化。不过，在企业退场的同时，国家依然在场，并深度卷入产业工人的职业资格认定、职业技术教育（如属地化原则）等领域。市场协调机制提高了外部技能形成体系的制度灵活性和弹性，但是其中的制度冲突也对产业工人技能形成带来了诸多影响。在这样的思路指引下，本书采用国家技能形成体系理论框架，对中国产业工人技能形成体系的历史变迁进行了理论与实证分析。

王星是吉林大学哲学社会学院培养出来的优秀毕业生，他 1997 年进入吉林大学攻读社会学本科，后留校做行政管理工作，其间随我攻读硕士研究生。在王星硕士二年级时，学校出台硕士直接攻读博士学位政策，王星便申请直接进入攻读博士阶段，并确立以工业社会学作为研究方向。为了获得第一手的研究资料，他选择进入著名的中国北车集团长春客车厂做田野调查。在田野调查点，他很快发现了包括国有大型企业车间师徒关系、技能形成、技术传递等问题在内的一些在书斋里根本看不到的真问题，遂决定以此作为博士论文题目展开研究，奠定了他在此领域最初的研究基础。但当时谁也没有想到，此项研究竟成为他此后学术“安身立命”的根本。博士毕业后的王星入职南开大学周恩来政府管理学院，继续坚持在此领域耕耘，并获得国家社会科学基金项目的支持，其研究不断走向深化。2014年，以博士论文和国家项目为基础撰写而成的《技能形成的社会建构：中国工厂师徒制变迁历程的社会学分析》出版，并被中国社会学2015年学术年会评为“中国社会学年度好书”。2017年7月，该书又获得陆学艺社会学发展基金会第五届“社会学优秀著作奖”。作为一个年轻人，刚刚出道便获得如此多的奖励和殊荣，的确可喜可贺。但王星本人在工业社会学领域中的技能形成、工匠研究、师徒关系等问题上的研究不仅没有止步，而且更加努力投入精力，持续探索。此间，他连续发表了众多有影响力的学术研究成果，还在深圳、广州、山东等地建立了研究基地和工作室，全身心地投入“技能形成”“工匠研究”“师徒关系”等研究议题之中，其研究成果获得了广泛认可，成为我国此领域研究的代表性人物，作为导师，我自然为此感到特别高兴和骄傲。

在一次学术研讨会上，我曾说过，对于优秀学者来说，其学术研究活动可能是一种领域性的存在，强调学术研究聚焦和持续性的重要。王星近年来在工匠研究、师徒关系、技能形成等领域内的作为，在一定程度上印证了我的上述判断。天道酬勤，后生可畏，愿王星以此部学术专著的出版为契机，凝心聚力，在此研究领域取得更大的辉煌。

田毅鹏

2021年初春于吉林大学东荣大厦

目　录

第一章

导　论

本章主要对本书的研究背景和研究问题进行阐述。在第一部分，本书将从理论对话入手，对以往关于技能形成的研究进行简单总结。无论是教育学、社会学，还是经济学，技能形成研究都是重要的理论关注焦点，不过，不同学科的切入角度不同。本书尝试从经济社会学的视角对技能形成进行跨学科研究。第二部分主要对本书研究的现实和政策背景进行梳理，明确本书的研究目的和理论关怀。第三部分明确本书的研究问题，简单讨论本书研究主题的理论和现实意义。

一、研究的理论对话

目前，国内技能形成的研究主要集中于教育学领域，研究者多关注其功能和西方经验的引介，未能将之置于社会制度环境中进行思考。经济学者虽关注了宏观制度与技能形成间的相关性，但他们感兴趣的是技能形成对人力资本积累的影响及技能形成带来的经济功效。比较而言，社会学者更关注技能形成的社会后果，如讨论技能密度对工人群体社会融入的影响，以及关注不同技能控制权所引发的利益政治行为等。因此，社会学对技能形成问题的讨论，多是在社会分层理论框架下进行，将教育投入作为一个自变量，讨论人力资本养成对社会地位获得乃至社会融入的影响。这样的讨论积累了大量有价值的成果，但教育社会学的研究惯性决定了，其更多关注教育在阶层流动中的功能的议题，一定程度上忽略了某类职业群体的经济与社会地位变迁对教育投入的反向影响。同时，教育实践过程对劳动者个体市场竞争力形成，以及技能形成与产业创新升级之间的关系也缺乏深入的讨论。

本书倡导从实践层面来理解技能形成的过程及其经济社会意义：一方面，

技能尤其是有效技能，一定是在学校理论知识学习和车间劳动过程之间密切互动中形成的；另一方面，车间里的竞争优势是国家制造产业优势形成的基础，研发与生产之间的理论关系有待重新厘清。从这个意义上来说，本书在理论上倡导将劳动过程带回到理论分析的视野中。

实际上，从马克思探寻劳动力剩余价值密码，到后来分析劳动过程中的结构变迁，并以此洞察导致资本主义危机的生产矛盾，劳动日益成为学术界相关研究的核心议题。相较于社会学聚焦劳动过程中的控制议题，经济学更多关注的是劳动分工及其经济影响。尽管学科之间在分析视角和问题焦点上差异明显，但对劳动的实践性和创造性持有一种普遍性共识。遗憾的是，近些年来，无论是在经济学还是社会学中，劳动过程逐渐淡出了理论分析视野：经济学逐渐将企业组织简化为一种既定的结构安排，而将理论分析的重点聚焦于市场、交易、价格机制、契约等企业生产劳动过程之外的议题，企业内部的劳动过程逐渐“黑箱化”，被学界忽略甚至遗忘；相较而言，社会学虽然对劳动过程保持一定的关注，但到了 20 世纪 80 和 90 年代，著名社会学家迈克·布洛维劳动过程理论三部曲的出版[①]，意味着劳动过程研究达到了顶峰，但同时也基本上“杀死了”劳动过程后续研究的空间。在后来的社会学界，劳动过程逐渐淡出主流学术研究的视野，既有的为数不多的研究也多是延续迈克·布洛维的分析思路，聚焦劳动过程中的控制与抗争议题，鲜见突破和创新。

劳动过程理论分析的偏离背后存在着一个重要的假设，即在现今流水化的劳动过程中，“概念”与“执行”已经分离，劳动过程已经客观化了，“执行”技能无足轻重，而掌握“概念”技能则更为关键。这种劳动过程的理论

---

① 劳动过程理论三部曲分别是制造甘愿：垄断资本主义劳动过程变迁［M］. 芝加哥：芝加哥大学出版社，1982；生产的政治：资本主义和社会主义体制下的工厂政体［M］. 伦敦：Verso 出版社，1985；辉煌的过去［M］. 芝加哥：芝加哥大学出版社，1992。21 世纪初，布洛维的劳动过程理论在国内社会学界引起了很大的反响，并吸引大批学者投入其中。国内的布洛维热持续了不足 10 年，最近十几年，这方面的研究越来越少。

判断对技能形成理论研究产生了巨大影响。如果我们将布雷弗曼笔下的概念劳动和执行劳动类同为今天的研发型劳动和生产型劳动，可以发现，古典主义创新理论与布雷弗曼的劳动过程理论有异曲同工之处。不同的是，二者的落脚点略有差异：布雷弗曼更关注劳动过程中承担“执行”功能的生产型劳动，而古典主义创新理论则更重视劳动过程中承担“概念”功能的研发型劳动，他们认为技术进步源自制度化的研发。可以说，无论是布雷弗曼的“劳动退化”论，还是古典主义创新理论，实质上都从理论角度否定了车间劳动实践在技术进步中的重要性，而更加强调实验室研发型劳动的价值。

时至今日，这样的观点依然有广泛影响。秉持这样观点的学者们往往刻板地认为，研发岗位是高技术和高技能依赖的，具有一定的不可替代性；而普通生产岗位则是执行环节，是低技能依赖的，可替代性强。这种理论观点在全球化背景下得到了前所未有的强化。“概念与执行”可分离深化了国际生产分工，加速了制造产业生产链条的全球化。基于此产生的创新理论认为，在流水线的劳动过程中，低技能的生产性岗位容易被替代，研发劳动与生产劳动的分离不但能够扩大市场规模提高效率，而且能够强化专业分工从而助推产业创新。他们认为，掌握研发环节就占据了制造产业创新价值链条的顶端，研发劳动创造的价值能够抵消生产劳动环节流失所造成的损失。不过，越来越多的研究证明这种观点是错误的。

笔者以为，这种对劳动过程的边缘化甚至忽视，可能会导致我们的劳动研究处于一种“悬浮”状态。因为，如果缺乏对劳动过程的关注，那么我们就无法理解为何不同国家或者不同地区的劳动者在劳动技能上会存在差异；也会阻碍我们洞悉劳动技能是如何形成的。而对劳动过程中的控制和抗争议题的过分强调和放大，可能会使我们混淆“剥削控制”与“管理控制”之间的界限，容易使劳动过程研究陷入一种“泛阶级化”境地，随之，可能导致研究中理论“先入为主”地去“裁剪”劳动过程事实。所以，我们需要从劳动分工、技术进步以及技能形成的角度对劳动过程进行理论再探索，从理论上对劳动过程在技能形成中的作用进行功能定位，进而将劳动过程带回技能形成理论分析视野中。

从工业社会学角度来看，产业工人在工业社会形成了一个社会阶层，当雇主与劳工之间达成普遍的非人格化劳动契约，严格意义上的产业工人群体才出现。在丹尼尔 · 贝尔的分析思路中，从前工业社会到工业社会再到后工业社会，技术强制力贯穿了整个工业社会史，并围绕工业（手工业）生产，组织了劳动的社会等级制，而造就这些高技能水平的新工人阶级则是科学技术进步的本质所在[①]。因此,从这个意义上来看,对中国产业工人技能形成体系的梳理和分析，实质上也是对中国工业社会史演变的透视。不过，西方产业工人阶级研究一般立足于市场交换中劳工与资本互动框架展开讨论，关注劳资冲突对产业工人组织化及技能控制权的影响，甚至延展出去，从文化的角度关注产业工人阶级意识的形成。这中间，国家的角色与功能被忽视了（或者被处理为资产阶级服务的工具）。而在中国产业工人技能形成进程中，国家卷入的程度很高，且扮演了重要角色。

二、研究的经济社会背景

从 20 世纪的全球化到今天的逆全球化趋势[②],中国在全球体系中面临着新的机遇和挑战。如果说在上一次全球化推进过程中，中国利用比较优势战略分享了全球资本转移的红利，确立了中国制造的“世界工厂”地位。那么今天，全球化逆转实质上意味着全球生产价值链条秩序的重新洗牌。中国目前已经成为加工制造全球廉价商品的世界工厂。但与此同时，劳动密集型的外包生产方式制造了流动劳工大潮，也瓦解了劳工团结抗争的可能性。因此，在西方资本主义生产过程中，以技能工人为主体，对抗资产阶级的组织化抗

① 丹尼尔 · 贝尔 . 后现代社会（简明版）［M］. 北京：科学普及出版社，1985:25.
② 高柏 . 为什么全球化会逆转［J］. 文化纵横，2016（06）.

争行为或许在中国的工厂中难以出现。所以，尽管从20世纪90年代开始，中国劳工追求福利的抗争行为越来越多且日益多样化。不过已有研究证明，中国劳工的抗争行动基本上是碎片化的，参与的多是处于底层或边缘的弱势工人，属于“工人贵族”的技能精英很少参与。而且问题的关键在于，在比较优势模式下，资本在劳资斗争中占有绝对的强势地位，甚至“霸权式的专制主义”——以血汗工厂为基础的生产体制被资本重新采用[①]，因为，一方面，在资本跨国自由流动与劳工无法跨国界团结并存的情况下，资本可以通过撤资来要挟[②]；另一方面，一旦一国/地区进入以低廉劳动力为比较优势模式之中，就会被迫进入所谓倒退式竞争，压低劳工福利成为国家/各级政府吸引外资的重要手段。正是基于这样的事实，有学者敏锐地指出，处于全球生产价值链低端的中国劳工低成本优势，实质上是一种低人权优势[③]。

在技能形成上，与劳动密集型加工制造产业相匹配，劳工只需要具备一般技能即可胜任流水线的简单操作工作。一般技能通过短期或临时培训即可获得，因而劳工之间的相互替代性极强。正如一些经济社会学者所言，全球化的推进衍生出两个结果：一是促进国际专业分工的形成，这是各国选择比较发展优势的基本前提；二是打破了国家、劳工以及资本三方的力量均衡，使离岸或外包生产成为资本抵制劳工福利要求的重要工具[④]。劳动分工能够提高经济效益从而推进资源的优化配置，这是基本的经济原理。但是，在现实的资本全球化流动过程中，这种貌似“纯粹”的经济行为带来的结果却是高度社会政治性的——全球劳资关系的重构。尽管这种模式在中国取得了巨大的经济增长，但此模式却是不可持续的：一是代工产业处于全球生产价值链的低端，可替代性强且附加值低；二是基于低廉劳工形成的比较利益是共享型

① Burawoy .M.and Janos Lukàcs: The Radiant Past:Ideology and Reality in Hungary's Road to Capitalism [M]. Chicago: The University of Chicago Press，1992.

② 余晓敏．经济全球化背景下的劳工运动：现象、问题与理论［J］．社会学研究，2006（03）.

③ 秦晖．中国以“低人权优势”造就惊人竞争力［DB/OL］．http://www.aisixiang.com/data/20238.html.

④ 高柏．中国发展模式必须从比较优势走向竞争优势［N］．二十一世纪经济报道，2007-06-25.

的，低劳工成本在增强产品竞争力的同时也使收益向产业上游转移。当一国经济水平达到刘易斯拐点后，依赖人口红利的劳动密集型代工产业将会面临极大的挑战。

全球化逆转的持续发展，使中国制造依赖传统比较优势的发展模式面临着前所未有的挑战，突出表现为基于低技能、低成本的经济发展方式与社会平等之间的矛盾日益尖锐：在经济层面，低技能依赖型产业的比较优势逐渐消失，技能短缺成为产业升级的主要制约；在社会层面，低技能劳动者逐渐成为新贫困群体的主体，贫困劳工和劳资冲突带来越来越多的社会问题。中低技能依赖型产业升级与劳工社会保护之间的张力，日益成为影响我国经济社会协调发展的重大现实问题。由此可见，中国产业工人的技能形成不仅仅是人力资本培育的经济增长问题，更是关乎以社会公平和社会融入为核心的共建、共享社会治理命题。

由此延伸出来的问题是，到底什么是高质量的发展模式？一直以来，围绕这个问题存在着诸多争论，即高质量发展模式到底是服务业主导（去工业化模式）还是依托实体制造业的（再工业化模式）[①]。到了今天，尤其是中兴事件发生后，这种争论基本上逐渐取得了共识，“脱虚向实”已经成为中国经济政策和供给侧改革的基本导向。目前，尽管中国制造业产量占世界的25%，但整体竞争力仅高于泰国和印度，与瑞士、日本、美国和德国的差距极大，处于全球价值链的低端。面对这些挑战，部分经济学家呼吁，制造业才是中国经济的脊梁。姚洋认为，制造业就业比重和产值比重下降是经济增长的客观规律，受到全球变化和中国宏观经济波动的影响。这不表明制造业不再重要，因为高端服务业也需要服务于制造业，以制造业为代表的实体经济是虚拟经济的基础。制造业转型强化了它对经济成长的贡献，这体现在就业、经济增长和创新贡献三方面。

① 吴敬琏 . 中国增长模式抉择（第四版）[M]. 上海：上海远东出版社，2013:206.

从就业方面看，我国制造业仍然是吸纳就业的主要力量，超过四分之一的劳动力从事制造业。制造业就业人员占总就业人数的比例，从2006年的28.61%上升到2009年的27.77%和2013年的29.04%。制造业就业比例的稳定性，表明我国制造业的就业吸纳能力与全社会的就业吸纳能力正在同比例提高。除了就业贡献，制造业直接创造大量经济价值。从总量上看，2009—2011年，我国制造业总产值激增，从47.99万亿元提高到73.39万亿元，2013年超过110万亿元。制造业企业利税总额从2006年的2.365万亿元上升到2013年的8.76万亿元，年增幅达到了21.4%。从人均指标上看，制造业就业人员的劳动力生产率从2006年的40万元/人，逐步上升到2011年的100万元/人和2013年的超过120万元/人。从研发投入、新产品开发、专利申请和新产品效益四方面进行分析，可以发现，我国制造业的科技创新能力逐年增强。制造业研发投入占GDP的比例从2006年的0.717%增长到了2013年的1.39%。从研发经费总量上看，2006年制造业研发投入为1551亿元，2013年上升到7950亿元。制造业发明专利申请数量从2006年的67227项上升到2013年的534927项，同期专利发明拥有数量也从28168项激增到327989项[①]。

有学者指出，中国经济发展“脱虚向实”与全球发生的再工业化基本是同步的[②]。但再工业化与上一次全球化制造业大转移不同，对中国而言，目前的挑战在于如何从过去的劳动密集型制造业转向高技能、高附加值、高竞争力的新制造业。在迈向智能化制造业主导的再工业化进程中，高技能人力资源的培育和储备，无疑是我们实现这种转型的重要支撑。

为了回应中国“世界工厂”转型过程中所面临的现实挑战，近些年，国家开始了诸多政策行动。其中，最主要的就是《中国制造2025》及其相关配

---

① 孙薇，巩在武，王常凯.中国制造业发展综合评价［M］.载于李廉水主编.中国制造业发展研究报告［M］.北京：北京大学出版社，2015.

② 黄群慧.制造业的春天何时到来［J］.三联生活周刊，2018（49）.

套政策体系。《中国制造 2025》是推进中国制造业转型升级、实施制造强国的第一个十年纲领。不过，恰如 Hall 和 Soskice 所言，制造业的升级创新属于一种渐进型创新模式[①],因此,《中国制造 2025》所指向的战略任务显然是一个系统性、长时段的实现过程。毫无疑问，革新和建构《中国制造 2025》的制度基础尤为重要，其中，高技能产业工人队伍是推进我们国家产业创新、实现高质量发展的重要支撑，产业工人技能形成体系建设是重要的制度安排之一。党的十九大强调，“建设知识型、技能型、创新型劳动者大军，弘扬劳模精神和工匠精神”是深化供给侧结构性改革、建设现代化经济体系的重要举措。2017 年 6 月 19 日，中共中央、国务院印发的《新时期产业工人队伍建设改革方案》明确提出，“要把产业工人队伍建设作为实施科教兴国战略、人才强国战略、创新驱动发展战略的重要支撑和基础保障，纳入国家和地方经济社会发展规划，造就一支有理想守信念、懂技术会创新、敢担当讲奉献的宏大的产业工人队伍”。在《新时期产业工人队伍建设改革方案》中，明确提出了“构建产业工人技能形成体系”改革任务，这是中央文件中第一次使用技能形成体系这个概念。2018 年 3 月，中办、国办印发的《关于提高技术工人待遇的意见》，专门就如何切实提高技术工人待遇问题，提出了指导思想、基本原则和具体政策方向。

在笔者看来，国家出台多个政策推动我国产业工人队伍建设，意在为我国实体经济从劳动密集型走向技术密集型打造人力资本基础。对产业工人队伍技能形成体系建设的强调，实质上是改革开放后国家重建产业工人队伍的一次重要尝试。但是，从现有的数据来看，我们国家产业工人技能形成体系在技能供给方面尚存在着诸多不如人意之处。

首先，作为技能形成体系中的基础环节，职业教育的重要性越来越得到社会各界的重视。但现有研究证明仿佛给人们的热情泼了一盆冷水：Loyalka

① Hall P , David Soskice. Varieties of capitalism—The institutional Foundations of Comparative Advantage [M] . Oxford: Oxford University Press, 2001.

等人在大量调研数据分析的基础上得出结论：中等职业教育对中国人力资本积累的作用是消极的[①]。换言之，职业教育在技能形成中乃至支撑产业创新升级方面的实然性功能没有达到其应然性的角色期待。这样的判断与美国著名社会学家柯林斯对20世纪70年代末美国社会的研究惊人相似。他认为，在整个技能形成过程中，职业教育作用是有限的，“职业教育与工作前景几乎没有关系，绝大多数熟练工的技能是在工作或非正式学习获得的”[②]。不过，对德国的研究却又推翻了职业教育“无效论”的判断：很多学者在分析德国制造产业竞争优势的过程中普遍认为，德国双元学徒制职业教育在产业工人有效技能的形成方面发挥了巨大作用，其技能形成体系是德国制造产业竞争优势形成的重要支撑制度[③]。在笔者看来，中国职业教育的事实与德国职业教育的“反事实”实际上指向了一个共同点——产教融合问题。从技能供给角度来看，中国（中等）职业教育在人力资本积累上的消极作用意味着其与产业需求存在着诸多脱节，而德国则相反，双元式职业教育深度融入产业的技能需求之中，而参与主体之间的双向亲和行动则是其有效促进技能形成的基本动因[④]。

其次，中国产业工人职业岗位特性与技能形成规律存在冲突。国家统计局的数据显示，我国产业工人队伍里有近64%的农民工。换言之，农民工已然是中国产业工人的主体，他们为中国成为世界工厂并形成中国特色的比较优势奠定了劳动力资源基础。但众所周知，他们并不是现代意义上的产业工人。他们大多数是以“流动者”的身份在城市制造企业里打工，一方面，就业短期化、高流动率及城市社会融入的制度壁垒依然存在，导致这批产业工

① Loyalka, Prashant, Xiaoting Huang, Linxiu Zhang, Jianguo Wei, Hongmei Yi, Yingquan Song, Yaojiang Shi and James Chu. The Impact of Vocational Schooling on Human Capital Development in Developing Countries: Evidence from China［J］. The World Bank Economic Review, 2016, 30（1）, 143–170.

② 兰德尔·柯林斯．文凭社会：教育与分层的历史社会学［M］．刘冉，译．北京：北京大学出版社，2018:31.

③ 凯瑟琳·西伦．制度是如何演化的：德国、英国、美国和日本的技能政治经济学［M］．上海：上海人民出版社，2010.

④ 王星．技能形成的社会建构——德国学徒制现代化转型的社会学分析［J］．社会，2015（01）.

人队伍的主要群体无心也无力参与系统性技能培训并长期积累生产技能；另一方面，大部分加工制造企业处于全球产业链的低端，对产业工人技能水平并没有太高的要求，也就是说，农民工群体的劳动力特征与制造企业生产过程的特征相互匹配。有学者认为，这种相互“锁定”的状态产生了双重路径依赖效应：一方面，妨碍了产业工人技能形成，进而导致技工短缺成为“常态”；另一方面，技能供给的严重短缺对我们国家制造产业转型升级造成了阻碍。2012 年，世界银行对中国私营企业的调查显示，17% 的中国雇主认为，工人的技能水平低下是企业发展的最大障碍之一①。我国技能劳动力仅占全国就业人员总量的 19% 左右，高技能人才仅占 5%，高技术人才的求人倍率在 2013 年达到 1.7。作为我国产业工人主体的农民工的总体技能水平不高，2015 年，74.8% 的农民工为小学或初中毕业生，16.9% 为高中或中专毕业生，仅有 8.3% 为大专及以上毕业生②。

最后，如果将历时性视角纳入中国产业工人技能形成分析之中，可以发现，中国产业工人技能形成的前路依然充满未知。田野调查的事实告诉我们，越来越多的年轻人不愿意进入车间当普通产业工人，“民工荒”现象持续存在。近些年，机器换人和零工经济尤其是平台服务业的发展，进一步强化了制造产业的招工难现象。而技能形成的规律告诉我们，所有的技术工人都是从普通工人成长起来的，普通工人岗位缺乏吸引力必然意味着将来技术工人的短缺。而另一个更为令人困惑的现象是，通过田野观察发现，现有的技术工人越来越倾向于脱离技术岗位，“学技术为了将来不做技术”，这个悖论事实成为越来越多的产业工人职业规划的理性选择。

显然，对于中国产业工人而言，技能既是形成劳动力市场竞争力的核心

① Remington, Thomas F . Regional Variation in Business - Government Relations in Russia and China [J] . Problems of Post-Communism, 2016,1 (12) .

② 国家统计局 .2015 年农民工监测调查报告 [R] . http://www.stats.gov.cn/tjsj/zxfb/201604/t20160428_1349713.html，2016.

要素，也是获得社会地位和社会融入的载体和渠道。对于制造企业来说，从劳动力市场上获得技能型劳动力，不但是企业组织竞争力的重要支撑，更关系到企业未来可持续的发展。对于国家而言，技能形成既是驱动经济的核心引擎，更是国家实现高质量发展的重要基础之一。但不容回避的事实是，中国产业工人上述的技能形成事实无法支撑起我们国家产业转型升级的需求。产业尤其制造业的转型升级，本质上是一个制度创新过程，涉及企业、行业和生产体制等多个层次的创新。制造业创新需要技能人才的支持，脱离了强有力的人力资本支撑，制造业转型升级将受到极大制约。可是，中国产业工人技能形成状况背后的原因是什么呢？改善和建设中国产业工人技能形成体系的难点和突破点又在哪里呢？这是本书的理论关怀。

三、研究问题及研究意义

正是基于这样的现实和理论背景，本书试图打破学科界限造成的研究壁垒，尝试对技能形成体系与产业工人队伍的技能形成进行跨学科的整合。从研究对象来看，本书聚焦产业工人的技能形成问题，讨论其与经济社会发展之间的关系。在传统意义上，产业工人是指在现代工厂、矿山、交通运输等企业中从事集体生产劳动，以工资收入为生活来源的工人。随着产业分工和经济社会的发展，产业工人的内涵也有所变化。本书采用的是全国推动产业工人队伍建设改革协调小组对产业工人的定义：在第一产业的农场、林场，第二产业的采矿业、制造业、建筑业、电力、热气、燃气及水生产和供应业，以及第三产业的交通运输、仓储、邮政业和信息传输、软件和信息技术服务业等行业中从事集体生产劳动、以工资收入为生活来源的工人。需要说明的是，在数据采集上，基于研究操作的科学性考虑，本书主要收集的是制造业中的产业工人技能形成数据。具体而言，本书研究如下两个问题：

一是使用韦伯理念型方法，从经济社会学制度主义视角，讨论国家技能形成体系的内涵与特征，比较分析发达资本主义国家技能形成体系的多样性，阐释不同技能形成体系下技能生产与积累的状况。

二是以技能形成体系为分析框架，对中国的技能形成体系与产业工人队伍建设进行分析：首先，梳理和归纳中国技能形成体系的内涵与特征，尝试以“制度冲突”为视角，解释其对技能生产与积累的影响；其次，思考中国产业工人社会保护与技能形成类型之间的相关性，反驳“社会保护属于反市场政治”的论调，并延伸思考经济发展与社会保护如何协调发展的问题。

在学术价值方面，国内目前关于技能形成的研究主要集中在教育学和经济学领域，学科之间的区隔明显，不够系统。在社会学领域，有学者对中国企业内部技能形成方式——师徒制的演化过程进行了较为深入的分析[①]。但尚未有研究对技能形成体制与劳工社会保护之间的关系进行系统性讨论，本书拟填补这方面的空白。

在应用价值方面，产业工人技能形成问题已经成为中国制造产业创新转型的主要制约。中国产业工人技能形成问题不但体现在技能储备上的不足，还体现在技能结构上的缺陷，如技能短缺与技能不匹配（Skill Mismatch）并存。对处于巨变中的中国而言，产业工人技能形成直接关涉的经济发展与社会保护议题被浓缩到一起，基于低技能、低成本的经济发展方式与社会平等之间的矛盾日益尖锐：在经济层面，低技能依赖型产业的比较优势逐渐消失，技能短缺成为产业升级的主要制约；在社会层面，低技能劳动者逐渐成为新贫困群体的主体，贫困劳工和劳资冲突所带来的社会问题越来越多。低技能依赖型产业升级与劳工社会保护之间的张力，日益成为影响我国经济社会协调发展的重大现实问题。本书的研究发现将有助于政府明确如何进行技能形成体制方面的政策创新，从而更好地实现技能的有效供给，也有助于国家制定相关政策，回应产业升级与劳工社会保护之间的矛盾。

---

① 王星．技能形成的社会建构：中国工厂师徒制变迁历程的社会学分析［M］．北京：社会科学文献出版社，2014.

如果将中国目前面临的挑战与困境置入世界历史进程，可以发现，在20世纪70年代和80年代，西方国家也经历了劳动密集型经济发展方式带来的类似挑战与风险——产业萎缩与血汗工厂引发的劳工社会保护困境。这些资本主义国家通过经济发展方式转型——从劳动密集型转向技术密集型，较为成功地摆脱了经济社会发展困境，实现了经济效率与社会保护之间的相对均衡。在改革开放40多年后的今天，中国经济社会体制改革又走到了一个十字路口，依赖透支廉价劳工的经济发展方式已经陷入困境，结构性失业风险及社会矛盾冲突形势严峻。因此，如何调和经济效率与社会平等之间的矛盾，成为当下中国改革必须正面的一个重要问题。目前，社会各界的共识除了在于必须推进政治治理体制的改革外，在经济社会领域，集中表现为转变经济发展方式、建设创新型国家——从劳动密集型走向技术密集型，以及强化社会建设——从政经社一体化社会走向自治社会。加强技能形成体系建设，是我们从人力资源大国转变为人力资源强国的重要制度安排，基于生产实践的技能形成，则是我们实现产业升级创新的重要微观基础。

而本书的另一个学术目标在于，进一步思考技术强制力的变迁与工业社会史之间的关系。无论亚当·斯密、马克思的经典理论，还是丹尼尔·贝尔、布洛维等学者的现代理论，一般都认为，产业工人是在工业社会才形成一个社会阶层的。在手工业时代，雇主与劳工之间虽然存在着雇佣关系，但是这种雇佣多是嵌入血缘关系或者家族社会关系中的，是人格化的劳动关系。而在工业社会，当雇主与劳工之间达成普遍性的非人格化劳动契约的时候，严格意义上的产业工人群体才出现。在丹尼尔·贝尔看来，工业社会时期的产业工人与手工业时期的工匠相比，在技术能力上最大的不同在于，前者比后者更具有“抽象能力”。但是，与布雷弗曼的判断一样，在工业社会中，机器和能源改变了劳动的性质[①]，劳动过程中的技能被分解成不同的组成部分：具

① 丹尼尔·贝尔. 后现代社会（简明版）[M]. 北京：科学普及出版社，1985:35.

有“抽象能力”的工程师和充当“人体齿轮”的半熟练技术工人成为新的劳动者，产业工人群体内部出现了异质分化。丹尼尔·贝尔认为，当社会结构中“白领”数量超过“蓝领”的时候，社会就进入了所谓后工业社会。在丹尼尔·贝尔的分析思路中，人类社会无论处于前工业社会、工业社会，还是后工业社会，除了社会阶层结构分布的表象发生变化外，更关键之处在于所谓技术强制力的变迁[①]。从前工业社会到工业社会再到后工业社会，技术强制力贯穿了整个工业社会史，并围绕工业（手工业）生产，组织了劳动的社会等级制。不过，三个工业社会历史阶段在技术强制力方面的技术疆域存在差异。在前工业社会，掌握权能技术的工匠是技术强制力的主要掌握者，而工匠（劳工）与行东（资方）很多时候是一体化的。在工业社会中，产业工人中的技术工人逐渐成为技术强制力的主体。不过，正如马克思所言，在工业社会阶段，机器对技能的替代是车间生产过程的重要议题。在后工业社会中，技术强制力则逐渐转移至专业技术阶级手中，工业生产过程中的劳动分工，导致产业工人阶层技能分化为“智力技术能力”和“加工技术能力”两类群体，而掌握智力技术能力的专业技术人员数量庞大，成为连接机器与传统产业工人之间的中间阶层和平衡力量，他们被丹尼尔·贝尔称为新的“工人知识分子”。新的“工人阶层”与传统意义上的产业工人阶层存在诸多不同，他们具有“抽象能力”，而造就这些高技能水平的新工人阶级则是科学技术进步的本质所在[②]。在这个意义上，思考中国产业工人技能形成体系的变迁，实质上有助于我们透视中国工业社会史的演化历程。

---

① 丹尼尔·贝尔．后现代社会（简明版）［M］．北京：科学普及出版社，1985:19.
② 丹尼尔·贝尔．后现代社会（简明版）［M］．北京：科学普及出版社，1985:25.

第二章

研究内容与研究方法

本章前一部分对本书的研究框架结构做了一个简单说明，一方面简述了本书的研究思路，另一方面，对本书结构内容进行了总体性呈现。第二部分将对本书的研究方法进行说明，由于本研究引入了空间和时间两个维度，即空间比较研究和历时性比较研究，故在研究方法上是多样的，既采用了历史文献考察法、问卷调查法和访谈调查法，同时也使用了田野观察方法。

一、研究内容

如上文所言，本书的研究问题包括两个：一是使用韦伯理念型方法，从经济社会学制度主义视角，讨论国家技能形成体系的内涵与特征，比较分析发达资本主义国家技能形成体系的多样性，阐释不同技能形成体系下技能生产与积累的状况；二是以技能形成体系为分析框架，对中国的技能形成体系与产业工人队伍建设进行分析：首先，梳理和归纳中国技能形成体系的内涵与特征，尝试以“制度冲突”为视角解释其对技能生产与积累的影响；其次，思考中国产业工人社会保护与技能形成类型之间的相关性，反驳“社会保护属于反市场政治”的论调，并延伸思考经济发展与社会保护如何协调发展的问题。

其实，近年来，在社会保护与经济发展关系上，学界已经逐渐取得了一些共识，“社会建设是城市发展从粗放式往高质量发展的基础”，这是释放中国经济增长潜能的基本轴[①]，但是二者之间到底如何进行协调，依然存在着诸多盲点。本书将围绕国家技能形成体系是勾连经济发展与社会保护之间的制

① 姚洋．新冷战迷雾下，“十四五”到底布什么局［J］．文化纵横，2020（10）．

度桥梁展开讨论。在理论分析路径上，本书参考了经济社会学历史制度主义的立场，从国家卷入与企业卷入两个变量入手，分析中国产业工人技能形成体系的历史变迁过程，并尝试对研究问题进行解释。与笔者既往关注企业内部学徒制不同，本书主要聚焦中国产业工人外部技能形成方式，各种类型的产业工人职业技术教育是其中的主体。在中国产业工人外部技能形成体系中，不同教育类型在技能供给上是有分工的，以满足现实生产的需要。中等专业学校主要招收初中毕业生，意在培养中等技术人才，同时提供各种社会化技能培训服务，如在岗技术工人的轮训等；职业中学主要招收小学毕业生，提供职业技能训练，意在为基层培养技术人才；半工半读和技工学校主要给在职产业工人提供继续技能教育，提高其技能水平。从这个意义上来说，中等专业学校、职业中学主要是为中国工业化战略储备后备技能型产业工人劳动力，而半工半读和技工学校则主要是为提高现有产业工人的技能水平。与外部技能形成方式作用相匹配的制度安排，主要是劳动人事制度和职业教育相关的公共财政制度。职业教育体系、劳动人事制度（包括职业资格体系）和公共财政机制三者构成了中国产业工人外部技能形成体系的主体制度架构。

在不同的历史时期，国家卷入与企业卷入程度的差异导致了中国产业工人技能形成体系从计划经济体制时期到市场化改革初期以及当下的不同演化轨迹。本书研究发现，计划经济体制时期，产业工人身份化与“招生及招工”政策促进了企业组织与职业学校，尤其是厂办技校之间的深度融合，实现工学一体化，稳定了产业工人技能形成秩序。改革开放后，作为劳动力市场建设的匹配举措，劳动人事制度、职业教育体系和相关财政制度都进行了必要改革。在这个释放市场力量的转型过程中，产业工人劳动力被商品化，企业组织逐步退出了产业工人外部技能形成，职业技能教育、职业技能认定等走向社会化。不过，在企业退场的同时，国家依然在场，并深度卷入产业工人的职业资格认定、职业技术教育（如属地化原则）等领域。市场协调机制提高了外部技能形成体系的制度灵活性和弹性，但是其中的制度冲突也对产业工人技能形成造成了诸多影响。在这样的思路指引下，本书采用国家技能形成体系理论框架对中国产业工人技能形成体系的历史变迁进行了理论与实证分析。不过，本书进一步拓展了西方技能形成理论的分析路径，从跨学科的角度，尝试将技能形成理论与产业创新理论以及经济社会学理论进行对话，在学理上将产业工人技能形成、产业转型升级和产业工人社会保护与融入等议题串联起来，立足本土经济社会结构转型事实，推进理解中国产业工人技能形成体系的魔方式多元特征。

本书共分为九章，除了第一章导论、第二章研究内容和研究方法，余下章节将围绕本书第一章所提出的问题展开研究。下面七章的主要理论任务有两点：一是建构理论框架，在国家技能形成体系理念类型划分基础上，对中国产业工人技能形成体系的历史变迁进行分析，同时结合德国和英国的经验事实进行跨国比较分析；二是拓展思考产业工人技能形成体系研究的理论与现实价值，通过反思人力资本理论在现实运用中的社会嵌入性，对话柯林斯提出的“文凭通货膨胀”事实，分析中国产业工人技能形成的社会基础，思考此议题对于制造产业实体经济高质量发展、社会融入与社会团结的现实意义。具体而言，本书后七章讨论的内容可概述如下：

第三章是文献梳理和理论解释框架建构。首先，通过对研究文献的梳理，将技能带回到社会学分析理路之中。在以往研究中，技能多是作为劳动力价值构成而被认为属于经济学的研究范畴。实际上，一直以来，技能及其形成也是社会学所讨论的核心命题。回溯社会学的经典文献，我们会发现诸多关于技能的研究。马克思主义劳动过程理论详细分析了工业革命进程中的技能形成。该理论认为，技能及其形成实质上是生产权控制问题，是劳动过程中劳资冲突的焦点。到了20世纪60年代和70年代，通过对福特主义和泰勒制的分析，马克思主义劳动过程理论认为，技术变迁导致工业化劳动过程“去技能化”了，劳动走向了客观化。在这样的理论判断下，“技能”概念逐渐淡出了社会学尤其是劳工社会学理论视野。近年来，随着技能短缺对制造产业转型升级的影响凸显，“技能”重新引起学界乃至社会各界的重视，如发展社会学理论认为，技能形成是人们获得实质自由的重要支点，对于福利国家转型以及克服资本主义危机具有核心功能。

在此基础上，本章第二部分从学理上对技能形成做了一个界定，解释了从人力资本形成推进到技能形成背后的路径。本书将技能形成界定为通过理论学习、实际操作以及事件经历获得工作能力的过程，包括技能知识的学习和技能经验的累积两个环节，其中，技能知识的学习在学校，而技能经验的累积在车间。技能知识学习与技能经验累积是一个前后连接的紧密序列，只有知识学习的学校和经验累积的实训车间之间形成有机互动，才能促进有效的技能形成。连接技能知识学习和技能经验累积两个环节的机制安排，称为技能形成体系。根据不同标准，技能形成可以分为四种不同方式。

本章第三部分的理论工作在于梳理技能形成从过程到制度的逻辑。国家公共财政制度、职业培训与认证制度、企业治理机制、劳动过程制度和社会保护制度之间存在着耦合和功能互动。依据国家卷入和企业卷入的程度差异，国家技能形成体系在类型上可以划分为国家主义技能形成体制、市场主义技能形成体制、分隔主义技能形成体制、集体主义技能形成体制四种类型。在这四种技能形成体制框架中，技能形成在成本分担、行业管制、技能认证、生产实训、技能供给类型、技工工资级差以及匹配产业等方面均存在较大差异。第三部分通过对国家技能形成体系的比较分析，完整地梳理出西方技能形成理论的研究架构。

最后，根据本书的研究问题，本章第四部分对技能形成体系理论进行中国化，从而建构了理解中国产业工人技能形成体系变迁过程的理论框架。西方技能形成理论对国家技能形成体系的类型划分，奠定了对中国开展研究的基础，给了我们很好的理论积累和启示。但在中国，产业工人技能形成面临的现实处境更为复杂，需要我们对已有的理论进行一定程度的重构：一方面，在农民工成为产业工人主体的情况下，农民在城市社会的地位获取及社会权利平等化，成为影响其技能形成行动的重要变量，这是西方技能形成体系理论的盲点；另一方面，在中国产业工人技能形成体系变迁过程中，虽然市场力量不断释放，企业逐渐退场，但是国家始终在场，而且深入其中。这使得中国国家技能形成体系呈现出魔方式多元特征。

第四章在第三章研究的基础上，对技能形成进行跨学科的理路对话，主要的理路任务在于从学理上将技能形成与技术进步、制造产业转型升级勾连起来。技能形成是在劳动实践中展开的，劳动分工改变了技能形成的内涵，并在实践中推动了技术的进步。

本章第一部分通过对劳动过程理论的梳理，驳斥了经典劳动过程理论对劳动去技能化和客观化的判断，重新找回了产业工人在其中的主体性。生产劳动实践事实证明，与之恰恰相反，技术越进步往往对技能要求越高。而且，技能水平与技术进步之间通常也不是此消彼长的对立关系，更多是相互促进的关系——劳动者的技能水平会对技术创新产生正向作用。因此，相较于“去技能化”的技能替代，技能学习和更新是理解劳动变迁更具现实性的议题。同样，在人工智能和工作自动化背景下提出的中国制造业智能化，代表了制造业领域的技术变革，但智能化并不意味着能完全替代产业工人技能，智能生产的参数设置、机床制造和一些工序都需要技能支持。而且，现实世界中，从来不存在脱离工业生产过程进行产业创新的可能性，有效技能经验是研发成果转化为生产产品的关键。

本章第二部分从梳理马克思主义劳动过程理论中对概念与执行分离的劳动分工入手，反思了古典主义创新理论认为创新源自制度化研发的观点。基于此产生的创新理论认为，研发劳动与生产劳动的分离不但能够扩大市场规模、提高效率，而且能够强化专业分工，从而助推产业创新。掌握研发环节是占据制造产业、创新价值链条的顶端，而生产劳动处于低端，研发劳动创造的价值能够抵消生产劳动环节流失所造成的损失。本书反对这样的理论判断，认为对于技术进步而言，无论是急进型创新，还是渐进型创新，劳动过程中的研发型劳动与生产型劳动之间保持密切互动更为关键。所有研发必须要和车间生产结合起来，才能够真正地促进创新。

本章第三部分论证了技能形成体系与制造产业转型升级之间的内在机理，认为技能形成体系既是一种经济政策，也是一种社会政策，而且是发展型社会政策，为制造产业转型升级的路径选择奠定了制度基础。

本章第四部分对产业工人做了一个概念梳理，对本书的研究对象进行了定位，我们将在中国产业工人从身份到职业的转型过程中，分析其技能形成的不同特征。在计划经济体制时期，产业工人更多的是一种身份，这种身份是国家赋予的。在改革开放后，随着劳动人事制度的改革，产业工人慢慢成为劳动力市场中的自由职业者。在操作化处理上，计划经济体制时期，主要依据其身份来界定产业工人，中等专业学校、技工学校、厂办技校、职业中学等是他们技能培训的主体。改革开放后，我们主要采用的是全国推动产业工人队伍建设改革协调小组对产业工人的定义。

本章第五部分从经济社会学的角度对产业工人技能形成体系的内涵进行了分析。我们认为，与西方国家不同，中国产业工人技能形成不仅仅是人力资本投资或谋生本领的学得，而是具有更为丰富的多元内涵：技能形成的时间性及其对普通产业工人社会保护的内涵；技能形成的实践性及其对普通生产岗位的内涵；产业工人技能形成对中国制造的品牌内涵；产业工人技能形成对职业教育实用导向的内涵。这意味着，只有跨学科的研究才能更好地理解此议题。

第五章引入时间维度，用已经建构的理论框架对计划经济体制时期中国产业工人技能形成体系，尤其是外部技能形成体系的演变进行分析。产业工人外部技能形成体系主要是指专门技术教育体系，该体系培养的学生毕业后通常成为技能型产业工人，在工业部门从事生产工作。在计划经济体制时期，中国中等专业技术教育在体系架构上主要包括如下几个部分：首先是中等专业教育和中等师范教育，前者是与三次产业（农业、工业与服务业）性质紧密相关的专业学校，后者属于培养师资的专业学校。此两种学校主要招收初中毕业生，毕业生就业后身份多为国家干部。其次是各类职业中学，包括农业职业中学和工业职业中学，主要招收小学毕业的学生。主要满足的是基层经济社会生产活动中对技术技能的需求。毕业的学生在身份上多为工人。最后是半工（农）半读学校和技工学校，这两类学校主要针对城市（农村）中的工人（农民），匹配工业化战略的技术技能需求，为工人或农民提供继续技术技能教育。在结构上，这三个技能形成方式相互补充，满足不同层次的技能教育培训需求，共同组成中国产业工人外部技能形成体系。在这一章中，我们将计划经济体制时期产业工人外部技能形成体系划分为“接管改造与整顿时期（1949—1952 年）”“学用结合的专业化建设时期（1953—1957 年）”“三并举技能形成格局时期（1958—1965 年）”以及“重红轻专的‘文革’时期（1966—1976 年）”等几个阶段。通过梳理这些阶段的历史细节，我们发现，在此阶段，中国产业工人技能形成整体上一直在“红”与“专”之间做钟摆运动，将技术工人对新社会力量的培养和塑造融入了整个过程之中。

本章第一部分分析了在接管改造与整顿时期（1949—1952 年），国家如何全面介入中国产业工人技能形成中，通过八级技术工人等级制、工业技能优先战略以及向工农开门等举措，强化了统一领导和规划，适应国家工业化战略需求的产业工人外部技能形成体系架构逐渐清晰。

本章第二部分对学用结合的专业化建设时期（1953—1957 年）的技能形成状况进行了分析。“一五”计划期间，国家在技术技能人才培养上呈现出“头重脚轻”的状况。国家从苏联聘请了一大批高级技术人才，引进了一些现代技术设备，但在生产第一线，能够从事生产施工与安装、检测等中等技术的管理人才和技术工人却极其短缺。在这一阶段，随着国家政权稳固和社会主义改造的推进，回归技能形成本义以匹配工业化战略需求变得越来越紧迫，强调“不应把技工训练作为单纯安置失业人员劳动就业手段”，而应该“根据生产发展的需要培养技术工人”。国家产业主管部门的介入使产业工人技能形成体系分类管理，提升了专业性。

本章第三部分梳理了中国产业工人“三并举”技能形成格局（1958—1965 年）的来龙去脉。所谓“三并举”架构，即“教育部门办学与业务部门办学并举”“中央办学和地方办学并举”“国家办学和厂矿、企业、农业合作社办学并举”。在公有制基本确立的背景下，国家通过改革对产业工人外部技能形成体系进行卷入的方式，一定程度上释放了地方、基层以及业务机构的自主性，也激活了其参与产业工人技能形成的积极性。在专业教育机会配置上，基本上以阶级身份为依据，这是当时国家阶级路线的体现。这种阶级路线的贯彻在“文革”时期达到了巅峰，破坏了技能形成秩序。

本章第四部分反思了重红轻专的“文革”时期（1966—1976 年）对产业工人技能形成的影响。“文革”期间，国家过度强化和扩大化专业技术教育“为无产阶级革命服务”的要求，这对产业工人外部技能形成体系的结构造成了极大的破坏，使原有较为系统的技能供给架构陷入碎片化境地，产生了严重后果。

本章第五部分探寻了计划经济体制时期，中国产业工人技能形成体系建构过程中一些举措的历史根源。在根据地建设时期，社会化办学的制度空间基本被压缩后，依据行政等级来划定学校等级，属于国家卷入后的自然选择。这种行政依附型配置和动员做法一直延续到中华人民共和国成立后，几乎渗透到国家经济社会治理的所有层面，对产业工人技能形成体系也产生了重要影响。

第六章是第五章的进一步深化和延续。在市场化转型过程中，产业工人从阶级身份到市场化用工的置换，对这阶段的技能形成体系产生了很大影响。

本章第一部分分析了市场化改革初期，计划经济时期技能形成体系所存在的路径依赖效应。当时基于身份的职业教育体系和工厂师徒制培训，强化了城乡居民的技能差异，技能形成的城乡二元区隔格局形成，这种格局一直延续至今，是造成进城农民工技能短缺的重要根源。

本章第二部分分析了20世纪80年代的市场化转型过程中，逐步取消“统包统配”，转为采用“三结合”方针安排就业，以更好地适应多种经济成分对技术技能人才需求的政策。这样的政策改革实质上意味着产业工人技能培训和技能认证双重社会化进程启动了。以劳动力市场作用机制为基础，强化企业与学校在技能培训上的分工，客观上渐渐压缩了企业内部技能形成方式的作用空间。在市场力量充分释放的背景下，用人单位与技工学校之间的关系呈现出了多元特征，随之而来的是，不同主体在其中的参与动机、参与方式以及如何互动成为影响产业工人技能形成的重要变量。在产业工人技能认证上，无论是计划经济体制时期的考工定级晋级制度，还是市场经济时期的技能等级认证制度，亦是新时代职业资格证书制度的改革创新，国家主导是其中一贯的基本原则。不过在具体的技能形成行动策略上，社会化导向则日趋明显。在我国国家职业资格体系建设过程中，逐步形成了“考培分离”的社会化操作模式，即通过政府授权的、独立的鉴定考核机构，对劳动者的职业技能作出认证和评价。从理论上来说，这种第三方认证机构独立于人力资源市场供给方（学校）和需求方（用人单位），与之没有行政隶属和经济利益关系。在实践操作层面上，我们的田野调研发现，“考培分离”在某种意义上是国家转移职业技能考核成本所采用的权宜之计。

本章第三部分分析了市场化对技能形成中生产实习的影响。一直以来，产业工人或者准产业工人的技能培训过程中，生产实习一直是其中重要的训练方式。但我们的研究发现，实习工劳动力的隐性商品化、生产实习组织过程的市场化以及基于满足企业用工需求的实习导向对生产实习在产业工人技能形成上的实效产生了消极影响。

本章第四部分对新时期产业工人技能形成体系进行了实证分析。在市场化过程中，作为回归企业经营自主权的体现，企业内部培训逐渐成为其自我选择的行为，而且随着“招生即招工”政策改革及受训者就业安排的市场化，在准产业工人技术技能培训上，企业与学校教育由原先的行政计划指令转向自愿性合作行动。在新时期，产业工人技能形成中的培训主体和方式走向具有多样性，国家通过相关改革行动进一步推进了技能培训与劳动制度的衔接。随之而来的是，产业工人技能培训与技能考核认定从一轨走向分离。与此同时，农民工已经占据产业工人的主体，而其中没有接受过技能培训的农民工又占近七成。这事实上意味着，一方面，提高农民工技能水平，构建适合农民工技能形成特征的制度体系，是关涉整个产业工人技术技能素质提升乃至产业工人队伍建设的关键议题；另一方面，中国产业工人队伍技能形成体系建设面临着更为复杂的境遇：既要对农民工群体进行“技能补课”，又要适应新时期、新产业特征对产业工人进行“技能更新”和“技能提升”的需求。

本章第五部分分析了数字经济模式中的技能形成。在数字经济模式中，传统工业经济模式中的可信承诺关系达成面临着全新的组织生态，对技能形成产生了深刻的影响。数字技术重构了劳动过程，一方面，要求劳动者不断掌握新的技能，传统技能被淘汰，这意味着很多传统岗位将会被替代或者消失。另一方面，数字技术模糊了传统工业化生产的组织边界，也制造了一个算法网络，重新将数字劳工吸纳进来，事实上强化了系统的控制力。技术平台直接筛选出业已熟练的技能劳动力，岗位具有高度流动性和竞争性。平台不提供“生疏”技能走向“熟练”技能的劳动实践训练空间和机会，同时将技能形成过程中的试错成本转嫁至劳动者个体。如此循环下去，会带来两方面的消极影响，一是劳动力市场上技能供给质量的整体性下降，二是特殊性技能供给的严重短缺。与此同时，数字经济模式对实体经济带来了强烈的挤出效应，会对产业工人的技能累积形成反面影响。

第七章运用数据来厘清中国产业工人技能供给中“技工荒”的基本事实，对背后的技能形成体系机理进行梳理。进而，从学理上对中国产业工人的“工匠精神”进行界定，并阐释工匠精神养成的制度基础。

本章第一部分突破了经济学依据劳动市场供求关系界定“技工荒”的视角，采用技能形成的历时性视角，将技能供给视为技能形成链条中最后一环，技能知识学习与技能实训都会对最终的技能供给状况产生影响。据此，我们从技工数量短缺、技能质量滞后以及技能不匹配三个层面来界定“技工荒”。

本章第二部分是我们在田野观察过程中所发现的内容，即很多产业工人“努力学习技术的目的就是将来不做技术”。产业工人在技术岗位上的短期化就业样态，显然无法为其技能累积提供时间准备，更无法对产业升级创新提供必要的技能支撑。这样的悖论说明，制造产业工人技能形成既是一个经济问题，更是一个社会问题。

本章第三部分梳理了以往对工匠精神界定的不足，从社会学的角度进行了重新界定。本部分将工匠精神界定为劳动者在特定行业的劳动过程中形成的一种行为习惯，是嵌入社会制度结构中形成并发生作用的，属于生产体系的一个组成部分。在整个产业创新链条中，创新者的工匠精神可以贯穿和作用于其间的两个主要环节，推动产业升级创新真正落地。中国产业工人技能形成体系改革，需要抛弃“重研发轻生产”“重学历轻技能”“重数量轻实效”的二元对立的惯性思维，重新回到生产过程，在政策行动上重视生产一线的人与物，在实践中打造中国产业工人工匠精神，通过科学知识探索和生产经验积累的双轮驱动，推动中国真正迈向质量为本的新发展模式。

本章第四部分从技能形成体系理论视角，对中国产业工人技能供给短缺进行分析。对于造成技能短缺原因的解释，经济学与社会学出现了不同的解释逻辑。在经济学视野里，劳动力市场上的技能短缺源自挖人外部性导致的技能培训集体行动困境，即在自由劳动力市场机制作用下，企业间技术技能人才的恶性争夺严重削弱了企业参与技能培训的动机，最终带来技能供给的整体短缺。经济学逻辑立足方法论个体主义立场，一定程度上能够解释个别企业的技能策略，但是却无法解释不同发达资本主义国家在技能供给短缺上的差异。针对经济学解释逻辑的失败，出现了制度解释逻辑。此理论将技能供给短缺视为制度短缺的结果，而且认为不同技能形成系统下，所短缺的技能在类型上也会有差异。社会保护体系滞后与公共资源配置不均等是社会学解释逻辑的核心，这中间，国家尤其是地方政府的缺位却如此耐人寻味。

本章第五部分对当下中国产业工人技能形成密切的相关职业教育和职业资格体系进行了分析。尽管近些年来职业教育对经济社会发展的作用越来越得到各界的重视，但有两个问题一直困扰着当下中国的职业教育：一是职业教育技能供给与产业需求的匹配问题，二是职业教育本身的社会认可问题。这两个问题虽分属不同学科（教育学和社会学）的研究范围，但二者是密切相关的，并且融入了完整的技能形成实践中。本部分在他人调查的基础上梳理了中国职业教育，尤其是中等职业教育在技能形成上的"不作为"表现。我们认为，中国职业教育的事实与德国职业教育的"反事实"实际上指向了一个共同点——产教融合问题。从理论上而言，这样的事实涉及职业教育在技能形成中的一个根本性理论议题，即所谓可信承诺达成问题。

第八章以英国和德国学徒制的演化过程，以及中国计划经济体制时期厂办技校变迁为案例，通过历时性跨国比较分析，探寻一个国家技能形成过程中相关主体复杂的互动样态，并思考相关行动主体互动对技能形成效果的影响，进而从跨学科的视角反思中国产业工人技能形成体系建构。

本章第一部分中，英国学徒制的演化历史证明，很多经济问题的背后实质上是社会政治问题。无论是行会治理权威的王权依赖，还是学徒或帮工的崛起与抗争，都启示我们，中国产业工人技能形成将会突破职业教育范畴，而成为一个多主体参与的复杂互动过程，国家、地方政府、行业企业、职业学校、受训者以及劳工组织都将介入其中，并对职业技能培训产生重要影响。从学理上分析中国产业工人技能形成体系改革过程中利益相关者的互动图式，对于我们国家引进他国技能形成经验、推进本土产业工人技能形成实践，具有重要的政策启示。

本章第二部分从历史制度主义角度，以德国学徒制演化为案例，分析了德国产业工人技能形成的社会基础。在工业化和现代化转型过程中，德国学徒制能够继续保持并成为一种重要的技能形成体制，并且制造了德国制造产业在全球市场的强势表现，成为支撑德国渐进型创新模式的重要比较制度优势。这背后是德国宏观层面的社会市场治理模式，为学徒制奠定了匹配制度环境；劳动共同体模式和去商品化的社会保护，奠定了学徒制有效作用的社会基础。

本章第三部分以中国国有企业厂办技校为切入点，分析了产业工人技能形成与国家工业能力积累之间的相关性。国有企业是我国工业计划的重要产物，它不仅是中国技术与资本密集型工业的知识与经验的主要载体，也为我国早期民营企业的发展提供了最初的技术支持和生产经验，奠定了我国工业能力成长的根基。国有企业对于国家工业能力具有奠基性作用，其背后是举国体制的强大支持，关涉到多种制度安排。不过，计划经济体制时期国有企业内形成了完整的技能形成体系，这无疑是其中重要的制度安排之一。作为一种制度化的技能形成方式，厂办技校以理论与实际结合、生产与学习融合的方式，实现了广大农民子弟与工人阶级子女的教育普及任务。作为一种劳动制度，厂办技校完成了生产增量，推动了国家经济发展，同时培养了一大批技术型人才。

第九章是本书的结论部分。在这一章中，我们尝试从学理上重新认识“技能”，倡导对技能及其形成过程进行跨学科的对话分析。本章第一部分阐释技能经济学的内涵，对技能及其技能形成在经济学上的内容进行分析和梳理；本章第二部分通过对知识社会的分析，讨论去工业化战略与文凭通货膨胀的影响，从理论上对技能形成社会学分析进行定位；本章第三部分拓展技能研究的传统界限，分析技能形成社会学视角，探寻技能社会学的理论框架；本章第四部分围绕本书的核心问题，对产业工人技能形成研究进行小结，并展望未来的研究方向。

事实上，技能既是一种劳动者个体能力，同时还带有强烈的社会公共品色彩：它既是劳动者谋生的工具，也是国家经济增长的引擎；它既是劳动者社会流动和社会地位获得的载体，也是国家竞争优势达成的核心要素之一；

它既是一种人力资本投资选择，也是社会融入的一种努力。基于此，我们可以说，技能形成政策既是一种经济政策，也是一种社会政策。把“技能带回”理论研究的视野，对于拓展劳工社会学、经济社会学、职业教育学乃至人力资本理论的研究视域具有积极价值。

二、研究方法

本书采用的研究方法是指围绕研究主题的收集资料及分析资料的方法，具体包括文献考察法、深度访谈法、田野观察法以及问卷调查法等研究方法。

（一）文献考察法

本书的文献考察从两个路径展开：一是理论文献的梳理，本书对产业工人、技能及技能形成体系理论以及产业创新理论进行了较为系统的分析。并从学理上将技能形成、技术变迁以及产业升级创新之间的逻辑关联进行了合并整理；二是历史档案及文献的整理，分为西方学徒制历史材料的收集与整理，以及从革命根据地时期到今天的中国产业工人技能形成体系的材料。前者的主要来源是关于德国和英国国家的行会制度及学徒制等经济史文献论著，后者主要是从计划经济体制时期到现在的中国职业技术教育史、中国教育大事典，以及一些关于职业教育的历史文献中进行整理。这些档案材料既有政府行政部门颁布的政策法规，也有职业技术教育的档案数据；既有领导讲话材料，也有当事人的口述史和回忆性记载。三是对计划经济体制时期国有企业厂办技校的档案进行了梳理，包括其中的规章制度、技能形成故事细节等。四是国家统计局公开的统计年鉴数据，包括历年的《中国统计年鉴》《农民工监测报告》《中国教育年鉴》《中国劳动工资统计资料》等。对这些质性资料文献的分析遵循了交叉验证的原则，具有如下两个特征：一是来源多元化，既有学者经济历史研究文献，也有民间的档案记录，既有国外的文献，也有国内的文献；二是复杂的历史资料之间有很多可以相互印证，这样保证了资料的可信度。

（二）深度访谈法

这是质性研究中最常用的基础方法。在深度访谈过程中，笔者主要采用了焦点小组访谈和个别访谈混合的方式进行。通过对同类企业的焦点访谈，就产业工人技能形成中的问题从不同组织角度进行访谈，从而深化了对此议题的了解。对于其中信任程度高且经验丰富的人，我们又进行了个别深度访谈。我们先后于 2018 年 1—2 月、2018 年 8—9 月、2019 年 6—8 月和 2020 年 6—7 月，对珠三角的广州市、深圳市、中山市以及长三角的温州市的多家企业、行业协会、职业学校进行了深度访谈。其中，2018 年 1—2 月，走访了温州市、中山市的三家制鞋、制衣企业，两家职业学校，两个行业协会。访谈人数达 16 人，收集访谈资料 10 万字。2018 年 8—9 月，先后走访了深圳市宝安区制造行业具有代表性的企业 20 家，开展调研 28 次，访谈人数超过 300 人次，收集访谈录音近 50 小时，整理录音文字 30 余万字，访谈对象包括企业负责人、人力资源部门和技术部门负责人、一线技术工人。2019 年 6 月，在深圳市开展焦点访谈 23 场次，主要覆盖市政府相关职能部门、各级工会、19 家企业、8 家市公办与民办职校 / 技校、3 家行业协会。在第一轮主题座谈收集的经验材料的基础上，我们于 2019 年 8 月 6—15 日展开了第二轮调研，分别到深圳市人力资源和社会保障局、市教育局、市住建局进行回访，走访 5 家企业，与 6 位具有丰富工会工作经验的企业工会主席、5 家行业协会负责人和 1 位职校负责人进行座谈或深度访谈。2020 年 6—8 月，我们采取座谈、访谈的方式，共访谈了深圳市宝安区制造企业 89 人，访谈对象包括技术工人、制造业代表企业技术管理人员、技术骨干、企业人力资源管理人员等。

在访谈过程中，我们遵循以下几个原则：一是知会同意原则，与访谈对象建立信任关系。主要做法包括：强调访谈目的是学术研究，以匿名化方式消除被访对象的顾虑；通过核心线人联系沟通，并出具正式介绍信和函件；由官方组织出面引见，获得信任。二是深度访谈的多层次性。质性访谈的对象包括如下几个层次：职业学校的校长，参与生产实习的指导老师；企业组织管理者，包括工会主席，生产经理等；企业一线产业工人、技术工人，包括农民工等；行业协会成员、政府官员；职业学校的学生。三是深度访谈与文献资料相结合的复证（Replication）原则。

（三）田野观察法

本书主要采用的是非参与式观察法。众所周知，田野观察是质性研究的重要研究方法，在类型上可分为参与式观察和非参与式观察两种类型，这两种各有适用场景，也各有特点。非参与式观察在实际研究资料收集过程中的主要挑战，在于外人介入后的所谓霍桑效应问题。在本书中，我们主要通过多次观察和多个案例工厂的实地观察，与访谈、资料数据分析交叉运用，提高非参与式观察研究的信效度。在研究中，我们主要集中于对案例企业的生产车间、工艺生产流程、生产生活环境、机器设备使用等方面进行观察。在观察过程中，基本上遵守两个原则：一是不干扰产业工人的生产过程，以便更直观地看到其生产流程，同时了解其生产过程中的工艺特点和机器设备的使用状况；二是保持中立态度和立场进行观察，对产业工人的生产生活状况不进行价值预设。在本书中，我们先后对 5 家制造产业的企业生产车间进行了非参与观察，对其中 2 家企业进行了多次观察。田野观察的企业涉及装备制造、电子制造、材料制造等三个行业。在田野观察过程中，进行田野记录，并收集车间的日常运行记录。

（四）问卷调查法

本研究设计了两份问卷，通过立意抽样和随机抽样的方式，在珠三角某市对产业工人群体进行了问卷调查，共回收 2547 份有效职工问卷、274 份有效企业问卷。调查样本情况如下：职工卷共收集样本 2547 份。从职工所属企业的所有制情况看，国有企业 / 集体企业占 16.4%，私企占 66.3%，港澳台企业占 7.8%，欧美和日本企业占 9.5% ；从职工所属行业分布看，电子电器制造业占 36.0%，装备制造业占 12.0%，其他制造业及水电气生产业占 10.5%，建筑业占 9.7%，交通运输仓储邮政业占 9.9%，IT 软件与研发设计业占 9.3%，其他占 12.6%；从职工所属企业的规模看，小型企业占 43.6%，中型企业占 26.2%，大型企业占 30.2%。

从职工的工种分布看，管理人员占 12.3%，专业技术 / 研发人员占 15.9%，技能工人占 16.6%，文员占 8.0%，一线普工 / 工作人员占 47.2% 。

本次调查共收集企业卷样本 274 份。从企业所有制看，国有 / 集体企业占 5.1%，私企 / 民企占 58.4%，港澳台企业占 25.2%，日企占 4.7%，欧美企业占 4.0%，其他占 2.6%；从企业所属行业看，电子电器制造业占 30.9%，装备制造业占 6.3%，其他制造业及水电气生产业占 31.6%，建筑业占 6.6%，交通运输邮政业占 4.4%，IT 软件与研发设计业占 7.4%，现代服务业占 11.0%，其他传统服务业占 1.8%；从企业规模看，小型企业占 54.1%，中型企业占 23.3%，大型企业占 22.6%；从企业技术特点看，高新技术企业占 43.8%，非高新企业占 56.2%。

第三章

技能形成与技能形成体系的理论分析

本章的主要研究任务是对理论分析框架进行构建，围绕技能形成与技能形成体制概念，阐释本书的理论切入点。在第一部分中，从社会学的学科视角，对技能的既往研究进行了简单回溯。第二部分通过对人力资本理论的梳理，对技能形成进行概念界定，进而对人力资本形成与技能形成的理论内涵进行了比较分析。第三部分从学理上讨论了国家技能形成体系的类型差异，并延伸思考西方技能形成理论的本土适用性问题。

一、技能与技能形成的社会学分析

在以往研究中，技能多是作为劳动力价值构成而被认为属于经济学的研究范畴。但实际上，一直以来，技能及其形成也是社会学所讨论的核心命题。回溯社会学的经典文献，我们会发现诸多关于技能的研究。其中影响最大的当属马克思主义劳动社会学的研究。马克思主义劳动过程理论详细分析了工业革命进程中的技能形成。该理论认为，技能及其形成实质上是生产权控制问题，是劳动过程中劳资冲突的焦点，而“去技能化”的流水线模式是资本控制劳动力的重要手段。马克思主义劳动过程理论把这种技能淘汰现象置于劳资关系框架中进行分析，如布洛维所言，其意义一方面在于洞察生产现场的矛盾冲突，另一方面在于通过微观的车间政治，可以认识宏观的“国家政治”。因而，在马克思主义劳动过程理论看来，机械化解决了工人尤其是技能熟练工人难以驯服的问题，“资本家与雇佣劳动力的斗争，贯穿了整个工场手工业时期”，无情的机械化可以最大限度地征服工人，保证工厂车间的纪律。不仅如此，机械化生产过程废除了手工艺生产劳动过程中技术分工，熟练工人的技能逐渐被机器取代，同时也终结了生产劳动过程的其他组织形式。车间内的等级分工发生了很大的改变，熟练工人所组成的“技术工人工会”①等组织逐渐被废除，以及组织劳动过程中原有的规章制度和惯例也慢慢失效②。布雷弗曼将马克思笔下的工人阶级由原来的“制造车间的生产工人”③扩展为整个私人资本所雇佣的劳动阶级。布雷弗曼认为，生产劳动过程中的技术通过两种方式完成了对工人的阶级控制，即局部工人、设计与执行分离。布雷弗曼认为，在劳动过程中，定量和标准化的劳动动作规定及时间规定，使工人完全成为外界劳动指令的执行者，工人的主观因素逐渐消失，劳动越来越客观化，工人在客观劳动里也被异化为劳动机器④。布雷弗曼认为，至此，技术联合资本主义私有制，彻底完成了对生产工人阶级的“去技能化”（Deskill）作用，协助资本从根本上控制了劳动的全部过程。

马克思主义劳动过程理论强调了技术变革和组织变迁所导致的技能替代（Skill Displacing）事实，这是企业资方和工人之间发生冲突的重要源泉。不过，在马克思主义劳动过程理论中，工人阶级的角色是抽象的、整体的⑤，布洛维曾批评其为“主体性忽略”（Missing Subject）⑥,对工人行动差异及其对技能形成的形塑作用鲜有论述。众所周知，“去技能化”概念在20世纪70年代至80年代在西方学界比较流行，通过对资本主义技术进步的大量经验研究，很多学者对“去技能化”提出了挑战。因为技术进步虽然简化了生产过程，但是对技能熟练工人的需求却不断增长，技能附加值也越来越高。而且技术进步所形成的技能替代效应，多是对一般技能的替代，而非企业特殊技能。

---

① 在早期工业化时期，技术工人工会通常扮演两种功能角色：一是限制劳动分工细化，阻止不熟练的工人进入；二是保持对生产技术的垄断，控制生产过程，增强其在劳资对立冲突中的战斗力。具体可参见 Thelen（2004）。

② 威廉·拉佐尼克．车间的竞争优势［M］．北京：中国人民大学出版社，2007:39.

③ 马克思．资本论（第1卷）［M］．郭大力，王亚南，译．北京：人民出版社，1963.

④ 哈里·布雷弗曼．劳动与垄断资本——二十世纪中劳动的退化［M］．北京：商务印书馆，1979:71.

⑤ 王星．技术的政治经济学——基于马克思主义劳动过程理论的思考［J］．社会，2011, 31（01）.

⑥ Knights D , Willmott H . Labour Process Theory［M］. London: Palgrave Macmillan UK, 1990.

与马克思主义劳动过程理论对技能及其形成的判断不同，发展型社会政策理论更多延续了人力资本理论中技能的观点。阿玛蒂亚·森（Amartya Sen）将技能视为人可行能力的重要组成部分，接受教育和医疗保健是社会个体实现经济参与与社会融入的重要条件之一[①]。森认为，如何通过社会政策“增进人的可行能力和实质自由”，是衡量社会发展质量的重要前提。詹姆斯·梅志里（James Midgley）从社会政策的角度，深入分析了技能培训对于克服福利国家可持续性发展难题的作用，他坚持认为，发展型社会政策是一种消除社会福利和经济发展之间的裂痕的新方法。在梅志里看来，以政府干预、社会工作以及社会慈善为主的传统社会政策手段，在现实社会中面临着诸多挑战，即社会开支上的“财政负担”、福利机构的“官僚化”、习惯救济的“道德公害”[②]，这三方面的挑战几乎成为所有福利国家体制无法克服的困境，也是引发资本主义陷入财政危机和合法性危机的导火索。恰如吉登斯所言，“福利国家的危机远远不仅是财政的危机，而且更是结构的危机，甚至还是福利国家作为一种国家形态的合理性与公平性的危机”[③]。英国社会政策学者彼得·泰勒–古比（Peter Taylor-Gooby）的新福利主义理论也持有类似观点，他认为，经济全球化、劳动力的流动性以及社会结构的变化，导致传统福利手段的选择越来越不可能，而只有将社会福利支出用于人力资本的投资，以及增加个人参与经济的机会，才具有现实的可行性[④]。

在发展型社会政策理论看来，劳动力技能培训是传统福利资本主义国家走出危机的基本路径。通过高质量的教育和培训提供训练有素的劳动力，不但有助于提高经济的竞争力，而且将有助于促进社会融入和社会整合。在吉登斯提出的社会投资型国家中，投资的基本原则是尽量在教育和技能培训上

---

① 阿玛蒂亚·森．以自由看待发展［M］．北京：中国人民大学出版社，2013:7.

② 安东尼·哈尼，詹姆斯·梅志里．发展型社会政策［M］．北京：社会科学文献出版社，2006.

③ 安东尼·吉登斯．第三条道路：社会民主主义的复兴［M］．北京：北京大学出版社，2000.

④ 彼得·泰勒–古比．新风险、新福利：欧洲福利国家的转变［M］．北京：中国劳动社会保障出版社，2010.

进行投资，而不是给予直接的经济援助，并据此推进消极福利体系向积极福利体系过渡。以劳动者人力资本为核心的政策体系不再是所谓反市场的政治，而更多是产出性的。通过投资能促进人力资本、就业、社会资本以及劳动技能等的社会项目，消除社会成员参与经济的障碍，通过提高劳动者参与经济的能力，进而实现经济与社会政策的整合目标[①]。很显然，在发展型社会政策理论中，劳动者技能培训是推动社会政策从再分配功能转向作为一种生产要素发挥作用的基本路径。

在笔者看来，无论是马克思主义劳动过程理论中对于技能控制权争夺的分析，还是发展型社会政策理论中强调技能培训对于福利国家转型以及克服资本主义危机的核心功能，其学术议题及重大现实价值均是为了预言和思考整个资本主义制度的走向。不过，马克思主义劳动过程理论认为，资本主义工厂中的去技能化的劳动过程导致劳动退化，进而成为造成资本主义制度崩溃的推手；而后者则认为，解决资本主义劳动过程中的社会排斥，对劳动者采取有针对性的社会保护，以及提升人们享有教育与健康等社会机会的实质自由，对于提供高质量劳动力供给、克服福利资本主义世界的危机具有重要价值。

对于技能形成研究而言，这两种视角均提供了有价值的启示，一方面，如发展型社会政策理论所言，技能形成依然遵循着人力资本理论所揭示的抽象规律，技能不但是经济增长的重要引擎，同时也是社会质量提升的基本路径[②]；另一方面，马克思主义劳动过程理论所分析的冲突现象充斥着技能形成过程，不过，这种冲突不仅仅存在于资本与劳方之间，还涉及政府、行会、工会、学校甚至金融等多个部门，技能形成并非市场机制作用下自然选择的

① 张伟兵．发展型社会政策理论与实践——西方社会福利思想的重大转型及其对中国社会政策的启示［J］．世界经济与政治论坛，2007（01）．

② 沃尔夫冈·贝克，等．社会质量的理论化：概念的有效性．载于张海东主编．社会质量研究理论、方法与经验［M］．北京：社会科学文献出版社，2011:10.

结果，而是嵌入传统、组织以及制度架构中的充满利益政治的过程。

二、从人力资本形成到技能形成

通常而言，技能被理解为人力资本的一个组成部分。亚当·斯密将“一个社会的全体居民或者成员所拥有的有用的能力”称为固定资本，他认为技能是人们在社会上所能习得的一切有用才能，属于社会积累的一部分。舒尔茨的界定更为清晰，在他的界定中，劳动者的知识、技能和健康等因素的总和构成了人力资本。他认为，人力资本是体现劳动力质量的核心指标，是一种无形的资本，且具有与其他资本类型完全不同的弹性和异质性[①]。延续舒尔茨的界定，贝克尔同样把技能作为人力资本的一个组成部分。梳理贝克尔的人力资本理论，我们会发现，学界以往一般多强调贝克尔在人力资本投资研究上的重大理论贡献，但他的一个重要学术观点被忽略了，他一直强调，人力资本与其他资本类型不同的地方在于，人力资本一旦形成就很难被其他部门包括政府没收。贝克尔认为，这对于劳资关系的处理具有重要启示[②]。换言之，在贝克尔眼中，人力资本投资不但具有促进国家和个体收入增长的经济功能，更具有减少社会不平等、弱化阶级冲突的社会功能。

不过，与马克思将劳动力价值视为劳资阶级冲突中的一个重要节点不同，人力资本理论主张，投资是人力资本形成最为重要的渠道，劳动者只有在健康、时间、技能和知识方面进行持续性的投资，方能形成人力资本，使劳动力价值不断增值并给劳动者带来更高的预期收益。可是，对于人力资本而言，问题在于如何识别和计算这种预期收益。在古典经济学文献中，尽管亚当·斯密很早就把劳动力视为一种资本类型，但是究竟如何测量这种资本类型，则一直困扰着这些经济学家们，正如费雪所言，“只有收入和利润的东西可以被

① 西奥多·舒尔茨．对人进行投资［M］．吴珠华，译．北京：商务印书馆，2017.

② 加里·贝克尔．人力资本［M］．陈耿宣，译．北京：机械工业出版社，2016:12.

称为资本，并预计未来折现值的资本价值”。舒尔茨认为，（古典经济学）“传统方法衡量的物质资本的增长，只能解释大多数国家较小的收入增长”。对于移民而言，只要迁移成本低于其新工作的预期收益，那么这种迁移性的投资行为就会发生。相较于舒尔茨的分析，贝克尔首次系统地建构了人力资本形成理论，将人力资本投资运用到人类行为的分析之中，他用实证研究方法论述了人力资本形成的整个过程，被西方学术界称为“经济思想中的人力资本投资革命的起点”。贝克尔认为，在劳动力成长过程中，所有用于人力资本形成的成本性支出均可以归为人力资本投资。人力资本的投资方式多种多样，包括“上学、在职培训、医疗护理、移民及价格与收入的信息搜寻”等。不同人力资本投资方式对人力资本形成会产生不同的影响，并且会导致不同的收益率。在贝克尔看来，人力资本投资所带来的收益包括有形的，如收入增长；也包括无形的，如好的人际关系和“心理收入”①。与此同时，贝克尔还对家庭背景对孩子成就的影响进行了分析，他认为家庭不平等对孩子未来成就的影响是客观事实，但不能据此高估、低估或否认人力资本上投资所带来的收益。贫困家庭孩子在劳动力市场上之所以处于更弱势的地位，主要原因在于“父母的资本约束限制了他们所拥有的禀赋的市场价值”。换言之，人力资本上的投资依然是社会地位获得的最重要渠道。

人力资本理论无疑为解释世界各国科技创新、经济增长以及国家竞争优势的形成提供了强有力的理论框架，如卢卡斯所言，人力资本是经济增长的原始动力②。而且，该理论除了重大的知识贡献外，还推动了诸多政策的进步，其中最主要的就是，直接推动了很多国家加大对教育领域的投入以及对贫困家庭教育上的扶持。当然，很多学者对舒尔茨和贝克尔的人力资本理论提出了质疑，认为人力资本过于“物质化”，而且人力资本投资与收入之间的关系

---

① 加里·贝克尔．人力资本［M］．陈耿宣，译．北京：机械工业出版社，2016:8.

② 小罗伯特·E. 卢卡斯．经济周期模型［M］．姚志勇，鲁刚，译．北京：中国人民大学出版社，2018.

也让人存疑，因为该理论忽略了“妇女、肄业者、非白种人”，相较于物质所有权对社会不平等的影响，人力资本的影响没有多大“因果意义”。面对这样的质疑，贝克尔通过广泛的证据和精细化、科学化的分析来予以驳斥，证明了人力资本的重要作用不是只适用于特殊群体，而是适用于一般群体①。而且，更关键的，贝克尔认为，社会歧视导致人力资本投资回报率下降虽然是事实，但这并不能否认教育与收入之间的因果关系。

人力资本理论的伟大贡献不容否认，但在人力资本理论框架中，关于技能的研究尚存在着诸多盲点。首先，通过对人力资本理论的梳理，我们会发现，人力资本理论除了坚定地相信“教育是好的”——这一点是完全正确的。但是更关键的是，该理论还认定“更多的教育总是好的（More education is always good）”。不过，在现实经济社会生活中，这样的假定总会面临事实挑战，其中一个突出的例子就是所谓教育错配问题，有调查证明，全球54%的人的就业与自己所学专业无关②，劳动者在正规学校所学的专业知识与实际从事的职位知识要求存在诸多不匹配。这种教育错配的现象在今天的中国尤其明显，大学生失业与民工荒、技工荒并存的劳动力市场上的结构性矛盾现象普遍存在。其次，在贝克尔等人看来，人力作为一种资本的作用逻辑遵循如下顺序，即人力资本高意味着（人力资本持有者）工资高，进而导致生产效率高。很多社会学研究证明，教育确实可以提高收入，尤其是在起点工资上，但是能否进而提高生产效率，却存在着诸多争议，有学者甚至断言人力资本的提高未必能够带来生产效率的提高③。再次，梳理人力资本理论诸多操作化研究会发现，人力资本研究多是以教育程度（尤其是正规教育）和资格证书作为操作化测量指标。这实质上就是认定学历证书或资格证书等于（劳动者）

---

① 加里·贝克尔.人力资本［M］.陈耿宣，译，北京：机械工业出版社，2016:140.

② ILO. 2012/2013 年全球工资报告 . https://www.ilo.org/global/lang--en/index.htm

③ Emrullah Tan. Human Capital Theory: A Holistic Criticism［J］. Review of Educational Research, 2014, 84（3）.

能力，进而直接映射出其人力资本的价格。这种研究操作及其得出来的结论在理论上无可厚非。但是，如果将其主要观点置入社会现实情境中，其有效成立需要必要的制度前提。人力资本理论将其框架中的技能要素简约地以资格证书作为替代，这背后实际上需要一个完整的、系统性的、标准化技能认证体系作为制度支撑。否则，技能资格证书等级可能无法成为劳动者实际技能水平的有效信号。比如在中国，很多职业资格证书扮演的是入户积分、额外津贴的合理化证据而非技能水平的体现。现实的问题在于，不是每个国家都能建构起一套完整的、系统性的、标准化技能认证体系。笔者以为，这种匹配制度上的国情差异为后来的资本主义多样性以及技能形成体制的历史制度主义研究预留了广阔的空间。

经济学框架下的人力资本理论在个人主义方法论基础上，敏锐地发现了社会个体的人力资本投资与宏观经济社会发展之间的抽象规律，这无疑是人力资本理论的重要贡献。不过，这个人力资本理论抽离了时空和历史，在不同国家，由于组织基础、社会制度环境和历史传统的差异，其作用的逻辑也会遭受更多的现实挑战。这在当下的中国体现得尤其明显，人力资本崇拜所带来的过度教育现象越发普遍，减少了劳动力的劳动或就业参与率，长期而言，会对社会生产和社会财富创造产生诸多消极影响。在“重学历轻技能”的评价规则指引下，其所带来的经济社会问题越来越多。同时，教育错配现象对人力资本理论的主要观点提出了新的挑战。换言之，即便以教育程度为核心指标计算出来的个体或社会总人力资本是高的，也并不意味着个体或社会的经济绩效会随之提高。

另外，在人力资本理论框架中，成本—收益是人力资本形成的主要约束机制，但是成本的承担机制究竟是如何形成，劳动力市场上的挖人外部性所导致的人力资本投资的集体行动困境问题，以及人力资本持有者、人力资本购买者（企业）、行会和工会组织、政府在其中扮演什么样的角色，所有这些问题都有待进一步讨论。当然，人力资本理论无疑是本文所讨论的技能形成主题最为重要的理论基础。

在西方主流技能形成理论中，多延续人力资本理论的理路，将教育和技能培训区别开来，教育主要是形成理论知识，而技能培训则更多强调在实际操作中获得能力的一种方式。这种区分是有道理的：一方面，有利于学术研究的展开以及专业课程的开设与教授；另一方面，也是一种社会分工的体现，契合学校和企业（工厂）的社会角色分工，有利于社会效率的提升。其实，人力资本理论框架对于生产实践也是非常重视的。其中，典型的就是新增长理论，这个理论的代表人物卢卡斯通过将人力资本细分为一般人力资本和专业人力资本两种类型，具体分析了学校和生产实践在人力资本形成中的不同作用。一般人力资本强调学校教育在人力资本建设上发挥主导作用，而专业人力资本主要是在生产实践中通过“干中学”形成的。在卢卡斯看来，一般人力资本具有“内部效应”，而专业人力资本不同，它是经济增长和创新的原动力，卢卡斯称之为人力资本的外部效应。由此可见，人力资本理论在强调正规学校教育重要性的同时，也非常重视生产一线的经济效应。

不过，在专业人力资本形成上，卢卡斯认为，专业人力资本形成周期长、难以适应经济社会发展速度，因此，需要将专业人力资本纳入学校教育中，才能产生规模效应，这样投资才划算。从这个意义上来说，卢卡斯认为需要将实践学习纳入学校教育，这样才能促进专业人力资本的形成[①]。但在实际的经济与社会运行过程中，如何实现从学校到岗位的转型，如何建构中间的链接机制，如何将学校所学实际运用到生产过程中，是非常重要的问题。根据国际劳工组织的调查，大量的年轻人就业困境发生在从学校到岗位的转型过程中，“学校所学与实际所需不匹配”一方面会造成就业者的适应障碍，另一方面，也会使雇主尤其是不愿意投资技能培训的雇主对缺少工作经验的就业者持抵触情绪。因此，笔者以为，“重新回到生产中心”来对技能形成进行学理

① 小罗伯特·E. 卢卡斯 . 经济周期模型 . 姚志勇，鲁刚，译 . 北京：中国人民大学出版社，2018.

性界定尤为必要。而且，这种界定对于我们理解产业升级创新更具有现实价值，这些都是技能形成理论所思考的主要问题。

本书将技能形成界定为一种过程，是指通过理论学习、实际操作以及事件经历获得工作能力的过程，它包括技能知识的学习和技能经验的累积两个环节，其中，技能知识学习发生在学校，而技能经验的累积发生在车间。技能知识学习与技能经验累积是一个前后连接的紧密序列，只有知识学习的学校和经验累积的实训车间之间有机互动才能促进有效的技能形成。连接技能知识学习和技能经验累积两个环节的机制安排，笔者称之为技能形成制度（体制），技能形成制度可以分为不同类型，不同国家的技能形成制度往往是不同的，这一点下文将详述。根据不同的维度，技能形成可以分为不同类型（见表3.1）。根据技能学得内容的差异，技能形成可分为通适性技能形成与特殊技能形成，前者主要是行业通用技能的学得，后者则是企业内生产岗位或者生产工序的特殊性技能学得。如果说前者对应的是一个行业从业者基本的技能素质要求，属于标准化程度较高的技能，那么后者对应的则是岗位工序上相对特殊性技能要求，技能标准化程度也较低。

从企业获得技能供给的方式而言，技能形成可以分为外部技能形成方式和内部技能形成方式[①]。外部技能形成方式，主要是指企业从外部劳动力市场上获得技能供给，这种供给可以是正式雇佣，也可以是临时聘用。内部技能形成方式，主要是指企业通过内部培训满足技能需求的方式，这种内部培训既可以在自己工厂车间里进行，也可以通过委托的方式交给外部培训机构来完成。在现实生产过程中，企业可能同时选择两种技能形成方式，以满足技能供给需求，但往往会有所偏重——要么偏重于外部技能形成，要么主要依赖内部供给。在一个国家，哪种技能形成方式占主导地位通常是企业治理机

① 王星．劳动安全与技能养成：一种政治经济学的分析［J］．江苏社会科学，2009（05）．

制作用的结果[①]。从技能形成的规范化程度而言，技能形成可以分为正式技能形成和非正式技能形成。前者是指一种基于正式契约合同基础上的培训机制安排，聚焦规范性文本知识、生产操作规则、程序性要求等方面对劳动者进行系统性、专门化的培训。后者更多属于一种在社会关系基础上的培训机制安排，师徒制是典型，它依赖口传身授，将技能学习寓于实际生产过程中，通过完成工作任务而获得技能。比较而言，非正式技能形成更适用于所谓隐性知识或意会技能的形成。根据技能形成成本承担情况，技能形成可以分为市场化技能形成和福利性技能形成，前者主要由市场机制主导下的技能培训供给，培训成本主要由受训者（个体或企业）承担，属于一种资本投资；后者主要是指由政府提供的技能培训的福利性公共服务，受训者不承担或少量承担成本，属于一种社会权利。

表 3.1 技能形成类型表

类型 标准	技能形成的类型	
技能学得内容	特殊性技能形成	通适性技能形成
技能供给的方式	企业外部技能形成	企业内部技能形成
技能形成的规范化程度	正式技能形成	非正式技能形成
技能形成的成本	市场化技能形成	福利性技能形成

相较于人力资本概念，技能形成概念在学理上体现出如下的特点：（1）人力资本通常强调学校教育和培训的重要性，以学校为中心，而技能形成则将关注的重点拓展至工厂和车间，更聚焦生产过程及其与知识学习和培训的关系；（2）人力资本理论将人力资本形成视为一种经济性投资，专注于分析社会成员个体在知识学习和技能培训上的微观行动；技能形成理论除了关注技

① 王星．技能形成的社会建构：中国工厂师徒制变迁历程的社会学分析［M］．北京：社会科学文献出版社，2014.

能形成的微观过程，更注重对影响技能形成行为的组织、结构以及制度因素的分析，比如企业参与、行业组织、工会组织等；（3）人力资本理论从方法论上化解了社会成员个体选择的复杂性，探寻社会成员投资人力资本的一般规律，淡化了制度环境对个体投资行为的影响；技能形成理论则更多分析过程的多样性，通过比较分析，探寻社会成员不同技能形成行为选择背后的制度成因；（4）人力资本更关注的是人力资本形成后的经济后果，比如对个体劳动力市场竞争力以及经济增长绩效的功能。技能理论当然也关注技能与经济发展的关系，但同时也关注福利国家体制与技能形成的关系①，分析技能形成与社会保护之间的相关性；（5）人力资本概念强调教育投资与收益的普遍规律，抽离了时空界限，技能形成理论则引入时间和空间概念，挖掘不同国家技能形成制度的多样性及其形成的历史根源。

三、从过程到制度：技能形成与技能形成体系

资本主义多样性研究文献将资本主义国家的经济治理机制分为自由主义市场机制和协调性市场机制两种②。不同国家的经济治理机制对企业技能形成方式的选择产生重要影响，由此形成了不同的技能形成制度安排。国家技能形成体系可以分为广义和狭义。从广义上来说，一个国家的技能形成体制可以等同于教育体制。不过，很多时候，学者们使用的技能形成体制多属于狭义上的，指的是劳动力技能培训体系，包括职校教育体系和在岗培训体系，本文采用狭义技能形成体系概念。笔者认为，国家技能形成体系是指一个国家在技能形成上的一整套制度安排，即所谓的“制度包”，具体包括财政制度、职业培训认证制度以及劳动过程制度三大部分。财政制度是政府介入的

① Estevez-Abe M , Iversen T , Soskice D . Social Protection and the Formation of Skills: A Reinterpretation of the Welfare State [M] . Varieties of Capitalism. Oxford：Oxford University Press，2001.

② 详细讨论可参见 P.A. Hall and David Soskice（2001），王星（2008）等。

主要制度安排，职业技能培训与认证制度和劳动过程制度则是企业和受训者卷入技能形成的主要制度机制。国家技能形成体系从制度上对技能形成的相关主要问题进行了规定和安排，主要涉及培训风险承担、技能标准化和认证程度、职业学位系统的分层和差异化、培训主体角色安排，以及与其他社会经济制度关联等方面的问题[①]。具体可参见图 3.1。

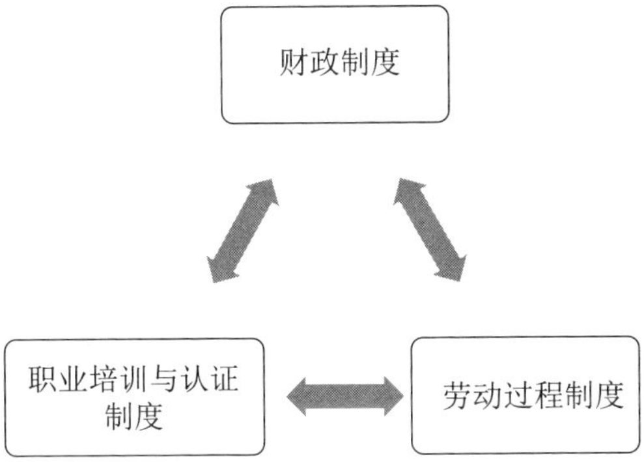

图 3.1　国家技能形成体系的制度构成图

国家技能形成体系是围绕技能形成的制度安排，内容结构复杂，其形成是一个长时段的历史过程，且通常与国家的政治制度环境密切相关，这需要另文详述。国家公共财政制度、职业培训与认证制度、企业治理机制、劳动过程制度和社会保护制度之间存在着耦合和功能互动。企业治理机制决定国家技能形成体系的技能形成主体与成本分担方式，即采用企业内部技能形成体系（如双元学徒制，以企业负担为主）还是外部技能形成体系（如职业技校，以国家负担为主）；社会保护制度决定国家技能形成体系提供的技能类型，即资产专用技能（企业专用技能和行业专用技能）或者通适性技能（高端或低端通适性技能）。在早期的研究文献中，由于划分标准的差异，不同学者对技能形成体系类型也有不同的界定，比如索斯凯斯等人将之划分为低技

① Blossfeld H P . Is the German Dual System a Model for a Modern Vocational Training System?［J］. International Journal of Comparative Sociology, 1992, 33（3）.

能形成体系与高技能形成体系，英国和德国分别是典型代表①。也有根据技能培训空间来划分的，分为基于技校的技能形成体系与基于车间的技能形成体系。目前，比较共识性的观点是立足以企业为中心，将技能形成体系划分为不同制度类型②。通过韦伯理念型的分析方法，Busemeyer 和 Trampusch 从两个维度对不同国家的技能形成制度进行了归类。第一个维度是指企业卷入技能形成的程度，主要关注企业对技能形成的投资行为及其意愿，企业在技能形成规划、认证和课程设计中的参与度等。第二个维度是国家对技能形成的卷入程度，换言之，是国家对职业培训的公共承诺，其中包含很多方面，如国家对技能形成的补贴投资意愿和力度、国家是否颁布通过颁发资格证书和标准化的岗位培训框架来监督技能形成的公共政策，以及国家对职业教育培训在教育体系中的定位等。

基于这两个维度，Busemeyer 和 Trampusch 将发达工业化国家的技能形成体系分为四种类型（见表 3.2），即以美国为代表的市场主义技能形成体系，以日本为代表的分隔主义技能形成体系，以瑞典为代表的国家主义技能形成体系，以德国为代表的集体主义技能形成体系。国家主义技能形成体系又称为国家管制型技能形成体系，是由国家直接投资和主导的技能培训体系。自由主义技能形成体系又称为市场主义技能形成体系，技能和积累主要依赖市场机制调节。集体主义技能形成体系是一种国家和企业卷入程度都比较高的制度安排，强调国家干预和市场自治的均衡。分隔主义技能形成体系中企业参与程度高，强调企业的自主权和责任，国家干预程度低。

---

① Soskice D . Divergent production regimes: coordinated and uncoordinated market economies in the 1980s and 1990s［J］. Continuity & Change in Contemporary Capitalism, 1999.

② Marius R. Busemeyer and Christine Trampusch（eds.）. The Political Economy of Collective Skill Formation［M］. Oxford: Oxford University Press, 2012.

表 3.2　国家技能形成体系的类型表

资本 ＼ 政治		国家卷入	
		强	弱
企业卷入	强	集体主义技能形成体系	分隔主义技能形成体系
	弱	国家主义技能形成体系	市场主义技能形成体系

资料来源：笔者根据 Busemeyer and Trampusch（2012）整理而成。

在国家主义技能形成体系下，国家对于技能形成的介入程度较高，通常会采用外部技能形成方式[①]。在这样的体系下，国家通常会大力支持职业技能培训，公共财政是技能培训的主要投资方，教育培训公共经费开支在国内生产总值中的占比高。技能培训主要是由各类职业技校提供，企业在技能供给中的角色边缘化，参与程度和积极性较低。在技能培训的内容上，多强调通适性技能，职业技校的课程设置多采用标准化安排。在技能形成政策上，强调流动性和体制开放性，致力于打造职业教育和学术教育之间的制度性连接机制，鼓励职业教育受训者向学术教育流动。在国家主义技能形成体系下，国家有责任对失业劳动者提供必要的职业技能培训，不是将技能形成定位为一种资本投资，而更多视为一项社会权利。但由于多是培训通适性职业技能，企业参与度低，技能供给的质量和效率均比较低下。对于制造业而言，技能供给更多是对低技能依赖型产业提供支撑。不过，对于社会后果来说，在国家主义技能形成体系下，由于技能工资的级差通常比较小、技能溢价低，因此劳工阶层的平等化程度更高[②]，劳资关系相应比较平和，劳资矛盾不突出。但是，在国家主义技能形成体系下，劳动力市场通常会比较僵化，青年人就业机会比较少。

① 在国家主义技能形成体制下，国家主要对外部技能培训学校进行公共财政投入，因此外部技能形成方式是主导，这一点与中国计划经济体制下国企的技能形成方式不同，国企扮演了很多准政府的功能，以内部技能形成方式为主，具体讨论可参见王星（2009）。

② 王星．制度优化促本土技能形成［N］．中国社会科学报，2017-05-17（005）．

在市场主义技能形成体系下，同样多采用外部技能形成方式，但相对于国家主义技能形成体系，市场主义技能培训体系则更强调自由市场力量的主导作用，技能供给与积累主要依赖于市场机制调节。在该体制下，更多强调技能形成的人力资本属性，国家对职业教育的投资较低，受训者自我投资是技能培训的主要部分，企业投资技能培训的动机和意愿并不是那么强烈。在技能供给主体上，属于典型的以技校为基础的供给体系，各类职业技校和社区学院是供给的主体。技能培训内容多强调通适性技能，市场应用导向强烈，对市场需求信息较为敏感，能根据企业技能需求及时调整课程内容①。因此，"热门专业"的技能供给通常相对饱和，但是在制造业岗位上，技能供给通常会面临短缺。劳动力市场弹性大，技能劳动力之间就业竞争激烈，技能劳动力流动性相应较强。与此同时，职业教育的社会地位比较低，职业教育与学术教育的融合程度低，存在着文化传统和制度上的区隔。在市场主义技能形成体系下，对劳动市场弹性的强调，通常不利于制造业工业生产技能的累积，但却有助于为信息技术产业提供技能支撑，一般会在信息产业的国际竞争中取得较强的竞争优势。但同时，在这种技能形成体系下，技能工资级差较大，强化技能溢价。因此，劳工阶层的不平等程度更高，劳资冲突较多，容易激化社会矛盾，影响社会稳定。

集体主义技能形成体系是一种国家和企业卷入程度都比较高的制度安排，在技能形成上，强调国家干预与市场自治的均衡。国家和企业分担技能形成的投资成本：一方面，国家对职业教育公共财政投入较大，另一方面，企业也乐于分担技工的大部分培训成本。在技能供给上，双轨式技能培训体系是主要方式，外部技能形成与内部技能形成方式并行，职业技校与车间培训被整合成一体且分工明确。职业技校主要提供理论学习，车间主要是技能实际操作训练。技能培训内容也多是标准化的课程设置，所培训的技能劳动力面

---

① Marius R. Busemeyer and Christine Trampusch (eds.) . The Political Economy of Collective Skill Formation［M］. Oxford：Oxford University Press, 2012:12.

向行业甚至全国性劳动力市场的技能需求。与国家技能形成体系不同的是，行业组织在技能培训与认证上拥有较高的话语权，在集体主义技能形成体系下，中介组织发挥了较大作用，通过国家赋权，行业协会在技能认证上通常具有准公共权力，共同参与对技能形成的监管，从而形成三方管理架构。在技能形成政策上，集体主义技能形成体系会限制职业教育和学术教育之间的流动，在一定程度上设置制度，以限制技能劳动力在不同教育体系之间的流动。在集体主义技能形成体系下，技能供给的质量和效率都比较高，由于企业在技能形成的参与程度较高，该体系能够较好地整合企业通适性技能和专门技能的需求，因此技能不匹配而导致的技能短缺问题不是很突出。在技能工资上，由于工会组织和行会组织在技能形成上介入程度较高，因此，在集体谈判基础上的组合主义工资机制更有助于形成较高的技能工资并降低技能工资级差①，随之极大提升了一线技能岗位的吸引力。相较于自由主义技能形成体系，在集体主义技能形成体制下，一线岗位吸引力提升了就业稳定性，有利于技能经验的累积，有助于高技能依赖型制造业创新②。集体主义技能形成体系抑制了技能工资溢价的过度膨胀，因此劳工阶层平等程度高，劳资冲突较少。企业雇主与劳工之间的联合使劳资关系融洽，双方在技能培育上能够达成可信承诺关系。高技能劳动力供给持续，有利于国家渐进型创新能力的培育。

分隔主义技能形成体系是企业主导的技能形成机制，为了克服所谓的挖人外部性问题，所培训的技能通适性较低，而且即便是同行业中的不同企业之间在技术制式上通常也是不可通用的，是非标准化的。在技能供给主体上，主要是以企业为主，厂办技校较多，职业学校多扮演辅助性角色。在分隔主

① 凯瑟琳·西伦.制度是如何演化的：德国、英国、美国和日本的技能政治经济学［M］.上海：上海人民出版社，2010.

② 制造业创新与信息产业创新是不同的，前者属于渐进型创新，后者更多是急进型创新，具体讨论可参见 Hall and Soskice（2001）。

义技能形成体系下，一个突出的特点是较多培训企业的特殊技能[①]，企业之间技能区隔现象普遍，标准化程度低。企业通过建立内部劳动力市场机制，强化劳工的就业稳定性。劳工在职业学校毕业后，进入企业内部技能形成体系中，训练特殊生产技能，一方面，日本企业带有强烈的父爱主义色彩，通过长期雇佣，增强企业福利等方式强化技能工人的岗位安全和雇佣安全，这有助于积累生产技能；另一方面，技能工人由于掌握的技能具有企业特殊性，因此，如果其失业也就意味着其技能优势的消失，因为在劳动力市场上，其掌握的技能可能无法满足其他企业的岗位技能要求。在这样的体制背景下，大企业主导了技能形成，在主导技能培训的同时，主导技能认证。相较于集体主义技能形成体系，中介性社会组织作用有限。由于训练的技能标准化程度低，带来的另外一个意外后果就是，技能通适性弱导致技能劳动力的失业风险较大，但同时，劳工阶层的社会平等化程度比较高，劳资关系比较缓和[②]。

由此可见，从全球比较来看，四种技能形成体系在技能培训成本分担、技能形成主体、技能供给类型、体制开放程度等方面既有类似之处，也存在着诸多不同。不同技能形成体系下的政策实践会导致不同的经济社会后果，对技能短缺治理、产业升级和创新、社会融合等方面会有不同的影响。在实践层面，国家技能形成体系主要是围绕如下几个核心命题展开行动回应：第一，谁控制了技能形成过程？政府、行业组织、工会以及学校在其中扮演什么样的角色？进一步来说，技能形成过程中，认证权和话语权格局是如何形成的？第二，技能供给的主体是什么？企业、厂办技校、职业院校之间在技能供给中如何有效互动，以及这种技能供给的格局绩效如何？第三，技能形成中的成本是如何分担的？这其中涉及经典的挖人外部性问题，以及技能形

① Lazear E P . Firm-Specific Human Capital: A Skill-Weights Approach［J］. NBER Working Papers, 2003.

② Marius R. Busemeyer and Christine Trampusch（eds.）. The Political Economy of Collective Skill Formation［M］. Oxford：Oxford University Press, 2012:15.

成投资与回报的问题。政府、企业以及受训者如何分担技能形成的成本，这是需要制度安排的。第四，技能形成中的职业教育与学历教育之间的关系。通常而言，学历教育的拓展会对职业技能教育产生一定的挤出效应，同时在劳动力市场中，对学历和技能的价值进行评估需要从技能形成体制层面进行回应。

四、技能形成体系与制造产业创新升级的制度基础

如前文所言，技能形成被公认为是一国经济增长的重要引擎之一，对“国家增长绩效具有绝对的核心作用”[①]。对当下中国而言，需要从学理上对国家技能形成体系进行系统分析，这不但对于中国产业工人队伍建设和产业尤其是制造业转型升级具有重要价值，而且对于解决中国乡村劳动力单向流失、城市农民工群体社会融入，乃至乡村振兴的技能短板等社会问题都具有重要的意义。正如十九大报告所言，我们要建设知识型、技能型、创新型劳动力大军，劳动者技能形成不但为产业升级、经济发展提供支撑，更重要的是，这是事关劳动者的幸福生活以及中国社会治理现代化的重要命题。

就技能形成体系与产业升级创新的关系而言，众所周知，研发对产业创新非常重要。新古典主义创新理论的一个核心观点就是认为产业创新源自制度化的研发。不过，技能形成理论认为，产业创新是一个链条，研发至少包括基础研究、应用研究、实验性开发三大部分。基础研究主要是由政府产业、科研院所、非营利研究机构来进行的，不受具体问题驱使，探寻基础原理，形成假说、理论或规律，并进行验证。应用研究和实验性开发的主体是企业或者实验室，目的在于转化基础研究成果，探索研究成果市场化的工艺、材料以及路径等。从这个意义上来说，企业车间的生产活动对于产业升级尤其

① Acemoglu D , Pischke J S . Beyond Becker: Training in Imperfect Labour Markets [J] . Economic Journal, 1999 (109) .

重要。恰如路风所言，在现实世界中，从来不存在可以脱离工业过程去掌握先进技术，以及进行产业创新的可能性，所有研发活动（实验室）必须与生产实践（车间）结合起来才能实现创新[①]。在德国，高技能依赖型、高附加值的制造产业升级创新过程就是有力的例证：有研究发现，德国的非研发密集型企业、车间活动对于产业创新的贡献更大[②]。反观中国，生产一线的车间活动往往得不到应该有的重视。如上文所言，农民工已是中国产业工人队伍的主体，这些农民工在工业生产过程中多只是流动的、廉价的劳动力，算不上现代意义上的产业工人，他们的社会保护困境以及就业短期化等因素无法为其技能累积提供必要准备，更无法对产业升级创新提供必要的技能支撑。高科技研发与车间生产之间存在着巨大的鸿沟，在创新科技成果转化生产的整个链条中，高收入的研发人员与低薪酬的一线工人之间存在的社会不平等——既有经济收入上的不平等，更有社会权利上的不平等——实质上已经严重阻碍了研发成果的转化和实际应用，形成了技术流动的社会断裂现象。因此，产业升级创新不仅是一个经济问题，更是一个社会问题，需要重新回到生产，重视生产一线的人与物，这样才能建构起产业升级创新的生产基础。换言之，产业创新的激发点往往既不由国家指定，也不能够提前设计，而是源自一种创新生态，尤其是制度生态的打造。国家技能形成体系建设无疑是在打造这样的制度生态。

基于韦伯经济社会学理念型的方法，我们可以从国家卷入和企业卷入两个维度对中国的技能形成状况及其制度安排进行简单描述。从国家卷入程度来说，近些年国家对职业教育的财政投入逐年增加，并且主要投向技校，技校课程标准化程度较高，而且技能认证主要由国家主导，在职业教育与学历教育关系上，国家高校扩招政策对职业教育的影响比较大。从企业卷入程度

① 路风．光变——一个企业及其工业史［M］．北京：当代中国出版社，2016:190.

② 奥利弗·索姆，伊娃·柯娜尔．德国制造业创新之谜［M］．北京：人民邮电出版社，2016:20–29.

来看，企业投资技能培训动机淡，厂办技校逐渐退出，而且技能认证参与度低。从这个意义上来看，中国的技能形成体系仿佛更倾向于国家主义类型。但是，我们同样发现，中国国家技能形成体系存在着诸多制度冲突：在劳工保护方面，中国仿佛更偏向于自由主义；而在企业自治方面，中国又有强烈的国家干预传统。首先，中国将制造业创新提升为国家战略，但却不断强化技能劳动力市场的自由弹性，用工短期化与挖人外部性会从根本上破坏制造业创新所需要的技能累积基础；其次，中国强调职业教育对于国家创新能力建设的重要性，但却同时不断扩大高等教育的招生规模，甚至还出台政策增强职业教育向学术教育的流动性，这使职业教育沦落为“差生”教育，无力为产业升级提供匹配的高技能劳动力；再次，抱怨职业技校生产的技能与企业需求脱节，却只是简单引介他国经验（如德国双轨制）作为解决之道，没有相应地将技能考核和认证权力等准公共权力赋予工业自治组织，如行会和工会，这导致中国企业雇主和工人无兴趣也无动机参与整个技能形成体系建构。这种缺乏制度反思的经验引介使我们往往只知皮毛而不知其本，导致他山之石无法攻玉，无助于解决中国技能不匹配（Skill Mismatch）引发的“技工荒”等迫切的现实问题；最后，一方面，不断设计和开发多种培训课程与项目，以期培育满足中国制造业技能需求的技工大军，另一方面，又不断拉大技能工资级差，增加技能工资溢价，忽视对基层产业工人的权利保护，这不但使技能劳工阶层内部的两极分化现象严重，而且还使基层产业工人沦为社会弱势群体，基础性技能岗位对年轻人越来越缺乏吸引力。

正如有学者所说的，中国是一个魔方，整合了多种制度属性于一身。这既是有些学者所言的“例外主义”，也可以说是一种中国特色。不过，笔者始终认为，除了学界需要努力建构本土学术概念以克服诸如“例外主义”的解释困境外，我们必须承认，一些共识性的经济社会规律同样也是作用于中国的。如果将中国目前面临的挑战与困境置入世界历史进程来看，我们发现，在 20 世纪五六十年代，西方国家也经历了劳动密集型经济发展方式所带来的类似挑战与风险——产业萎缩与血汗工厂引发的劳工社会保护困境。这些资本主义国家通过经济发展方式转型——从劳动密集型转向技术密集型，较为成功地摆脱了经济社会发展困境，实现了经济效率与社会保护之间的相对均衡。很多学者认为，在发达资本主义国家成功转型的过程中，技能形成体系起到了最为核心作用，是重要的比较制度优势①。中国技能形成体系中的制度冲突目前已成为阻碍中国技能生产、劳工保护乃至国家制造业创新能力提升的深层制度根源。在将来的发展历程中，如果不进行政策创新以调和技能形成体系内在制度冲突的话，将会催生更为严重的经济社会后果。

① Hall P, David Soskice. Varieties of capitalism: The institutional Foundations of Comparative Advantage [M]. Oxford: Oxford University Press, 2001.

第四章

劳动分工中的技能形成与技术进步

本章主要从经济社会学角度对技能形成与技术进步之间的联系进行学理层面的阐述。技能形成是在劳动实践中进行的，劳动分工改变了技能形成的内涵，并在实践中推动了技术的进步。第一部分从理论上回顾生产的自动化和机器化等技术进步对劳动过程的影响；第二部分分析劳动分工、技能形成与技术进步之间的逻辑关系；第三部分阐释这样的分析对于我们理解产业工人技能形成的重要性。

一、生产自动化与劳动过程的去技能化和客观化

劳动过程是对加工原材料的生产性转化，是劳动和技术双重转化的过程。[①] 马克思主义劳动过程理论将劳动过程中的劳动者与技术互动置于资本主义体制中加以考察，认为这种互动背后实质上潜藏着政治。在马克思主义劳动过程理论中，技术成为阶级斗争的工具，技术进步使劳动过程日益客观化，而劳动者被异化为执行生产指令的机器。恰如布雷弗曼所断言的，这样的劳动过程不但不会带来劳动力素质的提升，相反，还会导致劳动的退化。

具实，回溯劳动的学术研究脉络，我们发现，劳动在工业领域中的盛行可以追溯到亚当 · 斯密的国民经济增长理论。在《国富论》中，亚当 · 斯密描述了劳动尤其是劳动分工对经济增长绩效的影响。他认为，劳动分工使人们对自已从事行业的生产熟悉度提高，也避免了由一种工作向另一工作转化造成的时间损失。而且劳动分工催生了替代简单劳动的机械发明，进而提升了生产力，创造了国民财富。[②] 在工业化进程中，大规模机械化生产车间迅速

① 王星 . 技术的政治经济学——基于马克思主义劳动过程理论的思考［J］. 社会，2011（01）.
② 亚当 · 斯密 . 国富论（上卷）［M］. 郭大力等，译 . 北京：商务印书馆，2015.

建立，自动化机器和操作工人成为劳动生产过程中的主体，在经济学家（包括资本家）看来，这种劳动过程的工业化是加速资本积累的最佳手段。不过，与经济学不同的是，马克思看到了劳动过程工业背后隐藏的内涵。他认为，这种从手工劳动向机器化劳动的转变，一方面，降低了生产对工人劳动的依赖，劳动者成为机器手臂的延伸；另一方面，生产效率的提高减少了单位产出的劳动投入，加重了劳动者失业的风险。因此，马克思认为，机械化会削弱劳动者的反抗动机，造成工人阶级的内部分化，进而很大程度上保证工厂的纪律。技术发展实质上成为资产阶级控制劳动过程的工具。①

延续马克思劳动过程理论的分析理路，布雷弗曼探索了资产阶级是如何通过分工控制劳动过程的。布雷弗曼认为，技术变迁带来的劳动分工造成了劳动过程中的两种分离：一种是概念与执行的分离，它源于泰勒生产管理模式。这种生产指导的原则要求，在劳动过程中，管理者要逐渐掌握生产的科学知识，并控制工人按照生产要求执行生产。相对而言，工人只是简单接受命令、执行命令，丧失了对生产过程的主动掌握权。另一种是脑力劳动与体力劳动的分离。在劳动过程中，管理者主导和设计了生产劳动的全部原则，生产劳动不再是工人创造性劳动的结果，而是工人像机器一样被办公室的管理者远程操作的结果。劳动，在工人阶级那里，仅仅成为体力的付出。②布雷弗曼认为，正是这两种分离导致工人的技能逐渐弱化，这就是后来广为流行的“去技能化”观点。

由此可见，在马克思与布雷弗曼的劳动过程理论中，彰显出浓厚的政治经济学内涵，劳动分工与技术发展带有强烈的劳动殖民色彩：技术革新带来生产效率的提升对于资本家而言是财富的积累，而对于劳动者而言却是劳动的无限剥削和统治，进而技术异化为阶级控制与斗争的工具。马克思揭示了资本控制劳动过程的动机，而布雷弗曼则为我们刻画了资本控制劳动过程的

① 马克思.资本论（第一卷）[M].北京：人民出版社，1975.

② 哈里·布雷弗曼.劳动与垄断资本：二十世纪中劳动的退化[M].北京：商务印书馆，1979.

策略手段。不过他们在以下三点上是基本一致的：第一，工作场所（工厂）最显著的特征不是韦伯的科层制模式，也不是人际关系学派所坚持的非正式关系体系，而是“一个权力体系，一个阶级对抗体系”。这为劳动过程理论后来转向劳动政治、工厂政体分析做了铺垫。第二，宏观的整体性分析视角，马克思和布雷弗曼都注重暴力资本与劳动的整体性对立，在他们的概念框架中，是以社会主义生产方式为基准，来分析资本主义劳动过程。这样的宏大叙事一方面掩盖了资本具体控制手段的演变历史，另一方面也忽略了资本控制类型的空间性，即忽略了不同经济体制和社会环境下，劳动控制手段的多样性。第三，二者都忽略工人阶级的主体性。抽象的劳资对立原则抽离了工人阶级的历史性，忽略了劳动的主观性特征。这往往被视为经典马克思主义劳动过程理论的一个硬伤，成为后来理论批评的主要根据，即所谓主体性忽略问题（Missing Subject）。①

因此，新马克思主义劳动过程理论家迈克·布洛维逐渐尝试找回劳动过程中的工人主体性。他认为，工业化的劳动过程并非完全如布雷弗曼所言的“客观化”。布洛维的研究发现，在现实劳动过程中，制造工人“甘愿”的力量除了工厂中的劳动力市场与国家内部的“规则”外，也包括工人主动参与赶工游戏的非经济性主观因素作用。在较难被替代的工作岗位上，工人的“讨价还价”更具优势，能够获得尊重与认可。②因此，在新马克思主义劳动过程理论中，劳动者的劳动能动性重新进入学术视野。劳动者所掌握的专门技能有助于提高其在工厂中的地位和收入，而且有趣的是，布洛维发现，为了维护这种技能特殊性，在劳动过程中，工人会刻意隐瞒自己的技能，如对已经很熟练的操作表现出不熟练，在表象上制造出操作较难完成的假象，以期借此收获更多。

① 王星．技术的政治经济学——基于马克思主义劳动过程理论的思考［J］．社会，2011（01）．

② 迈克尔·布洛维．制造同意：垄断资本主义劳动过程的变迁［M］．李荣荣，译．北京：商务印书馆，2008.

不过，布洛维并没有循着这样的发现继续追寻，而更多着力于通过强调“工人阶级主体性”，实现对经典马克思主义劳动过程理论中“泛阶级化”立场的适应。在布洛维笔下，劳动不再只是产出产品的物理过程，而是包含政治、经济和意识形态三个维度的实践性活动。在这个历史性活动中，凝结了国家体制、市场体制、工厂体制和意识形态等因素。在劳动过程中，不但浓缩着控制与反控制的劳动政治斗争，而且还折射着国家政治和生产政治互动的变迁。由此可见，以布洛维为代表的新劳动过程理论，通过工厂政体的理念型，将宏观体制（如产权制度）与微观的工人主体行动连接起来：以宏观制度结构作为工人主体性行动的解释变量，同时力图通过微观劳动政治透视宏观的国家政治，从而完成了对传统劳动过程理论的超越。

笔者以为，无论是经典马克思主义劳动过程理论，还是以布洛维为代表的新马克思主义劳动过程理论，都强调劳动实践过程对理解资本主义企业组织乃至资本主义体制具有重要价值，对于劳动福利的改善起到了重要推动作用。但在理解劳动过程上，二者依然存在着诸多盲点：一是在理论上强调整体资本与整体工人阶级的对立，对于解释资本主义工业化早期的劳动政治具有解释力，但随着资本主义国家的制度演化，资本主义世界出现了多样性的劳动过程类型。在一些老牌资本主义国家，德国是典型，劳资合作的伙伴关系日益常态化。以劳资对立程度最为严重的美国为例，这些年，劳资关系也在悄然发生着变化，越来越多的工会改变传统做法而寻求与资本的合作。正如美国电气工人国际联盟主席杰瑞 · 卡尼所言：“我们知道自己必须有全球竞争力。我知道我们不能只关注这里发生的事。我们必须盯着其他电器生产商以确保能与他们竞争；否则我们将失去就业机会。如果我们故步自封，只关注自己工会的眼前利益，不会给工人带来任何好处，因为这些工作机会将会彻底离开我们。”① 二是对劳动过程客观化进而导致劳动退化的判断受到越来越

① 转引自蒂姆 · 哈特泽尔，戴夫 · 里珀特 . 美国制造业回归之路［M］. 何蓉，译 . 北京：人民邮电出版社，2016 ：68.

多的质疑。大量研究证明，在劳动过程中，技术进步一方面确实会导致一部分技能被替代，但技术进步并不意味着技能需求消失。生产劳动实践事实证明，恰恰相反，技术越进步，往往对技能要求越高。而且，技能水平与技术进步之间通常也不是此消彼长的对立关系，而更多的是相互促进的关系——劳动者的技能水平会对技术创新有正向作用。因此，相较于“去技能化”的技能替代，技能学习和更新是理解劳动变迁更具现实性的议题。三是对资本家或企业家劳动创造的忽略，这也是马克思主义劳动过程理论最为人诟病之处。在现实的劳动过程中，资本并不会自动增值，这其中，除了劳工的劳动付出外，企业家的劳动付出同样重要。正如熊彼特研究所说明的，资本的逐利激励和企业家劳动精神是资本主义技术创新和企业发展的重要动力。在今天的劳动过程中，企业家的劳动参与越来越重要。众所周知，丰田精益生产过程管理体系在制造业中广受赞誉，其中一个最基本的原则就是“从公司高层管理者到车间的物料员应该时刻管理自己的行为”，并确保所有人 100% 深度参与到企业的生产劳动过程中。[①] 唯有如此，才能使车间的劳动过程持续改善，不断打造高效的劳动增值。由此可见，劳动过程中，除了控制与抗争议题外，同时还有效率和创新的内涵。劳动过程是多维面向的。

从劳动过程的多维层面来看，制造业的智能化趋势将对劳动力市场和技能需求产生巨大的冲击，这会加剧满足制造业创新技能需求的难度。在对自动化与就业的分析中，Carl Benedikt Frey 和 Michael Osborne 分析了 702 种职业的计算能力，并发现，美国 47% 的工人都面临着工作自动化的风险。除了工作被替代的威胁，工作自动化可能导致“职业的两极化”，即中层技术工作（如制造业）的消失和低等与高等工作的扩张。

2016 年，Frey 和 Osborne 的后续研究进一步指出，不同国家所面临的工作自动化风险不同，OECD 国家的平均水平是 57%，日本是 39%，印度是

① 蒂姆·哈特泽尔，戴夫·里珀特．美国制造业回归之路［M］．何蓉，译．北京：人民邮电出版社，2016：190.

69%，中国是 77%。技术变革对不同国家的差异化影响可能对新兴经济体制造业的可持续发展形成巨大冲击。工作自动化的发展可能会导致跨国公司将制造过程迁移回母国，北美洲国家可能会从这个过程中受益，而中国可能因此失去低成本竞争优势。自动化导致的“提早地去工业化”将限制中国制造业的发展与创新[①]。因此,中国必须发展新的增长模式,整体提升劳动力的技能水平来应对工作自动化的挑战。

在人工智能和工作自动化背景下提出的中国制造业智能化，代表了制造业领域的技术变革，它必将影响对技能水平和技能种类的需求。首先，制造业智能化意味着更多的产业工人需要技能更新。自动化未必会带来大规模的失业，而是要求在职的和未来的产业工人具备智能制造所需要的技能，如信息、计算机、科学、工程、数学等技能。其次，在生产过程中，智能化并不能完全替代技能，智能生产的参数设置、机床制造和一些工序都需要技能支持。姚洋认为,生产中有很多程序属于隐秘或者默会知识,机器人无法完成[②]。从产业层面看，制造业机器化程度越高、设备装备越先进，所需的配套技能越多。最后，现实世界中，从来不存在脱离工业生产过程而进行产业创新的可能性。在制造业生产过程中，有效技能经验是研发转化为生产的关键，有效技能经验的标志，不是生产者掌握和熟悉生产流程的知识，而是拥有能够解决生产过程中出现新问题的能力。换言之，所有研发必须要和车间生产结合起来，才能够真正地促进创新。正如路风在《光变》一书中所言：

尽管这个生产过程是全自动化的，但这个工序却有一个设计难点：当液晶滴到玻璃上之后，根据不同的像素设计，液晶跑的速度会不一样……任何一个产品都需要一个公式，这是一个经验公式，它与理论公式不一样的地方在于，理论公式的范围非常大，在实际运用上，需要一系列边界条件，而这

① Frey C B . The future is not what it used to be［J］. Cdhowe Org, 2016, 171（07）.
② 姚洋 . 制造业才是中国经济脊梁［J］. 中国战略新兴产业，2016, 65（09）.

些条件都只能根据企业特定的经验和工艺条件来经验性地确定[①]。

在智能制造向各个产业渗透的过程中，中国仍然需要足够多的、具备一定中高等技能的产业工人来支持制造业从劳动力密集型逐步向资本密集型和技术密集型转移。鉴于此，在一定时期内，制造业智能化不会通过“机器换人”消除技能劳动力缺口，而可能影响对技能水平和种类的新需求，从而加剧技能短缺的状况。

二、劳动过程中的分工实践与技术进步

劳动分工是一种协作方式，在空间上把各种操作并列在一起，将每一种操作分配给一个劳动者，全部操作由协作工人同时进行。[②] 一般而言，劳动分工多是指劳动过程内部发生的协作，而广义的劳动分工则是在劳动过程外部发生的，属于社会分工的一部分。比如，在柏拉图的理想国中，广义的劳动分工是实现社会正义的工具。[③] 在涂尔干的社会分工思想中，分工是社会团结的源头，也是道德秩序的根基。[④] 在经济学家亚当·斯密眼中，劳动分工能够促进生产效率的显著提升。现代经济学研究证明，劳动分工不仅是提高社会生产力的手段，还是实现报酬递增的经济增长方式。[⑤] 内生经济增长理论的出现进一步将分工与经济增长之间的关系深化，认为劳动分工是技术进步的源泉，而技术进步是经济增长的生产函数。技术进步带来生产效率的提升，实现了规模化生产，进而扩大了市场范围，降低了交易费用，因而能够带来国

---

① 路风．光变——一个企业及其工业史［M］．北京：当代中国出版社，2016:90.

② 马克思．资本论（第一卷）［M］．北京：人民出版社，1975.

③ 柏拉图．理想国［M］．北京：中国社会科学出版社，2009.

④ 埃米尔·涂尔干．社会分工论［M］．渠东，译．北京：生活·读书·新知三联书店，2013.

⑤ 王璐，李亚．劳动分工与经济增长：从斯密到马克思［J］．山西财经大学学报，2007（7）.

民财富的增进。[①]劳动分工与技术进步对经济社会的影响是巨大的：一是宏观上带来了经济增长；二是微观层面上导致了劳动者收入分配结构变化。研究发现，技术进步对高、低技能劳动者的收入差异有显著影响，而这种差异成为社会总体收入差距扩大的主要因素。[②]比较优势理论的研究证明，这种规律同样适用于全球范围的生产劳动过程，通过参与全球生产价值链条，不同国家在分工体系中取得了不同的技术进步程度，并增加了经济收益。[③]

实质上，由于劳动与技术在劳动过程中的相互转化关系，劳动分工发生的时候通常伴随着技术上的变迁。当然，技术的进步不会凭空而生，劳动过程中的劳动者与技术发展之间的有效互动是技术进步进而产生绩效的基础。正如舒尔茨所指出的，人的知识积累和技能提高是递增报酬的重要源泉，[④]劳动力技能水平的提升会使技术进步产生正外部性，所以“从传统经济向现代经济增长转型的关键在于人力资本积累率的提高”。[⑤]

那么劳动分工如何促进技术进步呢？这一点，我们可以从经典马克思主义劳动过程理论那里找到一些灵感。经典马克思主义劳动过程理论敏锐地指出了劳动过程中的分工协作及其带来的影响。在布雷弗曼笔下，现代企业生产的劳动分工突出体现在“概念与执行”的分离。所谓“概念”可以理解为研发设计等工作，所谓“执行”就是将研发设计加工成为现实产品，而将这两种行为串联在一起的就是流水生产线。布雷弗曼认为，这种生产模式会极大地降低生产过程对技能的依赖，使劳动过程客观化，进而导致“劳动的退化”。如果将布雷弗曼笔下的概念劳动和执行劳动类同为今天的研发型劳动和生产型劳动，我们会发现，古典主义创新理论与布雷弗曼的劳动过程理论有

---

① 马歇尔．经济学原理［M］．朱志泰，陈良璧，译．北京：商务印书馆，2009.

② 华昱．劳动供给结构、技术进步与收入差距——基于 CHNS 数据的研究［J］．河海大学学报哲学社会科学版，2018（2）．

③ 林毅夫，蔡昉，李周．中国经济的奇迹：发展战略与经济改革［M］．上海：上海人民出版社，1994.

④ T. 舒尔茨．报酬递增的源泉［M］．姚志勇等，译．北京：北京大学出版社，2001:15–29.

⑤ R. 卢卡斯．经济发展讲座［M］．罗汉等，译．江苏：江苏人民出版社，2003:16.

异曲同工之处。不同的是，二者落脚点略有差异：布雷弗曼更关注劳动过程中承担“执行”功能的生产型劳动，而古典主义创新理论则更重视劳动过程中承担“概念”功能的研发型劳动，他们认为，技术进步源自制度化的研发。可以说，无论是布雷弗曼的“劳动退化”论，还是古典主义创新理论，都从理论上否定了车间劳动实践在技术进步中的重要性，而更加强调实验室研发型劳动的价值。时至今日，这样的观点依然有广泛影响。秉持这样观点的学者们往往刻板地认为，研发岗位是属于高技术和高技能依赖的且具有一定的不可替代性；而普通生产岗位则是执行环节，是低技能依赖的，可替代性强。这种理论观点在全球化背景下得到了前所未有的强化。“概念与执行”的可分离事实上深化了国际生产分工，加速了制造产业生产链条的全球化。基于此产生的创新理论认为，在流水线的劳动过程中，低技能的生产性岗位容易被替代，研发劳动与生产劳动的分离不但能够扩大市场规模提高效率，而且能够强化专业分工从而助推产业创新。他们认为，掌握研发环节是占据制造产业创新价值链条的顶端，研发劳动创造的价值能够抵消生产劳动环节流失所造成的损失。不过，越来越多的研究证明这种观点是错误的。

P.A.Hall 和 D.Soskice 等学者的研究证明了劳动过程的实践分工对于不同类型的技术进步的价值。他们将技术进步催生的创新区分为两种类型：急进型创新（Radical Innovation）和渐进型创新（Incremental Innovation）。急进型创新模式主要包括生产线技术本质上的改变，包括由此而带来的全新产品和全新生产程序；渐进型创新模式主要是指对现有生产线和生产流程的技术，进行持续但规模较小的改进。在生产劳动过程中，这两种技术进步创新模式体现出不同的特点，P.A.Hall 和 D.Soskice 等人认为，比较而言，急进型创新更多依赖于研发型劳动，而渐进型创新则更依赖于生产型劳动。急进型创新模式更具有效率，满足效率至上的风险资本投资要求。所以，它对灵活多变的科技产业很重要，如生物科技、软件行业，因此，更加注重研发型劳动以及快速生产的技术；而渐进型创新模式见效相对较慢，比较适用于固定资本投资规模较大，注重持续竞争力的产业，如机械加工类产品、工程或特殊交通设备等装备制造行业。①对于急进型创新模式而言，时间领先对于企业市场竞争优势的获取尤为重要，这需要技能人才不断转换更新的自由性劳动力市场作为支点，对研发型劳动技能需求更大。②而对于渐进型创新模式而言，它需要一个高质量的产品生产线，且必须对生产过程的技术进行持续长期的改良，③故需要稳定的生产劳动技能积累储备作为支撑。

不过，威廉姆·邦维利安、彼得·辛格等人对美国制造业演变过程的最新研究却证明，对于技术进步而言，无论是急进型创新，还是渐进型创新，劳动过程中的研发型劳动与生产型劳动之间保持密切互动更为关键。通过对美国制造业的历时性研究，他们发现，美国制造产业采用的分离研发型劳动和生产型劳动的分布式生产模式不但阻碍了产业创新升级，导致美国制造业"显著空心化"——随着生产型劳动岗位的流失，研发型劳动岗位也会随之慢慢流失，而且还会因为制造产业普通生产型劳动岗位的流失，造成大量产业工人失业进而恶化社会矛盾，甚至催生社会瓦解的风险。他们的研究发现，研发型劳动与生产型劳动的跨国分离在空间上阻碍了技能形成中隐藏知识的传播，而研发劳动与生产劳动环节无法即时互动反馈，会产生所谓创新死亡峡谷，进而直接拖慢产业创新升级的步伐。④正如路风所言，"在现实世界中，从来不存在可以脱离工业过程去掌握先进技术，以及进行产业创新的可能性"。⑤也就是说，所有研发必须要和车间生产的劳动过程实践结合起来，才能够真正促进技术进步和创新。

① Peter A. Hall and David Soskice（ed）. Varieties of Capitalism—The institutional Foundations of Comparative Advantage［M］. Oxford：Oxford University Press，2001:33-44.

② Peter A. Hall and David Soskice（ed）. Varieties of Capitalism—The institutional Foundations of Comparative Advantage［M］. Oxford：Oxford University Press，2001:27.

③ Peter A. Hall and David Soskice（ed）. Varieties of Capitalism—The institutional Foundations of Comparative Advantage［M］. Oxford：Oxford University Press，2001:39.

④ 威廉姆·邦维利安，彼得·辛格. 先进制造：美国的新创新政策［M］. 沈开艳等，译. 上海：上海社会科学出版社，2019.

⑤ 路风. 光变——一个企业及其工业史［M］. 北京：当代中国出版社，2016:92.

实际上，早先的经济学内生增长理论对类似观点进行过较为详细的阐述，从学理上在劳动分工、技术进步、经济增长三者之间建立了桥梁。1986年，保罗在《递增报酬与长期增长》一文中构建了技术内生化的经济增长模式，① 认为技术进步是经济增长的不竭动力。后来，在马歇尔等人的努力下，内生增长理论在劳动分工与技术进步之间建立了联系，认为劳动分工通过“干中学”、知识积累和人力资本积累内生出技术进步。② 劳动分工体系促使人对新知识的学习，“干中学”既是一个劳动过程，也是一个教育学习的过程。在这个过程中，新的经验得以积累，实现了人对新技术的掌握与传播，劳动者的技能水平得以提升，而后催生出对新技术的需求，引发劳动分工的深化与技术的持续进步。以此理论视角来看待劳动者的技能培训和教育，或许我们对此会有不一样的认知，动手实操是劳动技能形成的不可替代的重要载体，从这个层面上来说，劳动者的技能培训教育实质上就是传播技术。③

三、制造产业升级创新的微观技能基础

众所周知，如果没有一个强大而且极具创新性的制造业体系以及它所创造的就业机会，任何一个先进经济体都不可能繁荣发展。制造业发展依赖于混合式创新，此类创新需要一系列的制度支持，其中包括生产体制、劳资关系、金融体制、福利制度和技能形成体系。目前，技能形成体系已成为支持各国制造业创新的引擎。

---

① Paul M. Romer. Increasing Returns and Long-run Growth［J］. The Journal of Political Economy, 1986（05）.

② 余泳泽，杨晓章. 技术进步的原因及性质——基于分工和外部性的理论分析框架［J］. 产业经济评论，2016（03）.

③ 威廉姆·邦维利安，彼得·辛格. 先进制造：美国的新创新政策［M］. 沈开艳等，译. 上海：上海社会科学出版社，2019.

（一）制造产业升级创新的理论判断

当前理论界认为，制造业创新具有三大特点：一是制造与研发紧密结合，成为研发的基础；二是制造业创新采用了“混合式创新模式”，突破了以往以制度化的内部研发为核心的技术创新的范畴；三是制造业的创新类型与一国的经济体制及其互补性制度密切相关。

制造业不仅仅受益于研究和开发的发展，它本身就是研发创新的基础。经济学者们的一系列研究强烈批判了美国的“去工业化”战略。他们提出，当前制造业已经成为一项知识型工作，它与创新过程有着密切的联系，即创新过程中不可缺少制造业。有学者甚至断言，当一个国家失去制造能力时，同时也在失去创新能力，这一论断来自他们对研发与制造相互依存度的研究。研究发现，除了纯产品创新不需要依赖创新母国的制造业能力以外，纯工艺创新、工艺嵌入式创新和工艺驱动式创新都在很大程度上依赖于母国制造业的发展水平。换言之，多数创新与制造业的相互依存度非常高，制造业本身就是创新的基础。

近年来，学术界对制造业创新概念的认识不断深化。制造业中单一的、线性的、同质化的、基于研发的创新，已经逐步被“混合式创新”的概念所取代。早期研究将企业的研发活动等同于创新。然而，大量具有竞争力的非研发企业或非研发密集型企业的出现挑战了新古典增长理论中的研发概念。演化经济学批评了新古典经济学的研发范式，提出企业的创新能力可以来自企业的惯例或探索，而不仅仅是线性的研发创新。“企业资源观”理论认为企业的创新性与经济成功并不取决于高技术或高研发投入，绝大部分企业的创新活动不一定源于制度化的内部研发活动，而可能从企业自身或外部现有可供选择的方案和技术的新结合中产生①。非技术维度的创新或者服务、市场营

① 奥利弗·索姆，伊娃·柯娜尔．德国制造业创新之谜［M］．北京：人民邮电出版社，2016.

销、组织创新模式的提出呼应了熊彼特的广义创新概念。

广义创新在工业化国家发展成为制造业中的“混合式创新”，即通过对可用技术和现有知识进行以市场为导向的改进，尤其是通过这些技术、知识与高技术组件结合而最终得到的创新。研究表明，德国制造业优势来源于非研发密集型企业和产业的持续创新[①]。根据创新形态（属于有形还是无形）和产品与工艺的区分，可以定义四种类型的制造业企业的创新领域（见图 4.1）：技术工艺创新、组织创新、产品创新、服务创新。技术工艺创新常常与组织创新结合在一起，体现为企业采用“工艺专业化”战略或者在竞争中采用“技术工艺专家战略”。在以高度自动化方式生产标准化产品的产业中常见这种创新模式。同时，产品创新常与服务创新结合，表现为企业在产品创新中采用“逐步的产品开发战略”；同时企业的产品—服务创新采用“客户导向战略”，从而使企业成为“B2C 产品的随机开发商”。

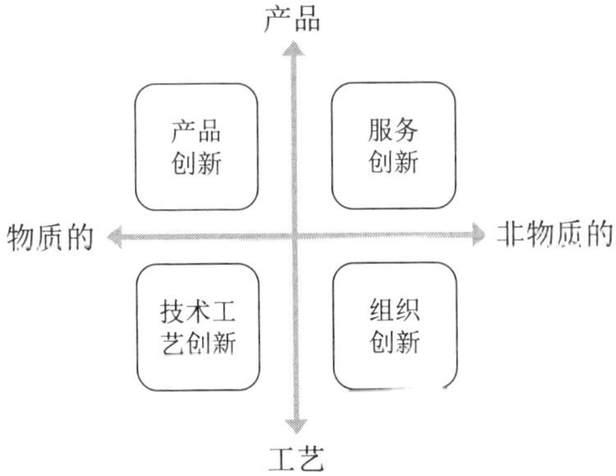

图 4.1　制造业企业的创新领域

资料来源：伊娃·柯娜尔，奥利弗·索姆，安吉拉·耶格．非研发企业、非研发密集型企业的创新战略和创新模式［J］．载于奥利弗·索姆，伊娃·柯娜尔．德国制造业创新之谜［M］．北京：人民邮电出版社，2016:113.

① 奥利弗·索姆，伊娃·柯娜尔．德国制造业创新之谜［M］．北京：人民邮电出版社，2016.

最近的一些研究将产业升级创新进行了类型划分，并在此基础上讨论制造产业转型升级的类型及其制度基础。他们认为，产业创新可以分为急进型创新和渐进型创新两种类型，这两种产业创新类型受到组织和制度的制约。当代发达资本主义国家可以分为两大类：自由市场经济国家和协调市场经济国家。这两类国家的企业分别在急进型创新和渐进型创新方面取得了比较优势。新兴产业出现的创新属于急进型创新，而传统产业的创新属于渐进型创新。前者的代表是互联网和生物医药产业，后者的代表是加工制造业。

对于自由市场经济国家而言，它耦合的制度安排能够促进急进型创新的发展。自由市场经济体缺乏对解雇的限制和具备高流动性的劳动力市场，这意味着企业可以在发展全新产品线时随时雇佣新员工，并在不盈利的时候解聘员工。在公司治理结构方面，企业分散持股和政府对合并的少量限制，允许企业通过兼并的形式来实现激进的技术创新。在技术传播方面，自由市场经济体中大量的风险投资允许科学家和工程师将自己的理念带入市场，并从技术转移中获利，这会促进激进技术的研发。企业间的市场关系提高了企业兼并和挖墙脚的能力，鼓励企业为新产品获取专利，并不惜一切代价获得市场中的新技术。

协调市场经济国家偏向于渐进型创新模式。首先，高度协调的劳资关系和伴随着工人委员会和集体决策的公司治理结构为企业员工提供了保障，鼓励他们参与协调合作。其次，企业内部的培训系统能提供高水平的企业特定技能和行业技能。鼓励企业间合作的合同法和致密的企业间网络，保障企业间能够签订关系型合同。尤为重要的是，公司治理体系保护企业免于被恶意收购，减少它们对当期利润的敏感性，鼓励企业参与长期劳动力合同，鼓励企业间和劳资双方的友好关系，这些均有利于促进渐进型创新。协调市场经济体鼓励产品差异化而不是产品竞争。跨企业网络倾向于促进渐进的，而不是急进的创新。

（二）中国制造产业转型升级的路径选择

为了推动中国制造产业的转型升级，国家制定了《中国制造 2025》的战略目标。《中国制造 2025》规划的核心是实现制造业的产业升级和产业结构升级。在演化经济学看来，制造业产业升级是实现从大规模标准化生产向着多元化高质量生产甚至灵活的适应性生产体制的跳跃式变迁。制造业的转型升级和体制变迁属于渐进型创新[①]。这种“混合式创新”是通过对可用技术和现有知识进行以市场为导向的改进，尤其是通过这些技术、知识与高技术组件结合而最终得到的创新[②]。

与演化经济学思路略不同的是，笔者以为，对于制造产业升级而言，在车间生产革新层面，大规模标准化恐怕依然是其获得竞争优势的重要手段之一，不过这种标准化不是传统意义上的代工生产环节，而是体现在生产工艺流程上。因此，在笔者看来，制造产业升级在路径上具体包括两个方向：一是依托技术创新将工艺流程标准化，推进规模生产流程的精细和高质量，进行组合生产；二是通过大规模定制化和依托柔性专业化，实现灵活生产。在实际产业升级过程中，两种生产模式都能够成为企业的竞争优势，形成核心竞争力。首先，就组合生产来说，实现大规模标准化生产的前提是工艺技术革新。在制造产业的生产流程中，一旦产品在自动化生产线上进行制造，通常会降低其对技能的依赖程度。但其中一个关键的问题是，工艺标准化是实现自动化生产的前置步骤。而工艺流程标准化设计，是高技能依赖的，因为如果不熟悉产品的生产过程或不具备丰富的技能经验，其工艺流程标准化可能会在生产实践中无法落实。而就柔性专业化的灵活生产来说，现场弹性的技能对生产效率和质量更为重要，相应地，对现场的技术工人也更加依赖。

---

① Peter A. Hall and David Soskice（ed）. Varieties of Capitalism—The institutional Foundations of Comparative Advantage［M］. Oxford：Oxford University Press.2001.

② Robert E.Lucas.On The Mechanics of Economic Development［J］. Journal of Monetary Economics，1988（22）.

这两种制造产业的升级路径虽然在具体的创新环节不一样，但都属于高技能依赖的，需要技能经验作为支撑方能真正实现。演化经济学认为此类创新与单一的、线性的、同质化的、基于研发的创新有着本质的区别，混合式创新可能从企业自身或外部现有可供选择的方案和技术的新结合中产生，因此，其创新主体不仅包括企业的研发人员，也包括熟悉生产流程的一线员工，依赖于蕴含于企业内部的各种技能人才的协作。对于此类产业升级创新模式，政治社会学者霍尔（P. Hall）和索斯克斯（D. Soskice）的解释给我们提供了一个全新的思路。他们认为这既不是单一自由市场机制的结果，也非是社会保护力量的胜利，而是在一个“制度包”（Institutional Package）式的经济社会治理结构作用下实现的。在这个“制度包”中，技能形成制度、金融体系（企业与银行的关系）以及工厂生产体制（工会、行会以及劳资关系协商机制）是主要制度安排。而且技能形成制度处于其中最核心的地位，是发达资本主义国家“不同社会保护体系形成和维持的基础”。① 这种基础性作用体现在如下两方面：一是在产业升级与经济发展方式转型上，从所谓劳动力密集型、资本投资密集型转向技术密集型经济发展方式，劳工技能水平满足了产业升级和经济发展方式转型的人力资本需要；二是在劳工就业能力上，通过技能形成体系的系统培训和教育，提高劳工应对产业升级和经济发展方式转型所带来的结构性失业风险的能力，这成为劳工福利保障的重要基础。

在这场资本主义世界经济社会治理结构“巨变”过程中，资本主义国家政治、社会及经济治理制度并没有因为“体制选择”（Regime Shopping）所产生的压力而走向趋同，相反，却走向了具有各自比较制度优势的多样性。对于这种制度多样性，不同学者的概括并不相同，有学者称之为“盎格鲁—撒克逊”模式和“莱茵”模式②，也有学者将之区分为“自由”市场经济和“嵌

---

① Peter A. Hall and David Soskice (ed). Varieties of Capitalism—The institutional Foundations of Comparative Advantage. Oxford: Oxford University Press. 2001.

② Albert Michel. Capitalism versus Capitalism. New York: Four Walls Eight Windows.1993.

入社会"（Socially Embedded）。[①]Hall 和 Soskice 则将之概念化为"自由市场经济"和"协调性市场经济"两种类型，前者以英美两国为代表，主要特征表现为"短期资本、离散雇主（Fragmented Employer）以及对抗性劳资关系体系"[②]，由此产生的技能形成体系是以注重标准化、灵活流动的外部技能形成方式为主。后者以德日两国为代表，主要特征表现为"耐心资本、协作雇主（Coordinated Employers）以及多样化劳资协作形式"，[③]由此产生的技能形成体系则以注重个别化、累积性的内部技能形成方式为主。Hall 和 Soskice 指出，尽管两种类型的资本主义国家选择了不同的技能形成体系，但这些国家在技能形成体系上的制度安排和创新却是其实现制造产业转型升级的关键，促进了经济发展和社会保护的协调。从这个意义上来说，技能形成体系既是一种经济政策，同时也是一种社会政策[④]，而且还是一种发展型社会政策。[⑤]因此可以说，技能形成体系为制造产业转型升级的路径选择奠定了制度基础。

四、何为产业工人：身份抑或职业？

与产业工人相关的学术讨论到现在已是汗牛充栋。但我们发现，由于在日常知识体系中，产业工人、工人阶级、无产阶级这些概念的语义非常相近，因而它们常常被研究者们不加区分地混用。本部分以"产业工人"为主线，

---

① Streeck Wolfgang. Introduction: Explorations into the Origins of Nonliberal Capitalism in Germany and Japan［M］. In The Origins of Nonliberal Capitalism: Germany and Japan. Edited by W. Streeck and K. Yamamura. NY: Cornell University Press.2001.

② Kathleen.T. How Institutions Evolve:The Political Economy of skills in Germany, Britain, the United States, and Japan［M］. Cambridge: Cambridge University Press.2004.

③ 同上。

④ 关信平 . 为了明天的人力资本：转变经济发展方式下的职业培育培训的重要意义［J］. 载于雍冀慧 . 面向知识经济的职业教育与培训［M］. 北京：中国社会出版社，2011.

⑤ 安东尼·哈尼，詹姆斯·梅志里 . 发展型社会政策［M］. 罗敏等，译 . 北京：社会科学文献出版社，2006.

梳理其历史发展脉络，在比较中厘清它与工人阶级、无产阶级等相近概念的联系和区别。

学术界对产业工人这一概念界定的分歧主要集中于“是否是受雇佣的劳动者”上。柳可白、王玫、阎春芝认为，产业工人一般指在工矿企业、交通运输业、建筑业等物质生产部门中从事生产的雇佣劳动者。[①]而陆学艺则将产业工人界定为“在第二产业中从事体力、半体力劳动的生产工人、建筑工人及相关人员，他们是处于体制内或体制外第二产业中的蓝领受雇者或自雇者[②]”。汤普森没有直接对产业工人下定义，但我们可以从其作品的字里行间寻找到证据，“到1830年，典型的产业工人并不在工厂里工作，而是作为工匠或‘机工’在小作坊和自己家里工作，或者作为劳工在街道、建筑工地或码头上从事多少带有临时就业性质的工作[③]”。可见，不同于柳可白、王玫、阎春芝的认知，在陆学艺和汤普森看来，只要是在工矿企业、交通运输业、建筑业等生产性行业中从事体力、半体力劳动的劳动者，不论是受雇者或者自雇者，都可称为产业工人。

从历史脉络上来看，产业工人是社会近现代化的产物，他们萌生于前工业社会的家庭手工业作坊；工业革命以来的机械化大生产，促使产业工人不断壮大起来，逐渐形成基于群体认同的阶级意识；以中华人民共和国为代表的工人阶级政权成立后，产业工人一跃成为国家的领导阶级，在经济和政治上享受双重优待；而随着资本主义生产体系的发展与社会主义经济体制的转轨，东西方产业工人群体均出现了不同程度的“去阶级化”趋势，在中国，即表现为从政治身份向职业身份的转变。

---

① 柳可白，王玫，阎春芝．当代工人阶级：地位与作用［M］．北京：中国工人出版社，2007.

② 陆学艺．当代中国社会结构［M］．北京：社会科学文献出版社，2010.

③ 汤普森．英国工人阶级的形成［M］．南京：译林出版社，1963.

（一）产业工人的产生

根据上述概念界定，产业工人群体最早产生于中世纪后期。14—15世纪，意大利、英国、法国等西欧国家[①]先后出现了家庭作坊和手工业作坊等早期资本主义形式，这些作坊小规模雇佣劳动力，从事棉纺品、纸品等物质资料的生产。“那时候（14—15世纪）确实有雇佣劳动，但是还没有形成一种制度。雇佣工人只占居民的一小部分。[②]”正是在此类作坊生产中，历史性地诞生了产业工人这一群体。

值得注意的是，这一时期，产业工人的内涵与后来才发展起来的工人阶级、无产阶级等概念存在着巨大差别。首先，在数量上，这批早期的产业工人只是社会少数群体，尚未成为社会主流；其次，在生产资料占有和社会保护上，他们尚且保留着占有土地的权利，并受到独立农民经济和城市行会等封建主义关系的保护，不是马克思笔下一无所有的“赤贫”状态。因此，从阶级形成的话语体系来看，此时产业工人的内涵尚未扩展至工人阶级和无产阶级。

（二）劳资关系视角下的产业工人

产业工人概念向工人阶级、无产阶级这两个概念的延伸发生在工业革命以后的机械化大生产中。前面提到，早期诞生的产业工人尚未与雇佣他们的资本家之间形成人身依附关系，汤普森甚至认为，直到19世纪上半叶，典型的产业工人也都还在小作坊或者自己家里工作，没有受雇进入现代工厂。但也正是在这一阶段，情况正在悄然发生变化。一方面，工业革命带领人类社

---

① 中世纪的中国（如宋朝）也出现了以“城市雇佣关系”为基础的产业工人，但由于中国城市的雇佣现象并未进一步推动中国从农业社会向工业社会的转型，也未自发孕育出具有阶级意识的产业工人群体。因此，这里不对这一时期中国的产业工人现象进行细致讨论。

② 苏联科学院国际工人运动研究所．国际工人运动：历史和理论问题（第1卷）［M］．北京：工人出版社，1988:34.

会步入机械化生产时代，工厂对产业工人的需求猛增；同时，资本家协同国家机器实施强制性法令（诸如圈地运动和庞杂的课税制），迫使农民和手工业小商品生产者走向破产。当越来越多失去生产资料的人群涌入资本主义现代工厂谋生，与资本家构成劳动雇佣关系，受到剥削并形成群体认同，产业工人就逐步演化为“工人阶级”。

我们可以在马克思、恩格斯的经典著作中找到证据。在马克思笔下，所谓产业工人是指没有生产资料，只能通过出卖体力或技术劳动赚取工资为生的人。“无产阶级是指没有自己的生产资料，因而不得不出卖劳动力来维持生活的现代雇佣工人阶级”[①]“第一批无产阶级是与工厂相联系，由工厂而产生的”[②]。在早期的马克思、恩格斯那里，工人阶级是无产阶级的同义词，他们起源于现代工厂制度中的产业工人群体。随着资本主义生产体系的深化，马克思和恩格斯很快意识到，如果以生产资料的占有关系和劳动的雇佣关系为标准来划分资产阶级和无产阶级，那么工人内部的职业分化将极大拓展无产阶级的范围。机器操作工、工程技术人员甚至工厂管理人员和知识分子都将成为无产阶级的囊括对象。马克思继而提出“商业无产阶级”“脑力无产阶级”和“总体工人”等概念，将无产阶级的范围从以产业工人为主的体力劳动者扩展至其他不占有生产资料的脑力受雇者。[③]由此可见，产业工人、工人阶级、无产阶级的概念在实践中不断发展。

新中国成立前的工人阶级革命理论和实践与上述情况又有所不同。毛泽东在《中国社会各阶级的分析》中将无产阶级划分为三类社会群体：工业无产阶级、都市苦力工人和农村无产阶级，不包含工程技术人员等脑力工作者。其中，工业无产阶级即产业工人群体，“现代工业无产阶级约二百万人。中国

① 马克思，恩格斯.《马克思恩格斯选集》(第1卷)［M］.北京：人民出版社，1975:272.

② 恩格斯.英国工人阶级状况［M］.北京：人民出版社，1956.

③ 马克思.资本论（第1卷)［M］.北京：人民出版社，1975:556；马克思，恩格斯.马克思恩格斯选集（第22卷)［M］.北京：人民出版社，1965:487.

因经济落后，故现代工业无产阶级人数不多。二百万左右的产业工人中，主要为铁路、矿山、海运、纺织、造船五种产业的工人，而其中很大一个数量是在外资产业的奴役下”。这种划分的差异体现出中国与西方的不同国情、社情。

（三）国家—社会关系视角下的产业工人

苏联、中华人民共和国等社会主义政权建立后，工人阶级的身份地位发生了巨大转变。新中国成立以后，国家政策与意识形态赋予了工人阶级极高的身份地位，他们在政治上成为国家的领导阶级，在经济上成为国家和集体所有的生产资料的共同主人，享受单位制带来的终身雇佣和福利保障制度[①]，过去因经济资源占有差异而使得资产阶级社会序位远远高于工人阶级的状况迅速被扭转[②]。此时，工人的阶级意识被身份认同和单位认同所取代，工人阶级这一话语体系也从劳资对立的视角转向国家—社会的关系视角。由于工人阶级已经成了国家的领导阶级，占有属于国家所有的全部生产资料，不再“无产”[③]，因此，社会主义国家—社会关系视域下，“工人阶级”与“无产阶级”这两个概念正式分道扬镳。

而这一时期，产业工人依然是工人阶级主要组成部分，陆学艺分阶段对此进行了分析。1949—1956 年的社会主义改造阶段，工人阶级包括产业工人与国家和社会管理者，工人阶级与农民阶级、民族资产阶级、小资产阶级一同构成新民主主义社会四大阶级结构。社会主义改造完成后，1956—1978 年，这一时期，社会的阶级阶层结构变为由工人阶级、农民阶级和知识分子构成的“两阶级一阶层”结构。其中，所有生活在城镇的人都是国营和集体单位的职工，是工人阶级，包括政府干部和知识分子。但是这一时期，政府对知

① 陈周旺，汪仕凯．工人政治［M］．上海：复旦大学出版社，2013:30.

② 陆学艺．当代中国社会结构［M］．北京：社会科学文献出版社，2010.

③《工人》半月刊“有问有答”栏目，1952（3）．转引自：袁进，丁云亮，王有富．身份建构与物质生活：20 世纪 50 年代上海工人的社会文化生活［M］．上海：上海书店出版社，2008:8.

识分子的态度比较特殊。一般来说，当政府需要知识分子的支持、对知识分子比较友好的时期，知识分子就被归为工人阶级的组成部分；当政府对知识分子的政治表现不太满意时，知识分子就不属于工人阶级，而被归为小资产阶级，成为教育和改造的对象。[①]

总体而言，新中国成立到改革开放这一阶段，国家—社会视域下的中国工人阶级依然以产业工人为主体，他们从资本主义生产关系下的无产阶级跃升至社会的领导阶级，在政治和经济上受到国家优待，享受着从摇篮到坟墓的单位保障，是历史上产业工人政治经济地位最高的时期。

（四）产业工人“去阶级化”阶段

国际工人运动达到顶峰后，世界范围内开始了产业工人“去阶级化”的趋势。一方面，历史上工人运动声势浩大的罢工、游行、示威造成的社会停摆和经济损失，使得工人阶级的社会运动逐渐失去了其他社会力量的支持与声援。另一方面，资本与国家开始寻求与工人阶级的妥协与合作。首先，普选权得以确立，工人阶级获得了进入国家机器的权利；其次，福利主义政策得以推广，工人阶级的基本生存权获得了保障；最后，劳工结社、集体谈判等政治权利得到了合法认可，工会作为工人阶级最基本的组织力量开始活跃在公共政治领域和生产领域。[②]激进的工人政治在合法性和必要性上都受到了遏制，造成了工人的“去阶级化”趋势。彼得·德鲁克（Peter Drucker）认为“历史上从来没有一个阶级崛起得像蓝领工人那样快，也没有一个阶级衰落得像它那样快”[③]。丹尼尔·贝尔则宣称：“作为劳工的劳工问题不再是主要的了，它再也不具有使所有其他问题都沿着这个中轴两极分化的社会和文化影响了。”[④]

---

① 陆学艺. 当代中国社会结构［M］. 北京：社会科学文献出版社，2010.
② 陈周旺，汪仕凯. 工人政治［M］. 上海：复旦大学出版社，2013:71.
③ 转引自陈周旺，汪仕凯. 工人政治［M］. 上海：复旦大学出版社，2013.
④ 丹尼尔·贝尔. 后工业社会（简明本）［M］. 北京：科学普及出版社，1985:85.

中国也出现了同样的趋势，这种趋势伴随着社会经济体制转轨和国家治理方式的转变而强化。1995 年以后，普遍推行的全员劳动合同制，使得国有和集体企业的工人失业，失去了稳固的工作和福利保障。那些留在改制后的企业中的工人，其身份也转变为私营企业的雇佣劳动者。[①] 国家经济体制转轨与单位制的解体，将产业工人从“国家领导阶级”这一政治身份重新转化为一种职业，而新的国家治理体系也倾向于，以产业工人阶层代替工人阶级，来指代这一经济社会地位相对弱势的群体，以图降低社会张力。近年来，国企职工以及农民工群体中不时发生的集体行动，重新引起了学界的注意，不少学者提出中国产业工人“再阶级化”[②]，但相关研究较为零散。

在本书的研究中，我们将延续这样的理路，在中国产业工人从身份到职业的转型过程中，分析其技能形成的不同特征。对于计划经济体制时期，产业工人更多的是一种身份，这种身份是国家赋予的。在改革开放后，随着劳动人事制度的改革，产业工人慢慢成为劳动力市场中的自由职业者。在操作化处理上，计划时期，我们主要依据其身份来界定产业工人，中等专业学校、技工学校、厂办技校、职业中学等是他们技能培训的主体。改革开放后，我们主要采用的是全国推动产业工人队伍建设改革协调小组对产业工人的定义。

五、中国产业工人技能形成的经济社会学意涵

制造业是立国之本，强国之基。[③] 以“智能制造”为核心的先进制造业成为中国从制造业大国转型升级为制造业强国的必由之路，培育和储备产业工人技术技能人才队伍则是其中关键一环。[④] 习近平总书记曾指出，“工业强国

① 陆学艺 . 当代中国社会结构［M］. 北京：社会科学文献出版社，2010.

② 吴清军 . 国企改制与传统产业工人转型［M］. 北京：社会科学文献出版社，2010.

③ 隆国强 . 制造业是立国之本，强国之基［J］. 中国发展观察，2019（23）.

④ 周济 . 智能制造——《中国制造 2025》的主攻方向［J］. 中国机械工程，2015（17）.

都是技师技工的大国，我们要有很强的技术工人队伍”，“作为一个制造业大国，我们的人才基础应该是技工”[①]。但近些年来，随着我国人口红利逐渐散失[②]，制造产业中“用工荒”与“技工荒”并存的结构性矛盾日益突出。相关统计数据显示，我国企业产品平均合格率只有70%，每年因不良产品造成的价值损失近2000亿元。科技成果转化率在15%左右；技术进步对经济增长的贡献率约为29%。这与高技能人才短缺、培养质量不高以及劳动者技能水平整体偏低有着密不可分的关系[③]。2017年发布的《制造业人才发展规划指南》预测了未来十大重点领域的人才需求，至2025年人才缺口将超过400万的包括四个领域，分别是新一代信息技术、电子装备、高档数控机床和新材料，分别达到950万、909万、450万和400万。此外，中国人力资源和社会保障部统计数据显示，近年来我国技能劳动者的求人倍率（岗位数与求职人数的比值）一直保持在1.5以上，其中，高级技工、高级工程师、高级技师的求人倍率甚至达到2以上[④]。

技工短缺是指，外部劳动力市场技能供给不足和企业内部技能工人不具备所需技能的情况[⑤]，这种短缺不仅体现在数量上，也表现在质量上，表现在技术工人整体流动性高、职业情感缺乏、缺乏钻研技术的动力等方面[⑥]。从中国产业工人技能形成过程来看，导致中国产业工人中技工荒的因素是多层面的：当下职业教育规模化技能供给与制造产业特殊化技能需求之间的不匹配，劳动力市场挖人外部性导致企业内部技能形成方式滞后短缺，科技的快速发展对人才质量的高需求，长期以来制造业工作岗位形成的负面刻板印象，如

① 朱永新．制造业大国呼唤高素质技工［N］．人民日报，2018-09-14（005）．

② 蔡昉．人口转变、人口红利与刘易斯转折点［J］．经济研究，2010（4）．

③ 陈小娟．产业升级视域下高技能人才培养的现状、困境与对策［J］．职业技术教育，2020，41（3）:36-40.

④ 多措并举加强技能人才队伍建设［EB/OL］.2018-11-01.http://politics.people.com.cn/n1/2018/1101/c1001-30374864.html.

⑤ Francis，Davida．Skill Shortage and Skill Deficiency: A Critique［J］. Work，Employment and Society，1992，6（2）:287-301.

⑥ 李淑玲，陈功．将“工匠精神”融入技能人才培养［J］．人民论坛，2019（30）:68-69.

工作任务繁重、工作环境脏乱差、工作危险；不需要过多的思考，不需要具备高超技能；个人成长和职业发展机会受限等。

近两年来，国家出台了多个政策推动我国产业工人队伍技术能力建设，以加快建构立足于本土的产业工人技能形成体系，从而为我国实体经济从劳动密集型走向技术密集型打造人力资本基础。2017 年 2 月，中共中央、国务院印发的《新时期产业工人队伍建设改革方案》明确提出，“要把产业工人队伍建设作为实施科教兴国战略、人才强国战略、创新驱动发展战略的重要支撑和基础保障，纳入国家和地方经济社会发展规划，造就一支有理想守信念、懂技术会创新、敢担当讲奉献的宏大的产业工人队伍”。2018 年 3 月，中共中央办公厅、国务院办公厅印发的《关于提高技术工人待遇的意见》，专门就如何切实提高技术工人待遇问题，提出指导思想、基本原则和具体政策方向。这些政策措施释放了一个强烈的信号，就是国家肯定了技能以及技能工人对经济社会发展尤其是实现高质量发展的重要支撑作用。

对于产业工人技能形成来说，国家的肯定固然非常重要，这是吸引更多青年人加入产业工人队伍的制度背景。改革开放以来，中国企业形成了独特的劳动生产过程，有学者称之为一种基于中国人口红利的比较优势模式。这种模式使中国制造业保持着全球最快的增长率，迅速成长为全世界的制造工厂。数据显示，2002 年以来，中国制造业增加值在国内生产总值的比重一直维持在 40% 以上，吸纳了一半的城市就业人口及绝大部分农村转移出来的剩余劳动力，创造了接近四分之三的外汇收入。比较优势战略使中国适时抓住了第二次制造业外包的机遇，成为中国改革以来经济快速发展的主要动力。[①] 不过，在今天，这种（生产型）劳动密集型的发展模式面临着诸多挑战：第一，代工产业处于全球生产价值链的低端，可替代性强且附加值低；第二，基于低廉劳工所形成的比较利益是共享型的，低劳工成本在增强产品竞争力

① 姚洋．制度与效率——与诺斯对话［M］．四川：四川人民出版社，2002.

的同时也使收益向产业上游转移。基于比较优势的经济发展模式与社会保护之间的矛盾张力在当下中国达到了前所未有的激烈程度。据统计，1995 年，全国劳动争议案件只有 3 万多件，而在 2006 年则达到 31 万多件，2007 年达到 35 万件，2009 年已经多达 51.9 万件。其中，恶性暴力利益冲突事件也时有发生。

这些年来，随着国家劳动法律法规的进步，劳动者尤其是产业工人的劳动环境和劳动保护均取得了很大的改善，我们的田野观察结果也证明了这一点。近几年，产业工人群体对工资水平、工作与生活环境的满意度有所提高，但是他们对生产型劳动岗位的兴趣大多依然是冷漠的。在产业工人眼中，不管是否技术工人，车间里的生产型劳动都是苦、脏、累的，更主要的是没有发展前景。根据我们的田野观察结果，在社会主流认知中，古典主义创新理论影响根深蒂固，大家普遍认为，研发型劳动是核心竞争力，是先进高端的、不可替代的，属于体面工作；而生产型劳动则是落后低端的、需要淘汰替代的，属于下等工作。这种理念事实上对我国的劳动政策行动产生了诸多不利影响。在我国现实的劳动过程中，研发型劳动与生产型劳动之间存在着巨大的鸿沟：高收入的研发型劳动者与低薪酬的一线生产型劳动者之间存在着社会不平等，其中既包括经济收入上的不平等，更有社会权利上的不平等。无论是政府政策导向，还是在社会普遍认知中，附着在车间一线生产型劳动过程中的人与物往往得不到应有的重视。从上文所言的劳动过程与技术进步创新的关系角度来看，笔者以前撰文称这种现象为“技术流动的社会断裂”。[①] 当然，“技术流动的社会断裂”算不上是一个严谨的学术概念，其核心内涵是指研发型劳动与生产型劳动之间断裂，这种断裂会阻碍技术在生产劳动过程中的传播和反馈，进而对我们国家制造产业技术进步创新产生消极影响。因此，笔者以为，从经济社会学角度来看，中国产业工人技能形成在内涵上不

① 王星．“学技术为了不再做技术”背后的逻辑是什么［EB/OL］. 澎湃网，2019-05-03. https://www.thepaper.cn/newsDetail_forward_338749.

仅是人力资本的投资或谋生本领的学得，而是多层面的。

（一）技能形成的时间性及其对普通产业工人社会保护的意涵

在大部分产业中，劳动力的技能形成都是一个生命历程，制造产业尤甚。技能是知识和经验的有机综合体，技能的获得不可能一蹴而就，而是经过不断实践逐渐积累而成的。因此，对于制造业的产业工人技能形成而言，这个科学规律起码意味着一点，就是掌握高超技能的产业工人不是天生的，通常也不是从学校一毕业就能达到的，更多是由普通工人经过车间生产实践历练而一步步成长起来的。当下的“技工荒”实质上是大部分普通产业工人集体行动的必然结果。调查显示，农民工群体存在着普遍的就业“短工化”现象，且职业流动率高达 66%，[①] 这种就业状况说明农民工群体无法投入大量成本去积累技能，也意味着高质量技能供给难以形成。当然，个中的原因比较复杂，但不容否认的事实是，普通产业工人在技能形成上的集体行动导致了“技工”的短缺状况。所以，从动态历时性的角度来看产业工人技能形成，当“普工荒”越来越常见，也就预示着将来技术工人的短缺。从国际上来看，尽管美国曾经通过海外移民来缓冲本国制造业发展中的技工短缺困境，但是绝大部分制造业强国都是依赖本土培育来解决此问题的。

笔者以为，本土化培育也是中国高技能产业工人队伍建设的必然选择。那么，这其中产业工人社会地位的保障就显得尤为重要。我国产业工人通常具有较低的学历水平，在“文凭主导”的劳动力市场中处于底层位置，[②] 并且时刻面临着“沦为廉价劳动力”的风险。在这样的背景下，对普通产业工人的社会保护实质上就是激励这个群体不但能够安心学习而且愿意长期钻研某项技能，从而夯实高技能产业工人的劳动力蓄水池。

① 清华大学课题组．农民工就业出现“短工化”趋势［EB/OL］．人民网，2020-04-20.http://travel.people.com.cn/GB/17155711.html.

② 兰德尔·柯林斯．文凭社会：教育与分层的历史社会学［M］．刘冉，译．北京：北京大学出版社，2018:132.

（二）技能形成的实践性及其对普通生产岗位的意涵

如上文所言，技能有赖于生产实践过程才能逐渐积累形成。但在劳动过程理论中，生产实践中形成的技能具有区位等级性。因为车间实践中存在着所谓“概念与执行”的分离，[①] 研发岗位通常是高技术和高技能依赖的，建设成本高且具有一定的不可替代性；而普通生产岗位则是执行环节，属于低技术低技能依赖的，可替代性强。[②] 毫无疑问，在现实的生产实践中，低技能的生产性岗位容易被替代，这是福特流水线高效率的关键密码。[③] 这种概念与执行可分离事实深化了国际生产分工，加速了制造产业生产链条的全球化。基于此产生的创新理论认为，研发与生产的分离不但能扩大市场规模提高效率，而且能强化专业分工从而助推产业创新。他们认为，掌握研发环节是占据制造产业创新价值链条的顶端，研发创造的价值能够抵消生产环节流失所造成的损失。[④] 美国经济学家萨缪尔森批评了经济学家们长期坚持的这种信念，即美国在自由贸易中的收益要远远超过对本国被损害者们的补偿。萨缪尔森认为，技术进步使中国获得了原属于美国的比较优势，美国就永久性地失去真实的人均收入，他严重怀疑“美国的原始性创新在国外的扩散是否一直是导致美国领先地位正在消失的原因”[⑤]。对美国制造业的实证研究也证明萨缪尔森的这种担忧。美国制造产业采用的分布式生产模式不但阻碍了产业创新升级，导致美国制造业“显著空心化”，而且还会因为制造产业普通岗位的流失带来大量产业工人失业，进而恶化社会矛盾，甚至催生社会瓦解的风险。[⑥] 研究发

① 哈里·布雷弗曼．劳动与垄断资本——二十世纪中劳动的退化［M］．方生等，译．北京：商务印书馆，1974:219.

② 王星．制造产业升级路径与产业工人技能形成［J］．高等职业教育探索，2019（3）．

③ 王星．劳动安全与技能养成．江苏社会科学［J］.2009（5）．

④ Vaclav Smil. Made in the USA:The Rise and Retreat of American Manufacturing［M］. MA:MIT Press，2015:58.

⑤ 高柏．走出萨缪尔森陷阱——打造后全球化时代开放经济［J］．文化纵横，2020（06）：45-58.

⑥ 威廉姆·邦维利安，彼得·辛格．先进制造：美国的新创新政策［M］．沈开艳等，译．上海：上海社会科学出版社，2019:84.

现，研发与生产的跨国分离在空间上阻碍了技能形成中隐藏知识的传播，而研发与生产环节无法即时互动反馈会产生所谓创新死亡峡谷，进而直接拖累产业创新升级的步伐。[①] 所以，这种情况下，虽然研发与生产分离貌似能够提高效率，但长期来看会削弱制造产业的创新能力，更严重的在于，随着生产岗位的流失，研发岗位也会随之慢慢流失。[②]2004 年 12 月 6 日的《商业周刊》指出，"长期来看，一个更具有颠覆性的趋势可能是迅速到来的白领工作向拥有廉价劳动力的国家转移的浪潮。编程、工程和其他高技能的工作正在涌向中国和印度这些国家的事实，与有 200 年历史的比较优势教义发生正面冲突"[③]。所以在制造产业转型升级过程中,普通生产岗位不应被轻视和低估：一方面，普通生产岗位是研发创新的现实载体，生产岗位的转型升级与能力提升是整个产业竞争力达成的前提；另一方面，普通生产岗位是劳动力从低技能水平成长为高技能的实践平台，也是产业工人技能形成的基础。

（三）产业工人技能形成对中国制造的品牌内涵

在我们国家从制造大国迈向制造强国的进程中，德国制造业的转型与历程对于我们有重要的启示。众所周知，"德国制造"是全世界制造业的楷模，但在 19 世纪 80 年代，"德国制造"却是劣质产品的代名词，[④] 不过，通过短短十几年的努力，"德国制造"打造了诸如伍尔特、博世、福维克、西门子、MCM 等一系列的国际品牌，成为国际公认的高质量产品保证。[⑤] 一般认为，三种制度力量在短短十几年里成就了"德国制造"的高品质水准：一是适合制造产业生产特点的耐心资本融资体系；二是基于国家干预市场的合作主义

① Nile.W.Hatch and David C.Mowery. Process Innovation and Learning by Doing in Semiconductor Manufacturing［J］. Management Science，vol.44，no.11，1998，pp.1461–1477.

② 威廉姆·邦维利安，彼得·辛格．先进制造：美国的新创新政策［M］．沈开艳等，译．上海：上海社会科学出版社，2019:245.

③ 转引自高柏．走出萨缪尔森陷阱［J］．文化纵横，2020（12）.

④ 巫云仙．"德国制造"模式：特点、成因和发展趋势［J］．政治经济学评论，2013（3）.

⑤ 李云飞．德国工匠精神的历史溯源与形成机制［J］．中国职业技术教育，2017（27）.

传统；三是尊重技能形成规律的双元式技能形成机制。[①] 在德国制造流程中，小到一颗螺丝钉，大到一架机床，从研发到设计再到车间生产，德国高素质的技术技能工人都是保证德国制造高质量水准的核心密码。毫无疑问，中国制造产业转型升级是一个系统工程，同样需要复杂制度建构才能推进实现。限于篇幅关系，在此不展开论述，就本书研究主题来说，在“中国制造”从加工组合的劳动密集型走向品质主导的技术密集型的过程中，我们以为，产业工人技能形成是重塑中国制造产品在国际市场中的品牌形象的关键所在。

（四）产业工人技能形成对职业教育实用导向的意涵

在生产实践中，企业能否在劳动力市场上招到能够参与和支撑其产业转型升级的技术工人也同样重要。换言之，我们职业学校培训出来的产业工人能否胜任制造企业产业升级的需求，这既是一个长期的过程，同时也是一个关系产业升级能否真正实现的关键问题。在这个问题上，主流的观点和现行政策都认为，产教融合是其中的主要渠道。在产业工人技能形成过程中，显然是需要产教之间进行密切融合的，成功的产教融合是产业工人技能有效形成的重要方式。但是，我们的实证研究发现，目前在国家推进产教融合的过程中，大部分校企关系仿佛难以得到实质性的突破，但职业学校和政府的关系却在不断强化。与此同时，在很多产教融合案例中，校企合作虽然得到了强化，但是合作目的好像并不在于技能形成，而更多偏向于劳动力的获取。因此，在这个过程中，实习生、职业学校和企业（行业）参与的动机与积极性对于产教融合的效果都非常重要。笔者以为，思考产教融合的制度环境，倡导基于生产实践的产业工人技能形成模式，无论是对于职业教育，还是对于制造产业升级，都是非常重要的议题。因此，深入研究制造产业的车间实践，推进职业学校教育与企业在产教融合过程中走向双向亲和的高效融合，则是中国产业工人技能形成体系建设的应有之义。

---

① 王星．技能形成的社会建构：德国学徒制现代化转型的社会学分析［J］．社会，2015（1）．

第五章

技工养成与新社会力量塑造：计划经济体制时期产业工人技能形成体系演变

在计划经济体制时期，国有企业通常有三种途径获得技能供给：一是从他国聘请引进，从国外请技术人员来参与和指导企业生产。新中国成立初期，从苏联聘请了多名技术人员，一些企业还有日本和德国的技术人员[①]。二是留用和改造旧技术工人，为了激发旧技术工人的积极性，一般会在薪酬、家庭、福利待遇等方面给予优待。三是通过建设工业性质的专门学校进行培训。新中国成立初期，外聘技术人员和留用技工在恢复生产方面发挥了巨大作用，同时他们也通过车间现场指导、短期培训、师徒制等多种方式进行技能传授，帮助企业培养技术工人，但是这两种技能供给规模受限，且带有一定的应急性。第三种方式是规模化技能供给，能够满足企业发展的持续性技能需求。笔者曾经对计划经济体制时期中国产业工人师徒制技能形成体系进行了分析[②]。研究发现，在计划经济体制时期，国家通过社会主义改造全面建构和塑造了中国产业工人的技能形成体系。1953 年开始的社会主义改造实现了工人身份以及企业治理的国家化和去市场化，也改变了中国产业工人技能形成体系——师徒制的制度基础。在社会主义改造过程中，社会主义意识形态、国家政治承诺、去市场性的生产组织和工人群体新关系等建构了师徒制的演化轨迹：一方面，通过单位体制为师徒制技能形成秩序稳定奠定了匹配基础；另一方面，成功地将工厂的技能形成纳入国家计划体系中，从制度设置、传授内容和传授过程实现了对师徒制的全面控制。

本章将采用历史制度主义视角对中华人民共和国成立后中国产业工人外

① 当然，随着苏联技术人员的加入，日本和德国的技术人员因为不够“红”而逐渐被边缘化并被陆续遣返回国。

② 王星．技能形成的社会建构：中国工厂师徒制变迁历程的社会学分析［M］．北京：社会科学文献出版社，2014.

部技能形成体系的演进展开分析。本书所界定的产业工人外部技能形成体系主要是指专门技术教育体系，该体系培养的学生毕业后通常成为技能型产业工人，在工业部门从事生产工作。在计划经济体制时期，中国中等专业技术教育在体系架构上主要包括如下几个部分：首先是中等专业教育和中等师范教育，前者是与三次产业（农业、工业与服务业）性质紧密相关的专业学校，后者属于培养师资的专业学校。此两种学校主要招收初中毕业生，毕业生就业后身份多为国家干部。或者入职各类职业中学，包括农业职业中学和工业职业中学，主要招收小学毕业的学生。主要满足的是基层经济社会生产活动中对技术技能的需求。毕业的学生在身份上多为工人。最后一类是半工（农）半读学校和技工学校。这两类学校主要针对城市（农村）中的工人（农民），匹配工业化战略的技术技能需求，为工人或农民提供继续技术技能教育。在结构上，这三个技能形成方式相互补充，满足不同层次的技能教育培训需求，共同组成中国产业工人外部技能形成体系。

按照制度变迁关键转折节点的划分，在李蔺田主编的《中国职业技术教育史》一书研究基础上，笔者将计划经济体制时期产业工人外部技能形成体系划分为“接管改造与整顿时期（1949—1952 年）”“学用结合的专业化建设时期（1953—1957 年）”“三并举技能形成格局时期（1958—1965 年）”和“重红轻专的‘文革’时期（1966—1976 年）”几个阶段。通过梳理这些阶段的历史细节，我们发现，尽管中国产业工人技能培训的职业教育在不同时期对产权设置、功能定位、学历学制、筹资方式、产教融合等方面进行了诸多探索，但整体上一直在“红”与“专”之间做钟摆运动。以下四部分分别对计划经济体制时期中国产业工人技能形成体系的演变进行详细分析。

当然，需要说明的是，计划经济体制时期，“工人”是一种阶级身份，产业工人并不是一个学术性界定。因此，如果从这个层面来说，当时大专学校虽然也属于专业教育，但是学生毕业后走上工作岗位时，在身份上多为国家干部身份而非工人身份。而与产业工人身份密切相关的专业技术教育更多的是中等专业学校、半工半读学校、职业学校（中学）和技工学校等所提供的。不过，这几类学校的学生在毕业进入就业岗位后的身份也是有差异。1965 年 6 月 22 日，国务院批转内务部的《中等专业学校毕业分配、调遣试行办法》中明确，中等专业学校毕业学生要依据“学用一致、专材专用”的原则来分配使用，毕业生既可以分配当干部，也可以结合专业分配当技术工人。但通常来说，中等专业学校的毕业生执行“统分统配、包当干部”的政策。即便有些根据专业特长以工人身份进入工厂，但主要是当技术工人，有别于普通产业工人。另外，半工半读学校和技工学校毕业后虽然延续了过去的工人身份，但也多是从事技术岗位。在笔者的研究中，产业工人的界定并不是依据其阶级身份进行的，而是依据其从事行业类型、是否参与集体性劳动以及是否依赖工资过活等三方面进行界定。与此同时，在计划经济体制时期，中等专业学校毕业的学生在工作岗位上大部分是在工厂里从事技术员工作，从理论上来说，属于学术定义的产业工人范畴。因此，正是从这个意义上，笔者在本书的分析中，将计划经济体制时期中等专业技术教育，尤其是其中的工业性质的专业技术教育处理为产业工人的外部技能形成方式，将相关的制度安排视为产业工人的外部技能形成体系。

一、接管改造与整顿时期（1949—1952 年）的产业工人技能形成体系

中华人民共和国成立后，“工业化”逐渐成为国家社会主义建设的关键词。1952 年，党中央提出了国家建设的总路线“要在相当长的时期内，逐步实现国家的社会主义工业化”，随之，职业技术教育对于工业化的意义越来越被重视。通过“保护维持，加强领导，逐步改造”的方式，国家卷入程度日益加深，逐渐开始接管改造旧有的职业教育体系。1950 年 12 月 29 日颁布的《关于处理接受美国津贴的文化教育救济机关和宗教团体的方针的决定》（以

下简称《决定》）明确了国家对教育的自主权利及其卷入方式。《决定》指出，“政府应计划并协助人民使现有接受美国津贴的文化教育救济机关和宗教团体实行完全自办。对接受美国津贴的文化教育医疗机关，应分情况，或由政府接办，改为国家事业，或由私人团体继续经营，改为中国人民完全自办的事业”。对于原来的公办学校，基本上延续公立属性，采取“暂维现状，即日开学”的接管方式。对于私立学校，则采取分类接管方式，1951 年底基本上完成了 235 所私立职业学校的接管。在此基础上，从 1952 年开始，国家开始对职业教育的技能培训过程全面介入。具体而言，这阶段国家卷入主要体现如下几个层面。

（一）推进职业教育教学管理体系重建，强化政治思想教育

在完成职业学校接管后，一方面，取消了训导制度，建立中国共产党对学校的领导。另一方面，发起知识分子思想改造运动，强化政治思想教育。国家“废除了原来设立的公民、党义、军训、童子军训练等课程和教材，代之以新民主主义论、共同纲领、中国革命常识、社会发展史和时事政策等政治理论课程”[①]，教育部在 1950 年 8 月 1 日发通知，要求除各科教学须贯彻政治思想教育外，各学年均设政治科目，以期加强政治思想教育。据统计，截至 1952 年秋，全国中等学校 75% 左右的教职员工参加了知识分子思想改造运动。

（二）强调职业教育在技能供给上需要匹配国家工业化战略需求，加强统一计划

根据 1950 年的统计数据显示，中华人民共和国成立初期的职业教育体系中能够供给产业工人岗位技能培训的学校占比较低，约占 18%。当时，在技

① 李蔺田等 . 中国职业技术教育史［M］. 北京：高等教育出版社，1994:331.

能供给上，大部分职业学校培训的是中医药卫生类，约占 36.2%，农林类约占 21%。而在工业技能培训供给上，地质、采矿、钢铁、化工、机器制造和电子技术等方面力量薄弱，有些甚至是空白。

这种背景下，为了服务国家工业化战略需要，国家加强了对职业教育布局的统一计划领导，多元并举以加快推进职业教育中工业类技能供给步伐。1952 年，开始全面以大行政区为单位成立调整工作委员会，全面在华北、西南、西北、中南等行政区划内对工业性质的职业技能培训进行统一部署、通盘规划、合理布局。与此同时，对职业学校进行专业规划，通过撤销、合并及改组等方式加大职业教育中工业技能的供给。

（三）是“红”与“专”并重，实施工业技能培训优先策略

除了强化职业教育政治思想教育外，这一阶段国家干预重点在于增加工业技能供给。在改造调整过程中，提升职业学校的专业性和单一性[①]，职业学校以改归业务部门为原则，优先保障工业尤其是重工业和国防工业部门对技能人才的需求。到 1952 年，工业性质职业学校占比上升到 29%。重工业部、燃料工业部、第一和第二机械工业部主管的职业学校由 1950 年的 47 所增加到 76 所，在校学生数量由 36000 人增加到 58000 人，增加了 60% 左右。在中央业务部门所属的工业、财经、医药卫牛的 157 所中等职业学校，专业设置率达 96.2%，在地方所属的工业类中等职业学校中，专业设置率为 34%，提高了工业类技能供给能力。

另外，为了提高培训质量，国家在技术技能培训的学制、课程、课时、成绩考查、培训教材、组织机构与编制乃至就业出路等方面都进行了明确规定。1952 年 3 月 31 日颁发的《政务院关于整顿和发展中等技术教育的指示》和教育部颁发的《中等技术学校暂行实施办法》中明确规定，在技能培训过

① 李蔺田等．中国职业技术教育史［M］．北京：高等教育出版社，1994:233.

程中，受训学生要把通用知识、技术知识及生产实践知识结合起来学习，学校要开设普通课程进行政治思想和基本文化知识训练，开设技术课程提供基础技术和专业技术能力教育，并开设实验与实习课程，通过校内教学实习和校外生产实习，提供实践技术能力训练。其中，生产实习计划要根据学校性质、生产实际和生产季节性，由学校安排和主管部门批准施行，要在有关工厂、矿山或农场中完成，且实习时间与技术课时数大体相当。中等技术学校在实习培训中，要选聘企业或业务单位中的优良技术工人或工作人员担任实习教师，以保障实习技能训练的质量。中等技术学校学生毕业后，原则上由政府主管业务部门分配工作。

（四）向工农开门政策，拓展产业工人技能形成路径

通过教育向工农开放政策，国家深入卷入产业工人技能形成之中。1950 年 11 月 2 日，教育部废除了旧有公私立高等和中等学校的入学保证书制度。为拓展工农群众接受教育的范围，1951 年 10 月 1 日《政务院关于改革学制的决定》中确定设立初等技术学校。1950 年开始，创办工农速成中学、工农干部补习班等培训方式，为那些达不到入学文化程度的劳动模范、产业工人提供文化补习教育，为其技能提升和深造奠定基础。与此同时，各地开办专门的工农技术学校，1952 年，仅华东地区就开办了 7 所工人技术学校，招收技能培训的产业工人数占该地区中等职业教育招生数的 25%。与此同时，为了进一步鼓励产业工人参与积极性，国家改革旧有的公费机制，建立人民助学制，加大财政投入。1952 年 7 月 8 日，教育部发文规定，师范类和其他中等专业技校学生的人民助学金高于普通中学，产业工人入学的助学金标准高于一般学生。这些国家干预措施，提高了工农参与职业技能培训的比重，到 1952 年，全国中等职业技术学校学生中，工农成分学生占比达到了 45.7%[①]。

① 李蔺田等．中国职业技术教育史［M］．北京：高等教育出版社，1994:232.

（五）建立八级工制度明确产业工人技术等级与晋升路径

八级工制度本质上是将产业工人技能水平与工资收入挂钩，核心是按劳取酬。从技能形成的角度来看，八级工制度将技能认证、劳动过程与产业工人生活过程有机整合起来，一方面，起到了技能认证的信号作用，为产业工人工资确定提供科学依据；另一方面，有助于稳定产业工人生产生活，激励其参与内部或外部技能训练学习的积极性，同时也有助于这个群体安心在工厂车间岗位上进行长期的技能积累。

在制度起源上，八级工制度模仿的是1947年苏联经济委员会远东分会大连支会在大连的苏联接收工厂中实行的“七级工资加配给粮制度”。最初是“中苏远东电业股份有限公司”所属各发电厂、电业局、水道局和玻璃、水泥、金属机械等10个大工厂实行了七级工资加配给粮制度。后来中苏造船、中苏石油、中苏渔业、中苏烟草等合营公司也开始实行。到1948年，大连全市公营工厂开始推行此制度。当时的七级工资制分两类产业标准：轻工一级2000元，七级6400元；重工一级2400元，七级7680元。有碍健康和繁重劳动工种，另加10%~15%的津贴。当时用苏军军用票和关东币，两货币等值。工人配给粮是每月16公斤，家属8~12公斤，每市斤收5元。

1949年秋天，在李立三（时任中华全国总工会副主席）提出的“按劳取酬”工资原则要求下，东北总工会根据东北产业布局特征拟定出东北地区分两类产业的八级工资标准方案。轻工一级75分（约合人民币15元），八级225分（约合45元）；重工一级90分（约合18元），八级270分（约合54元）。对井下和高温工种另加10%~15%的津贴。并划分出各技术工种的工资等级线，以便考工评级和培养技术工人。1950年4月，东北人民政府公布实施八级工资制度。一年后，在劳动部、“全总”的推动下，华北、华东、中南、西北、西南等行政区，也先后实行了各自适宜的八级工资制。1951年5月，东北又将工资标准改为五类产业：第一类为煤矿、钢铁、有色冶炼等；

第二类为石油、电力、酸碱等；第三类为机器制造、建材等；第四类为纺织、造纸、制革、陶器等；第五类为被服、制鞋、食品加工等。此后几年，工资标准、产业分类曾有多次调整，而八级工资涉及的等级制度没有根本的改变。今天来看，八级工制度虽然属于企业内部的工资制度安排，但是对于保持产业工人技能岗位吸引力，进而激励产业工人在技能累积上进行长久的投入，发挥了重要作用。在随后的几十年里，从一级工到八级工成为中国每一个产业工人技能形成生涯中终生奋斗的目标，而八级工证书也成为技能水平最高的表现。①

（六）强调产业工人技能训练的社会救济功能

新中国成立初期，国家通过主办各种短缺培训班卷入产业工人的技能形成过程中，并且将社会救济功能融入其中。据统计，1949 年，城镇失业人口达 400 万，转业训练作为解决失业工人就业问题重要手段被提出来。1950 年 6 月 17 日，国家发布了《关于救济失业工人的指示》，并颁布了《救济失业工人暂行办法》，指出：“对失业工人分别予以适当教育，提高其文化、政治、技术水平，并尽可能根据社会需要，组织各种专业训练。”在政策意图上，转业训练有两方面的功能，一是救济失业工人，帮助其尽快找到新工作，二是缓解工矿企业技术工人短缺困境，并为国家培养更多的技术工人。这一段时期里，产业工人转业训练班在技能形成方面强调实用至上，“一定要以有出路为原则”，具体包括如下几个特点：（1）根据工种的技术水平和生产现实需要确定技能培训期限，一般为 3~6 个月，长的一年左右。（2）根据行业实际设定培训工种，基本采用单一工种和多工种训练相结合。单一工种的训练，如财会、电工、汽车司机等；多工种的训练，如建筑行业同时开设泥瓦、抹灰、钢筋混凝土等班以训练多工种技能。（3）国家高度卷入动员多部门参与。转

① 徐公民 . 全国实行八级工资始末［EB/OL］. 离退休工作通讯，2012-07-20.http://www.mohrss.gov.cn/ltxgbj/LTXGBJlaoyousuole/201207/t20120720_84483.html.

业训练班在主办主体方面是多元的，既有地方各级政府直接操办的，也有劳动部门联合或委托工厂、企业、学校举办的，还有工会、妇联等群团组织举办的。强大的动员能力使当时工人转业训练发展迅速，1950—1951 年 10 月，全国举办转业训练的单位有 209 个，共培训 37400 人。另外，还通过劳动部门会同工厂企业、培训单位等签订合同进行委托培训，通过师徒制方式在生产现场进行技能培训。（4）国家根据标准支付技能训练费用凸显社会救济福利功能。1951 年初，中央财经委员会批准实施的《一九五一年救济失业工人与失业知识分子计划及预算》要求加大国家对技能训练的救济力度，对失业救济金预算开支比例做了较大调整，“将以工代赈的比例减少 20%，加在转业训练方面，即以工代赈由原来的 43.38% 削减到 23.38%，转业训练由原来 8.41% 上升到 28.41%”。新中国成立初期的失业工人转业训练将社会救济融入技能形成之中，一定程度上促进了当时经济发展与社会秩序稳定之间的均衡。

由此可见，在这一阶段，随着国家政权的确定稳固，国家对产业工人技能形成体系开始全面介入。在技能形成成本承担、技能培训的具体实施、技能培训配套政策及技能劳动力的就业和未来发展等方面都进行了详细规定，强化了统一领导和规划，适应国家工业化战略需求的产业工人外部技能形成体系架构逐渐清晰。

二、学用结合的专业化建设时期（1953—1957 年）的产业工人技能形成体系

1953 年后，随着国家对各个领域接管改造任务的逐步深入，国家工业化战略也加快布局。1953—1956 年，国家工业总产值平均每年递增 19.6%，1956 年底基本完成了资本主义工商业的社会主义改造。根据 1951 年开始编制的国家第一个五年计划中的数据推算，当时中央工业、运输业、农业、林业

等部门的熟练工人缺口高达100万人。与此同时，国民经济各部门和国家机关需要补充的各类高等和中等学校毕业的专门人才大约为100万人。而在当时技术技能人才结构上，头重脚轻的现象突出。数据显示，1950—1952年，高等工科学校和中等工科学校的毕业生分别为19364人和19632人，比例几乎是1∶1，中等技术技能人才数量明显偏少[①]，呈现出“头重脚轻”的现象。“一五”计划期间，国家从苏联聘请了一大批高级技术人才，引进了一些现代技术设备，但在生产第一线能够从事生产施工与安装、检测等中等技术的管理人才和技术工人却极其短缺。这种背景下，加快产业工人外部技能形成体系建构成为重要任务。

梳理1953—1957年产业工人技能形成过程，国家的干预依然延续了革命根据地时期的理念。从20世纪20年代末开始，中国共产党在革命根据地施行工农技能培训教育的过程中，就特别强调与生产劳动相结合，始终实行“一面学习、一面生产”的方针。毛泽东曾高度肯定这种教育培训方式，1939年5月4日，在他发表的《青年运动的方向》一文中，称赞延安等地学校将教育内容与生产劳动相结合是“全国典范”[②]。这种技能培训方式不但有助于学员掌握生产实际和技能，更有助于推进与工农群体结合，促进培养学生劳动和群众观点，具有经济和政治双重意义。具体而言，这段时期里，随着工商业社会主义改造的完成，国家全面卷入产业工人技能形成过程中。

（一）国家产业工人技能培训行动转向——从就业安置转向技能提升

在接管改造时期，国家对产业工人培训中的一个重要目的是失业人员的就业安置，将技能培训作为社会救济的一种手段。随着国家政权稳固和社会主义改造的推进，回归技能形成原有之义以匹配工业化战略需求变得越来越

① 李蔺田等.中国职业技术教育史［M］.北京：高等教育出版社，1994:257.
② 李蔺田等.中国职业技术教育史［M］.北京：高等教育出版社，1994:198.

重要。当时，随着国家156项重点工业工程逐渐推开，技术工人培养成为当务之急。1953年5月，中央劳动就业委员会、内务部、劳动部联合会议明确指出，“不应把技工训练作为单纯安置失业人员劳动就业手段”，而应该“根据生产发展的需要培养技术工人”。从技能形成理论来看，国家产业工人技能培训行动的重点转向之所以能够顺利推进，与生产资料社会主义改造完成及国有制建立是密不可分的。可以说，国有企业单位制管理机制为这种转向奠定了制度基础。这方面的理论在笔者2014年出版的《技能形成的社会建构：中国工厂师徒制变迁历程的社会学分析》一书中进行了较为系统的阐述，在此不再赘述。

（二）推进政府产业主管部门与职业学校的统合以提升技能培训质量

从1953年开始，全国技工学校归由劳动部门综合管理。1954年4月5日，《技工学校暂行办法（草案）》明确了技工学校分产业部门设置的原则，要求各产业主管部门应根据产业对技术产业工人的需要设立技工学校。1956年，中央进一步批示要求办好技工学校，指出“办好技工学校是满足国家工业建设对技术工人需要的一项非常重要的工作”。那时技工学校的一个重要特点在于“以生产实习教学为主”，明确技工学校技能培训的标准，以企业中四级和五级技术工人的技能标准来衡量技工学校的教育成果，实质上打通了技工学校技能培训与八级技工认证之间界限。1956年，劳动部颁发的《工人技术学校标准章程（草案）》中要求，经过技术工人学校的系统培训后，产业工人“能掌握一定专业的现代技术操作技能和基础技术理论知识、身体健康、全心全意为社会主义建设服务”，在技能水平这一方面，达到“四级和五级”的中等技术等级水平。

（三）通过稳定产业工人劳动安全以激励其继续培训提升技能

笔者2009年曾经撰文从理论上分析了劳动安全与技能形成之间的逻辑关联。通常来说，劳动安全类似于生产安全，都属于应急管理方面的概念，基本的含义是指在生产劳动过程中，劳工的基本人身免于伤害的指数。与此界定不同，笔者所界定的劳动安全概念，则是从企业治理的角度，对劳资双方的关系进行的一种概括，将劳动安全定义为生产劳动过程中，劳资双方关系的一种协调稳定性状态。它具体包括两个部分内容，即工作安全（Job Security）和薪酬安全（Wage Security）：工作安全是指维持工人雇佣关系的稳定性，这种稳定性即使在经济萧条时也不会受到太大的影响；薪酬安全则是指在稳定的雇佣关系结构中，工人薪资水平的稳定性，很少因为市场波动或者工人之间的竞争而减低[①]。

在这个时期，对那些考入速成中学或中等技术学校的产业工人群体，国家出台文件规定延续其部分工资收入，以增加其薪酬安全，进而激励此类群体脱产参与技能训练的动机。1953年12月5日和10日，高等教育部和教育部两次发出通知，规定从1953年暑假后开始，产业工人学生一律按原工资的75%发给人民助学金。如果75%低于32元的，按32元发给。经过各产业工会全国委员会评为全国性生产劳动模范的学生，其人民助学金按原工资发给[②]。笔者以为，此举分担了技能形成过程中的成本，从政策安排上增强了产业工人群体的劳动安全，有利于产业工人外部技能形成体系的有效运行。

当然，客观而言，新中国的计划经济体制一方面是与国家工业化的“生产战略导向”相匹配的；另一方面，也是消灭资本剥削进而保护工人阶级劳动安全的自然选择。尽管集权性的计划经济体制，通过“国家代理人”替代原有的劳资关系在一定程度上维护了企业内的生产秩序和公平，但是事实已

① 王星．劳动安全与技能养成：一种政治经济学的分析［J］．江苏社会科学，2009（05）．

② 李蔺田等．中国职业技术教育史［M］．北京：高等教育出版社，1994:277.

经证明，国家通过计划手段取消经济主体自我治理权利为产业工人劳动安全提供保障是一种低效做法，对国有企业的效率和创新力造成了损害。不过，就脱产进入中等职业学校进行技术培训的产业工人来说，起码薪酬安全部分对于其技能学习起到了正向激励作用。

（四）将准产业工人职业教育中的通才教育转向专业教育

职业培训中的专业教育强调技能形成中的理论知识与实践应用的一致性，意在纠正学用脱节的问题。通过模仿苏联工业职业教育，这段时期里，国家通过专业设置规划、学制调整等多种手段加强职业教育的专业能力建设。在专业设置上，为了统筹教育资源，国家干预专业设置规划的原则是“集中统一”，并以能否提供“生产实习”为基本依据。1953 年 7 月 4 日颁布的《关于中等技术学校（中等专业学校）设置专业的原则的通知》要求中央各业务部门对所属的中等技术学校的专业实行集中统一规划，学校之间适当分工，专业设置集中单一。同一学校的专业设置力求性质基本相近，一般不超过 4 个，新办或条件差的学校，最好暂设 1—2 个专业，最多不超过 3 个。与此同时，学校专业设置以保证“生产实习”为前提，各中等技术学校专业选定应该以学校附近有与专业性质相近的工厂、矿山及其他企业机关为依据[①]。国家对专业设置的集中统一管理属于计划手段内容之一，但从技能形成理论来看，此举一定程度上可以克服中等技术学校扎堆开设热门专业所带来的“市场失灵”问题。

在学制调整上，将主要培养产业工人的工业性质中等技术学校专业学习年定为三年到四年，为所有中等技术专业培训时间最长的。同时，产业工人入学年龄放宽至 30 周岁，且产业工人子女报考中等技术学校同等条件下优先录取。1953 年 4 月，国家专门成立了中央生产实习指导委员会，对中等技术

① 李蔺田等 . 中国职业技术教育史［M］. 北京：高等教育出版社，1994:258.

学校里那些准产业工人的生产实习进行指导，为生产实习配备协作工厂，同时出台《高等学校与中等技术学校学生生产实习暂行规程》《中等工业学校在教学实习工厂内进行教学实习的办法的通知》等一系列文件对实习过程中的材料、师资、成本、考核乃至时长等具体事宜进行规定，提高学用结合的技能培训质量。

（五）“工人大学技术”运动推进在职工人技能培训

如果说中等专门学校、职业中学等主要是培养产业工人后备劳动力的话，那么职工业余教育则主要针对的是在岗产业工人的文化教育和技术技能培训。当时，职工业余教育具体由工会负责，坚持“结合生产、统一安排、因材施教、灵活多样”的基本原则，在技术技能训练上主要采用“技术训练班、技术研究班或订立师徒合同”以及各种单科班、业余中专等方式。1950 年 6 月，中央人民政府政务院颁布的《关于开展职工业余教育的指示》明确界定那个时期的“职工业余教育的对象以工厂企业中的工人职员为主”。在“一五”期间，工人业余教育以识字教育、扫除文盲兼以技术技能培训为主要任务。

据中华全国总工会的统计，1951 年，全国共有 10 多万人参加各类技术培训，1952 年，参加技术培训的职工将近 48 万人，其中脱产技术培训的有 5.7 万人，业余技术培训的有 42 万多人。随着文化教育成果显现以及国家工业化战略的推进，产业工人技术培训逐渐成为其中的重点。1958 年，全国青年工人代表大会向广大产业工人发出号召，“广泛开展技术学习、技术研究和技术试验活动，促进工业技术的不断革新。青年徒工要刻苦地向老工人学习，迅速掌握基本的操作技术和基础知识。所有青年徒工，都应当不断提高技术的熟练程度，学习和推广先进经验，并且努力争取掌握第二种或多种技术”。据统计，1963 年，全国入学职工为 300 多万人，1964 年为 414 万人，1965 年为 402 万人。与此同时，三年间共有 500 多万职工参加各类短期技术培训。职工业余教育在改革开放后，进一步发展深化，成为“先培训后就业、先培训后上岗”政策的原形。在此之后，在职职工技术技能培训进一步分化为“取得岗位资格的培训”和“根据科技进步和生产发展需要进行的各种适应性专项培训”，从而逐渐形成了达标培训和提高培训等级化的技能形成方式。

总之，在这段时期里，产业工人外部技能形成体系是纳入国家经济社会整体规划中进行的，按照产业发展需要进行专业设置规划，外部技能形成体系建设几乎与工业化战略同步进行。当然，国家对中等技术教育的全面卷入，出现了管得过细、限制过死的情况，这一定程度上导致了技能培训过程中学校灵活性的缺失，但在工业技能供给方面，整体上有力支撑了国家工业化对技术技能人才的需求。

三、国家卷入的统与放：中国产业工人“三并举”技能形成格局时期（1958—1965年）

1956年，全国农业、手工业和资本主义工商业社会主义三大改造基本完成，生产资料公有制全面建立。1958年，我国进入了全面社会主义建设阶段，确立了优先发展重工业的战略。在这一阶段里，周恩来在《关于发展国民经济的第二个五年计划的建议的报告》中提出“为国家培养各项建设人才，首先是工业技术人才”成为职业教育乃至整个教育的首要任务。针对产业工人的技能形成，1958年9月19日，中共中央、国务院发布《关于教育工作的指示》明确提出“要培养一支数以千万计的又红又专的工人阶级知识分子的队伍”。为了加快产业工人技术技能水平提升，国家在产业工人技能培训上推进形成了“三并举”架构，即“教育部门办学与业务部门办学并举”“中央办学和地方办学并举”“国家办学和厂矿、企业、农业合作社办学并举”。在公有制基本确立制度背景下，国家通过改革对产业工人外部技能形成体系的卷入方式，一定程度上释放了地方、基层以及业务机构的自主性，也激活了其参与产业工人技能形成的积极性。但是，“三并举”方式在激发地方积极性的同时，也带来了大量教育冒进现象，中等技术教育和技工学校规模过度膨胀。这一段时期里，国家技能形成体系运行过程中，国家介入过度往往会导致统合过死，而国家卷入程度过低则又会带来冒进跃进的情况。实际上，在计划经济体制背景下，由于信息不对称的代理人困境以及预算软约束等制度缺陷，国家卷入程度的松与紧总是难以均衡。后来的事实证明，在行业自治力量不足的背景下，这种两难境遇成为困扰我们国家技能形成体系演化历程的始终难题。

（一）教育部门办学与业务部门办学并举

国家推动业务部门根据业务需要和业务专长举办职业技术学校，提升国家专业技能供给能力。到 1958 年上半年，全国 1321 所中等专业学校中，除了师范学校归教育部门领导外，工科、农林、医科、体育、艺术等专业学校全部归中央和地方业务部门领导。全国 144 所技工学校也全部归中央和地方业务部门领导。对于产业工人技能形成而言，业务部门的卷入在两个层面上起到了作用：一方面，在技能培训成本承担上，业务部门在财力、师资、校舍以及设备等方面可以分担职业技术教育的成本，扩大技能供给的规模；另一方面，业务部门在技能形成过程中介入，一定程度上有助于更好地对接专业技能需要和技能培训之间的关联。他们在技能培训专业设置、课程安排、实操训练、师资力量等方面卷入，对于提高产业工人技能形成与产业之间的融合度是有帮助的，提高了技能培训的质量。

（二）中央办学和地方办学并举，通过权力下放，激励地方参与职业技术教育的积极性

这种并举包括两个层面的含义：一方面，教育行政管理权限下放。1958 年 8 月，中共中央、国务院发布《关于教育事业管理权力问题的规定》明确了中央和地方教育行政管理权限的分工，“今后，教育部和中央主管部门，应

该集中精力研究和贯彻执行中央的教育方针和政策，综合平衡全国的教育事业发展规划”。在职业教育上，则赋权地方，“职业中学、一般的中等专业学校和各级业余学校设置和发展，无论公办或民办，由地方自行决定”。权力下放有助于激发地方参与职业技术教育的动机；另一方面，将职业技术培训学校下放给地方。1958 年年底，原来由中央各部门领导的 250 所中等专业学校，其中的 141 所下放给地方省、市，下放比例达 56.4%。在 153 所技工学校中，有 75 所技工学校下放给省、市、自治区，下放比例近 50%。

（三）国家办学和厂矿、企业、农业合作社办学并举

动员集体群众力量参与国家技能供给计划，可以分担国家在技能供给上的成本，教育经费、校舍、设备和师资等投入可以依靠集体力量解决。与此同时，厂矿、企业、农业合作社等集体单位参与办学，能够更有效地促进生产与技能教育之间的结合，提高技能形成质量。1958 年，依靠厂矿、企业以及农业合作社等力量兴办了大量的半工半读型技术学校和农业中学（有的也称为红专学校或技术学校），此类工农业余学校一般开设政治、文化和技术三类课程，在教学方式上，会根据生产需要和不同学习对象，通常在业务时间采取灵活方式进行培训。据不完全统计，1958 年，全国约有 1.3 亿人接受此类职业技能培训。

（四）深化技能培训与生产劳动结合，完善产业工人技能形成流程

强调技能培训与生产劳动相结合、强调职业教育者与劳动人民相结合，是 1949 年中华人民共和国成立后，国家在产业工人技能形成上的一贯方针。不过，以往主要是通过生产实习方式促进学生参与劳动过程中。1958 年后，职业技术教育与生产劳动的结合则在学校介入、经费安排、学生参与、产品销售以及收益分配上都进行了规定，使这种结合进一步深化了。从技能形成

理论上来说，职业教育与生产劳动的结合与德国“双元式”技能形成方式极为类似，低薪学徒工在生产劳动中学习技能。而且现有的研究已经证明，在职业技能培训方面，车间生产实操是技能形成流程中不可或缺的环节，这个环节的效果直接决定技能形成体系所供给的技能质量[①]。

具体而言，国家从三方面深化职业教育与生产劳动的结合：（1）从产供销流程上打通专业生产实习与生产劳动之间的区隔，为职业教育融入生产劳动奠定基础。一方面，将职业学校、技工学校的生产劳动计划纳入中央或地方业务主管部门的生产计划，解决职业教育参与生产劳动过程中的原料、材料供应和产品销售问题。1960 年 1 月和 2 月，国家计委、财政部、劳动部以及教育部与财政部分别就技工学校和中等职业学校的生产劳动计划颁发文件，要求各业务主管部门解决好学校在生产劳动过程中的实际问题[②]。（2）鼓励学校自办工厂或农场，将生产劳动列为正式课程，结合教学生产产品。1958 年 1 月，毛泽东主席提出“一切中等技术学校和技工学校，凡是可能的，一律试办工厂或农场，进行生产，做到自给自足，学生实行半工半读”。一般来说，学生参与生产劳动有三种方式，即在校办工厂或农场劳动，在校外挂钩的工厂或公社劳动，以及参加社会公益劳动。在职业教育上，三种生产劳动在功能定位上不同：在校办工厂或农场劳动主要是学用结合，生产产品，掌握技能；到校外劳动主要是了解生产实际，巩固和发展所学知识与技能；参加社会公益劳动，主要是为了培养工农感情，树立为集体服务的劳动态度。（3）在收益配置上，主要用于职业技术学校的教学开支，从物质和经费上巩固技能形成秩序。在技能形成过程中，生产实习中的风险和成本承担物是影响技能培训效果的重要因素。在中华人民共和国成立后的中等技术学校和技工学校中，生产实习一直存在着物料浪费的现象，“大料变小料、小料变废料”情况比较常见。在公有制背景下，这种浪费是某种意义上预算软约束的结果。

① 王星．制造产业升级路径与产业工人技能形成［J］．高等职业教育探索，2019,18（03）．

② 李蔺田等．中国职业技术教育史［M］．北京：高等教育出版社，1994:293.

通过将技能形成中的生产实习与生产劳动相结合，既有助于技能训练，同时也减少了物料浪费现象。统计数据显示，1958 年，全国 153 所技工学校实习工厂总产值达 1.2 亿元，其中，仅第一机械工业部所属的 25 所中等专业学校，生产产值达到 4455 万元。有半数以上技工学校实现了经费自给自足，其余学校也做到了部分自给。技工学校的生产实习时长在总学时中占比高达 56.03%（见表 5.1）。

表 5.1　技工学校（初中学历以上）二年学制的教学计划表

学年/学期/每周学时/课程	第一学年			第二学年			两学年总学时	百分比
	上学期	假期	下学期	上学期	假期	下学期		
	22		22	22		22		
政治	2		2	3		3	242	6.83%
生产实习	21		24	24		24	2046	56.03%
专门工艺学	3		4	4		4	308	8.42%
制图	3		3	3		—	198	5.42%
金属工艺学	2		2	2		3	188	5.42%
数学	4		4	2		2	264	7.23%
物理	2		2	2		4	220	6.03%
体育	2		2	2		2	176	4.82%
总计	39		43	42		42	3852	100%

数据来源：李蔺田等 . 中国职业技术教育史［M］. 北京：高等教育出版社，1994:307.

在这一段时期里，在产业工人技能形成方面，国家基本上围绕匹配工业化战略需求和训练工人阶级劳动观念养成两点展开。因此在工业化冒进的情况下，中等职业技能教育随之也出现了大跃进的情况。1957—1960 年短短 3 年间，中专学校、中师学校、农业中学和技工学校增加了 20 倍，从 1957 年的 1464 所增加到 1960 年的 31001 所。学生数量从 1957 年的 84.4 万人猛增至

503.4 万人。除了中专学校中有些专业与工人阶级队伍建设无关外，仅就与工人阶级技能培训直接相关的技工学校来说，也由 1957 年的 144 所猛增至 417 所，学生数量也由 6.6 万人增加至 16.9 万人。

表 5.2　1957—1960 年中专学校、中师学校、农业中学及其他职业中学、技工学校发展情况表

	中专学校		中师学校		农业中学及其他职业中学		技工学校	
	学校数（个）	学生数（万人）	学校数（个）	学生数（万人）	学校数（个）	学生数（万人）	学校数（个）	学生数（万人）
1957 年	728	48.2	592	29.6	—	—	144	6.6
1958 年	2085	108.3	1028	38.6	20000	199.99	417	16.9
1959 年	2341	95.4	1365	54	22302	218.99	744	28
1960 年	4261	137.7	1964	83.9	22597	230.2	2179	51.6

数据来源：李蔺田等．中国职业技术教育史［M］．北京：高等教育出版社，1994:297.

在劳动观念养成方面，则是多种举措深化与生产劳动的结合。从 1958 年开始，国家开始推广“半工半读”制度，“中国应该有两种主要的学校制度和工厂农村的劳动制度，即一种是全日制的学校制度和全日制的工厂、机关劳动制度；一种是半工半读的学校教育制度和半工半读的工厂劳动制度”[①]。国家在《人民日报》1958 年 5 月 29 日的社论中，称赞此方式为“采取群众路线，多快好省地培养工人阶级和劳动人民知识分子的一种重要方法”。截至 1965 年，半工半读和半农半读的学校共有 7294 所，在校学生数量 126.6 万人。某种意义上，厂校合一、半工半读是教育与生产劳动结合方针推进实施的产物。举办此类学校的以工厂企业最多，主要基于从本行业、本厂矿的生产需要出发解决劳动后备力量的补充问题，意在培养“又红又专、能文能武，既能体力劳动又能脑力劳动的新型劳动者”。或者更具体地说，是培养“具有社会主义觉悟、有中等文化科学技术知识、有生产操作技能、身体健康、既能从事

① 陈小梅．“两种教育制度、两种劳动制度”［J］．中国档案，2012（3）．

体力劳动又能从事脑力劳动的新型劳动者”，获得一技之长是当时此项制度实施的重要目的。

表 5.3　1965 年半工（农）半读中等学校情况表

	学校数（所）	班数（个）	学生数（人）	教职工数（人）		
				总计	专任教师	职工
总计	7294	28962	1266485	151785	71594	80191
中级	4683	17707	726175	121665	50860	70805
教育部门办	717	2864	138413	15409	7863	7546
其他部门办	3726	14183	562268	104260	41902	62358
集体办	240	660	25494	1996	1095	901
初级	2611	11255	542268	30120	20734	9386
教育部门办	1024	5198	246699	16319	10500	5819
其他部门办	820	2401	104697	5052	3594	1458
集体办	767	3656	188894	8749	6640	2109

数据来源：李蔺田等 . 中国职业技术教育史［M］. 北京：高等教育出版社，1994:312.

在工厂里，所有半工半读的学生在技能培训过程中，一般都是从生产工人做起，和工人师傅订立师徒合同，实行定工种、定岗位和定师傅“三固定”制度。事实证明，采取这种训练方式，有助于学生更快更好地掌握基本生产技能，三个月或者半年就能独立操作、顶岗实现生产。不过，总体而言，国家对于半工半读和半农半读的教育方式是持谨慎态度的，1966 年 5 月 21 日，中央批示要求“城市半工半读教育必须坚持五年试验、十年推广”的方针。

针对职业技术教育中的冒进跃进现象，1960 年开始，国家开始强化管制，通过大幅度裁并中等技术学校数量，精减教职员工，以及压缩城镇学生等方式对职业技术教育进行调整。比如，在学生压缩上，采取回农村、进工厂和参军三种方式进行分流。对于家在城市的中等专业学校的一年级学生，顶岗从农村招来的青年工人和学徒工直接成为工矿企业的产业工人。国家强力干预效果很快显现，到 1963 年，中等专业学校、中等师范学校、农业中学和其他职业中学、技工学校，由 1960 年的 31001 所减为 5878 所，减去了 81% 左右；在校学生由 503.5 万人减为 83.78 万人，减去了 83% 左右；教职工由 51.38 万人减为 18.19 万人，减去了 64.6% 左右。与此同时，国家对各类技术技能教育的教学秩序进行了整顿，对教学计划、专业设置、工种设置、生产劳动、课时安排乃至娱乐休息劳作时间安排都进行了整顿和重新规定，以规范这段时期出现的冒进跃进现象。当然，这一阶段里，国家技能形成体系中工农子弟优待的政策依然得到了延续和执行。从 1958 年开始，执行“向工农开门”政策，要求中等师范学校工农子女和工农成分学生比重争取达到 80% 以上。技工学校招生方面，入学条件是工人及贫下中农家庭出身的学生，特别是老工人的子女，同等条件下，优先录取。同样，在中等专业学校方面，对于考试成绩达到报考学校最低分数线的工人、贫农、下中农的子女等，健康检查合格者，予以优先录取。按照阶级身份配置专业教育的机会，这是当时国家阶级路线的体现。显然，这种阶级路线的贯彻在“文革”时期达到了巅峰，破坏了技能形成秩序。

四、据阶级身份配置专业教育机会：重红轻专的技能形成时期（1966—1976 年）

依据阶级身份配置专业教育，这是中华人民共和国成立后国家阶级路线中工农优先政策的一种体现。不过，随着国家阶级路线的持续推进，到 1966 年，阶级斗争路线被扩大到经济社会所有领域，对全国的职业技术教育造成了巨大冲击，产业工人技能形成方面的训练教育工作几乎陷入停滞。1970 年后，在国家干预下，产业工人技能形成体系取得了一定程度上的恢复，但是依然对产业工人专业技能教育造成了很大的影响。

（一）强化产业工人专业技能教育中“为无产阶级政治服务”的宗旨

1973年7月，国务院批准的国家计委和国务院科教组《关于中等专业学校、技工学校办学中几个问题的意见》中规定：“地方办的中等专业学校、技工学校在地方党委的一元化领导下，由地方革命委员会有关业务部门主管。”此规定意在纠正“文革”初期职业技术学校“踢开党委闹革命”所引发的种种乱象。不过，此规定强调中等专业学校和技工学校在专业技能教育过程中要坚持“同三大革命斗争实际紧密结合起来”，以“批林整风为纲”，实现“为社会主义革命和社会主义建设培养又红又专的中等专业人才”和“有社会主义觉悟有文化的技术工人”的教育目标。由此可见，在实际教育过程中，对学生和教员政治纯净的要求和塑造达到了前所未有的高度。

（二）教育革命替代专业学习成为职业技术学校的主要教学活动，专业技能形成秩序陷入混乱

为了在职业技术学校里更好地发动“教育革命”，从1967年开始，按照中共中央、国务院、中央军委、中央文革小组的指示要求，全国各类职业技术学校成立革命委员会，正副校长改称革命委员会正副主任，下设政工组、教改组、后勤组、办事组。

1. 批判半工半读制度

两种教育制度在专业技能教育中被废止停办。如上文所述，客观上，半工半读制度在产业工人技能形成过程中成本分担、知识实训、经验累积以及劳动态度等方面均发挥了积极作用。在“文革”时期，由于此项技能形成机制与刘少奇相关而被否定。1967年7月8日，《人民日报》发表题为《打倒修正主义教育路线的总后台》的文章，将半工半读制度定性为资产阶级职业教育路线，属于资本主义国家双轨制教育的翻版。根据相关统计数据显示，截

至1965年，全国半工半读学校有7294所，其中，中级4683所，初级2611所，在校学生为1266465人，其中，中级726175人，初级540290人。“文革”开始后，国家停止了半工半读学校的招生，对于厂矿企业附设的半工半读学校在读学生，依据生产建设需要和学生自愿原则，直接转为徒工或正式工。对于不愿意转的，可以继续半工半读，但强调以学为主。到了1969年，全国半工半读学校已经全部停办，学生也悉数分流出去。

2. 以阶级斗争为主课，扰乱教学秩序

在此期间，中等专业学校和技工学校虽然在政策上坚持以学为主，但由于批判资产阶级的政治运动、学工学农学军运动以及开门办学等活动频繁，以学为主无法保障，同时所学内容多是以“阶级斗争”为主课，复课也是为了闹革命，专业教育课程被边缘化。与此同时，从1966年底开始，国家派遣人民解放军“毛泽东思想宣传队”进驻学校开展斗批改工作。1968年8月份，又派工人队伍组成的宣传队进驻学校，配合解放军宣传队，领导学校工作。1971年以后，按照全国教育工作会议精神，中等专业学校逐步开始招收工农兵学员，但是在教育活动中，鼓励工农兵学员采取上管改行动，即效仿高等学校工农兵学员“上大学、管大学、改造大学”的做法，导致师生关系颠倒，正常教学秩序失常。与此同时，冲向社会的大串联运动以及下放运动都对教学秩序形成了巨大的破坏。

（三）中等专业技术教育几乎中断，产业工人外部技能形成体系濒临瓦解

“文革”期间，中等专业技术教育体系在办学目标、学校招生、校舍设施、师资队伍乃至职业教育结构方面均遭到严重破坏。

（1）办学目标上，在“红”与“专”之间出现了混乱。当时，鼓励专业技术教育中的领导机构，如中央文化革命小组、文化革命委员会及文化革命代表大会等机构应该以“革命学生为主体”。在教育界，革命是首要目标和任

务。1966 年，中共中央发动“文革”的《五一六通知》和《关于无产阶级文化大革命的决定》中明确提出“在当前，我们的目的是斗垮走资本主义道路的当权派，批判资产阶级的反动学术权威”。这对职业技术教育在办学目标上过度追求“红”产生了决定性影响。

（2）学校招生基本上停止。“文革”初期，技工学校、半工半读学校和职业中学就停止了招生，直到“文革”结束后才逐渐恢复。在这十年里，估计少招生约 533 万人。中等专业学校在 1966—1970 年基本也停止了招生。1969 年，全国中等专业学校在校生仅有 3.8 万人，其中，中等技术学校 2.3 万人，中等师范学校 1.5 万人[①]。1970 年后，虽然有所恢复，但多是从工人和农民中招收的工农兵学员。

（3）各类中等专业技术教育学校撤销、停办以及转为工厂，校舍设施被占用和损坏，师资队伍失散。在中等专业学校方面，1969 年，全国中等技术学校平均停办率为 21%。不过，各个地方停办数量不等，其中以教育革命最为猛烈的北京和上海数量最多。北京市中等技术学校停办率高达 95%，1965 年有 20 所，到 1971 年仅剩下 1 所。上海市中等技术学校停办率达 91.3%，1965 年为 46 所，到 1971 年仅剩下 4 所[②]。另外，中央业务部门主管中等专业学校也大部分停办。1969 年，第一机械工业部主管的 72 所中等专业学校中有 70 所改为工厂，外贸部系统 10 所中等专业学校全部停办。1970 年，邮电部系统原有的 38 所中等专业学校全部停办。而其他类型的中等专业技术教育，如职业学校、半工半读学校以及技工学校在“文革”初期就已全部停办。这种情况下，学校校舍被占用情况严重。据公开统计数据显示，全国中等专业学校校舍被外单位占用约 750 万平方米，相当于 37 万学生容量。其中以北京和上海情况最为严重。北京部属中等专业学校原有校舍面积 258636 平方米，被占用 183752 平方米，被占用率高达 71.05%。市属中等专业学校原有校舍面

---

① 李蔺田等. 中国职业技术教育史［M］. 北京：高等教育出版社，1994:335.
② 李蔺田等. 中国职业技术教育史［M］. 北京：高等教育出版社，1994:336.

积 175895 平方米，被占用 172156 平方米，被占率更是高达 97.85%。在上海市，1978 年调查的上海市机械工业学校、上海市航空工业学校等 19 所中等专业学校中，校舍均被不同程度地占用，其中，被全部占用的有 13 所，比例高达 68%[①]。随着学校转型停办、校舍被占用，师资队伍也逐渐失散，专业技术技能教学业务荒废。到 1970 年，中等技术学校教师由 1966 年的 4.8 万人猛减为 2.6 万人，1971 年进一步降到 2.4 万人，减少了一半。

如本章开篇所言，在中国产业工人外部技能形成体系中，不同教育类型在技能供给上是有分工的，以满足现实生产的需要。中等专业学校主要招收初中毕业生，意在培养中等技术人才，同时提供各种社会化技能培训服务，如在岗技术工人的轮训；职业中学主要招收小学毕业生，提供职业技能训练，意在为基层培养技术人才；半工半读和技工学校主要给在职产业工人提供继续技能教育，提高其技能水平。从这个意义上来说，中等技术学校、职业中学主要是为中国工业化战略储备后备技能型产业工人劳动力，而半工半读和技工学校则主要是提高现有产业工人的技能水平。“文革”期间，国家对专业技术教育意在“为无产阶级革命服务”的过度强化和扩大化，对产业工人外部技能形成体系在结构上造成了极大的破坏，使原有较为系统的技能供给架构陷入碎片化境地，产生了严重后果。1965 年，全国各类中等专业学校在校学生数量占高中阶段学生总数的比重为 51.8%，经过“文革”的冲击，到 1970 年，这个比重下降到 1.7%，1976 年虽然有所上升但也仅为 4.4%。中等专业教育急剧萎缩，一方面严重窄化了青年人获取一技之长以谋生的出路选择，普通初中生毕业后除了升学和就业外，别无选择；另一方面导致技能供给短缺现象严重，脱离实际建设需要。中等专业教育学校的撤销、停办使大量劳动力丧失必要职业技能训练的机会，降低了工人队伍技术文化水平。1975 年，全民所有制工业部门中，技术人员占职工总数的比重由

① 李蔺田等 . 中国职业技术教育史［M］. 北京：高等教育出版社，1994:338.

1965 年的 4.1% 下降到 2.9%。中等专业教育环节的崩溃影响了产业工人中后备技术工人的供给，对劳动生产率提高、企业技术改进等方面产生诸多消极影响。

五、改造社会与发展生产：革命根据地时期技术技能教育经验

整体来看，计划经济体制时期中国产业工人外部技能形成体系建设主要围绕“红”与“专”两条主线逐渐展开，培育新社会力量与训练技术工人是主要目的。从历时性视角来看，中国共产党在产业工人技术技能教育上将改造社会与发展生产并行的做法可以追溯到 1927—1949 年的革命根据地时期。虽然这 20 多年可以划分为土地革命战争时期（1927—1937 年）、抗日战争时期（1938—1945 年）和解放战争时期（1946—1949 年），但这 20 多年在技术技能培训教育上进行了诸多探索。从上文的分析来看，这些做法大部分在中华人民共和国成立后产业工人技能形成体系建构过程中得到了继承和延续，具体体现在如下几方面。

（一）强调在党的一元化领导下开展职业教育

毛泽东认为，根据地的教育属于新民主主义教育，这种教育是“大众的，因而即是民主的。它应为全民族中百分之九十以上的工农劳苦民众服务”[①]。新民主主义教育要在无产阶级政党领导下，培养为新政治新经济和人民大众服务的具有社会主义理想的人才。1931 年 11 月《中华苏维埃共和国第一次全国工农兵代表大会宣言》第八项明确规定“教育事业之权归苏维埃掌管”。为了贯彻党管教育的方针，从革命战争时期开始，开始建立了教育分级管理制度，从中央到地方各级政府建立起教育行政机构和管理制度，在后来的抗日

① 毛泽东 . 毛泽东选集（第二卷）[M] . 北京：人民出版社，1940:666-669.

战争时期、解放战争时期，以及计划经济体制时期得到了延续和贯彻。1941年12月17日，中共中央政治局通过的《中共中央关于延安干部学校的决定》中规定“学校行政组织以短小精干为原则”“校内党支部任务，是在保证学校教育计划的完成，纠正支部与行政并立的不正确现象”[①]。这在制度上逐渐明确了党管教育的原则。抗日战争时期，中国共产党通过1942年的整风运动和1943年的大生产运动，进一步强化了党对教育的领导，培养“具有民族意识、有胜利信心、有战争与生产直接需要的知识技能的抗日干部”[②]。解放战争时期，在办好干部学校、训练班外，同样建立了正规化的学制，并强调对教育的改造以适应经济社会形势需要。1948年10月10日，东北行政委员会颁布的《关于教育工作的指示》第九项规定“对于新收复区学校的方针，是维持现状，加以必要和可能的改良”。在整个革命根据地时期，党管教育的基本原则集中体现在，依据中国共产党推翻帝国主义压迫的民族革命和推翻封建地主压迫的民主革命的双重任务来制定和安排相关技术教育。通过强化中国共产党对技术教育的领导，才能使教育为无产阶级革命事业、革命战争与建设服务。在教育内容上，强调政治学习与业务学习相结合，重视马克思主义思想教育和社会主义教育，培养无产阶级的阶级观点。

（二）培育新社会力量以改造社会是革命根据地时期技术教育的重要导向

“除旧树新”是革命根据地时期教育改革的基本任务，“一切奴化的、封建主义的和法西斯主义的文化和教育，应当采取适当的坚决的步骤，加以扫除”。这段时期，对旧有教育的改造主要从三方面入手：一是取消国民党政府教育中的训导制度、党义、公民等课程，精简脱离生产实际和脱离群众需要的课程，增加革命与生产需要的教学内容；二是取缔沦陷区的奴化教育制度

---

① 李蔺田等．中国职业技术教育史［M］．北京：高等教育出版社，1994:219.

② 李蔺田等．中国职业技术教育史［M］．北京：高等教育出版社，1994:198.

及相关课程内容，用解放区的新教材代替旧的奴化教材，设置符合革命建设需要的专业；三是将教育机关与宗教事业绝对分离，取消各宗教团体的特别权利，逐步改造和废除私塾，建立小学，废除对学生打骂和体罚制度，改用新教材，实行民主教育。

在技术技能人才培训教育方面，首先，出台相关法律以改造旧有技术工人培训教育方式。1931 年 12 月 1 日，中华苏维埃共和国颁布的《中华苏维埃共和国劳动法》第 43 条规定，“设立工厂或商埠学校，以提高青年工人的熟练程度，并给他们以补充教育，经费由厂方供给，严格禁止旧式的学徒制和养成工制，各种形式的学徒制”。其次，创设多元化的技术技能教育方式和机制以训练专门技术人才。

早在 1931 年，革命根据地就举办了工农红军电讯班和中央红色医务学校以培训专门技术人才。土地革命战争时期，开始创设补习学校、职业学校、中等学校、专门学校等多种教育方式，经过抗日战争和解放战争时期的多年建设，逐步建立起在职干部教育、干部学校教育、群众业余教育、小学教育和部队教育五个部分的新型教育体制。在这段时期里，技术技能教育是包含在各级干部教育之中的。干部教育中除了进行政治文化学习外，还会根据需要进行专门技术技能培训。通过举办专门职业学校和短期训练班，对现有干部、社会青年知识分子、生产能手、具有一定文化的工农子弟进行培训，学习农业知识、财经、银行、会计、卫生、司法、工矿、交通、电讯与艺术等方面的专业知识。与此同时，结合实际情况，在群众成人教育中开展文化补习班进行生产技术教育。1948 年中共中央《关于争取改造知识分子及对新区学校工作的指示》中提出“争取和改造知识分子是我党重大的任务。为此，应办抗大式的训练班，逐步分批对已有的知识青年给予短期的政治教育。要大规模办，目的在于争取大多数知识分子都受到一次这样的训练”。通过这些多元化方式为广大群众提供教育来改造旧有的反动、奴化教育，“要消灭离开生产劳动的寄生阶级的教育，同时要用教育来提高生产劳动的知识技术”，培育和“造就无产阶级所需要的政治经济等技术专门人才”等新社会力量，从而使大多数人“成为新社会的建设者，成为肃清一切旧社会的残余的战士，无产阶级的社会主义理想的战士”，他们能够“以教育为阶级斗争的武器”对旧有社会进行改造。

（三）推行与生产劳动相结合的半工半读式职业技术教学

教育要遵循“社会化、政治化、实际化、劳动化”的基本取向，贯穿了整个革命根据地时期，并且一直延续到中华人民共和国成立后，1958 年推行的两种学校制度和两种劳动制度是典型。1932 年，湘鄂赣省苏维埃政府在 5 月 7 日颁布的第一号政府训令中就明确提出“教育与工业生活农业生活结合，即劳动与教育结合，劳心与劳力结合，理论与实际集合，达到消灭精神劳动与肉体劳动的对立”。1939 年 5 月 4 日，毛泽东在《青年运动的方向》一文中高度赞扬和肯定了延安等地的学校将青年职业技术培训教育与生产劳动和工农相结合的做法，称其为“全国的模范”。那时，大部分的专业技术技能教育学校将生产实习、生产劳动纳入正式教学计划，强调在生产劳动实际中学习相关知识、提升技能水平。比如，1934 年苏维埃教育委员会颁布的《中央农业学校简章》规定要以生产实习为中心学习如下农业知识：“1. 苏区主要农作物栽培法、育种法。2. 苏区现有的主要肥料的制造、保存和施用法。3. 主要农作物的虫害、病害的预防和消灭的方法。4. 农业经营法，尤其是节省土地、肥料、劳动力的方法。5. 农产品简单的制造及保存法”等。

苏区的农业技术学校实行半农半读制度，附设农场供学生实习试验和劳动，同时调查和收集苏区农民群众生产劳动经验，进行研究、对比、推介。抗日战争时期，当时苏皖边区政府提出“以生产养学校、以劳动换智力、培养学生成为革命者、劳动者和科学者”。学校采取半工半读方式，并附设工场、农场，成效显著。1942 年 2 月 28 日颁布的《中共中央关于在职干部教育的决定》明确要求干部学习和工作两不误，接受“业务教育、政治教育、文化教育以及理论教育”等四个范围的学习安排，强调业务学习与生产工作相结合，要与根据地实际情况结合，系统学习理论知识、具体经验、政策法令、历史知识等。1943年抗日战争期间，在根据地发起了号召大生产运动，进一步促进了与生产劳动相结合的教育方针。在这段时期里，大部分职业技术学校在行政管理架构上均设立专门的生产管理机构，以贯彻教育生产劳动相结合的方针。以山东省为例，1946年山东省政府通过批准公布《山东省当前教育工作纲要》，规定了学校的组织机构（见图5.1）。

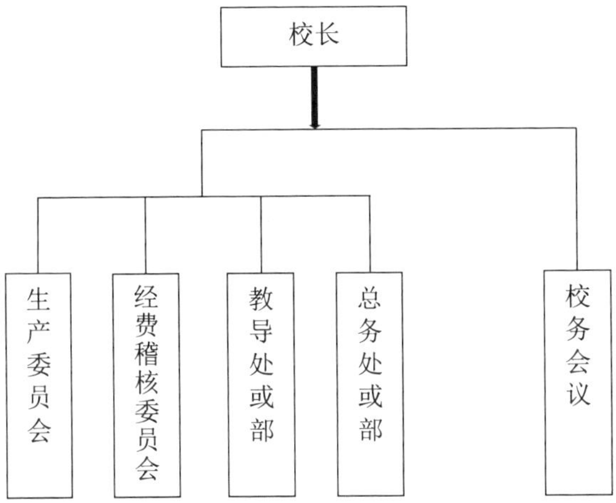

图5.1 《山东省当前教育工作纲要》规定的学校组织机构

将职业技术教育与生产劳动相结合，在劳动实践中培养学用一致的人才，结合业务开办实习工厂、农场、盐场或附属医院。工科职业学校在实习工厂中，生产社会需要与市场紧缺的产品，农业学校办技术服务窗口，推广优良品种与先进种植技术，医卫学校组织学生为群众治病防病，财经粮食学校参加征粮税收劳动等。这种技术技能教育方式具有教育、政治和经济三重意义。将生产劳动纳入教学计划，“一面学习、一面生产”一定程度上符合技能形成的规律，有助于学生与干部在生产劳动实训过程中更好地掌握技能。同时，此举是为了改造旧有教育中理论脱离生产实际的状况，“消灭离开生产劳动的寄生阶级的教育”，纠正教育中的主观主义和教条主义倾向，“同时要用教育来提高生产劳动知识技术”，促使其更好地为革命战争和生产实际服务。“以劳动换智力”，走与工农相结合的道路，也是为了改造青年人，培养其劳动观点与群众观点，锻炼其艰苦奋斗的精神。客观而言，当时的做法也是基于现实状况考虑，职业技术教育与生产劳动相结合，可以让学生从事生产，创造物质财富，一方面，能减轻负担，“以生产养学校”，如苏区的塑造工业学校通过开办制皂厂，解决了 40 名学生的费用，农纺学校通过办厂解决了百余名学生费用等；另一方面，自力更生有助于战胜对解放区的经济封锁，具有经济意义。

（四）采用向工农开门、包下来的专业技术技能教育政策

在革命根据地时期，教育被赋予改造社会、培育新社会力量的革命使命，换言之，教育是阶级斗争的武器和阵地。因此，为了“解除反动统治阶级加于工农群众身上的桎梏，创造新的工农的苏维埃文化”[①]，教育改革成为共产党政府一项重要任务。其中，采取向工农开门、包下来的专业技术技能教育政策是教育改革的主要内容之一。首先，教育要面向工农群众，保障他们享有平等教育权利。1931 年 11 月，《中华苏维埃共和国第一次工农兵代表大会宣言》的第八项规定了“工农受苦群众不论男子和女子，在社会、经济、政治和教育上，完全享有同等的权利和义务”。1934 年，中华苏维埃共和国第二次全国苏维埃代表大会通过的《宪法大纲》第十二条也规定“中华苏维埃政权以保证工农受苦民众有教育的权利为目的”。这一政策在抗日战争期间和解放战争期间，在根据地得到了贯彻。当时开办的专门技术教育学校和职业学校里，始终强调走与工农相结合的道路。因此，在革命根据地时期，各类学校尤其是专门技术技能教育学校主要的招生对象多为“成分好”的工农分子。

这种向工农开门的专业技术技能教育路线另一个突出之处体现在根据地

① 李蔺田等 . 中国职业技术教育史［M］. 北京：高等教育出版社，1994:196.

政府对教育类型的重要性排序上。如上文所言，革命根据地时期的教育体系包括在职干部教育、干部学校教育、群众业余教育、小学教育和部队教育五个部分。在此教育架构中，“干部教育重于群众教育”而且“在职干部教育第一”。干部教育之所以最为重要，属于“第一位工作”，是因为在当时情况下，“一切工作须经干部去做”。工农群众业余教育次之，是为了“支援战争与发展生产，比如依靠广大工农群众”，所以需要“抓紧工农成人教育”。儿童教育再次之，采取的是“不放松”政策。当然，那段时期里，专业技术技能教育是纳入干部教育中的[①]，教育意图并非是产业工人层面上的技能供给，更多

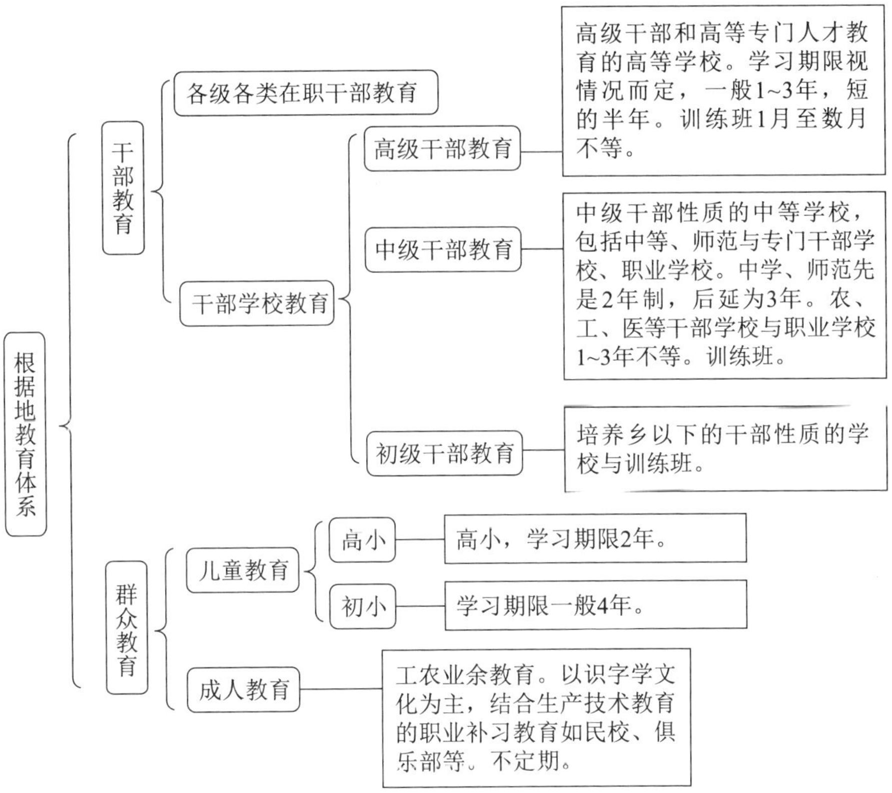

图 5.2　革命根据地时期的教育体系

① 李蔺田等. 中国职业技术教育史［M］. 北京：高等教育出版社，1994:200.

是为了培养专门技术型干部。比如，1933 年在瑞金城内东山寺创立的中央农业学校，该学校章程规定主要教育任务在于“培养农业建设中、下级干部”。当时，该校学生有 200 来人，主要招收 16~32 岁的农民与农业工人。

尽管不是为了培养产业工人，但是向工农开门的做法以及对技术干部的重视，一直延续下来了，并在后期的国家工业化和产业工人技能形成体系建设中发挥了至关重要的作用。新中国成立以后，国家特别强调“政治厂长”与“技术厂长”并重对于工业企业生产发展乃至工业化战略的重要价值，某种意义上，也是革命根据地时期的经济社会治理经验的总结和再现。

在教育上采用“包下来”的政策，主要涉及两个层面：一是教育事业由政府统一掌管，取消一切宗教团体的特别权利，将其与教育机关绝对分离；二是施行完全免费的普及教育，“一切工农劳苦群众及其子弟，有享受国家免费教育之权”。这种国家高度卷入的“包下来”做法，不仅可以强化国家对教育事业的掌管，按照战时需要和生产需要有计划地定向培养相关人才，而且也有助于改造旧有教育体系和知识分子，更好地贯彻教育革命意图，稳定教学秩序。随着这种做法的推进，在革命根据地的各类干部学校与专业技术学校原则上均属于公办，只有一些工农业补习教育由工厂办，一些乡村学校采取民办公助的方式。当时，政府办学按照行政等级来配置办学权限，一般分为中央、边区（或省）、县三级。其中，中央和边区政府举办高、中级学校，县一级举办初级干校与初级职业学校、短期职业中学等。

在中国，行政等级不同往往意味着资源动员能力的差异。因此，根据地在基本压缩社会化办学的制度空间后，依据行政等级来划定学校等级，属于国家卷入后的自然选择。这种行政依附型配置和动员做法一直延续到中华人民共和国成立后，几乎渗透到国家经济社会治理的所有层面，对产业工人技能形成体系也产生了重要影响。

第六章

从阶级身份到市场化用工：改革开放后产业工人技能形成过程

本章主要围绕改革开放后，市场化对产业工人技能形成过程的影响。第一部分从技能供给的角度对计划经济体制时期中国产业工人技能形成体系进行简单的总结和梳理，计划经济体制在产业工人技能形成上的路径依赖效应一直延续到20世纪80年代末。第二部分从制度变迁的角度阐释这期间产业工人技能形成体系的演化过程，分析国家卷入和市场力量卷入在程度和范围上的变化对技能培训和技能认证带来的影响。第三部分深入分析产业工人技能形成过程中"工学结合"形式与内涵所发生的变化，重点围绕"准产业工人"生产实习展开分析，以透视市场力量对产业工人技能形成尤其是技能实训带来的影响。第四部分从整体上对市场化进程中，中国产业工人技能形成体系的特征进行素描，并分析其中存在的问题。第五部分延伸思考零工经济模式和平台经济对产业工人技能形成的影响，据此反思劳工社会学研究边界的拓展。

一、计划经济体制时期产业工人技能形成体系及其路径依赖效应

劳动者"身份置换"被认为是中国经济社会体制从计划走向市场的改革进程中的重要内容之一。计划经济体制时期，产业工人既是劳动生产者，也是一种阶级身份，围绕他们的身份等级、身份结构在资源配置、福利获取、集体意识乃至生活方式上形成了诸多制度安排。近些年来，一些学者对国有企业改制过程中职工身份置换问题进行了深入研究，但多聚焦于产权结构、利益连带、工人上访抗争等议题[①]，对其中的技能形成议题缺乏关注。事实上，

---

① 王庆明．身份产权：厂办集体企业产权变革过程的一种解释［J］．社会学研究，2019（05）．

在计划体制向市场体制改革过程中，关涉国有或集体企业（包括厂办企业）中产业工人“身份置换”的制度改革是多方面的，但劳动人事制度改革无疑是其中最为直接和重要的。在计划经济体制时期，“工人”作为一种身份，多是通过国家行政手段（子女顶替属于行政安置在子辈的延续）获得的，据不完全统计，1968—1978 年，大约有 2000 万青年以此种方式进厂当工人。而即便是在劳动人事制度调整改革初期，1979—1988 年的十年间，全国城镇安排就业人员就达 7800 多万人。这种行政计划性岗位配置方式，虽然是匹配整个国家社会主义改造行动的必然选择，但就企业生产而言，事实上造成了两方面的消极影响：一是产业工人技术技能水平参差不齐，技术能力和技能素质规范化训练程度不够，导致生产事故多，产品质量低下，进而影响企业生产效益；二是大锅饭式的资源配置方式影响了工人生产劳动的积极性。计划经济体制时期一体化的技能形成体系能够在短期内满足工业化优先发展战略的需要，具备较高效率。从长期效果来看，它未能形成工业化高速发展所需的技能基础，最终导致了技能缺口的出现。

技能供给的失衡首先表现在技术工人总量不足，高技术工人增长速度慢于职工总量的增速。根据《中国劳动工资统计资料（1945—1985 年）》的相关数据显示，国家全民所有制企业中技术人员数量从 1960 年的 16.73 万人，提高到了 1978 年的 29.42 万人和 1984 年的 43.46 万人。其增长速度远远低于企业职工总量的增长，因此产业中高技术工人的比例不增反降。有研究者近期分析了四个典型的技能依赖产业中机械工业、化学工业、冶金工业和石油工业的技能积累情况。这些产业中每千人的技工配比在 1958—1984 年发生了很大的变化，从新中国成立初期到“文革”前期持续增长，之后不断下降。1958 年，机械工业、化学工业、冶金工业和石油工业的配比人数分别为 36 人、18 人、7 人和 50 人。经过 7 年发展，到 1965 年，机械工业的配比人数增长两倍（达到 110 人），冶金工业增长 9 倍（达到 71 人），化学工业达到 63 人，石油工业达到 108 人。由此可见，从“大跃进”到“文革”以前，我国工业企业中的师徒制培养了大量的技术工人。从长期来看，师徒制的局限日益明显。1965—1978 年，四个工业产业中的技术工人配比都出现了大幅度的下降，机械工业下降了 36%，冶金工业下降 41%，石油工业下降 37%，化学工业下降 37%。[①] 国家主要工业产业中技术工人配比情况的变化说明，企业内部技能形成体系在工业化发展过程中，未能完全满足产业的技能需求，逐步滞后于产业的发展。

师徒制和职业技校培训所提供的技能劳动力的数量和质量，远远不能满足社会经济发展的需求，呈现出过度需求和供给不足并存的短缺经济学典型特征[②]。这集中表现在技能供给不稳定，容易受到政治气候的影响而出现周期性波动。从 1952—1976 年的情况看，工业企业中工厂师徒制的发展经历了发展—扩张—收缩的过程。1954—1955 年，工业企业学徒工总量从 21.6 万人下降到 12.7 万人，降幅达到了 41.2%。短短一年之后，学徒工规模上涨 113%，达到了 21.7 万人。“大跃进”开始的第一年，学徒工从前一年的 29.4 万人暴涨到 223 万人，完全脱离了产业发展的实际。从 1974 年开始，学徒工规模开始稳步增长，1980 年达到了 221 万人。随着用工政策的变化，师徒制覆盖面持续缩减，1985 年，工业企业学徒工已经不足 100 万人，降幅达 55.3%。总体来看，在 1980 年用工制度政策再度改革之后，师徒制培训在工业企业技能形成中的重要性显著降低。从 1980 年开始，学徒工的绝对数量和占比都出现了下降，出现了负增长。学徒工总数从 1980 年 221.5 万人下降到 1985 年的 98.8 万人，占比从 9.1% 下降到了 3.7%。单纯依靠行政关系协调的企业内部形成体制具有很大的内部张力。师徒制的发展与企业关系不大，抑制了企业参与的积极性，增加了系统的不稳定性。

技能供给短缺也表现在产业工人的学历和技能水平较低。经过新中国成

---

① 王星 . 技能形成的社会建构：中国工厂师徒制变迁历程的社会学分析［M］. 北京：社会科学文献出版社，2014.

② 科尔纳 . 短缺经济学［M］. 张晓光，李振宁，黄卫平，译 . 北京：经济科学出版社，1986.

立初期十余年的建设，1964 年全国第二次人口普查的数据显示，全国人口中，高中和大学毕业生仅占 1.7%，初中占 7.6%，高小占 10%，初小占 8.5%，初识字人口占 2.4%①。1982 年第三次人口普查时，社会劳动者的文化素质有了较大的提升，总体仍然较低。在非农业社会劳动者中，大学和高中占 28%，初中占 38.7%，小学占 26.6%，文盲和半文盲占 6.7%②。经过 30 余年的积累，全国产业工人的总体技能水平在 20 世纪 80 年代仍处于较低的水平。截至 1984 年底，全民所有制单位中，约 45.2% 的工人的技术等级属于三级及以下（初级技工），四级（中级）技工约占 22.1%，五级技工约占 13.8%，六级及以上技工（高级技工）占 13.5%③。与新中国成立初期相比，计划经济体制下产业工人的技能水平有了很大提高，但是总体水平不高，与工业发展战略的要求有很大的距离。

计划经济体制下，技能形成的城乡二元区隔格局形成。计划经济体制时期企业内部的师徒制主要解决城市工业企业的技能积累问题。这与当时的计划用工政策有很大的关系。为了限制跳厂和挖人，1951 年，劳动部颁布的《讨论防止挖工跳厂办法的通知》提出要对劳工流动进行限制，后来发展为档案户籍控制。1958 年，我国开始实行城乡人口登记制度。在严格的户籍制度下，农村劳动力向城市的转移受到了极大限制。城市企业的内部技能形成体制与农村劳动力无关，这加剧了城乡劳动力的技能差距。从具体的实施途径来看，企业内部培训一般要求最低教育程度，农村劳动力的低教育水平使得他们无缘参与师徒制或者技工培训。此外，职业教育与城镇居民就业政策相配合，职业教育成为城镇人口进入工厂就业的重要途径④。建立在户籍和学历基

① 国家统计局人口统计司．中国人口统计年鉴（1988）［M］．北京：科学技术文献出版社，1989:382–383.

② 国家统计局人口统计司．中国人口统计年鉴（1988）［M］．北京：科学技术文献出版社，1989:88.

③ 王星．技能形成的社会建构：中国工厂师徒制变迁历程的社会学分析［M］．北京：社会科学文献出版社，2014:283.

④ 张宁．从世界职业教育发展历程看中国职业教育发展［J］．教育研究，2009（02）.

础上的排他性的内部技能形成体系不断扩大城乡的技能差异。1982年第三次人口普查显示，农业和非农业劳动者的文化程度差异较1964年的第二次人口普查加大，农业劳动力中35.9%为文盲或半文盲，非农业劳动力中仅占6.7%；农业劳动力中37.2%为小学文化程度，非农业劳动力中为26.6%；农业劳动力中初中文化程度占21.5%，非农业劳动力中占38.7%；农业劳动力中高中及以上文化程度为5.4%，非农业劳动力中为28%。由此可见，当时基于身份的职业教育体系和工厂师徒制强化了城乡居民的技能差异。

因此，十一届三中全会后，中央多次强调要改革这种基于身份的行政主导劳动人事机制，在具体做法上主要包括“先培训、后就业”和逐步取消统包统配政策。客观而言，在产业工人后备力量（或者后备技术工人）上，取消“统包统配”而通过“劳动部门介绍就业、劳动服务公司组织就业或者自谋职业”三种方式相结合，有助于更好地适应多种经济成分对技术技能人才的需求，而“先培训、后就业”政策很大程度上推进了劳动力市场的形成。这些改革行动，加速了产业工人“身份置换”的进程，同时对训练和培育技术工人的技能形成过程产生了重要影响。

在这段转型变动的时期，劳动服务公司培训、就业训练中心、后备劳动制度培训、再就业培训等多种基于就业问题导向的临时性技能形成方式出现，这些做法一定程度上丰富了产业工人技能形成的方式，但也助长了技能形成体系碎片化倾向。而在城市，一旦相对开放自由的劳动力市场形成后，尤其是农民工进入城市劳动力用工市场后，“先培训、后就业”政策执行起来就会困难重重。与此同时，职业技能鉴定力量严重短缺，这导致就业准入门槛更容易被快速膨胀的（低价）劳动力需求冲击得支离破碎。2001年教育部一项对全国11个省市的调查发现，私营企业里，“无证就业、无证上岗”现象非常普遍，如2001年9月19日《工人日报》报道显示，北京5000多家汽车维修企业中，超过六成的私营企业中普遍存在“无证就业、无证上岗”现象。随着市场化改革的深入，产业工人技能形成过程中，国家卷入程度逐渐淡出，卷入方式由直接计划干预转为间接指导；企业同样也开始剥离其“社会化功能”，在卷入程度上也逐渐淡出，卷入方式由最初直接参与转为市场化购买。国家与企业的双双淡出使产业工人技能形成逐步专门化为教育系统的独立行动，由此带来了长久的影响。

二、产业工人技能培训与技能认证的双重社会化

针对计划时期行政性配置手段的弊端，1978 年 4 月，邓小平在全国教育工作会议上提出要改革现有的招工办法，“各部门招工要逐步实行德智体全面考核的办法，择优尽先录用”。在产业工人招录上，特别强调先培训的必要性和重要性。1978 年 12 月 22 日，国家经委副主任袁宝华在全国技工培训工作会议上提出：“要改革招收新工人的录取办法，严格新工人上岗前的培训工作……择优录取。入厂后要经过一段时间培训合格后才能上岗。”1981 年 10 月 17 日，中共中央、国务院在《广开门路，搞活经济，解决城镇就业问题的若干决定》进一步强调严格技术工人技能水平考核的必要性，“对于关键性的技术岗位，要逐步实行未经考核合格不准上岗位的制度”。到 1986 年，这个政策具体被拓展为两个部分：对于新增劳动力后备力量实行“先培训、后就业”，对于在岗职工实行“先培训、后上岗”。到 1990 年，全国大部分地区对技术性、专业性强的岗位基本上实行不经培训合格不上岗的制度。现在看来，“先培训、后就业”政策很大程度上加速了劳动力市场的形成。在统包统配方面，改革步伐推进很快。1980 年，国家明确规定取消职业中学毕业生统包统配，采取“由劳动部门（劳动服务公司）介绍，用人单位择优录用，也可以自由选择职业”。作为中级技术工人主要培训供给方的技工学校也开始逐步取消“统包统配”转为采用“三结合”方针安排就业。这样的政策改革实质上意味着产业工人技能培训和技能认证双重社会化进程启动了。

（一）从企业内部走向社会：产业工人技能培训的社会化

“先培训、后就业（后上岗）”政策的推进一定程度上改变了企业内部师徒制以往在产业工人技能形成上的做法。中华人民共和国成立后，国家通过对传统师徒制的改造，将其作为失业工人再就业以及熟练技术工人养成的重要方式[①]。在当时，师徒制有思想品德与理论知识的教授，但核心是聚焦于技术技能的传帮带。行业不同或者阶段不同，师徒制在技能传授上也会有所不同，一般包括三种技能形成的主要做法：一是以学徒工身份进厂后集中统一学习，然后明确师傅签订师徒协议，跟班学习技能；二是以学徒工身份进厂简单集中学习后，就定师傅跟班学习技能，然后再集中学习；三是以学徒工身份进厂后边跟班学习技能边集中学习理论，如半天跟班实操，半天学理论知识。在思想品德方面，主要以师傅言传身教为主。在中华人民共和国成立后尤其是20世纪50年代初期，师徒制作为一种内部技能形成机制为我们国家培养了绝大多数的技术工人。据1959年的统计数据显示，中华人民共和国成立后通过师徒制培训的产业工人达790万人次，全国生产建设各部门有95%的技术工人都是通过师徒制方式培训的[②]。

计划经济体制时期，国家在相关方面进行了诸多制度安排，比如1958年2月，国务院颁发了《关于国营、公私合营、合作社营、个体经营的企业和事业单位的学徒的学习期限和生活补贴的暂行规定》明确规定学徒期限一般为3年，技术比较简单的工种不少于2年。学徒工在学习期间由所在单位按月发放生活补贴，其标准是保证最低伙食所需另加少量零用钱。在此基础上，分行业和产业对本系统的师徒制培训制定了具体实施办法和细则，包括对不同工种专业划分学徒期限、培训目标、训练形式以及转正定级、考核办法等。

---

① 王星．技能形成的社会建构：中国工厂师徒制变迁历程的社会学分析［M］．北京：社会科学文献出版社，2014.

② 陈李翔．中国职业培训五十年．未刊稿．

另外在学徒工的工伤、医疗等方面的权益保护上也做了规定。这些政策安排推动师徒制是“以学为主”而不是“以劳为主”，以保证师徒制技能形成的质量。不过，中共中央、国务院于 1981 年 10 月明确提出了“先培训后就业”的招工原则，慢慢从根本上改变了产业工人技能形成过程中的序列，也改变了受训学生的身份。

1. 打破了原有学徒工（学生）的“铁饭碗”身份，逐渐置换为“受训学生”身份

在计划经济体制时期，产业工人技能形成是以获得工人或者是准工人身份的前提下展开的：在师徒制技能形成方式中，学徒工是先录用进厂后才参与培训的；在技工学校、中等专业学校、职业学校等技能形成方式中，学徒工虽然是受训学生角色，但他们是在国家“统包统配”制度下以“后备产业工人”身份参与学校技能培训的。在国家统一计划下，招生和招工指标一定程度上是可以通兑的。比如一些企业积极开办技工学校，他们拿到了招生指标实质上就意味着拿到了产业工人的招工指标，某种意义上，拓展了企业用工的指标来源。但是，在国家推行“三结合”劳动人事政策后，这些受训的后备产业工人未来的入职预期变得不确定了。

1981 年开始，江苏苏州市、吉林四平市等地开始试点实行双环节招生招工做法，即第一次考核合格后录取为培训生，经过训练后经第二次考核合格后才能正式录为学徒工。1988 年 12 月，劳动部的鞍钢会议后，变招工为招生的“先招生后就业”原则得到了进一步落实推广。1992 年劳动部颁发了《贯彻〈国务院关于大力发展职业技术教育的决定〉的通知》基本明确了将学徒制培训从内部培训转向外部培训的方向，通知要求改革现有学徒制的技能形成机制，除了“传统工艺和少数特殊工种”延续现有技能培训机制外，其他工种全部需要将招学徒工改为招定向培训生，通过企业与培训机构合作进行技能培训，“在企业内进行操作训练，在职业技术学校、就业训练中心等培训机构进行专业理论学习和基本功训练”。“先招生后就业”政策对学徒制技能形成产生直接影响，随着产业工人劳动力市场的开放，这种影响被进一步扩大了。

2. 改革技工学校加速产业工人技能形成的社会化进程

中华人民共和国成立后，技工学校一直只招收城镇户口的初高中毕业生和青年，以培训中级技术工人为主要目标。这样背景下，技工学校的招生指标实际上以“期货”方式等同于产业工人招工指标。从技能形成的角度来看，城市社会、企业单位与技工学校之间形成了一个相对独立的技能流动闭环，一方面从机制上固化了城乡之间在产业类型、技术技能人才方面的区隔，同时也强化了将“产业工人”定位为一种阶级身份（相对于农民、干部）而非职业的做法。从 1983 年开始，技工学校从招生和毕业生分配上均开始去身份化。1983 年 4 月，劳动人事部发布文件改革技工学校毕业生分配办法，《关于改革技工学校毕业生分配制度等问题的意见》明确了取消“统包统配”的具体做法，规定“凡 1982 年底以前招收的学生，毕业时可仍按原规定的分配办法办理；凡 1983 年以后招收的学生，毕业时根据需要和‘三结合’就业方针，统筹安排，择优分配，不合格的不分配”。与此同时，在招生上开始招收农村户口的学生。随着供销社体制的改革，1984 年 7 月，商业部和劳动人事部发文要求供销合作系统技工学校“从 1984 年起（或从 1985 年起，由各地自定），主要面向农村招生，不论吃商品粮还是农村粮的，都同等对待”。当然，在此类学生的毕业去向上也做了规定，“从农村招收的学生不转户口，不转粮食关系，可实行定向招生。哪来哪去”。不过与过去统包统配的做法不同，而是一定程度上赋予用人单位自主招工的权利，“供销合作社择优录用，实行合同制”。

这种改革导向在 1989 年 5 月颁布的《关于技工学校深化改革的意见》得到了集中体现：一是取消户籍身份限定，扩大技工学校招生对象范围，凡是自愿进入技工学校者均可报名。除了培养技术工人外，还承担待业青年、学徒工、在职工人、企业富余人员、乡镇企业工人、军地两用人才等的培训任务。二是结束技工学校统包统配，毕业生进入劳动力市场，用人单位和毕业生双向选择就业。三是取消毕业即定级定薪，实行市场化定岗定酬。在过去，技工学校毕业生在进厂当工人后，一般直接就定级为四、五级中等技术等级。改革后，则由企业根据其技术技能水平确定待遇水平，技工学校毕业学生如果成为工人则"实行劳动合同制"，劳动合同制工人"不再实行试用期，按已达到的实际技术等级确定起点工资"。四是实行毕业证书和技术等级证书双证制度，为技能劳动力市场提供选择信号。技工学校在产业工人技能培训等级上进一步拓展。1954 年，中央财政经济委员会颁发的《技工学校管理办法（草案）》规定，技工学校以培养四、五级技工为主。后来修订的《技工学校标准章程草案》《技工学校通则》以及 1986 年颁布的《技工学校工作条例》和 1993 年颁布的《关于深化技工学校教育改革的决定》均将技工学校定位为中级技术工人的培训学校。改革后，技工学校除了可以培训中级技术工人，还可以训练培养初级技工、高级技工以及生产实习指导教师。

这些改革措施意味着技工学校基本上摆脱了计划经济体制的技能形成模式，推进技工学校在产业工人技能形成上走向社会并融入劳动力市场。到了 20 世纪 90 年代初，技工学校在产业工人技能形成上的社会化格局基本形成：一方面，国家下放办学权力，变指令计划为指导督导，激发地方和多元主体参与产业工人技能形成过程中的积极性；另一方面，中国产业工人以专门学校为主体外部技能形成格局逐渐清晰，基于劳动力市场作用机制强化了企业与学校在技能培训上的分工，客观上渐渐压缩了企业内部技能形成方式的作用空间。在市场力量充分释放的背景下，用人单位与技工学校之间的关系呈现出了多元特征，随之而来的是，不同主体在其中参与动机、参与方式以及如何互动成为影响产业工人技能形成的重要变量。

3. 组建社会化训练机构以承担后备技术工人的技能培训

培育劳动力市场是改革开放后劳动人事制度改革的基本出发点。在国家逐渐退场的情况下，依赖传统指令性计划手段进行信息处理和资源配置的方式也随之慢慢失效了。“先培训后就业”政策实施后，如何更好地对接技能培训供给与技能受训需求成为一个新议题。因此，改革开放初期，中央就提出了组建社会化劳动服务公司以配合“三结合”就业政策的实施。在功能定位上，劳动服务公司主要包括介绍就业、输送临时工、组织生产服务以及进行就业培训。1981 年 10 月，中共中央、国务院颁布《关于广开门路，搞活经济，解决城镇就业问题的若干决定》明确提出，有条件的地方可以举办就业训练中心以满足劳动力就业前的技术技能培训需求。在此之后，国家多次发文规范和加强就业训练中的建设。比如 1985 年 9 月 14 日，劳动人事部颁布《关于就业训练若干问题的暂行办法》，1988 年 4 月 7 日颁布《关于加强就业训练中心工作的意见》，1991 年 2 月 25 日颁布新的《就业训练中心管理规定》，1994 年 12 月 9 日颁布《就业训练规定》。通过这些制度体系建设，就业训练中心与技工学校互为补充，成为承接待业工人技术技能培训的重要载体之一。1981 年，全国 20 多个城市建立了专门的就业训练中心，培训待业青年 34 万人次。1982 年，全国拥有就业训练中心 242 所，1986 年发展到 2054 所，1999 年增长到 3700 所，年培训能力超过 500 万人次。

国家强调扩大就业训练中心的自主权，实行中心主任负责制，教学、行政人员聘任制，从而增强其对接劳动力市场技能需求上的灵活性和适应性。具体而言，这种培训机制在产业工人技能形成方面具有如下四方面的主要特点：一是培训对象面向全社会开放，以城镇待业青年为主要对象，同时招收下岗失业、需要转换职业或工作的工人以及需要转移的农村富余劳动力。招收学员实行公开报名，自选工种（专业），经过考核，择优录取。二是依据社会需求设置培训工种（专业），可以分为相对稳定的主体工种（专业）培训和临时工种（专业）培训两种类型。就业训练中心根据当地全民、集体、个体经济发展以及劳务输出的需求预测，结合企事业单位、社会团体、个人举办就业训练班的情况，采取稳定性和灵活性相结合的原则设置工种（专业）。三是注重操作技能的训练。就业训练中心在技术技能训练上强调实用导向，“提高学员的素质、增强动手能力”，从而增强其就业能力和就业机会。因此，在课时安排上，操作技能训练课一般占 60%，专业技术知识课一般占 30%，思想教育课占 10%。在训练方式方面，强调下厂、店实习，并与生产经营明确结合。在下厂、店实习期间，要做到定课题、定学时、定岗位、定师傅、定期轮换岗位和定期考核。四是建立机制以衔接技能培训与进厂工作，推进技能培训与生产实践的结合。就业训练中心学生结业后，不包分配，按“三结合”就业方针择优推荐就业，或通过劳务市场同用人单位进行双向选择。不过，在就业后，学员的训练期可以相应折算为熟练期和学徒期。与此同时，学生实行结业证和技术等级证双证机制。技术业务考核由当地工人技术考核委员会根据行业归口部门颁布的技术业务等级标准和生产岗位的要求组织进行，考核合格的，由工人技术考核委员会发给技术等级证书。不过，就业训练中心的机构设置以及制度建设是行政推动下进行的，在性质上是劳动部门主管下的全民事业单位，办学规模依据地区行政等级进行划定。但同时，在师资安排、经费筹措以及生产经营收入等方面强调发挥市场和社会力量的作用，这些行政基因与市场基因杂糅实质上会对技能培训供给产生诸多影响。

4. 建立劳动预备制度动员社会力量参与产业工人技术技能培训

在当时，出台劳动预备制培训主要是针对新生劳动力追加 1~3 年的职业技能培训，延缓其进入劳动力市场的时间，此举主要目的在于缓解就业压力，其次意在提高劳动者素质。实际上，从 20 世纪 80 年代开始，随着国有企业改革不断深化，开始推行全员劳动合同制、优化劳动组合和择优上岗等用工制度，产业工人由身份转向职业，待业下岗等现象出现。根据《中国统计年鉴》数据显示，下岗潮之前，我国国有企业的职工约 1.1 亿人，1998 年国有企业职工人数则约为 5200 万人，而原约为 4000 万人的集体企业职工，更是锐减为 1000 多万，这减少的 7000 多万原国有和集体企业的职工，除一部分直接转到非公有制企业外，大部分人都有一段或长或短的下岗或失业的经历。下岗潮出现进一步增加了国家就业压力，加速了劳动预备制度的出台。1999

年6月7日，国务院办公厅转发劳动保障部、教育部、人事部、国家计委、国家经贸委和国家工商局等部门制定的《关于积极推进劳动预备制度加快提高劳动者素质的意见》将劳动预备制度从1997年的37个试点城市推广到全国所有城镇普遍实施。劳动预备制度在技术技能培训方面的主要对象是城镇未能继续升学的初高中毕业生，以及农村未能继续升学并准备从事非农产业工作或进城务工的初高中毕业生。另外，也可以引导城镇失业人员和国有企业下岗职工参加劳动预备制培训。

具体而言，劳动预备制培训具有如下几个特征：第一，强制培训与严格就业准入。在政策上延续和强化了国家“先培训后就业”的原则，明确规定“对未经过劳动预备制培训学习，或虽经劳动预备制培训学习，但未取得相应证书的人员，职业介绍机构不得介绍就业，用人单位不得招收录用”。与此同时，“对用人单位因特殊需要招用技术性较强，但当地培训机构尚未开展培训的特殊职业（工种）人员，经劳动保障部门批准后，可允许企业先招收再培训”，但必须遵守“先培训后上岗”的原则，“取得相应职业资格后再上岗”。当然，后来的事实证明，国家控制与市场释放之间的张力导致这种强制性很难达到实际效果。第二，劳动预备制培训工种全覆盖且考核合格后方可就业。从事一般工种的，须取得相应的职业学校毕业证书或职业培训合格证书，方可就业；从事国家和地方政府以及行业有特殊规定工种的，除了获得职业学校的毕业证书或职业培训合格证书外，还必须取得相应的职业资格证书，方可就业；即便是从事个体工商经营的，也应接受必要的职业培训，其中从事国家规定实行就业准入控制职业（工种）的，必须在取得职业资格证书后方可办理开业手续。也就是说，劳动预备培训合格证书、职业学校毕业证书以及职业资格证书是劳动预备人员就业、自谋职业或创业的凭证。第三，动员社会各方力量参与。为了完成劳动预备制人员的培训任务，政府需要动员多种培训力量参与其中，政策扶持、经费补贴以及任务指派是三种主要的动员手段。就培训力量来说，一般包括三种：（1）劳动保障部门主管的技工学校、就业训练中心等培训机构要主动承担培训任务；（2）教育部门主管的中等职业学校和职业技术学院等职业学校，也要承担起生产、管理以及服务等行业一线专门人才的培训；（3）企业举办的各类培训机构也要动员起来，承担尚未经过职业培训的职工的岗位培训。第四，分层分类进行技能培训。劳动预备制培训根据工种、学员状况开展灵活多样的培训。一般而言，学员可以根据自身情况（文化知识基础）选择所学工种，技术工种培训时间为两年以上，一般工种一年以上，特殊工种例外调整；在培训方式上，可采取全日制、非全日制、学分制与学时制相结合或远程培训等灵活多样的培训形式。

统计数据显示，1997 年底，在 36 个国家级试点城市和 31 个省级试点城市中，劳动预备制培训共有 18 万人报名参加。到 1999 年，劳动预备制培训已在 27 个省、自治区、直辖市开展起来，全年共有 93 万城镇未能继续升学的初高中毕业生参加了劳动预备制培训。对于产业工人技能形成而言，虽然劳动预备制度在培训目标上不是完全针对产业工人，其政策意图是在就业压力缓解和就业能力获得上达到双赢效果，但这种自上而下的国家培训行为的政策效果并不是国家能够计划和控制的。规范有效的职业技能水平认证体系和执行严格的就业准入制度，是影响劳动预备制培训能否达到政策预计目标的关键匹配制度。

（二）中国产业工人考工升级与技能认证的社会化

在经济学理论看来，职业技能水平认证是资源配置的重要指引，职业资格证书能否准确反映出劳动者的技能水平是降低企业搜寻成本的重要基础，也是校企之间相互信任进而达成合作的重要制度基础。在社会学理论中，技术技能认证是社会分层划分的重要手段。帕金认为技术证书与财产制度同等重要，是资本主义社会分层的两大基本制度，它能决定个人获得的职位以及在社会分层中的地位。技术证书控制着劳动分工中的关键职位，决定职位的分配。技术证书及其所代表的专业化成为社会屏蔽和社会排他的工具，因此造就了以技术证书为基础的社会分层[1]。对于中国产业工人而言，1956—1985年实行的八级工制度将职业技能认证与薪酬待遇体系直接衔接起来，使产业工人技能认证兼具了工资保障和工作保障的双重功能，对于产业工人的技能知识学习、技能经验累积以及技能获得动机都起到了正向激励作用。而随着产业工人技能培训社会化进程加速，传统的行政主导下工人技术等级考核机制逐渐不再适应日益社会化的技能培训供给。与此同时，国家为了适应劳动力市场建设需要，开始对产业工人的劳动人事制度进行改革。1985年，国务院颁布《关于国营企业工资改革问题的通知》，基本上打破了全国统一的以工人技术等级为基础的八级工资制度，企业开始采取多元化的薪酬体系。1995年，新的五级职业资格认证制度取代升级考评制度，成为技术晋升制度的基础，它系统性地打破了工资与技术等级的联系。职业资格证书不再具有分配工作机会和保证薪酬安全的双重作用，而是变为获取工作机会的砝码或入门证[2]。具体而言，产业工人技能认证社会化主要涉及技术等级标准体系与技能鉴定两个层面。

技术等级标准是职业资格的形式化。它是在职业分类的基础上，依据职业（工种）的特性、技术工艺、设备材料以及生产方式等要求，对劳动者的技术业务知识和技术操作能力提出的综合性水平规定，是劳动者培训和鉴定考核的基本依据。一般来说，所谓职业技能鉴定是根据某种职业标准，对劳动者的知识和技能水平进行评价和认证的活动。在我们国家，职业技能鉴定主要是依据国家规定的职业标准，通过国家劳动行政部门认定的考核鉴定机构，对劳动者的工作能力进行客观公正、科学规范的评价与认证的活动。产业工人的技术等级标准是分行业、分工种制定的，它是确定工人技术等级和

① Parkin,F.Marxism and Class Theory: A Bourgeois Critique［M］. Manhattan: Columbia University Press. 1979.

② 刘玉照，苏亮．社会转型与中国产业工人的技能培养体系［J］．西北师大学报（社会科学版）,2016（01）.

工资标准的尺度。从这个意义上来说，我们国家工人技术等级标准体系到后来的国家职业资格证书体系的过渡，正是技能标准制定和技能鉴定工作社会化的一种体现。实际上，早在改革开放初期的1981年，国家就提出要改革现有工人技能认证机制的要求。1981年2月20日，中共中央、国务院颁布《关于加强职工教育工作的决定》（以下简称《决定》）强调了产业工人技术技能水平提升对于国民经济社会发展的重要性。该《决定》要求对产业工人进行文化知识和生产技能方面的培训，组织他们学习技术理论、工艺规程、操作技术，达到本等级应知应会的标准，同时，规定劳动部门负责研究和指导产业工人技能培训工作，组织制定工人技术等级标准、技术考核办法以及有关劳动工资政策，如此规定有助于将产业工人技能培训与劳动制度更好地衔接起来，以适应市场化改革的需要。

1981年4月，国家劳动总局印发《关于认真贯彻中共中央、国务院〈关于加强职工教育工作的决定〉的通知》提出重点抓“没有经过正规技术培训的青壮年工人的培训工作”，以提高广大产业工人的技术水平——从低级到中级水平。同时，明确要求所有技术岗位的从业者必须考核合格后才能上岗：“对于新进厂的工人，都必须按照规定的目标要求，经过正规培训、考核合格后才能上技术岗位；工人调资、晋级、提拔以及转改新的技术工种，都要经过正规培训、考核合格后才能进行。各种技术工人，都要严格按照《工人技术等级标准》进行考核，合格后才能承认其技术等级，并发给证书。”这实际上意味着需要逐步建立健全工人技术等级考核的制度，同时，作为配套举措，劳动部门要探索建立企业和地区性的工人技术考核委员会。

后来，为了适应国民经济发展和生产技术进步的要求，《工人技术等级标准》先后经过了三次修订。其中1988年开始的修订力度最大，将产业工人技术等级由原先的八级制改为三级制（初、中、高），同时将技术等级与工资等级脱钩。此次修订打破了技术等级标准与工资标准紧密相连的状态，意在打造和强化产业工人技术等级标准的独立的行业标准体系，从而推进产业工人技术等级标准体系的社会化。在第三次修订的基础上，1993 年劳动部会同有关行业对美容师、美发师等 8 个通用性强覆盖面大的工种制定了国家职业技能标准并推广施行，这实际上将工人技术等级标准改造为国家职业技能标准。在此基础上，1998 年正式确定国家职业资格等级体系。国家职业资格等级共分为五级，一级和二级对应高级技师和技师，三、四、五级分别对应高、中、初级。1999 年，劳动和社会保障部职业技能鉴定中心开始将我国工人技术等级标准体系改造和调整为新职业标准体系。具体而言，产业工人职业技能等级认证主要经历了如下几个阶段：

1. 工人技术等级考核制度的变迁（1949—1992 年）

（1）初创期（1949—1978 年）。20 世纪 50 年代的考工定级晋级制度根据产业分类、工种复杂性及责任大小，在制定之初采用八级制为主的等级结构，并确定了“技术等级、工资等级、工作物等级三者一致”的原则。在这个阶段，技术技能认证虽然是企业主导的，但由于计划经济体制下，企业单位在组织性质上更多是国家计划的执行者，从这个意义上来说，企业内部的工人考核制度具有一定的准公共性，可以直接得到国家相关部门的认可。但由于工人技术等级标准更多地参照苏联模式，导致出现职业数量过大、标准过于繁杂等制度缺陷，因此，1963 年我国第一次进行全国性修订《工人技术等级标准》的工作。

（2）恢复期（1979—1986 年）。1978 年，改革开放开启了我国全面发展的新纪元，为尽快恢复技术等级考核制度，1979 年，我国启动了技术等级标准的第二次全面修订。1983 年 4 月，劳动人事部颁布了《工人技术等级考核暂行条例（试行）》，对工人的培训和考核做出了制度性的规定，标志着技术等级考核制度全面恢复（熊艳，2012）。1985 年 5 月，中共中央通过了《中共中央关于教育体制改革的决定》，明确规定“一切从业人员必须取得合格证书才能上岗”。该决定明确了教育培训与就业的关系，确立了技术等级考核制度对促进教育培训事业与劳动就业工作发展的作用，为我国技术等级考核制度的完善和教育体制改革指明了方向。

（3）调整拓展期（1987—1992 年）。随着国家规范化管理制度的完善和有效运作，1988 年，我国技术等级标准进行第三次全面重大修订，将 9000 多个工种合并缩减到 4700 多个工种，促使行业与部门之间的界限逐渐缩小，初步建立了我国工人技术等级标准的独立体系，进一步充实了我国工人技术等级考核制度。这一阶段的职业标准形成于计划经济体制中，其特点是满足企业在具体生产环境中对员工的现实需求，强调具体岗位的技术等级考核和业绩考评，着眼于劳动者的职业能力。1987 年《关于实行技师聘任制的暂行规定》、1990 年《关于高级技师评聘的实施意见》的颁布，进一步完善了我国技师评聘制度，标志着我国技术等级考核和晋升制度完整体系的形成，建立了初级、中级、高级三个技术等级考核和技师、高级技师两个技术职务资格考评体系，促进了我国职业技能鉴定逐步走向社会化管理、参与主体类型逐步走向多元化，为我国职业资格体系的推行奠定了坚实的制度基础。与此同时，1990 年 7 月，国务院批准《工人考核条例》，把工人考核首次纳入了国家行政制度体系。《工人考核条例》的出台标志着新的工人考核制度的建立。

2. 社会化转型阶段：国家职业资格体系的确立与演变（1993—2002 年）

（1）初步确立期（1993—1996 年）。1992 年，党的十四大明确提出我国经济体制改革的目标是建立社会主义市场经济体制，加快了我国计划经济向市场经济转型的步伐，技术等级考核制度开始向国家职业资格制度转移。1993 年，劳动部颁布《职业技能鉴定规定》，明确提出“职业技能鉴定实行政府指导下的社会化管理体制”，工人技术等级开始从企业内考核转向社会化鉴定。1993 年颁布的《中国教育改革和发展纲要》要求逐步建立职业岗位资格考核机构，实施各种岗位的资格考试和资格证书制度。1993 年，中共十四届三中全会首次明确提出学历文凭与职业资格并重，并于 1994 年经全国人大通过《中华人民共和国劳动法》（以下简称《劳动法》）确立了职业资格制度的法律地位，标志着我国正式建立了成文法规的职业资格证书制度，即国家职业资格证书制度。1994 年，劳动部和人事部联合制定并发布了《职业资格证书规定》，明确指出职业资格所包含的内涵，将职业资格分为从业资格和执业资格，标志着我国职业资格证书制度的正式推出。

（2）快速发展期（1997—2002 年）。1997 年《关于进一步推行职业资格证书有关问题的通知》开始推行就业准入制度，即提出了“实行对技术职业（工种）从业人员的就业准入”，要求“树立和维护职业资格证书的权威”“实行对技术职业（工种）从业人员的就业准入”“加强对用人单位遵守职业资格证书规定情况的劳动监察”等内容，由此可以看出劳动部门强力推行就业准入的决心。在此后几年发展中，实行就业准入制度的职业在不断增加，从 1999 年的 66 个增加到 2000 年的 90 个（报国务院批准时被调整为 87 个）。1999 年，全国职业技能鉴定机构达到 6916 个，其中国家职业技能鉴定所 4202 个，地方职业技能鉴定站 1336 个，工人考核组织 1378 个。全国职业技能考评人员为 7.3 万人，全年全国有 338 万人参加了职业技能鉴定，其中 292 万人获得职业资格证书。

同时，此阶段也是职业资格证书制度在职业院校有效实行的关键时期，出台了若干法律法规作为制度保障，例如，1999 年 6 月，中共中央、国务院发布《关于深化教育改革全面推进素质教育的决定》，明确指出国家职业标准的制定迫在眉睫，进一步明确规定了各类从业者的具体岗位准则，在坚持实行“先培训、后上岗”的就业制度基础上，持续推进大中专毕业生就业制度的改革，重视全面推行学业证书与职业资格证书并重发展的制度，转变对技能人才考核、评价的传统观念，促进重视高素质、高技能人才良好社会氛围的形成[①]。2002 年劳动部颁发的《关于进一步推动职业学校实施职业资格证书制度的意见》指出：“为进一步丰富完善职业资格证书制度，职业院校在专业设置和调整中，要与产业、行业、市场需求协同发展，并突出专业和办学特

① 刘允海 . 我国职业资格证书制度的确立及走势［J］. 中国人才，2003（06）.

色，在实践教学改革中更加重视学生动手和实践操作技能的培养，以提升毕业生的就业能力。”由此可见，我国职业资格证书制度的改革方向由关注技能人才考核标准，不断向市场需求、行业标准靠拢，以技能人才的高质量就业为目标。

3. 规范化阶段：职业资格证书体系的制度管理（2003—2013 年）

20 世纪初期，我国在加入世界贸易组织以后，国际化程度明显提高，为适应国家经济发展趋势的需求，我国不断对职业资格证书体系进行优化和完善。

（1）技能人才评价体系的建立。2003 年 12 月，中共中央、国务院下发了《中共中央、国务院关于进一步加强人才工作的决定》，指出为促进人才强国战略的有效落地实施，要求逐步建立高技能人才成长机制，在统一标准规定下推进培训、考核、使用和待遇相结合的职业资格证书制度的发展，最终促进技能人才评价体系的完善，以培养产业、行业所需要的高技能人才[①]。2004 年颁布的《关于健全技能人才评价体系推进职业技能鉴定工作和职业资格证书制度建设的意见》，对推进国家职业资格证书制度建设具有重要的指导作用。在此基础上，为进一步加强职业资格证书制度对培养高技能人才的促进作用，我国围绕技术技能型、知识技能型和复合技能型人才培养目标，从完善职业技能鉴定社会化管理体系、改革企业职工技能评价方式、推进职业院校资格认证工作以及强化高技能人才技能鉴定等方面健全了技能人才评级体系。

（2）逐步对职业资格证书项目进行清理。我国职业资格证书制度经过一段时期的发展和完善，截至 2006 年，我国职业技能鉴定机构、考评人员、年度参加鉴定考核的人员、获得证书人数，分别达到 7998 个、16.2 万人、1182.1 万人和 925.2 万人[②]。但随着我国社会主义市场经济开放程度的不断深化以及国际经济体系所发生的一系列变革，职业资格证书制度暴露出种类繁多、

---

① 秦剑军 . 知识经济时代人才强国战略研究［D］. 华中师范大学，2008.

② 张雄 . 我国职业资格证书制度的变迁与路径探索［J］. 商业时代，2010（27）.

职业资格设置混乱等问题，因此，从2002年开始依照《中华人民共和国行政许可法》和行政审批制度改革的有关规定，对不适应社会主义市场经济运行要求的职业资格项目进行取消和清理，以发挥职业资格项目的最大作用。截至2004年，仅保留了42种职业资格项目。2007年12月31日，国务院办公厅印发了《关于清理规范各类职业资格相关活动的通知》，明确规定了职业资格证书制度清理规范的主要内容，包括职业资格设置的标准、培训的流程、考试的内容、技能鉴定的标准以及资格证书的印制和发放等，为我国职业资格证书制度的改革提供方向性的指导。为落实国务院的文件精神，2008年4月3日，人力资源和社会保障部等八部门联合下发了《关于贯彻〈国务院办公厅关于清理规范各类职业资格相关活动的通知〉的通知》，进一步加大职业资格项目的清理和整顿力度，要求各地区和各部门在规定时间内按照规章制度完成本系统内的清理工作[①]。

（3）强化就业准入制度。2000年3月，劳动和社会保障部实行的《招用技术工种从业人员规定》确定了90个行业（工种）必须实施就业准入制度，同年7月，国家开始在95个职业试行就业准入制度。2003年颁布的《中华人民共和国行政许可法》为需要实行就业准入制度的职业划定了明确的范围。2004年劳动保障部发布的《关于健全技能人才评价体系　推进职业技能鉴定工作和职业资格证书制度建设的意见》，2005年下发的《国务院关于大力发展职业教育的决定》以及2010年发布的《国家中长期教育改革和发展规划纲要（2010—2020年）》，都再次强调就业准入制度，明确提出执行“先培训、后就业”“先培训、后上岗”的规定。就业准入制度是实施职业资格证书制度的前提和保障，为高校培养我国产业、行业所需的高技能人才提供了标准，同时就业准入制度的健全与完善将有利地促进职业资格证书制度的发展。

---

① 曹晔，盛之强．我国职业资格证书制度的历史、现状与趋势［J］．职教论坛，2015（1）．

4. 改革阶段：国家职业资格证书制度的衔接（2014 年至今）

随着技术进步，从经济结构、就业结构到人才培养的专业结构均出现重大变革，职业资格证书制度在发挥人力资源开发和配置中种类繁多、供给效率低下以及社会认可度不足等问题逐一暴露。表 6.1 呈现了 1996—2014 年全国职业技能鉴定机构和鉴定证书的数量。全国技能鉴定机构从 1996 年的 5682 所上升到 2014 年的 9521 所，提高了约 68%；考评人员数量在此期间增长了约 4.7 倍，年度鉴定考核人数增长了约 5.9 倍，获取证书人数增长了约 6.2 倍，获取证书人数年均增长约 12%。在此期间，证书获取难度没有明显的变化，1996 年 80% 的考核人员获得职业资格证书，2014 年这一比例为 84%。考试的低门槛也会降低认证的社会价值。

表 6.1　1996—2014 年全国职业技能鉴定机构和鉴定证书

年份	职业技能鉴定机构数（个）	考评人员人数	本年鉴定考核人数	本年获取证书人数	获取证书人数增长率（%）
1996	5682	37859	2685695	2146895	–
1997	5752	50779	3141832	2786360	29.8
1998	6878	70466	3194218	2858782	2.6
1999	7820	97209	3678723	3141392	9.9
2000	8179	128033	4421880	3726619	18.6
2001	8336	143068	5348001	4570081	22.6
2002	8517	175247	6619012	5562607	21.7
2003	7252	155971	6875444	5839222	5.0
2004	9438	197821	8796272	7360975	26.1
2005	7654	164442	9577395	7857292	6.7
2006	7998	161596	11821552	9252416	17.8
2007	7794	158186	12231413	9956079	7.6
2008	9933	203883	13374707	11372105	14.2
2009	9538	232060	14920761	12320051	8.3
2010	9803	210497	16575457	13929377	13.1

续表

年份	职业技能鉴定机构数（个）	考评人员人数	本年鉴定考核人数	本年获取证书人数	获取证书人数增长率（%）
2011	10677	194795	17459327	14820504	6.4
2012	10963	213403	18305470	15487834	4.5
2013	9865	252662	18385729	15366664	−0.8
2014	9521	215761	18539992	15542766	1.1

数据来源：国家统计局人口和就业统计司，人力资源和社会保障部规划财务司．中国劳动统计年鉴（2015）[M]．中国统计局出版社，2015:334–339。经笔者整理和计算。

职业资格证书体系的无序扩张导致其合法性大打折扣。在实行工人技术等级标准的“行业归口管理”以后，各个地区和行业纷纷成立职业资格鉴定机构，采用市场化的运作方式来运营，追求利润最大化。同一个行业内出现不同的认证机构和证书，这些做法破坏了职业资格证书的合法性基础，鉴定的权威性下降①。因此，2014 年，开始对职业资格证书的考试标准、认证标准、实施流程以及管理制度等方面进行改革，以适应时代对人力资源的多样化、灵活性的需求，同时积极推进供给侧结构性改革，简政放权，逐步淘汰一批含金量较低的职业资格证书②。

2014 年以来，319 项职业资格先后分五批被取消，其比例占许可和认证职业资格总数的 44%③。2017 年 9 月，国务院在“放管服”改革中进行了七次集中清理，以提高职业资格与职业岗位需求之间的契合度，进一步加大取消力度，废除不适应时代发展需求的职业资格，并在“国家职业资格目录清单”中明确规定了各类职业资格的设立依据、实施机构、适用基本范围，这七次清理改革力度对职业资格的发展起到治本的作用，为我国职业资格框架的构

① 杨钋．技能形成与区域创新[M]．北京：社会科学文献出版社，2020.

② 王延涛，李心雅，蒋海舲．职业资格证书收入效应的异质性研究[J]．宏观质量研究，2018（04）.

③ 肖凤翔，邓小华．国家职业资格框架要素论[J]．教育研究，2017（7）.

建奠定了初步基础[①]。由于职业资格证书制度在历史变迁和制度路径长期依赖中形成了体制机制问题，制约职业资格制度作用发挥的障碍依然存在，因此，2018年开始采取更大力度的改革措施，中共中央办公厅、国务院办公厅和人社部，都先后出台了系列纲领性文件对职业资格证书制度进行全面深刻的改革。例如，2018年初，中共中央办公厅、国务院办公厅联合印发的《关于分类推进人才评价机制改革的指导意见》指出，为健全技能人才评价体系，应重视职业资格评价的作用，完善多元化评价方式，坚持职业技能等级认证、专项能力考核与行业企业岗位要求相结合的原则，满足复合型人才从事多工种岗位的需求，充分发挥工匠精神的激励作用[②]。随后，2019年国务院发布的《国家职业教育改革实施方案》(职教20条)提出，积极推进资历框架建设，探索实现学历证书和职业技能等级证书互通衔接，有序开展学历证书和职业技能等级证书所体现的学习成果的认定、积累和转换，为技术技能人才持续成长拓宽通道[③]。由此可以看出,“职教20条”为我国职业资格证书制度的改革以及国家资格框架的构建规定了一定时期内的发展方向。

我国职业资格证书制度自推行以来，在全国范围内形成了有序的组织运行体系和合理的职业技能鉴定布局，初步建立了较为完善的职业技能鉴定体系，形成了行政立法与行政管理系统、技术标准与技术支持系统、组织实施与实际运作系统、质量保障与证书管理系统四个子系统；建立了国家劳动和社会保障部、省级、市级三级职业技能鉴定中心；确立了在劳动保障部门指导监督下进行、使用统一标准试题、按照统一操作规程进行以及考评员的社会化配置等职业技能鉴定社会化管理的基本要求。截至2019年，全国共有职业技能鉴定站(所)6000多个，工人考核组织1900个，考评人员7万余人。

---

① 赵兵．职业资格清理治标转向治本——人社部有关司局负责人就《国家职业资格目录》答记者问［N］．人民日报，2017-09-16.

② 谢晶．国际视野下国家资历框架对我国职业资格制度改革的启示借鉴［J］．中国行政管理，2018(08).

③ 国务院印发《国家职业教育改革实施方案》［N］．人民日报，2019-02-14.

人社部网站 2019 年 11 月 20 日曾公布一组统计信息，数据显示获得职业资格证书的人员，已从 1998 年 280 万人发展到目前的 1500 万人，仅 2017 年，中国就有 1100 多万人报名参加专业技术人员资格考试，其中，257.8 万人取得资格证书。

职业技能鉴定对中介组织依赖性逐渐增强是社会化另一个突出表现。如上文所言，职业标准是职业资格证书制度的核心，它在教育与培训、技能鉴定以及认证框架体系中起着导向作用。我国职业标准起源于工人技术等级标准，最初运用知识分类法对职业标准体系进行建构，由于追求知识体系的完整性而忽视了职业世界发展的个性化需求，导致构建的职业标准不能适应经济、产业的发展需求。通过逐步转变为依靠职业功能的职业标准体系，当前我国职业标准体系初步形成了集模块化、层次化和专业化的主体内容[①]。为了保障职业标准的专业性，政府通过委托或授权中介机构承担职业标准的制定和修订，其组建的专家机构中，国家职业分类大典和职业资格工作委员会是最高层次的工作组织，由技术方法指导委员会、国家职业技能鉴定委员会以及职业道德指导委员会，根据职业特点、工种需求以及行业发展趋势，指导相关领域职业标准的编制、修订事宜。但是职业资格证书针对特定职业分类过细加重了考核成本负担，这为一些中介性组织（培训机构）在职业资格认证过程中的营利性收费制造了空间。最近几年，国家加大了对职业资格证书的清理、削减力度，从侧面反映出职业资格证书制度在特定时期的制度供给有效性不足的问题，这也影响了技能形成过程中相关主体可信承诺关系的建构。

总而言之，在国家职业资格体系演化过程中，无论是计划经济体制时期的考工定级晋级制度，市场经济时期的技能等级认证制度，还是新时代职业资格证书制度的改革创新，国家主导是其中一贯的基本原则。不过在具体的

① 谢莉花．德国职业教育的“教育职业标准”［J］．外国教育研究，2016（08）．

技能形成行动策略上，社会化导向则日趋明显。在我国国家职业资格体系建设过程中，逐步形成了“考培分离”的社会化操作模式，即通过政府授权的独立的鉴定考核机构来对劳动者的职业技能做出认证和评价。从理论上来说，这种第三方认证机构独立于人力资源市场供给方（学校）和需求方（用人单位），与之没有行政隶属和经济利益关系。在实践操作层面上，我们的调研发现，“考培分离”在某种意义上也是国家转移职业技能考核成本所采用的权宜之计。这种逻辑实际上对国家职业资格证书制度社会化操作方式产生了深刻的影响。比如国家赋权第三方无形中会造成考核单位与培养单位之间的共谋，导致大量的技能认证异化为市场化谋利的工具：一方面，相关部门有不断扩大职业资格证书认证的数量和规模的动机，另一方面，职业资格证书设置混乱、行业认可度低的弊端不断凸显[①]。职业技能资格体系中的这种行政化导向与社会化导向之间的张力对用人单位（企业）与培训供给方（学校），甚至受训者与培训单位（学校）之间的可信承诺关系建构产生了影响。

根据新马克思主义学者赖特的技术资产理论，技术和技术资格证书是社会中不平等分配的财产形式，“技术资产的基础是技术证书，而技术证书是由权威部门和各种法规所决定的”[②]。拥有技术证书的专家在生产中控制技术知识，参与剩余价值的分配，因此，技术资产成为社会分层的基础。产业工人职业资格体系的变迁实际上对其社会地位获得产生了重要影响。

三、市场化与准产业工人技能形成中的生产实习

一直以来，产业工人或者准产业工人的技能培训过程中，生产实习一直

① 杨黎明．终身教育视野下的学历证书与职业资格证书转换研究［J］．教育发展研究，2006（19）．

② 李强．为什么农民工“有技术无地位”——技术工人转向中间阶层社会结构的战略探索［J］．江苏社会科学，2010（06）．

是其中重要的训练方式。教育部办公厅2003年12月18日颁布的《关于进一步加强中等职业学校实习管理工作的通知》强调了实习在技术技能形成过程中的重要性，“实习是中等职业学校实践教学的主要形式之一，是执行教学计划和课程大纲的关键环节，是实施专业知识与生产实际相结合的教学形式，是在教师的组织和指导下通过从事一定的工作实践或生产操作对学生进行特定的技术、技能或综合职业能力训练的过程”。如前文所分析的，从革命根据地开始，生产实习劳动（工学结合）在当时扮演着技能训练和新社会力量培育的重要角色，到计划经济体制时期，这种与生产劳动实践相结合的技能训练方式（半工半读）得到了继承和扩大。

改革开放后，大部分中等专业学校尤其是工业性质的中等专门学校、技工学校、职业中学以及企业学徒制等在技能培训过程中依然多数将生产实习作为一门主课。1982年3月1日，国家经委和国家劳动总局印发《关于加强技工学校生产实习教学工作的几点意见》强调：“生产实习是技工学校的一门主课。”只有通过生产实习的训练，才能加深学生对技术理论知识的理解，掌握本专业所必须具备的操作技能与技巧，并达到熟练程度，从而成为合格的中级技术工人。1985年颁布的《关于教育体制改革的决定》要求各类中等职业技术学校进一步加强实践性教学环节，除了要加强“实验、实习和技能训练外”，更重要的是引导高年级学生利用所学服务社会，“开展技术推广、技术服务和技术实践活动”，以此扭转职业技能教育中存在的“重理论轻实践应用”的倾向。同年8月5日印发的《关于技工学校改革的几点意见》中进一步强调了生产实习对技能训练的重要性，“技工学校教学工作必须突出操作技能的训练，搞好生产实习教学”。在具体方式中，通过“自建实习工厂”和“下他厂实习”两种途径展开。在职业技能训练过程中，理论知识学习与生产实践学习可以相互促进，通过互动、反馈、验证等机制巩固所学，进而提高受训者技术技能水平。

（一）生产实习与产业工人技能形成的关联

从技能形成的角度来看，生产实习过程中，学生（实习工）具有两种角色，一是作为实习工厂的“工人”，需要从事生产劳动，完成工作任务；二是作为相关培训机构的学生，需要在生产劳动过程中，检验和巩固在学期间所学的技术理论知识，提高实际操作和运用的技术能力。我们的田野调查也证明了生产实习对于技能形成的重要性。受训者只有通过生产实践过程的训练，才能累积技能经验参数，最终形成所谓的“有效技能”。

模具行当里不存在所谓的工程师，本科来的，不愿意去生产线上开机床，比如精密模具，模具是中间装备。收入是稳步增加的，技能壁垒很高，至少一年才能入门，逐步从钳工、磨床、线切割、火花、数车数铣，然后再到钳工，每个岗位都必须熟悉，前后需要将近十年，只有经历了所有这些工序，你才能知道每个工序的时间和成本，你才能知道一个模具的设计成本是多少，也才能为生产提供决策的模具成本价格建议。

做模具的流程是固定的，所有企业都是如此，小企业是低端产品，要求低，精度要求低，高端的要求很高，这需要精细化管理，比如纳微米级别。通过机床管控、大数据分析，得出一个经验值，形成超精密加工，很多时候，在高精密加工岗位上，要设置监控师傅（ZSQYZ2，2018 年 1 月 25 日）。

在技能形成过程中，让学生去大企业实习更重要，但我们的田野调研却发现，现代的学生不太愿意去大企业实习。

现在青年学生更喜欢灵活的小企业，工资高、学技能快、要求低，而大企业规矩多、成长慢，年轻学生不太愿意去。从学校角度而言，更希望学生去大企业，比如外资企业，形成很好的行业习惯和自我约束、学习能力

（ZSZYXX2，2018 年 1 月 26 日）。

而如何在制度设计上均衡学生身上的“劳工”与“受训者”角色之间的张力则是关系到生产实习技能训练效果的重要因素。因此，生产实习工厂与职业培训学校等不同主体之间能否形成一个技能训练链条和体系非常关键[①]。在计划经济体制时期，产业工人是一种身份，技工学校、学徒制、中等专业学校等机构中的学生在生产实习中一般均已经获得了工人身份或身份承诺，并且获得了未来进厂工作后的技术等级（学徒制一般为二、三级，技工学校一般为四、五级，中等专业学校对应的也是四、五级）及相应工资等级的保证。在国有企业和集体企业产权公有制的背景下，这种依附在工人身份上的未来承诺对于调和学生“劳工”与“受训者”之间的张力，防止其“以劳为主”而沦为“廉价劳工”，保障其能“以学为主”稳定技能形成秩序起到了重要作用。而改革开放后，随着私有企业兴起、国企改制以及国家用工政策的市场化改革，劳动力商品化程度日益深化，生产实习原来的制度基础发生了变化，其在技能形成中的角色也随之发生了变化。

20 世纪 80 年代中后期，计划经济体制时期形成的“工学结合”式的生产实习活动逐步被“产学合作”“产教结合”等合作式教育所代替，后来又加入了新的主体，叫“产学研合作”。近些年来，则主要倡导“产教融合”。与此同时，随着产业类型的多样化，生产实习也逐步统一换称为“实习”，教育部办公厅 2003 年 12 月 18 日颁布的《关于进一步加强中等职业学校实习管理工作的通知》将实习界定为“学生以生产、技术、管理或服务人员身份在特定的工作岗位上直接参与生产实践的过程”。2016 年 4 月 11 日，教育部、财政部、人力资源社会保障部、安全监管总局、中国保监会等五部门印发的《职业学校学生实习管理规定》对学生实习进一步细分为认识实习、跟岗实习和

① 王星．技能形成的社会建构：中国工厂师徒制变迁历程的社会学分析［M］．北京：社会科学文献出版社，2014.

顶岗实习三种类型。所谓认识实习是指“学生由职业学校组织到实习单位参观、观摩和体验，形成对实习单位和相关岗位的初步认识的活动”；所谓跟岗实习“是指不具有独立操作能力、不能完全适应实习岗位要求的学生，由职业学校组织到实习单位的相应岗位，在专业人员指导下部分参与实际辅助工作的活动”；所谓顶岗实习是指“初步具备实践岗位独立工作能力的学生，到相应实习岗位，相对独立参与实际工作的活动”。尽管在职业技能训练和技术技能人才培养过程中实习的名称、类型以及内容上有所不同，但是强调理论学习与实践参与相结合的本质是相通的。

从训练方式的角度来看，实习基本上包括如下几种：（1）工学交替训练模式，学生在校学习技术技能理论知识和工厂企业生产劳动实践交替进行的学习。在生产实习方面，要求学生多次到工厂企业实习或顶岗工作，这种方式对工厂企业参与度依赖高，适用于技术技能理论要求比较高，且实训时间比较长的职业或工种。（2）“2+1”分段训练模式，与工学交替不同，这种模式是在三年培养期里，两年在学校进行理论学习，一年在企业进行顶岗实习。在实习期间，学生结合生产实践由校内导师和企业导师共同指导完成毕业设计。这种模式适用于操作实践能力要求高的职业或工种。这中间尤其是生产实习过程中，学校和企业参与行为是否聚焦于技能培养则是影响此训练模式质量的关键。（3）定向委托培养模式，是指相关专业学生入学后即与企业签订就业协议，由企业出资供其读书，学生毕业后到该单位就业。这种定向培养模式为学生提前固定了毕业就业出路，在具体技术技能训练过程中，学校与企业之间相互合作，共同参与。这种模式同样也比较适用于劳动力市场现有技能供给难以满足企业需求的情况，而定向协议履约过程中的不确定性会对此模式运行产生重要影响。（4）订单式合作训练模式，用工单位与培养单位签订用工协议，双方共同制订技术技能人才的培养计划，利用双方资源参与训练过程，最后由用工单位按协议约定安排学生就业。这种模式中的企业参与程度较高，在提供实习场所、资源匹配以及后期就业上提供诸多支持，比较适用于劳动力市场技能供给极度短缺或特殊工种（职业）的人才培养。这其中，防止悔约和消减挖人外部性是相关制度设计的一个重点。

不过，很多的研究证明，目前准产业工人的生产实习面临着诸多挑战与风险。其中突出的问题表现在：（1）实习工在法律身份上缺乏清晰的界定，陷入权利贫困境地，以致在实习过程中面临着权益侵害与维权难的风险。实习工在法律身份上到底是学生还是产业工人，存在诸多复杂情况和争议，这导致立法难。（2）学生在生产实习过程中面临劳动贬值的风险，尽管国家多次发文对实习工资进行明文规定，但是在实践中执行难度非常大。（3）实习内容与所学专业脱节，学不致用，导致“高实习率、低稳定率”现象比较普遍，难以起到提高技能、提升水平的实习目的。为了解决中等职业学校学生实习过程中面临的风险问题，教育部办公厅曾经于2010年9月16日下发《关于进一步加强中等职业学校学生实习风险管理工作的紧急通知》，提出加快建构形成全国统一的实习风险防范体系。2016年4月11日，教育部又联合财政部、人力资源社会保障部、安全监管总局、中国保监会等五部门印发了《职业学校学生实习管理规定》进一步规范实习管理。

不过，很多研究发现，此类政策有助于减少实习工风险，一定程度上起到保护学徒工的权益，但并未能够有效加深校企合作程度，进而影响到生产实习意在提高技术技能水平初衷的实现。针对此类现象，有学者认为，目前教育学多从“学校单一主体”的思维来分析，将企业作为客体或“被合作者”。在这种思路下，强化校企合作提升实习质量通常有两种路径：要么要求国家出台制度约束企业行为，要么希望出台相关补贴等优惠政策吸引企业参与。王为民和俞启定认定这种思路在逻辑上虽然自恰，但在现实中会面临诸多解释失败，由此提出的政策建议在理论或实践上尚待成熟。因此，他们认为需要转换研究思路，提出要从“企业第一主体”来分析此类问题并提出促进校企合作针对性政策[①]。很多社会学研究与这种“企业第一主体”的思路具有异曲同工之处，不过在校企合作关系分析中加入了国家变量。社会学研究一般从非正规用工角度来探讨职业学校学生的实习，聚焦于分析此类“学生工”的权益保护、生活方式及其带来的社会后果，讨论制造实习工生产现场“同意”的背后机制。很多对当下中国制造产业中的实习田野实证研究发现，在实习过程中，普遍存在着实习工劳动力廉价化的现象。一些学者认为，实习不但没有帮助此类学生提高技术技能水平并摆脱低技术、低成本劳动力的命运，反而可能成为“青少年向下流动的渠道”[②]。有些学者认为，造成实习生沦为权益被侵害和被剥削的廉价劳工的是职业学校、地方政府、企业资本、劳务中介等的结盟合谋[③]。这些成果从不同于教育学的角度，将生产实习置于国家—市场—社会三者的关系框架下来分析，极大丰富了生产实习研究，富有启发性。不过如上文所分析的，从生产实习作为一种训练科目的来龙去脉来看，满足企业用工需求和提高受训者技术技能水平是生产实习一体两面的双重功效，而且也符合技能形成的客观规律。另外，从国家倡导、推动以及管理生产实习的传统和当下做法来看，仿佛并不支持“（与资本）合谋控制和剥削实习工”的理论判断。相反，各级政府对生产实习在技术技能人才培养中的重要作用是高度肯定和寄予厚望的。笔者以往研究发现，竞争替代和逐利原则是自由市场力量释放的两个重要维度，由此导致在技能形成上出现集体行动困境和挖人外部性，进而从根本上约束企业参与投资内部技能形成机制的动机。这种情况下，对于技术技能学习和累积的行为更多成为社会成员进行人力资本投资的个体行动，而非一种组织化行为。从这个层面来说，准产业工人的生产实习活动在市场机制作用下，其中的劳动力商品化程度加深，

① 王为民，俞启定．校企合作“壁炉现象”探究：马克思主义企业理论的视角［J］．教育研究，2014（07）．

② Guy Standing. The Precariat: The New Dangerous Class［M］. London: Bloomsbury Academic. 2011:11.

③ 陈慧玲．中国实习劳工［J］．中国乡村研究，2018（01）．

技术技能教育属性则被压制，对生产实习的效果造成了消极影响。

（二）实习工劳动力的隐性商品化程度提高及其对技能实训的影响

所谓劳动力商品化是指劳动力作为一种商品在劳动力市场上进行流通与交易的过程。马克思通过分析劳动力商品化指出，劳动商品化的直接后果是无产阶级的产生，当越来越多的人依赖于出卖劳动和工资收入维持生活时，无产阶级的队伍逐步扩大。马克思认为，无产阶级队伍的扩大背后隐藏着资本主义增长的密码，即“剩余价值”。如何最大限度地获取剩余价值，成为资本管理劳动过程的基本目的。这种情况下，马克思敏锐地发现，商品化过程中劳动力价格仿佛并没有受到供求规律的制约，而是受控于劳动者本身之外的强大力量，由此劳动力商品化过程转换为“剩余价值的剥削过程”。不过，如艾斯平·安德森所言，劳动商品化也使得劳动摆脱了封建专制的劳动力控制体系[①]。不过，与劳动力市场中的劳工不同，实习工劳动力商品化属于一种隐性商品化，一方面，无论是跟岗实习还是顶岗实习，其身份依然是学生，通常只与企业签订实习协议而非劳动协议，与企业之间不存在劳资雇佣的法律关系，这也意味着《中华人民共和国劳动合同法》等相关法律不适于实习生。另一方面，从技能形成的角度来看，实习工实际上是以较为低廉甚至无报酬（只有补贴）的劳动方式分担企业提供实习岗位的成本，并以此作为交换获取技能实训的机会。

实习工（学徒工）在培训实习期间的薪酬低是国际惯常做法。比如德国双元制中学徒工进入企业培训，其薪酬会因为行业、地区和实习阶段不同而有较大差异。通常来说，服务业的学徒工实习薪酬（培训津贴）通常比较低，制造业的则相对高一些。根据汉斯·伯克勒基金会经济和社会科学研究所

---

① 艾斯平·安德森．福利资本主义三个世界［M］．郑秉文，译，北京：法律出版社，2003.

（WSI）2019年对20个劳动部门中学徒培训津贴的调查数据显示：服务业方面，比如勃兰登堡美发行业在学徒制第一年为325欧元/月，德国东部的花店学徒第一年约400欧元/月。而制造业的学徒工实习薪酬则明显高于服务业，比如巴登-符腾堡州汽车行业的学徒第一年的收入为819欧元/月，在图林根州为650欧元/月。化工行业、印刷业以及德国铁路等学徒第一年实习收入一般在900~1000欧元/月。巴登-符腾堡州的金属和电气工业学徒第一年实习收入最高，为1037欧元/月。尽管学徒工在企业实习过程中获得的收入差距较大，但整体而言其收入比较低。2019年，在德国需要培训资质方能上岗的行业平均月薪为3770欧元，其中，汽车修理工平均月薪为2941欧元，美发师平均月薪为2253欧元，半熟练建筑工人平均月薪为2429欧元。换言之，德国学徒工在企业实习培训期间，其收入一般是行业平均工资的1/5左右，就算是收入最高的金属和电气工业学徒工的实习培训津贴也不足行业平均工资的1/3。因此，在技能形成全球典范的德国学徒制培训，学徒工实习也被称为一种“严峻的生活”。

在中国，教育部等五部门2016年4月11日印发的《职业学校学生实习管理规定》第十七条明确规定：“接收学生顶岗实习的实习单位，应参考本单位相同岗位的报酬标准和顶岗实习学生的工作量、工作强度、工作时间等因素，合理确定顶岗实习报酬，原则上不低于本单位相同岗位试用期工资标准的80%，并按照实习协议约定，以货币形式及时、足额支付给学生。”但很多学者的研究发现，工厂中的实习工薪水比较少，通常只有地方最低工资标准的60%左右，地方平均工资标准的1/6左右①。2019年的一项调查数据显示，80%的顶岗实习学生的实习工资只有实习单位试用期员工工资的40%~60%，有13%的学生连试用工资的40%都达不到②。如果收入低是实习工的常态，那

---

① 陈慧玲．中国实习劳工［J］．中国乡村研究，2018（01）．

② 张志新，贾亦然．中高职学生顶岗实习权益保护现状与对策［J］．中国职业技术教育，2019（34）．

么中国工厂中的实习工加班时间过长则从另一方面加深了劳动力隐性商品化程度。按照《职业学校学生实习管理规定》第十六条规定，“学生跟岗和顶岗实习期间，实习单位应遵守国家关于工作时间和休息休假的规定，并不得有如下情形：安排学生在法定假日实习；安排学生加班和夜班”，但实际上，学生在实习过程中加班几乎是常态。有研究发现，实习工每天上班超过 8 个小时的占比达 60.7%，其中实习生每天工作超过 10 个小时的比例高达 7%[①]，也有的学生月工作时间最长居然高达 308 小时，远远高于国家每个月加班不超过 36 小时的规定。有 86% 的实习生在法定假日里无法休息，有的实习生甚至连续 5 个月没有休息一天。2019 年的一项对 1000 名中职学生实习的调查发现，有 65% 的学生在实习期间无法正常休息，10% 的学生甚至完全没有休息日。这种隐性商品化程度的不断加深很大程度上提高了学生在实习劳动过程中的劳动强度，淡化甚至取消了实训意图，具体带来了两方面的影响：一是实习离岗率和流动率一直居高不下，出现了所谓“高实习率、低稳定率”的现象，不利于实习技能的累积；二是实习过程劳动力廉价化和技能培训之间的张力凸显，在缺乏相关制度的约束下，劳动力商品化提高，实习生沦为廉价“实习工”现象普遍。很多企业以“实习工”缓解“用工荒”，事实上偏离了生产实习的初衷。

（三）实习组织过程的市场化与劳务中介

一般而言，职业学校会通过一系列程序选定实习企业，然后直接与用工企业签订相关协议，达成产教合作关系，以安排学生实习。但是基于实习过程中的管理便利、降低生产实习的成本以及提高生产实习组织效率等原因，一些学者研究发现，将生产实习委托给第三方劳务中介公司以劳务派遣的方式来组织管理，成为很多职业学校的选择。严格意义上来说，劳务派遣和劳

① 张志新，贾亦然 . 中高职学生顶岗实习权益保护现状与对策［J］. 中国职业技术教育，2019（34）.

务外包是不同的。劳务派遣是劳动力通过劳务中介公司进入用工企业，但与用工企业签订劳动合同，用工企业对此类劳工承担相关法律上的责任。劳务外包则是劳务中介机构与劳工签订合同，然后将这些劳动力送到用工企业中，劳务中介机构对此类劳工承担相关法律上的责任，但用工企业不承担。不过，两者都延长了用工招聘的链条[①],从而满足企业弹性用工需求。如上文所言,劳务派遣或者劳务外包最初是为了缓冲就业压力而兴起的一种劳动力组织方式，地方政府成立劳务公司吸纳城市下岗工人、城市青年等待就业群体后，通过就业培训后再帮助其寻找就业岗位。近些年来，随着劳动力市场化程度提高，劳务派遣成为适应企业灵活用工需求的一种劳动力组织方式。据人社部门和全总的调查数据显示，截至 2011 年，全国劳务派遣工规模在 2700 万~3700 万左右，有些学者估算高达 6000 万。在劳动派遣或者劳务外包用工中，用工企业向劳务中介公司提出用工需求，由这些劳务中介机构临时招募和管理劳动力。从企业角度来说，这属于非正式用工方式。

当然，到底有多少职业学校是通过劳务中介机构来安排学生生产实习，在规模上尚无统计数据，不过如上文所言，已有研究证明此类现象较为普遍。将实习组织过程市场化，一定程度上提高了职业学校组织效率，有助于其减少管理职责，降低管理成本。但是，从实习生的技能形成角度来说，此种市场化实习组织过程却带来了两个消极后果：一是将生产实习行动转换为劳动力市场交易行为，推动了实习生劳动力的商品化，从而使生产实习的技能形成意图被劳务获取目的所取代。在实习生从学校到工厂的转移过程中，劳务中介机构拉长了流动的链条，而中介环节产生的诸如返现、保险等利益则被机构甚至职业学校所占有。事实上，这种高度市场化的生产实习衍生出庞大的“实习经济”，同时也将实习生商品化为“廉价劳动力”。正如有些学者所言，“那些低工资、易剥削的廉价学生工已经成为维系（中国）世界工厂运转

---

① 刘子曦，朱江华峰．经营“灵活性”：制造业劳动力市场的组织生态与制度环境［J］．社会学研究，2019（04）．

的重要劳动力”[①]。二是改变了生产实习过程中关系结构。理论上，生产实习中不论是跟岗实习还是顶岗实习，都是作为技能形成过程中的一种训练方式所展开的。在这个过程中，职业学校的指导老师以及实习企业配备的厂内导师，他们与实习生之间关系都属于一种师生关系，对实习生的技能实训行动负有共同指导责任。正如教育部等五部门 2016 年 4 月 11 日印发的《职业学校学生实习管理规定》第七条所规定的：“职业学校和实习单位应当分别选派经验丰富、业务素质好、责任心强、安全防范意识高的实习指导教师和专门人员全程指导、共同管理学生实习，”从而达到“规范和加强职业学校学生实习工作，维护学生、学校和实习单位的合法权益，提高技术技能人才培养质量”的目的。但实际上，一旦生产实习委托给市场性劳务中介进行组织后，则改变了其中的关系结构：学校指派的实习指导老师可能会成为劳务中介整合劳动力资源的参与者，稳定实习生在工厂中参与生产过程中的情绪和秩序，“提高学生自我管理能力”，减少实习生流动率则成为其主要任务。在这样的生产实习组织过程中，有些职业学校的老师甚至认为自己就是“现代包身工”[②]。而工厂中的实习指导教师（如果有的话）与顶岗实习生虽然名义上是师生关系，但实际上更多是一种同事关系，完成生产任务是他们的首要目的。对于企业来说，高技能依赖的岗位一般不会提供给非正式员工，安排给实习生的岗位大部分是低技能依赖的，实习生按照操作手册进行简单培训后基本上就可以独立上岗进行实习劳动。

当然，企业如此选择背后的原因是多方面的，既有生产机器设备损坏、产品质量稳定性等方面的风险管控需要，也有挖人外部性的担心。况且，对企业而言，通过市场化劳务中介获取实习生本意或许就在于劳动力获取而非提供职业培训。这种背景下，企业提供的“实习指导教师”对于给予实习生

---

① Pun Ngnai, Anita. A World Class:Foxconn and China’s New Generation of Labour Migrants［J］. Asia Critique.2015（3）.

② 陈慧玲 . 中国实习劳工［J］. 中国乡村研究，2018（01）.

技能指导是缺乏动机的。有调查发现，在中职学生顶岗实习中，实习企业参与管理与指导，但46%的受调查学生认为企业是为了“创造收益”，而只有30%左右的实习学生认为是为了提高技能[①]。实际上，我们在梳理生产实习相关政策的时候也发现，国家教育部门从政策上鼓励地方建立相关服务平台提供信息服务，正如教育部等五部门2016年4月11日印发的《职业学校学生实习管理规定》第二十五条规定：“鼓励各地职业学校主管部门建立学生实习综合服务平台，协调相关职能部门、行业企业、有关社会组织，为学生实习提供信息服务。”按照此政策要求，这个平台应该是由“职业学校主管部门”统筹建立。不过，将生产实习委托劳务中介机构的事实说明，各个地方对于此政策的解读和操作是不一致的。在市场化生产实习组织过程中，劳务获取替代了生产实习中的技能训练内涵，事实上，一定程度上架空了校企之间的实质融合，“学生员工一体化”名义达成但却有违生产实训的初衷，影响了准产业工人在实际岗位上的技能训练效果。虽然国家出台了多项措施规范和管理生产实习，但是随着劳动力市场化推进，劳动力获取和使用方式日益灵活多样化，这些政策在落实和执行上也面临着诸多不确定性。当然，政策执行议题并非本书关注重点，在此不再赘述。

（四）生产实习的岗位安排：生产需要抑或专业对口？

从技能形成理论角度来看，生产实习中，专业对口是提高技能实训效果的基本原则。只有专业对口的生产实习才能使职业学校所学理论知识与生产实习岗位实训之间建立起链接反馈机制，通过检验、试错以及转化等步骤，巩固和提高实习生的技术技能水平。专业对口的生产实习并非自然对接完成的，需要职业学校和实习企业信任合作才能实现，并且要建立一定的匹配制度对实习成本分担、实习生未来就业、实习企业的资格认定以及具体实习过

① 任薇．中职学校学生顶岗实习管理研究［D］．云南师范大学，2018:25-26.

程等方面进行安排，方能协调和保障校企合作的质量[①]。一般来说，这种协调机制包括市场协调机制和非市场协调机制两种类型：在市场协调机制作用下，竞争替代和追逐利益是基本规则；而非市场协调机制则强调竞争管制与去商品化倾向。这两种协调机制催生了不同的技能形成方式。市场协调机制下，企业参与技能培训的动机受限，更倾向于从外部获得技能，对外部技能形成方式依赖更强。而在非市场机制协调下，企业参与技能培训的动机更强烈，内部技能形成方式的发展空间更大。非市场机制通过对劳动力市场挖人外部性的制约，有助于受训实习生、职业学校以及实习企业之间达成可信承诺，推进了企业按照专业对口原则为实习生提供生产实训岗位。

那么在中国，通过市场机制对接企业用工需求和职业学校生产实习的需要，一定意义上推动了职业学校中准产业工人介入地方经济生产活动中，但是生产实习专业不对口问题却较为普遍。一些调查研究发现，中职学生顶岗实习中，专业完全对口的情况在所调查样本中占比只有 30% 左右，而专业不完全对口和完全不对口的占比高达 70% 左右[②]。生产实习专业不对口一定程度上意味着市场调节机制的失灵：一方面，实习生作为准产业工人是未来的商品化的劳动力，实习企业虽然提供岗位供学生进行实习，但是二者之间并没有达成长期性的可信承诺，这制约了企业在实习训练上的投入动机。另一方面，生产实习与未来就业之间的关联性会直接影响实习学生的实习选择。

如上文所言，计划经济体制时期，生产实习环节中的学生无论在未来就业方向上还是就业身份上，基本都是既定安排的。这些制度安排具有僵化性但是一定程度上有助于稳定生产实习的技能实训秩序[③]。而在市场机制作用下，生产实习与未来就业选择之间的关联是松散的。如果实习学生实训技能匹配

① 李薪茹，王星，茹宁．技能形成中的可信承诺及其制度基础［J］．学海，2020（02）．

② 王晓岩．中职学校学生实习存在的问题及对策研究［D］．内蒙古师范大学，2013:18.

③ 王星．技能形成的社会建构：中国工厂师徒制变迁历程的社会学分析［M］．北京：社会科学文献出版社，2014.

的是质量较高的或者是客观吸引力强的岗位，那么会反向激励实习学生依据专业对口原则来选择实习。反之，则多将生产实习视为一项必须完成的教学任务，而对专业是否对口则会考虑不多。众所周知，在德国双元制技能形成模式中，实行的是“企业主导、学校辅助、实践为主、理论为辅”的训练机制。企业之所以花费成本高度介入职业学生（学徒）生产实习并提供专业对口的实习岗位，一个重要的原因在于企业能够起到主导这些准产业工人的技术技能培训的作用，通过契约合同等非市场化协调机制使大部分实习学生将来能够留在企业中长期工作。因此，对实习企业而言，提供专业对口的生产实习从而更好地培训实习生的技术技能水平，实质是对企业未来技术技能人才积累的投资。

四、新时期中国产业工人技能形成中的国家在场与企业退场

中华人民共和国成立后，国家高度介入中国产业工人技能形成实践中，发展技工培育以满足国家工业化战略需求与创造新社会力量，改造社会阶层结构是其中两个核心内涵。社会主义改造完成后，国家基本上确立了公有制的产权结构，总体性社会格局就此形成[①]。在这样一个具有强大资源汲取和统合能力的举国体制下，国家通过将产业工人身份化与统招统分“包下来”的政策行动建构了国家主义式的产业工人技能形成体系，厂内学徒制和工业属性的专门技术教育体系构成了当时产业工人技能形成体系的主体部分。国家在教材体系建构、实习工厂设立、培训经费支持、学员毕业安置、成本分担、车间生产乃至受训准产业工人的生活保障等方方面面进行了统筹计划，完全卷入整个产业工人的技能形成体系。

如前文所述，“招生即招工”政策克服了挖人外部性给企业所带来的不确

① 孙立平等. 改革以来中国社会结构的变迁［J］. 中国社会科学，1994（02）.

定性，既激励了企业参与，同时也给受训学员提供了未来就业的身份承诺。在产业工人技能形成体系中，工人技术等级体系与学徒制培训、专门技术教育体系（包括技工学校）之间进行了有效衔接。而在这中间，厂内学徒制与专门教育体系之间建立了较为密切的合作互动机制，这实际上将生产车间实训与职业学校理论学习有效勾连在一起，提高了产业工人技能形成质量。一般来说，完成学徒制、专门技术教育以及技工教育的受训学员，进入工厂后可以直接定级为中级技术工人。

当然，改革开放后，随着国家市场化改革的推进，通过指令性行政安排产业工人和准产业工人技术技能教育培训并安置就业的做法，越来越不适应劳动力市场规律。从20世纪80年代开始，国家开始实施“先培训、后就业”和就业“三结合”政策，劳动力市场化建设全面进入轨道，这对产业工人技能形成体系产生了直接而重要的影响。

在市场转型过程中，企业逐渐淡化其产业工人技术技能教育属性而走向市场经营属性，随之计划经济体制时期企业与学校之间在产业工人技能形成上一体化关系结构也开始松动分离。一是作为回归企业经营自主权的体现，企业内部培训逐渐成为其自我选择行为，而且随着“招生即招工”政策改革及受训者就业安排的市场化，企业与学校教育在准产业工人技术技能培训方面由原先的行政计划指令转向自愿性合作行动。二是产业工人由原来的体制身份商品化为可流动的劳动力，从而使产业工人技能形成由原先的行政安排转变为一种个体选择行为。与此同时，在落实国家“先培训、后就业”要求的实践过程中，则需要大量的社会化技术技能培训机构作为支撑。在笔者看来，随着“先培训、后就业”政策以及劳动力市场化程度的深化推进，将“是否接受过技术技能培训”作为能否就业的前置要求，事实上预示着“职业资格”逐渐成为劳动力市场的入门证。换言之，这同时也意味着劳动力是否参与技术技能培训与企业内的工人技术等级认定开始脱钩。具体来说，这个阶段中国产业工人技能形成体系的变迁集中体现在如下几方面。

（一）产业工人技能形成中的培训主体和方式多样化

在从计划经济体制向市场经济体制转型过程中，产业工人完成了身份置换而走向商品化。从用工关系层面来看，尽管计划经济体制时期产业工人分为固定工、临时工等多种类型，但用工方基本上集中于国有经济单位和集体经济单位。社会主义改造后，干部、工人以及农民成为中国社会三大主体阶层。那时，产业工人阶级法律意义上在整个国家政治、经济、社会生活中处于领导地位，他们的职业待遇、社会地位乃至集体认同都一定程度上处于经济社会地位的优势位置。在这样的背景下，如上文所言，国家通过产业工人身份制与“招生即招工政策”等制度安排，建构了一体化的产业工人技能形成体系。这种一体化表现在四个层面。

（1）受训学员身份与产业工人身份的一体化。如本书第五章所言，在计划经济体制时期，产业工人技能形成体系在正式方式上主要包括学徒制和学校体系两大块，同时还包括业务教育、就业训练等非正式的培训方式。学徒制中受训学员多为已经招工入厂的产业工人，完成学徒制培训后直接定级为中级技术工人。在学校体系方面，主要包括技工学校、中等专门学校以及职业中学等，其中，中等专门学校尤其是工业属性的学校，主要招收初中毕业生，虽然很多学生毕业后也是进入企业当技术工人，但是在身份上多是干部身份。技工学校的主要任务是培养应用型技术工人和一线技术操作工人，在入学年龄和招生学历上的要求比较宽松，毕业后主要分配至生产部门。职业中学包括农业职业中学和工业职业中学，后者提供产业工人的技能培训，主要是培养基层工人。对于学校体系培养的受训学员，国家通过“统招统分”的政策固定其未来就业身份和就业去向，这事实上使受训学员与产业工人在身份上实现了一体化。

（2）培训机构与生产单位的一体化。一方面，在计划经济体制时期，很多国有企业或者集体企业自办技校对产业工人进行技能培训，在技术工人上执行“自培自用”。另一方面，很多为产业工人提供技能培训的学校机构也与各类企业密切合作，通过程序选定一些企业作为实习工厂。在政府劳动部门统一协调管理下，利用身份保护、学习津贴、收益分配、教学方式、检查监督等多种机制，强化生产单位与学校培训机构之间的一体化连接。与此同时，国家还鼓励有条件的技工学校和中等专业学校自行试办工厂，受训学员边学习边生产，推进技能培训成本的自给和半自给，实现培训机构和生产单位的完全一体化。

（3）理论学习与生产实训的一体化，这在产业工人技能培训所使用的教材、训练的方式以及授课师资上得到了明显体现。针对产业工人技能培训的教材和教学大纲，国家劳动部门组织专人进行编写，突出结合现场经验和与时俱进的原则。在训练方式上，强调与生产实践相结合。在学校教学中大量使用生产现场教具，在工厂里通过组建实习小组，共同完成生产任务，将理论学习与生产实践融合起来并相互印证，提高技能学习和训练的效果。在授课师资上，大多安排具有丰富工厂生产经验的技术人员进行授课。一般来说，技术理论课由工厂中的工程师或者具有相应经验的专任教师担任，操作课由生产实践经验丰富的老技工或老师傅担任。

（4）技能培训与技能认定的一体化。产业工人在技工学校学习合格毕业进入工厂后，可以根据工人技术等级考核条例定级为四、五级技术工人，最低为三级技术工人。经过学徒制培训合格的产业工人，可以定级为三级技术工人。就产业工人技能形成来说，技能培训与技能等级认定之间的一体化非常关键，这实质上意味着用工单位与技能培训机构之间的相互信任程度较高，对于技能培训制度和技能等级认定制度的有效性依赖程度较高。

市场化过程中，中国产业工人技能形成体系从过去的一体化走向多元分化。随着劳动力市场的开放，大量农民工涌入城市工厂，并逐渐成为产业工人的主要构成。这种情况下，自由灵活乃至非正式的用工方式增加了政府监管难度，“先培训、后就业”政策的现实约束力也慢慢被削弱。随之，产业工人技能形成过程中的培训主体走向多样化。

1. 产业工人技能形成过程中培训主体走向多样化

（1）社会力量参与改变了以往官办职业学校一统产业工人技能形成的格局，市场化民办培训机构与官办培训机构并列格局形成。

新中国成立初期，政府曾经委托私营工商业主对失业工人进行技能培训，社会主义改造完成后，国家和国有企业是产业工人主要培训主体。改革开放后，国家开始开放社会力量参与途径。比如技工学校，从20世纪90年代初开始，办学主体就开始变得多元化，除了中央和地方政府、产业主管部门以及劳动部门外，有条件的厂矿企事业单位与个人均可以办技工学校。1997年7月，国务院正式颁发了《社会力量办学条例》，确定了“积极鼓励、大力支持、正确引导和加强管理”的方针。1999年，劳动保障部发文动员社会力量举办职业培训，并逐步形成公办与民办职业培训共同发展的格局。在国家政策鼓励下，社会力量还探索出了品牌连锁、特许加盟等多种职业培训机构经营方式。社会力量参与一方面缓解了产业工人技能培训公共投资不足的状况，同时，此类培训机构管理运营上的弹性也使其技能培训内容与市场需求结合得更加紧密。

（2）技能培训学校在结构层次上具备多样化，形成了初等、中等、高等的层级性培训架构。

职业中学对应初中学历，中等学校对应中等学历，另外还有大专学历和本科学历层次的。随着产业工人学校技能培训体系的完善，相关法律制度也逐步健全。这种情况下，教育行政部门与劳动行政部门分而管理的格局更加清晰。后来，因为行业企业参与学校培训的动机和力量的弱化，教育行政部门主导产业工人技能形成的格局逐渐定型。

（3）企业产业工人在岗培训多样化。

随着市场化改革的启动，技术工人的需求也在不断增加。从1982年开始，技工学校扩大培训范围，介入在职产业工人的技能培训之中。1982年的

《中华人民共和国国民经济和社会发展第六个五年计划》提出，“招生任务不足的技工学校应当承担培训在职工人的任务”。1989年，劳动部颁发《关于技工学校深化改革的意见》，要求技工学校进一步扩大培训范围，“除了承担原有培训任务外”，还可以根据实际情况，“有计划培养初级技术工人，并承担乡镇企业的工人”的技能培训。1994年发布的《中华人民共和国劳动法》和1996年发布的《职业教育法》，均要求用人单位对劳动者进行职业培训。1996年10月，劳动部和国家经贸委联合颁布《企业职工培训规定》，要求企业根据实际情况对职工进行在岗、转岗、晋升、转业培训，对学徒及其他新录用人员进行上岗前的培训。20世纪90年代末，我国各类企业在职培训机构数量为2万多个（主要是职工学校和技工学校），每年培训在职职工2500万人次以上[①]。整体上来说，当时的职工培训灵活多样，因地因人制宜。按照培训对象、培训方式、培训渠道以及培训内容可以分为不同类型。比如按照培训内容来看，可以分为岗位适应性培训及岗位提高性培训、技术等级培训、新知识新技能培训等。就产业工人培训来说，要依据生产岗位实际需求，强调提高其动手能力和解决生产实际问题的能力。在培训内容上主要围绕现代化企业管理、技术进步、产品开发、设备更新改造、安全生产、提高产品质量、降低物质消耗和提高经济效益来展开。

（4）创新产业工人技能培训主体之间的合作方式，探索建设区域化综合性技能训练基地。

国家劳动部门建设综合性职业技能培训基地的政策初衷，在于改善技工学校在产业工人技能培训上的绩效。通过整合区域内职业技能培训资源，以联合体或集团化等方式创新培训机构之间的合作关系，推进职业培训资源共享，将产业工人技能形成体系与劳动就业体系紧密结合起来，从而扩大培训规模，提高培训效益。在具体操作上，国家劳动部门要求承担产业工人技能

① 陈李翔．中国职业培训五十年．未刊稿．

培训任务的技工学校和就业训练中心，与培训机构、技能鉴定机构和公共职业介绍机构联合，建立兼具职业技能需求预测、职业技能培训、职业技能鉴定、职业指导和职业介绍等功能的综合性职业培训基地。仅仅1999年，全国建成了138家综合性技能培训基地。经过这些年的发展，区域性综合性技能培训基地向纵深发展，形成了多种类型的集团化培训方式：第一种是产教融合的校企合作一体模式，即学校和企业成为一体。第二种是城乡联动的以城带乡模式，主要是城市职业教育与乡镇职业教育实现合作。第三种是中高职对接的模式，主要是中职与高职院校实现生源对接合作等。第四种是专业群与产业群协同发展模式，实现专业和产业协同发展。第五种是职教集团与工业园区融合发展模式，拉近了集团与工业园区的距离。第六种是政府主导模式，通过政府牵头，将院校、企业、行业协会等创办集团集结起来。第七种是中外合作模式，通过寻求外国院校企业进行合作。2015年6月，教育部颁发《关于深入推进职业教育集团化办学的意见》，鼓励多元主体参与职业技能培训之中，强调以“利益链”为纽带，推进教育链和产业链之间的融合，建立集生产、教学和研发等功能于一体的生产性实训基地和技术创新平台，提高技术技能人才培养的质量。从统计数据来看，截至2014年底，全国已组建职业教育集团1048个，成员单位4.6万个。其中，中职学校7200所，高职学校950所，本科高校180所，行业协会1680个，企业2.35万个，政府部门1630多个，科研机构920个，其他机构1450个[①]。

相较于计划经济体制时期的企业直接介入，市场化转型过程中，企业逐渐退出了产业工人系统性技能培训体系，主要通过劳动力市场来满足用工和技能需求。客观而言，多元化的技能培训方式一定程度上提高了技能供给的规模，但公办职业学校和社会力量办学在技能形成中也面临着诸多挑战。我们的田野调研发现，在这个进程中，社会化培训机构面临着巨大的生源压力

① 教育部网站，http://www.moe.gov.cn/jyb_xwfb/gzdt_gzdt/s5987/201507/t20150723_195241.html.

和同行竞争压力。无论是企业组织的生产实际需要还是青年人，对于职业学校的技能培训效果都会持比较怀疑的态度。著名社会学家柯林斯在《文凭社会》一书中甚至直言："职业教育作用是有限的，职业教育与工作前景几乎没有关系，绝大多数熟练工的技能是在工作或非正式学习获得的。"①我们在广东省中山市所访谈的一个企业管理者也持有类似的观点。

招人的时候，不会分技能等级去开工资，因为是计件的，技能熟练后，那么自然工资就高了，不需要技能认证。如果一线工人，一个月是计时工资，这个实际上就是岗前培训，实际上只需要一个月左右。招人，2000 年后出生的居多，基本都是生手，等到技能熟练后，他们很多就流失走了，那么如何规避呢？就是在初期采用计时制，这个从成本上规避了投资风险，但是无法改变流动现实（ZSQYLZ1，2018 年 1 月 15 日）。

在企业实际生产方面，访谈的案例企业是从事服装代工的。他们通过计件制的方式来培训员工，以此压缩技能培训成本，对冲技能不熟练所带来的风险。这种合作方式类似于计划经济体制时期的"半工半读"机制，对于企业组织而言能够分担熟练技工的培训成本，对于青年人来说可以谋生赚钱，而这往往对于市场化培训机构是不利的。

企业希望有这样的社会化培训机构，从事员工岗前培训，然后直接上岗，但是这样的培训机构很难成活：因为工人肯定会愿意直接去工厂进行培训，因为这样还可以挣钱，这样的生产工厂也不需要什么理论知识。所以这样的培训机构很难存活（ZSQYLZ1，2018 年 1 月 15 日）。

---

① 兰德尔·柯林斯．文凭社会：教育与分层的历史社会学［M］．刘冉，译．北京：北京大学出版社，2018:23.

另一方面，对于公办职业学校来说，虽然是公办的，但是并不意味着财政预算完全是“软约束”的。在学校诸多的专业设置中，对于技能培训教学的成本控制，也是需要学校管理者去考虑计算的。比如，有些专业虽然市场需求量大，对于制造产业转型升级也很重要，但是基于种种原因，很多职业学校并不乐意去开设培训课程。

我们学校高职曾经有11个模具班，现在只有3个班，这是万能专业，目前下滑到很多学校模具只有1个班，学习的内容偏基础性，很难拿到新的项目，而且这个专业投入成本很高，学校理性的选择就是抛弃模具专业。但是产业需求并没有下降，培养人才的成本高，职业学校市场化后这种理性选择，影响了技能人才的培育基础。中职的学生岁数小，难以满足与企业进行交换的需求，逐渐退出了生产过程……中职是国家配额的，是属于义务阶段，大部分退出了生产过程，比如电焊专业招生很难，拿职称也难，培训成本很高（ZSZYXX1，2018年1月16日）。

2. 强化产业工人岗位技能训练，推进技能培训与劳动制度的衔接

改革开放后，国家强化了职工教育工作，旨在训练干部队伍、科研开发（技术人员）队伍以及产业工人（技能人才）队伍。在产业工人队伍培养方面，强调技术素质的重要性，“形成一支中级技术工人为主体，技术等级结构比较合理……的工人队伍”。

从1978年开始，国家延续了计划经济体制时期“双补”做法，高度卷入产业工人技能培训之中。1980年4月28日，国家专门成立了由国家经济委员会、全国总工会、教育部、劳动总局等14个部门组成的全国职工教育管理委员会，下设全国职工教育办公室，以统筹安排管理全国的职工教育。1981年2月20日，中共中央、国务院颁布《关于加强职工教育工作的决定》，明确了职工教育的工作目标和发展方向。在此次职工教育推进过程中，国家特别强调“技术官僚”的重要价值，要求在1985年之前所有“企事业单位和管理部门主要领导干部”要轮训一遍，重点学习培训“现代企业经营管理知识和有关的专业技术知识”。对于产业工人群体，强化其生产技能训练，“学习技术理论、工艺规程、操作技术，确实达到本等级应知应会的要求”。最初产业工人的职工教育主要聚焦于“双补”，即“文化补课”和“技术补课”，同时将文化补课和技术补课成绩列入档案，作为产业工人晋级的依据之一。1982年1月21日，全国职工教育委员会、教育部、国家劳动总局等部门联合颁布《关于切实搞好青壮年职工文化、技术补课工作的联合通知》规定，“从1983年开始，学徒工没有达到初中毕业水平的要延期转正……从1984年开始，技术工种和关键岗位的青壮年职工，文化、技术补课没有取得合格证的，在职工升级时不能晋升，并要限期补上。限期补课仍不合格的要调离技术工种或关键岗位”。

1988年，全国职工教育管理委员会撤销，相关职能移交新组建的劳动部。1989年4月，劳动部颁发的《关于开展工人岗位培训工作的意见》将产业工人岗位培训分为两种类型，即取得岗位资格的培训和根据科技进步和生产发展需要进行的各种适应性专项培训。产业工人岗位技能培训强调要从生产岗位实际和技术改造的需要出发，按需施教、学用结合；坚持技术理论传授与技能培训相结合，突出技能培训。截至1989年底，全国有3000多万青壮年职工进行了文化技术“双补”，对1000多万职工进行中高级技术培训，班组长培训达600多万人次。从1987—1989年，全国参加岗位培训的职工累计超过6600万人次，平均每年递增18.8%。到1990年，企业中级技术工人已占工人总数的40%以上，高级工的比例达到了3%。随着国家劳动制度的改革，产业工人技术等级制度也由原来的八级工改为初、中、高三级制。

改革开放初期，国家依然高度卷入了产业工人技能形成体系之中，依然通过“有形之手”介入企业中产业工人岗位技能训练。但是如上文所言，这段时期里，市场机制的调节作用开始逐渐显现。随着国有企业劳动制度的改革，国家直接卷入产业工人岗位培训的制度载体也随之慢慢消失了。

（二）产业工人技能培训与技能评价认定从一轨走向分离

一直以来，在产业工人技能形成过程中，企业组织和学校在实践过程与理论知识学习培训上的密切互动协作，成为影响技能培训质量的重要因素。大部分国家的技能形成体系会对产教间、校企间关系进行相应的制度安排——技能认证权归属是其中最为重要的制度安排之一，以协调和增进相互之间的可信合作，进而提高技能形成的绩效，支持产业发展。在中国，计划经济体制时期，无论是通过学徒制、技工学校培训还是专门学校，产业工人在技能培训和技能认定之间是一体化的，国家统一指令性计划成为奠定一体化格局的基础制度安排：一方面，产业工人的用工指标与专门学校的招生指标均有国家指令计划配置，甚至可以相互"通兑"；另一方面，行业企业主导了产业工人技能认定，学校学历与八级工制度之间建立了对等互认机制。

在市场化转型过程中，随着国家退场、市场力量的释放，产业工人技能培训和技能认定开始走向分离，传统的八级技术等级认定与学校的教育学历之间对等互认机制的效力也日益弱化。具体而言，产业工人培训与技能认定之间的分离集中体现在三方面：

1. 技能培训与技能评价认定的主管部门分离

随着国有企业体制尤其是劳动人事制度改革，"先培训、后就业"方针逐渐落实，产业工人技能形成主体逐渐由企业过渡为专门学校，其技能形成过程也发生了改变：只有专门学校的技能供给才能满足产业发展的规模化技能需求，但同时，企业作为生产经营主体的经济属性日益得到强化，参与产业工人技能培训的方式和动机都发生了变化。这种情况下，（准）产业工人的技能培训尤其是其中的学历教育部分逐渐由教育行政部门主管，而他们的技能水平评价则由劳动人事部门主管。如本章第一部分所言，海量的技能认定工作对技能认定机构构成了巨大挑战，劳动人事主管部门将评价认定工作分解外包给社会化机构也就成为必然的理性选择。主管部门的分离有助于建构相互独立的学历体系和职业资格体系，但在缺乏统一协调制度安排的情况下，也为后来在产业工人技能评价认定中出现的“公信力下降”和“劳动力市场的信号失灵”现象埋下了伏笔。近些年来，国家职业教育改革计划中强调的“1+X”框架，实际上是试图重新勾连起教育行政部门与技能认定的劳动人事部门之间的关系。

2. 产业工人技能培训与技能评价认定在行业企业与国家之间的分离

1990 年国务院颁布的《工人考核条例》明确规定，“国家实行工人考核制度，把培训、考核与使用、待遇结合起来”。在考核类型上，工人考核包括录用考核、转正定级考核、上岗转岗考核、本等级考核、升级考核以及技师、高级技师任职资格的考评。不同考核类型中，录用考核属于用工前考核，具有强制性。国务院颁布的《工人考核条例》要求，“企业、事业单位和国家机关录用新工人，包括录用技工学校、职业学校、职业高中的毕业生，以及就业训练中心和其他各种就业训练班结业的学生，须经过工人考核组织的录用考核，方能择优录用”。

而这段时期，产业工人经过考核合格进厂后，其他方面的考核主要与其使用和待遇相关，并不会对其雇佣安全产生影响。

在工人考核内容上，包括思想政治表现、生产工作成绩和技术业务水平三大块。其中，思想政治表现考核主要包括遵守宪法、法律和国家政策以及本单位的规章制度，树立良好的职业道德、劳动态度等方面。工人生产工作成绩的考核，主要包括完成生产任务的数量和质量，解决生产工作中技术业务问题的成果，传授技术、经验的成绩以及安全生产的情况等方面。工人技术业务水平的考核，主要是按照现行《工人技术等级标准》或者岗位规范进行技术业务理论和实际操作技能的考核。工人技师任职资格的考评，按照国家有关规定进行。

在工人考核组织和管理上，以国家行政为主导分层分级进行，将工人考核具体实施交由企事业单位负责。1990 年发布的《工人考核条例》第五章第十九条至二十四条规定：全国工人考核由国家劳动部统筹管理，指导和协调。对于地方和部门工人考核，则由“各省、自治区、直辖市及计划单列市劳动行政部门会同本地区有关行业主管部门，国务院有关部门的劳动工资机构会同本部门的有关业务机构，分别成立工人考核委员会，负责组织”。

在工人考核具体实施上，“企业、事业单位或者企业主管部门应当根据实际情况组成不同专业（工种）的考核组织，负责具体考核工作”。与此同时，《工人考核条例》明确要求，“各专业工种的考核组织成员中，应当有三分之二以上的专业技术人员、技师、高级技术工人”。针对不同类型的工人考核，颁发不同的证书，其中，岗位合格证书的核发办法和式样，由企业自行规定，但如果企业主管部门有统一规定的，按规定办。技术等级证书的式样由劳动部统一规定，具体核发办法，“地方所属单位由省、自治区、直辖市及计划单列市劳动行政部门规定；国务院各部门所属单位由其主管部门的劳动工资机构规定”。技师合格证书由劳动部统一印制，并由相应的“劳动行政部门”和“劳动工资机构”核发。

显然，改革开放初期的工人技能考核与认定延续了计划经济体制时期的行政指令性特点。但在市场化转型过程中，过去建立在企业内部的技术工人考核体系不再适应外部劳动力市场体制建设的需要。因此，从 20 世纪 90 年代初起，国家开始逐渐剥离企业对产业工人技能鉴定的职能。1993 年 7 月，劳动部发布《职业技能鉴定规定》，明确提出“职业技能鉴定实行政府指导下的社会化管理体制”，产业工人技能水平认定由企业内考核制度转向社会化鉴定。1994 年 7 月颁布的《中华人民共和国劳动法》，确立了职业技能鉴定和职业资格证书的法定地位，规定“国家确定职业分类，对规定的职业制定职业技能标准，实行职业资格证书制度，由经过政府批准的考核鉴定机构负责对劳动者实施职业技能考核鉴定”。在此背景下，国家和省、自治区、直辖市及有关部门的职业技能鉴定管理机构、技术支持机构以及相应的鉴定站（所）纷纷开始建立运营，并形成了“双三”管理层次和工作体系。其中，三个管理层次是指国家层级（劳动和社会保障部和国务院行业主管部门）—省级（劳动和社会保障部门）—职业技能鉴定指导中心（行业或地方）。在单位属性上，职业技能鉴定中心属于事业机构，需要经过相应层级的政府编办批准方能成立，比如1994年6月成立的劳动部职业技能鉴定中心经中央编制委员会办公室批准成立。三个工作体系是指政策法规体系，包括国家法规、部门法规以及地方性和行业相关政策法规等；组织管理体系，包括行政管理体系和技能鉴定技术管理体系；质量管理体系，包括鉴定管理的各种规程、制度、题库、考务及考务人员管理制度等。职业技能鉴定过程是在各级劳动保障行政部门统筹管理下，由各级职业技能鉴定指导中心组织鉴定站（所）对劳动者的职业能力进行考核鉴定的过程，具体包括鉴定准备、实测和结果处理等几个环节。通过几年的建设，国家职业技能鉴定在规范化和制度化方面有了较大提升。1998年，全国共有319.16万人参加职业技能鉴定，286.11万人获得了证书。其中，37.4%获得初级证书，52.3%获得中级证书，8.5%获得高级证书，1.6%获得技师证书，0.2%获得高级技师证书①。

产业工人技术技能水平从工人考核转向社会化技能鉴定，国家角色从指令性计划转向政策性指导，企业组织则逐渐退出了带有“准公共性”的职业技能鉴定，这是劳动力市场机制建立的必然改革要求。不过，由此也带来了两个层面的变化：一方面，推动企业组织开始逐渐建立起内部人力资源评价体系。人力资源管理属于企业经营自主权的体现，是激励员工、塑造企业组织效率和竞争力的核心机制。通常，不同企业组织之间会根据其规模、性质、行业以及市场竞争等因素架构人力资源管理机制。这种内部劳动力市场机制，通常会综合考量技能水平、从业年限、劳动贡献、学历层次甚至性别等因素来进行等级认定，并将其与工资水平、福利待遇、职业地位挂钩。比如，日本企业中的年功序列制就属于内部劳动力市场机制。另一方面，这种

① 陈李翔．中国职业培训五十年．未刊稿．

制度安排对于企业内部的技工人才积累具有重要作用，在劳动力市场信息较为透明的情况下，一定程度上能够辐射到行业层面，甚至一些龙头企业的内部技能水平认定能够在行业层面具有效力。但是，由于劳动力市场体制性障碍的存在，企业组织内部人力资源部门的技术等级认定通常因为不具有“公共性”而无法得到公共部门的认可，自然也就无法撬动相关的公共资源配置。在企业退出的情况下，国家指导下的社会化技能鉴定机构的技能鉴定结果，在行业企业中的认可度则成为新的问题，这个具有中国特色的新问题笔者在后文会进行详细阐述。同时，企业退出的情况会对社会化的产业工人技能鉴定机构的专业性和独立性提出比较高的要求。从技能形成理论来看，技能鉴定证书不仅仅发挥劳动力市场中的信号功能，同时也是职业劳动者社会地位获得的基本依据。职业技能鉴定在具体操作上依赖于两种机制，一是以专业技术人员队伍为主体构成的职业技能鉴定技术支持体系，二是以国家题库总库及行业、地方分库组成的技能鉴定国家题库网络。在企业逐渐退场的情况下，这两种机制本身的效力和时效性均会对职业技能鉴定质量产生直接影响。以技能鉴定国家题库网络为例，首批国家题库用了整整5年时间才开发出来，国家劳动部组织了上千名专家学者和实际工作者参与其中，而且首批国家题库只包括车工、钳工、中式面点师等社会通用性较强的50个职业（工种）。完全由国家行政主管部门来组织题库开发，有助于保障技能鉴定工作的严肃性、公正性和权威性，但是如此海量的职业和工种不但意味着极高的行政管理投入和操作成本，还考验着地方和行业职业技能鉴定机构的专业能力，而且更关键的是，考核鉴定的题库开发通常跟不上职业（工种）的实际变迁速度。我们在实地调研过程中发现，很多企业反映，一些新职业、新工种因为不在职业资格目录中而无法获得鉴定的情况，比如新兴材料相关的一些工种。还有一些获得技能鉴定证书的职业或工种，在实际劳动力市场上已经被淘汰了。在“先培训后就业”政策的约束下，有些职业技能鉴定逐渐背离了释放技能水平信号的初衷而倒向逐利偏好，很多职业资格事实上成为一种劳动力市场准入性的审批门槛，催生出职业资格过多过滥的问题。

我们行业协会对企业的约束力很小，大多数行业协会承担两个功能：一是发牌子（包括发职业资格证书），这个可以谋利；二是组织整合平台，大家在这个平台上，为会员提供信息、培训等，进行自愿性交流。虽然政策上规定了行业协会要参与其中，但是行业协会对学校和企业都没有控制权，无法参与其中（SZZYXX1，2018 年 3 月 14 日）。

因此，近些年来，作为“放管服”改革的重要内容，国家开始对职业资格实行清单式管理机制，除了准入类职业资格外，一律不得与就业创业挂钩，从而进一步释放市场和社会活力。从 2013 年开始，国务院经过“七连清”，共取消了 434 项职业资格许可认定事项，削减比例达原职业资格总量的 70%。2019 年 1 月 17 日，人力资源和社会保障部公布的《国家职业资格目录》中共收录了 139 项职业资格，其中，专业技术人员职业资格 58 项，含准入类 35 项、水平评价类 23 项；技能人员职业资格 81 项，含准入类 5 项、水平评价类 76 项。目前，国家依然在加大国家职业资格制度的改革力度，2020 年 7 月 20 日，人力资源和社会保障部办公厅颁发《关于做好水平评价类技能人员职业资格退出目录有关工作的通知》，明确要求分批次退出一些水平评价类技能人员职业资格，第一批在 2020 年 9 月 30 日前退出 14 项职业资格（涉及 29 个职业），第二批在 12 月 31 日前退出 66 项职业资格（涉及 156 个职业）。国家对职业资格改革的着力点在于改变目前企业退场但国家在场所带来的不利影响，尤其是水平评价类的技能认定。改革的方向是将技能水平评价由政府认定改为社会化等级认定，推动各类企业等用人单位全面开展技能人才自主评价，接受市场和社会认可与检验。这种市场导向的技能形成机制，一定程度上有助于破除对技能人才和弘扬工匠精神的体制性制约。不过，我们的调研发现，问题并非如此简单。事实上，在中国产业工人技能形成过程中起到阻碍作用的，除了主导技能评价认定的职业资格体系不健全外，获取公共资源的社会权利不平等是另一个重要影响因素[1]。这一点，我们将在后文详述。

3. 产业工人技能水平的政府认证与用工企业评价之间的分离

在技能形成中，技能认证体系与技能用工组织之间能否达成可信承诺关系非常关键。在中国产业工人技能形成过程中，技能评价认定体系效力弱化导致了一种“冰火两重天”的格局：一方面是全社会掀起“考证热”，附着在各种证书上的利益捆绑进一步激化了此种热潮；另一方面则是劳动力市场上有效技能供给不足，产业行业的转型升级面临着“技能短缺”的制约。2013年，我国技能劳动者达到1.12亿人，占从业人员比例不足13%，其中高技能人才2863万人，技师、高级技师仅占技能劳动者的5%[2]。2015年，我国的技能劳动力占全国就业人员总量的19%，高级技师的求人倍率（需求数量/求职数量）从2002年的1.0上升到2012年的1.9左右，高技术人才的求人倍率在2013年达到1.7。与此同时，我国技能供给量分布的差异较大。高技能人才多在国有大型企业，民营和中小企业很少。相反，德国45%的研发中心分布在中小企业，吸纳了大量高技能人才。此外，我国40%以上的技师、高级技师年龄超过46岁，人才断档问题比较突出，年轻高技能人才严重缺乏。

众所周知，在劳动力市场中，技能认证是价格信号，它是受训者技能资本获得市场回报的直接指引。因此，互通有效的技能认证机制能够保障产业工人享受应得待遇，降低企业重复培训成本，直接影响技能形成的过程。我们的调研数据显示，产业工人中专业技术人员、技能工人得到政府有效认证的比例仅为35.6%，16.9%为部分认证，大部分的技术技能人员没有得到认证，仅有三分之一的企业内部有技能等级评价机制。在产业工人技能认证机制上，存在着认证主体不明、认证责任不清晰、认证内容不具体等问题。其

---

① 王星，徐佳虹.中国产业工人技能形成的现实境遇与路径选择［J］.学术研究，2020（08）.

② 洪联英，韩峰，唐寅.中国制造业为何难以突破技术技能升级陷阱?——一个国际生产组织安排视角的分析［J］.数量经济技术经济研究，2016（03）.

中，企业认证与政府认证相互隔离而互不承认是较为突出的问题。很多时候，企业并不会因为产业工人拥有国家颁发的某个技能认证证书就直接建立相匹配的薪资待遇。在政府层面，对于企业或者行业颁发的技能认证同样持怀疑和谨慎态度，一般不会直接将之作为相关公共资源配置的依据。

这种冰火两重天的技能供给与技能需求不对等格局，背后实质上意味着国家主导的产业工人职业资格认证体系所表征的“技能水平”与企业用工实际所需的技能水平之间存在着明显的鸿沟。这不仅让人想起美国社会学家柯林斯（Randall Collins）1979 年在著作《文凭社会》中所警告的——“美国社会已经陷入了文凭通货膨胀，教育非但不是社会流动的阶梯，反而为社会流动制造了障碍”①。中国目前的“考证热”以及由此带来的证书信号失灵问题，与柯林斯笔下的“文凭通货膨胀”现象如出一辙。2018 年 8 月 3 日接受澎湃新闻的采访时，柯林斯依然坚持文凭主义的批判立场，认为工程师是被“文凭主义化”的几大职业之一，真正“开创了工业革命、手机革命的发明家和企业家不是在工程学院中学到知识的，而是在操作机械的实际工作中学到的，此后才会尝试创造发明”。一些学者对中国的调查数据也显示，在劳动力市场上，技能水平与工资待遇之间存在着密切的正相关，技能水平等级越高，工人工资待遇往往就越高，这说明劳动力市场价格信号灵敏②。另外，职业资格证书虽然能增加劳动者收入，却存在着明显的体制内外分隔的现象：在体制内单位，职业资格证书对工资待遇提高的作用达到 13.8%，但在体制外其作用几乎不显著，甚至变成了负相关③。而专门职业训练出来的学生选择体制外就业的比重高达 96%，其中，民营企业 / 个体的比重占 76%，国有企业比重约

---

① 兰德尔·柯林斯 . 文凭社会：教育与分层的历史社会学［M］. 刘冉，译 . 北京：北京大学出版社，2018.

② 王毅杰，董鹏 . 制度文化认知与职业发展——对劳动者获取专业技能的社会学分析［J］. 华东理工大学学报，2019（01）.

③ 乌尼日其格格，陈伟，刘玉照 . 单位体制与员工参加技能培训的收入回报差异［J］. 教育与经济，2020（01）.

占10%，外资企业比重约占7%，非营利组织约占1%。这意味着，政府主导的技能认定体系在体制外单位明显地失效了。技能认证机制效力弱，权威性和可信度都不够，这对中国产业工人技能形成的影响是直接而深刻的。

（三）“先培训、后就业”政策的背离与产业工人未培训就业规模激增

计划经济体制时期，由于企业的单位属性，产业工人技能培训与劳动用工制度是一体化的，经过学徒制和专门学校体系培训合格后，产业工人进入工厂时会对应相应的技术等级。不过，由于招工与招生指标是计划性的，产业工人技能培训虽然覆盖面广，规模却一直受限，难以满足市场化改革后快速增长的技能需求。市场化转型过程中，中国产业工人的职业技能培训供给方式多元化，大大提高了技能培训规模。但从统计数据上来看，大量的产业工人上岗后并未接受过职业技能培训。而且随着“统招统分”政策取消，自由择业、双向选择的市场化就业方式推进，“先培训、后就业”政策在实践中逐渐演化为一种上岗审批机制，背离了意在提高职工技能水平和工作能力的政策初衷，这也成为国家改革职业资格制度的出发点。

从实际调研数据来看，中国产业工人队伍的主体构成已经发生了巨大变化。根据《中国劳动统计年鉴》相关数据计算得知，农村户籍人员在制造业就业的人口持续增加，比例也逐步提高。然而，同期制造业行业本身的就业数量并未大幅度增长。从1978年到1995年，制造业从业人数从5332万人扩展到9803万人。由于国有企业转制和减员增效行动的实施，这一数字持续下降，2000年降至8043万人，2002年为8307万人。随着制造业总体用工规模的缩小，农民工比例持续上升。1978年制造业中乡村就业人员占制造业就业人口的比例为33%，1990年提高到37%，2002年达到54%，2018年达到了64%，已经成为制造业产业工人的主体。从区域分布来看，珠三角和长三角目前依然是吸纳产业工人就业的主要区域。比如在浙江省，现有产业工人

约 2000 万人，其中，初中及以下文化程度的占 50% 左右，年龄在 35 岁及以下的约占 50%，近八成在制造业就业，近八成为农民工，近八成集中在产业聚焦区①。另外，国家统计局 2008 年以来的历年“农民工监测调查”②数据显示，我国农村劳动力向城市转移的速度不断提高，进入制造业的农民的绝对数量相当稳定（见图 6.1）。我国农民工总量从 2008 年的 2.25 亿人，逐步提高到 2011 年的 2.53 亿人，2013 年的 2.68 亿人和 2015 年的 2.77 亿人，七年间农民工供给增加了 23%。超过 30% 的农民工进入了制造业，选择制造业的农民工比例在 2008 年为 37.2%，2011 年为 36%，2013 年为 31.4%，2015 年为 31.1%。从事制造业的农民工数量保持在较高的水平，从 2008 年的 8386 万人提高到 2012 年的 9375 万人，之后略有下降，在 2013 和 2015 年分别达到 8445 万人和 8629 万人。可以说，“在新时期产业工人中，农民工已经成为主力军”。

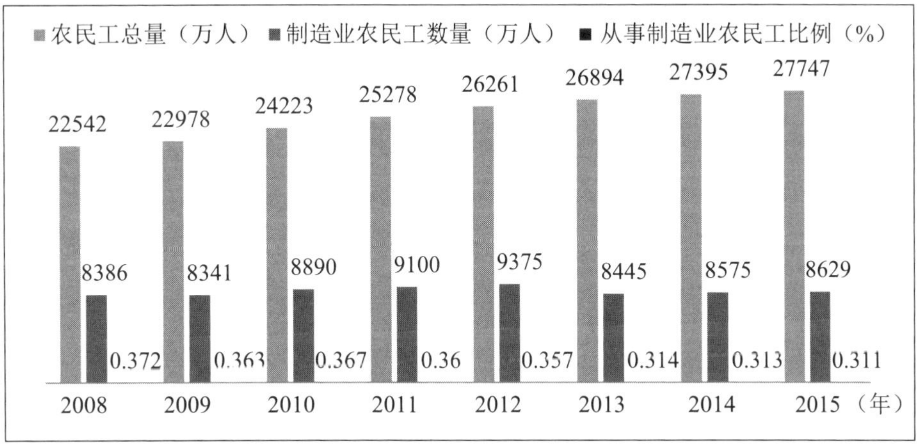

图 6.1　制造业中乡村就业人员年末数（2008—2015 年）

数据来源：国家统计局 . 农民工调查监测报告（2009—2015）。作者根据相关数据整理。

① 乔健，刘晓倩 .2017 年中国产业工人队伍状况分析报告［N］. 载于李培林，陈光金，张翼主编 . 2018 年中国社会形势分析与预测［M］. 北京：社会科学文献出版社，2018:320.

② 为准确反映全国农民工规模、流向、分布、就业、收支、生活和社会保障等情况，国家统计局 2008 年建立农民工监测调查制度，在农民工输出地开展监测调查。调查范围是全国 31 个省（自治区、直辖市）的农村地域，在 1527 个调查县（区）抽选了 8930 个村和 23.5 万名农村劳动力作为调查样本。采用入户访问调查的形式，按季度进行调查。

若以受教育程度和接受职业培训情况来衡量农民工的技能存量和增量，已有数据表明农民工的技能储备水平偏低，低于制造业当前的平均技能水平，且差距不断加大。同时，正式的、制度化技能培训尚未成为农民工技能形成的主要方式，对农民工技能积累的贡献不大。我国农民工以初中毕业生为主，高中及以上文化程度的农民工约占四分之一。从 2009—2015 年，初中文化程度的农民工比例从 64.8% 下降到 59.7%；具备高中及以上文化程度的农民工比例从 2009 年的 23.5% 上升到 2015 年的 25.2%。近年来，具备大专及以上文化程度的农民工比例上升，从 2011 年的 5.3% 提高到了 2015 年的 8.3%。（见表 6.2）

表 6.2　2009—2015 年农民工受教育程度

单位：%

年份 农民工受教育程度	2009 年	2010 年	2011 年	2012 年	2013 年	2014 年	2015 年
未上过学	1.1	1.3	1.5	1.5	1.2	1.1	1.1
小学	10.6	12.3	14.4	14.3	15.4	14.8	14
初中	64.8	61.2	61.1	60.5	60.6	60.3	59.7
高中	13.1	15	13.2	13.3	16.1	16.5	16.9
中专	–	–	4.5	4.7	–	–	–
大专及以上	–	–	5.3	5.7	6.7	7.3	8.3
中专及以上	10.4	10.2	–	–	–	–	–
高中及以上	23.5	25.2	23.0	23.7	22.8	23.8	25.2

数据来源：国家统计局 . 农民工调查监测报告（2009—2015）。作者根据相关数据整理。

尽管农民工总体文化程度缓慢提高，高学历农民工比例持续增加，但是与制造业从业人员相比，其文化程度落后于总体水平（见表 6.3）。历年《中国劳动统计年鉴》中按行业、性别划分的全国就业人员的受教育程度数据表明，制造业就业人员中初中教育程度的比例从 2008 年的 56.4% 下降到 2015

年的 51.8%，高中及以上文化程度的就业人员比例则从 2008 年的 28.2% 提高到了 2015 年的 37.4%。制造业劳动力教育水平的提高速度快于农民工文化程度的提高，二者的差距逐步加大。2008—2009 年制造业中高中及以上文化程度劳动力的比例领先于农民工 5%，到 2015 年这一差距已经扩大到 15%。农民工教育水平的缓慢提升可能加剧制造业的技能缺口。

表 6.3　2008—2015 年制造业就业人员教育构成

单位：%

年份 教育构成	2008 年	2010 年	2013 年	2015 年
未上过学	1.2	0.9	0.7	0.5
小学	14.2	13.1	9.9	10.3
初中	56.4	56.8	53.0	51.8
高中	21.0	20.6	23.6	22.8
大学专科	5.1	5.9	8.6	9.7
大学本科	2.0	2.5	3.8	4.6
研究生	0.1	0.2	0.4	0.3
高中及以上	28.2	29.2	36.4	37.4

数据来源：国家统计局．中国劳动统计年鉴（2008—2016）。作者根据相关数据整理。

除了初始教育水平的低下，正式技能培训体系对农民工技能积累的贡献也不大。农民工参与技能培训的比例偏低，尤其是低教育水平农民工的参与被边缘化。2009 年的农民工监测结果显示，51.1% 的外出农民工没有接受过任何形式的技能培训。文化程度越低接受过技能培训的比例也越低，在文盲半文盲农民工中接受过技能培训的仅占 26.3%，小学文化程度的农民工接受过技能培训的占 35.5%，初中文化程度的农民工接受过培训的占 48%，高中和中专以上文化程度的农民工接受过技能培训的比例分别为 54.8% 和 62.5%。2011 年，接受过非农职业技术培训的农民工比例为 26.2%。2012 年，该比例下降到 25.6%，既没有参加农业技术培训也没有参加非农职业技能培训的农民工占 69.2%。2014 年接受过技能培训的农民工占 34.8%。其中，接受非农业职业技能培训的占 32%。

（四）以中等职业教育为主体的产业工人外部技能形成体系所面临的挑战

市场化转型过程中，在我国产业工人技能形成过程中出现企业退场但国家在场的格局：企业内部技能形成方式逐渐退场，而以中等职业教育为主体的外部技能形成体系占据主导。近些年来，中等职业教育的规模不断扩大（见表 6.4），逐步取代工厂师徒制成为产业工人技能形成的主要来源。全国职业中学数量和技工学校数量在 1980 年后出现持续增长。在校生规模从 1980 年的 45.4 万人一跃为 1985 年的 229.5 万人、1996 年的 473.3 万人，在 2008 年达到了 761.1 万人。①

表 6.4　1958—2008 年全国职业中学数量和在校生数量

年份	学校数（个）	在校生数（万人）	在校生增长率（%）
1958	20023	200.0	–
1959	22302	219.0	9.5
1960	22597	230.2	5.1
1961	7260	61.2	–73.4
1962	3715	26.7	–56.4
1963	4303	30.8	15.4
1964	15108	112.3	264.6
1965	61626	443.3	294.7
1980	3314	45.4	–89.8
1981	2655	48.1	5.9
1982	3104	70.4	46.4

① 国家统计局国民经济综合统计司 . 新中国六十年统计资料汇编［M］. 中国统计局出版社，2010:72.

续表

年份	学校数（个）	在校生数（万人）	在校生增长率（%）
1983	5481	122	73.3
1984	7002	174.5	43.0
1985	8070	229.5	31.5
1986	8187	256	11.5
1987	8381	267.6	4.5
1988	8954	279.4	4.4
1989	9173	282.3	1.0
1990	9164	295	4.5
1991	9572	315.6	7.0
1992	9860	342.8	8.6
1993	9985	362.6	5.8
1994	10217	405.6	11.9
1995	10147	448.3	10.5
1996	10049	473.3	5.6
1997	10047	511.9	8.2
1998	10074	541.6	5.8
1999	9636	533.9	-1.4
2000	8849	503.2	-5.8
2001	7802	466.4	-7.3
2002	7402	511.5	9.7
2003	6843	528.2	3.3
2004	6478	569.4	7.8
2005	6423	625.6	9.9
2006	6100	676.2	8.1
2007	6191	740.5	9.5
2008	6128	761.1	2.8

数据来源：国家统计局国民经济综合统计司．新中国六十年统计资料汇编［M］．中国统计局出版社，2010:72。经笔者整理和计算。

与计划经济体制时期主要通过指令性手段不同，市场转型过程中，国家卷入产业工人技能形成主要体现在如下几方面：首先是国家通过公共财政对外部技能形成体系进行了支持。政府举办的各类型中等职业教育成为产业工人技能形成的主要渠道。20 世纪 90 年代中期以后出台的一系列政策，继续完善了中等职业教育的公共财政保障体系。1996 年的《职业教育法》重申了政府对职业教育的财政责任，提出了生均经费标准和按照生均经费标准拨款的要求，同时提出了多渠道筹集职业教育资金的思路。2002 年的《国务院关于大力推进职业教育改革与发展的决定》重申了 1996 年《职业教育法》的要求，并按照“三个增长”的要求，对政府支出水平提出了明确的规定。除了规定各级政府通过财政性经费支持中等职业学校，国家政策逐步建立起学生资助体系，加强政府对职业教育成本的分担。另外，国家教育部门通过对中等职业学校尤其是公办职业学校的领导任免、师资招聘、经费使用、教学教材、招生计划、基础设施建设等方面的介入，高度卷入其中。这是一种由行政主导的技能形成体系，对市场信号不敏感，由各级政府进行政策性调节。政府卷入中等职业教育体系的程度非常高，同时担任主办者、管理者和经费提供者三重角色，运用官僚体制来管理中等职业教育学校。中央政府、省级政府、地市级和县级政府均不同程度地介入了中等职业教育的供给，并以行政化的方式调剂技能的供给。

其次是以行政化手段干预产业工人技能形成，中等职业教育招生可以说明国家如何以行政逻辑而非市场逻辑来控制外部技能形成体系中的技能供给。在计划经济体制向市场经济体制转轨的过程中，国家逐步把中等职业教育的管理权限从行业、企业及其行政主管部门调整到中央、省级和地方政府的教育部门。当各级政府教育部门接管多数中等职业教育学校以后，教育部门通过专业设置和招生指标的控制，直接调节职业技校的技能供给结构和数量，逐步形成了从教育部到省教育厅，再到地市级政府的招生配额制度。教育部代表中央政府提出中等职业学校的招生规模目标，然后经过层层分解下达到各个省和地市政府教育部门，形成各级政府的招生指标配额，此后再通过教育部门划拨给各个学校。通过这种行政化的指令方式，国家完成了外部技能形成体系中技能生产的行政性安排①。国家直接调控技能供给，相当于取消了外部技能形成体制中的市场竞争。在微观层面上，中等职业学校可以通过调整专业结构和培养方案来积极应对市场的变化。但是在宏观层面，由于缺乏竞争，以职业技校为基础的外部技能虽然形成了体系，却无法对市场信号做出敏感反应，容易导致技能失衡与错配的出现。

由于国家的高度卷入，技能形成体制以通适性技能的教育为本位，容易导致技能供求脱节。近年来，随着中等职业教育规模的扩大，通适性技能的占比不断提升，不少中等职业教育学校甚至以升学为目标，与普通教育的差别缩小②。当中等职业教育转变为升学教育时，外部技能形成体系对产业需求的敏感性自然会显著下降，容易导致技能供给与需求脱节。我国制造业产业结构与技能供给的不匹配就是供求不匹配的例证③。

在国家行政调控之下，职业教育供给规模经常参照普通教育体系的发展规模，而不是产业的需求。这具体表现为将中等职业教育的规模与普通高中的规模挂钩，提出了“普职比”概念④。“普职比”的提法相当于将市场外信息作为调整技能供给的参考，脱离了技能需求，易导致技能供求错配。2002年、2005年、2010年和2014年的相关职业教育政策文件颁布后，中等职业教育的规模都有较大幅度的上调，短时期内满足了“普职比”的要求。这种政策显然会使得技能供给与需求进一步偏离。

---

① 孙翠香，张雪芹．中职学校招生政策分析［J］．职教论坛，2013（10）．

② 刘明兴，田志磊，王蓉．中职教育，如何突破现实之困［J］．基础教育论坛，2014（29）．

③ 王志华，贝绍轶，董存田．我国产业结构与高校专业结构协调性分析——兼论大学生就业难与“技工荒”问题［J］．经济问题，2014（10）．

④ 2002年《国务院关于大力推进职业教育改革与发展的决定》的第二条明确提出“要以中等职业教育为重点，保持中等职业教育与普通高中教育的比例大体相当，扩大高等职业教育的规模”。此后2005年颁布的《国务院关于大力发展职业教育的决定》、2010年颁布的《国家中长期教育改革和发展规划纲要（2010—2020年）》、2014年颁布的《国务院关于加快发展现代职业教育的决定》等政策文件都强调中等职业教育和普通高中规模要大体相当。

在类似于国家主义技能体制下，公共财政对中等职业教育的渗透不断增强，将许多不属于职业教育的社会政策目标强加给职业教育，使得职业教育肩负多重使命。这些潜在冲突的使命，使得市场信息在调节职业教育规模和结构方面的重要性进一步下降。例如，为了提高教育公平、增强中等职业教育吸引力，我国建立了较为完善的职业教育学生资助体系[①]。资助政策人为地降低了中等职业教育的直接成本，扩大了家庭教育需求，容易导致技能供给与实际需求的偏离。

农民工职业培训的受训率低，还有一个重要原因在于中等职业教育的属地化管理机制[②]。市场化转型过程中，我国产业工人技能形成时出现企业退场但国家在场的格局：企业内部技能形成方式逐渐退场，而以中等职业教育为主体的外部技能形成体系占据主导。近些年来，中等职业教育的规模不断扩大，逐步取代工厂师徒制成为产业工人技能的主要来源。但中等职业教育资源的“属地化”配置原则，限制了农村户籍青年获得职业培训的机会。从中国职业教育培训体系的发展策略来看，地方政府仅为户籍居民提供职业教育培训，即实施“属地化”的职业教育资源分配。这种属地化职业教育资源的分配是财政联邦制的直接结果。由于地方政府是公办职业教育培训经费的主要供给者，倾向于将资源配置给本地户籍居民，而不愿意为非户籍居民提供职业教育，将培训后者的责任推卸给中央政府和流出地政府[③]。这种“属地化”职业教育发展的结果是农村学生无法接受城市提供的优质职业教育，农民工子女不能跨省接受流入地的职业教育，农民工本人难以从就业地提供的职业教育和技能培训中受益。数据显示，我国中等职业教育中82%的学生来自农村家

① 2007年起，中职国家助学金政策覆盖范围扩大，资助标准提高到每人每年1500元，连续资助两年。2009年起，财政部等颁布《关于中等职业学校农村家庭经济困难学生和涉农专业学生免学费工作的意见》，开始实施部分学生免学费政策。2012年，该政策扩大到所有农村和城市家庭经济困难学生（杨东梅，2014）。

② 杨钋．技能形成与区域创新［M］．北京：社会科学文献出版社，2020.

③ 刘玉照，苏亮．社会转型与中国产业工人的技能培养体系［J］．西北师大学报（社会科学版）,2016,53（01）.

庭，其中近70%的学生来自中西部。农村户籍学生的高参与率并未改变一个事实，即农村学生难以进入制造业发达地区的城镇职业技校接受教育与培训。在“属地化”的原则下，地方政府一般仅向户籍居民开放中等职业教育机会。各级政府教育行政部门在编制高级中等学校招生计划时，一般按照户籍人口初中毕业生数量决定高中阶段（包括普通高中和中职）的录取名额，不考虑流动人口的随迁子女。

这一情况直到2012年才有所变化。从政策的执行效果来看，流动人口子女接受城市职业教育的比例低，农民工在流入地获得职业资格证书的比例也很低，只能自学成才。2012年开始，上海市对外来民工子女开放了中等职业教育。到2015年，上海全日制普通中等职业学校自主招收的进城务工人员随迁子女的名额仅为1.2万人，当年初三应届毕业的进城务工人员随迁子女达到6.37万人，享受上海本地职业教育的流动儿童仅为18.8%①。2010年，17.4%的农民工获得过国家承认的职业资格证书，其中43.2%的职业资格证书是在老家（流出地）获得的，29.8%是在打工地（流入地）获得②。农民工的技能积累主要靠本人自学或者老乡之间的社会网络来学习。李强对多省市1899名农民工的调查显示，在有证书的农民工中，29.9%通过个人自学获得证书，24.6%通过师徒传授获得技能，14.5%跟着亲戚、老乡或朋友学习。农民工主要依赖血缘关系和地缘关系来找工作和获得技能，并自发地在求职过程中通过“老手带新手”的准师徒制学习技能③。

“属地化”原则带来职业教育市场的僵化。由于缺乏竞争，多数中等职业学校蜕变为“保育机构”或者“升学机构”，偏离了职业教育的使命。其结果

① 刘玉照，苏亮．社会转型与中国产业工人的技能培养体系［J］．西北师大学报（社会科学版）,2016,53（01）.

② 李强．为什么农民工“有技术无地位”——技术工人转向中间阶层社会结构的战略探索［J］．江苏社会科学，2010（6）.

③ 张惠强．重访网络求职：基于南中国服装制造业的研究［J］．北京大学研究生学报，2009,25（03）.

是教育质量的平庸化和职业教育的吸引力下降，导致大量农村中等职业教育学生辍学。陕西师范大学和中国科学院中国农业政策研究中心的研究发现，农村中学各个阶段的辍学率都很高，初中阶段的累积辍学率在17.6%~31%之间。在初中完成后，51.2%~53.5%的贫困地区初中毕业生没有升高中。在进入中职和普通高中的农村贫困生中，4.23%~7.4%在毕业之前辍学了，其中中职的辍学率在29%~32%之间①。大量农村中职学生辍学现象的出现，意味着新生代农民工以“用脚投票”的形式表达了对我国外部技能形成体系的不满。无论对农民工还是其子女，职业教育培训体系对农民工技能形成和积累的贡献逐步边缘化。可以说，农民工技能水平落后与职业教育的城市偏向有着密切的联系。中等职业教育首要的目的是满足我国工业化优先战略的实施，满足城镇工业企业的用工需求和解决城镇居民的就业问题，不关注农村劳动力的技能积累，对作为产业主体农民工的技能积累贡献不大。

2017年4月，中共中央、国务院印发《新时期产业工人队伍建设改革方案》，明确指出“产业工人是工人阶级中发挥支撑作用的主体力量，是创造社会财富的中坚力量，是创新驱动发展的骨干力量，是实施制造强国战略的有生力量”。新时期产业工人队伍建设任务在于“适应新形势新任务新要求，推动建设宏大的知识型、技术型、创新型劳动者大军”，在目的上“进一步巩固党的执政基础，实施制造强国战略”。为了促进产业工人队伍建设，《新时期产业工人队伍建设改革方案》提出了五大方面的改革任务，其中构建产业工人技能形成体系是提高产业工人技术技能水平最重要的举措。从上文数据分析可知，目前农民工人已经占据产业工人的主体，而其中没有接受过技能培训的农民工又占近七成。这事实上意味着：一方面，提高农民工技能水平、构建适合农民工技能形成特征的制度体系，这是关涉整个产业工人技术技能素质提升乃至产业工人队伍建设的关键议题；另一方面，中国产业工人队伍

---

① 史耀疆，马跃，易红梅等. 中国农村中学辍学调查［J］. 中国改革，2016（2）.

技能形成体系建设面临着更为复杂的境遇，既要对农民工群体进行“技能补课”，又要适应新时期、新产业特征，对产业工人进行“技能更新”和“技能提升”。

五、零工经济中的“不稳定劳工”及其技能形成

在今天，数据成为继劳动力、资本、土地、科技之后的第五种生产要素。作为一种特殊的原材料，数据代表了一种巨大的新资源，数据的占有、提取、分析和使用扩张到整个经济体系之中，技术公司、工业领袖以及农业巨头均融入数字化基础设施所搭建的平台之上，从而缔造了被称为“第四次工业革命”和“范式转变”的平台经济。

面对当下发达资本主义国家经济社会运行对数据平台的迷恋和依赖，尼克·斯尔尼塞克在《平台资本主义》一书将之称为新时代的“平台资本论”。他认为平台实质上是一种“数据的提取装置”[①],具体包括五种类型：一是广告平台，比如谷歌、脸书等，通过提取、分析用户数据，并据此“精准”投放广告，实现营利；二是云平台，比如亚马逊网络服务，主要通过出租数字服务的相关硬件和软件获得利润；三是工业平台，俗称“工业物联网”，比如西门子、通用电气，主要是搭建互联网以改变工业制造传统的连接方式，通过销售工业互联网所需要的硬件和软件营利；四是产品平台，主要通过提供网络平台将传统商品转化为服务，其收入来源主要是租金或订阅费；五是精益平台，比如优步、爱彼迎，该平台属于一种虚拟平台，并不直接生产产品或服务，而是通过一种“超外包”模式——员工外包、固定资本外包、维护成本外包以及培训外包来运作。在此基础上，依靠数据平台将传统市场中不可交易服务转变为可交易的服务[②]，在控制了转化渠道后，平台获得垄断租金。

① 尼克·斯尔尼塞克.平台资本主义［M］.程水英，译.广州：南方出版传媒，2018:55.
② 尼克·斯尔尼塞克.平台资本主义［M］.程水英，译.广州：南方出版传媒，2018:91.

据此来看，零工经济所依赖的平台很大程度上属于第五类型的精益平台。在精益平台上，发布了大量的诸如租车、理发、造型、保洁、搬家、维修、编辑、编程以及管理等蓝领和白领工作性质的任务，这几乎覆盖了当下零工经济开发的所有岗位类型。从这个意义上来说，零工经济是平台经济众多类型或者代名词中的一个，类似的还包括“按需经济”“共享经济”等新术语。不可否认的是，零工经济未来很可能成长为一种新支柱产业。借助数据平台，零工经济不但创造了巨大财富，催生了大量“独角兽”型企业组织，而且改变了传统经济社会运行，一定程度上重组了整个世界的经济社会结构。仅从用工角度来看，作为一种新型用工方式，零工经济在岗位开发上贡献是巨大的。麦肯锡全球研究院预测，到 2025 年，各种类型的零工工作产值有望贡献约 2% 的世界生产总值，市场规模将达 3 万亿美元，并创造出 7200 万个就业岗位。仅在美国，2016 年零工经济劳动者占据所有劳动人口总量的三分之一。在中国，零工经济也蓬勃发展，为劳动者创造了海量的工作机会。2018 年，中国数字经济领域就业岗位有 11.91 亿个，占当年总就业人数的 24.6%。2018 年，滴滴平台的全产业链在国内共带动了 1826 万个就业机会，其中 20.4% 的专职司机来自下岗失业人员，41.1% 来自传统制造业；2019 年，在美团平台获得收入的骑手达到 398.7 万人，比 2018 年增长了 23.3%，其中建档立卡的贫困人口占到骑手总量的 6.4%。 2020 年新冠疫情期间，美团平台已新招聘 7.5 万个外卖骑手，其中 37.6% 来自餐饮等生活服务业，27.2% 来自制造业企业，13.8% 来自小微创业者。2020 年 2 月 25 日，“网约配送员”正式纳入《国家职业分类大典》，未来网约配送员就业规模将超过 1000 万。有研究预测，中国零工经济将成长为一个万亿级的产业。

（一）零工经济中的劳动者与不稳定劳工

那么，零工经济中的劳动者可以界定为产业工人吗？如果可以，他们与传统产业工人有何不同之处？根据经典工业社会学对产业工人的界定，抽象概念意义上的产业工人集中体现出三个特性：第二产业为主、从事集体生产劳动、以工资收入为生活来源。在这样的界定下，产业工人劳动通常是明确的劳资雇佣关系框架下，以企业组织为载体，在固定的生产场所（车间），利用资本提供的生产资料，通过与工友或机器协作来集体完成一定的生产任务的劳动者。显然，依据此界定标准，零工经济中的劳动者大部分不符合。另外，依据我们国家对产业工人的定义来看，已经将产业工人从业范围拓展到第一产业和第三产业。全国推动产业工人队伍建设改革协调小组对产业工人的定义为：在第一产业的农场、林场，第二产业的采矿业、制造业、建筑业和电力、热气、燃气及水生产和供应业，以及第三产业的交通运输、仓储及邮政业和信息传输、软件和信息技术服务业等行业中从事集体生产劳动、以工资收入为生活来源的工人。不过，尽管零工经济中的"零工"从事的主要是第三产业，但并不满足集体生产劳动和工资收入为生活来源两个界定依据。玛丽昂·麦戈文在其专著《零工经济》中从工作时间性的角度来界定零工：指"任何领域内的一种持续时间不确定的工作"，属于"临时性工作的部分"。[①]

在零工经济样态中，基础技术平台和"即时性"按需精准匹配模式是经济模式的两个基石。对于其中的劳动者而言，零工经济样态的兴起，对劳动组织方式、劳动过程以及技能形成等方面的传统路径造成了很大的冲击。比如在零工经济中，传统的劳资雇佣关系改变了，零工经济中的劳动者通常不是传统意义上的"雇员"，而自称为"独立承包人（Independent Contractors）"。劳动组织的方式也改变了，传统上是通过劳动谈判来对薪资、工时以及劳动辅助条件达成契约来进行组织，零工经济中的劳动者则可以按需来灵活决定和自由安排工作时间等。更关键的是，作为一种新就业形态，精准对接供需的技术平台与零工经济中的劳动者之间并不存在法律意义上的劳资雇佣关系。

不过，有学者认为，所谓的"零工经济"只是创造了资本积累的新途径，

---

① 玛丽昂·麦戈文．零工经济［M］．邱墨楠，译．北京：中信出版社，2017:18.

通过采用新技术、新组织方式发现新市场，构建和延伸“准时配送”的供应链条，创造新就业机会。但是劳动剥削方面，虽然发明了新剥削方式[①]，但并没有改变剥削的本质，依然主要是通过“压低工资”来获取盈利[②]。通过网络平台发布任务，甚至可以抽离时空在全球范围内寻求最为廉价的劳动力。而且，支撑平台数据运行的背后存在着一支数量庞大的廉价“洗数据”劳工。正是从这个意义上，很多学者认为，零工经济的劳动者并不能够真正成为“独立承包人”，他们与传统经济方式下的临时就业者在劳动关系上并无本质不同,都是处于“弹性灵活且缺乏保障的劳动关系中的不稳定劳工”[③]。一定意义上，这种零工属于“正规就业的补充就业形式，在工作稳定性、收入保障、劳动保护方面是无法等同于正规就业”[④]。而且数据显示，这种不稳定的“零工”已经成为新的社会主体。

因此，从劳动关系和工作稳定性角度来看，零工属于一种非正规就业，这种临时性的就业方式并不是新事物。马克思笔下的劳动力后备军，布迪厄所言的亚无产阶级群体，到现代社会的临时工、自由职业者以及自我雇佣者，某种意义上，都属于“零工”性劳动者。不过，也有很多学者判断，零工经济成为一种独立的经济运行样态，与传统经济模式存在着诸多不同，比如产权基础、资源匹配方式、企业生产的组织方式等。笔者以为，其中最重要的差异在于经济活动的连接方式：在传统经济模式中，市场机制是经济运行的基础平台，通过市场“看不见的手”协调各种要素资源进而提高劳动生产率。在零工经济模式中，市场机制事实上是一个常量，技术平台成为经济运行的基石，算法技术和精准匹配有形之手很大程度上替代了“市场的看不见手”，成为资源流向的指挥棒，并重塑了资本积累方式和劳资关系。恰如有学者所

---

① 尼克·斯尔尼塞克.平台资本主义［M］.广东：广东人民出版社，2018:42.

② 尼克·斯尔尼塞克.平台资本主义［M］.广东：广东人民出版社，2018:100.

③ 阿恩·考利博格.不稳定的工作、无保障的工人：转型中的雇佣关系［J］.载于姚建华，苏熠慧编著.回归劳动：全球经济中不稳定的劳工［M］.北京：社会科学文献出版社，2019 ：97-132.

④ 闻效仪.去技能化陷阱：警惕零工经济对制造业的结构性风险［J］.探索与争鸣，2020（11）.

言，零工经济促进了灵活就业，增加了劳动力市场的弹性，但传统劳资关系被所谓的“劳务关系”或“商务关系”所取代[①]。

因此，在零工经济模式中，技术加持使市场透明度越来越高，经济社会学所言的“市场嵌入性”逐渐成为一种共识，市场机制与社会机制的边界已经被“社会化的技术平台”所打破，用户评价（口碑）和流量规模成为零工经济参与者重要的行动指引和信息信号，非市场机制在经济中的作用更加凸显。这种经济运行变迁对我们所生活的世界产生全面而深刻的影响。在零工经济样态中，社会个体的经济生活和社会生活融合，职业身份趋向于多元化和模糊化，“创业并非是一种职业，而是一种生活”[②]。对于劳动者而言，更关键的任务不是“出门找个工作”，而是寻找融入零工经济的方式。当然，融入零工经济的方式是多样化的，但形成适应零工经济运行的技术能力是其中最重要的路径。

（二）零工经济的宏观结构与微观过程

零工经济运行模式是以数字化技术最大限度地应对不完全市场的外部性，试图通过对生产资料、资产以及能力（劳动者）的再商品化，修复资本主义发展过程中面临的“滞胀”难题。因此新自由主义理论认为，零工经济弹性灵活的劳动关系模式，不但能更透明地为劳动力定价，更重要的在于，拓展和深化了参与者在市场中的“选择的自由”。新自由主义代表人物弗里德曼认为，造成福利资本主义危机的根源在于福利国家体制削弱了劳动者“选择的自由”，进而伤害了“劳动道德”[③]。在20世纪70年代，资本主义国家主要通过“去管制化”和“再私有化”手段来修复其危机。到今天，零工经济通过平台组织方式和数字化技术，几乎使“选择自由”渗透到经济运行的所有

---

① 闻效仪．去技能化陷阱：警惕零工经济对制造业的结构性风险［J］．探索与争鸣，2020（11）．

② 玛丽昂·麦戈文．零工经济［M］．邱墨楠，译．北京：中信出版社，2017:73.

③ 米尔顿·弗里德曼，罗丝·弗里德曼．自由选择［M］．张琦，译．北京：机械工业出版社，2008.

方面。正是从这个层面，很多学者认为，零工经济是一场“创新实践”，是经济发展的新动能，它会以世人无法预计的速度完成对“国民经济的修复和重塑”，“强化和延续了新自由主义经济范式”[①]。

不过，在对零工经济运行的微观劳动过程观察后，很多学者认为，这种自由弹性的劳动关系仿佛并没有想象的那么美好。一些田野实证研究发现，碎片化和弹性化雇佣方式没有给劳动者带来“去等级化和平等化”的劳资关系，也未能给予劳动者实质性自由。相反，技术平台对劳动者形成了一种“全景监狱式”的监管。换言之，数字化精细控制手段虽然改变了劳动过程的运行样式，但同时极大地强化了劳资关系的支配结构。正如一些学者所言，零工经济虽然“承诺提供灵活的就业和收入”，倡导自我创业和自己做老板的“微型企业家”，实际上却造就了“大批依附于平台的不稳定就业和自我剥削的零工群体”[②]。

不容否认的事实是，作为一种用工方式，零工经济在岗位开发上贡献是巨大的。但对零工经济的劳动者来说，究竟是“自由赋予”还是“自由剥夺”，恐怕不能一概而论。正如著名经济学家阿玛蒂亚·森在著作《以自由看待发展》里所言的，自由需要在“实质（Substantive）”意义上来界定，法治意义上的权利对于保障人们的自由固然重要，但使人们拥有“能够过自己愿意过的那种生活的可行能力（Capability）”则更为重要[③]。对于社会成员个体来说，自由的意义不仅仅在于“机会”，更在于个体“选择的过程”，只有当社会成员有能力去过自己认为有价值的生活时，他才能实质上享受这种“自由”。阿玛蒂亚·森认为，在可行能力框架中，通过教育与学习获得“识字算数”的人力资本是其中重要的能力。

① 马化腾，孙怡，蔡雄山．分享经济［M］．北京：中信出版集团，2016:11-20.

② 阿玛蒂亚·森．以自由看待发展［M］．任赜，于真，译．北京：中国人民大学出版社，2002:9.

③ 同上。

（三）技能分化组合与零工经济中的劳动者

在零工经济的劳动关系结构中，劳动者的弹性自由与组织碎片化是一体两面的。这种情况下，劳动者的技能对于劳动者融入零工经济并在其中获得“实质自由”就非常重要了。依据技能分化组合，我们可以将零工工作分为两种类型：

一是所谓零工的高档类型，工作任务社会化程度高，对劳动者的技能水平和技能门槛要求同样较高，比如咨询业、创意设计业等。零工经济中的技术平台有助于消除专业技能调用的信息和组织障碍，加速技能知识体系的市场化流动：对于技能购买方来说，通过临时性技能劳动力将企业内部的任务需求外化，既可以节约长期雇佣的劳动力成本，也有助于通过平台精准匹配实现技能组合的最优化，很大程度地规避风险，尤其是缺乏用人经验的初创企业。因为“一个坏员工对于初创企业来说可能是致命的，因此，零工经济就成了我们寻找最佳人选的可靠策略”[①]。对于技能供给方来说，高技能有助于其夺回对生活的控制权。经济危机时期，企业大裁员使很多劳动者宁愿选择相信自己能力，而不再单纯依靠企业提供的“长期保障”。零工经济使劳动者与企业之间传统的社会契约转变为劳动者与用户之间的市场契约。可以说，透明化程度极高的零工劳动力市场反而强化了高技能劳动力的议价能力和自我保护能力，部分实现了森笔下的“实质自由”。

二是所谓零工的低档类型，工作任务即时化程度通常比较高，但对劳动者的技能水平和技能门槛要求比较低。规模大、即时化以及熟练化，这是此类零工的主要特征，比如家政服务、快递服务、交通服务、简单维修服务等。一方面，在低档零工类型下，技术平台加速的通常不是技能知识体系流动，而更多是工作机会：对于用户而言，技术平台不但能够减少用户的搜索成本，

① 玛丽昂·麦戈文．零工经济［M］．邱墨楠，译．北京：中信出版社，2017:73，23.

且将评价权授予用户，平台通过强化竞争强度以提高服务供给质量，优化用户的使用体验。另一方面，对于此类工作类型的劳动者来说，技术平台能极大地提升他们获得工作机会的概率，同样能够减少其搜索成本，提高其工作绩效[①]。但正如上文所言，对于此类低技能劳动者而言，零工经济模式并不能够帮助他们摆脱劳动权益缺失的状态：首先，此类零工群体整体上处于缺权状态，尤以福利保障的社会权利最为突出。同时，由于零工经济中多是基于工作任务产生劳动，在发生劳动争议时，维权难现象也很突出。其次，高强度、超负荷以及高竞争力成为劳动常态。尽管零工经济宣称赋权劳动者，使其能够依据爱好、技能、时间和安排来灵活选择工作任务，但如上文所言，事实并非如此。技术平台通过数字化全景式监管、订单奖励诱导、精准的惩罚压力以及落后淘汰的竞争压力等多种手段，使置身其中的劳动者经常处于"高度紧张但又欲罢不能"的焦虑状态中。再次，高度流动下的身份认同形成困境。大部分零工经济架构中缺乏企业组织内部的职业阶梯，也没有制度化的晋升渠道。在劳动过程中，大部分劳动者的目标是完成任务并获得更多的工作任务，他们在职业身份、职业规划以及发展方向上，缺乏明确的目标意识。这容易导致此类群体的身份认同困境，进而阻碍其社会参与和社会融入。最后，低技能零工面临平台压榨的风险在加剧。平台中介会通过垄断工作机会而强化零工群体对其依附性，进而加大对劳动力剩余价值的抽取。所以，很多学者对此类零工群体的未来充满了担忧，称他们为"新型的不稳定无产者"[②]，成为自由市场催生下的全球性阶级结构。

（四）零工经济中的劳动者技能形成

在零工经济模式中，自由市场力量的释放达到了前所未有的程度。显然，

---

① 尼克·斯尔尼塞克.平台资本主义［M］.广东：广东人民出版社，2018:6.

② 盖伊·斯坦丁.不稳定的无产者：从失权者到公民［J］.载于姚建华，苏熠慧.回归劳动：全球经济中不稳定的劳工［M］.周洋，译.北京：社会科学文献出版社，2019:26.

这对于劳工价值实现、资本积累乃至社会运行都会产生巨大的影响。从宏观角度来看，笔者相信，零工经济能够成为一定程度上推动国民经济发展的新动能。但零工经济中是否存在“所有利益都流向前10%的顶层人群世界里”[①]的现象，同样需要引起全社会的警惕。由于数字技术开发的高沉淀成本和应用的零复制成本，使得零工经济中的技术平台带有自然垄断特征，这与零工劳动力市场激烈的竞争状况形成了鲜明对照。这种情况下，技能水平几乎成为零工群体利益谈判的唯一筹码，技能水平不同会导致零工群体境遇的显著差异。

不过，遗憾的是，我们发现尽管低技能的零工占据了零工经济创设岗位中的绝大部分，但零工经济的劳动过程对于大多数劳动者的技能形成并不有利。技能形成是指劳动者通过理论学习、实际操作以及事件经历获得工作能力的过程，包括技能知识学习和技能经验累积两个环节，其中，技能知识学习通常在学校课堂，技能经验的累积在劳动实践中，两者之间紧密互动才能促进劳动者形成有效的技能。在这中间，劳动实践过程中的不断试错对于有效技能形成非常关键。在零工经济下，技术平台直接筛选出业已熟练的技能劳动力，岗位的高度流动性和竞争性，既不提供“生疏”技能走向“熟练”技能的劳动实践训练的空间和机会，同时将技能形成过程中的试错成本转嫁至劳动者个体身上。如此循环下去，会带来两方面的消极影响，即劳动力市场上技能供给质量的整体性下降与特殊性技能供给的严重短缺。在这样的背景下，单纯依赖零工劳动力市场的自我调节往往难以解决上述问题。

如本书第三章所言，劳动者的技能形成从表面上来看是一种个体选择的行为，但是在实际过程中会涉及行业协会、政府行政、企业参与、学校组织以及产业类型等诸多主体。在技能形成实践中，这些主体之间的互动关系都会对劳动者的个体选择产生直接影响。一般来说，协调技能形成主体间关系

---

① 玛丽昂·麦戈文.零工经济［M］.邱墨楠，译.北京：中信出版社，2017:73，23.

的机制有两种——市场性治理机制和非市场治理机制，而围绕它们达成的相关制度安排就是所谓的技能形成体系。布斯梅尔依据技能形成中国家卷入和企业卷入程度，构建了技能形成体系的类型矩阵，具体分为市场主义式技能形成体系、国家主义式技能形成体系、集体主义式技能形成体系以及分隔主义式技能形成体系四种类型。在四种不同的制度类型中，技能形成主体之间会形成不同的互动关系，进而形塑劳动者的技能形成选择。在零工经济模式中，数据平台中的提取机制和精准匹配机制极大程度上延长了劳动力的供应链条，使劳动力市场更富有灵活弹性，在此基础上打造了一个全新的网络生态。不过，零工经济的网络架构从三个层面颠覆了传统经济模式中的关系网络：

1. 虚拟的组织架构消解了传统企业组织的边界

零工经济中，平台利用科技力量产生了巨大的杠杆撬动效应，同时虚化了平台上的多种关系结构。以成立于 2010 年的美团为例子，它用短短 10 年就发展成为一个超级平台。据公司的财务报告显示，2014 年美团全年交易额突破 460 亿元，2019 年全年总交易金额高达 6821 亿元，短短五年增长了近 15 倍。2019 年平台年度交易用户达 4.5 亿，其中餐饮外卖业务全年交易笔数同比增加 36.4%，达 87 亿笔。2020 年 1 月 9 日，胡润研究院发布《2019 胡润中国 500 强民营企业》，美团以市值 5500 亿元位列第 6 位。2019 年，在“美团”平台获得收入的骑手达到 398.7 万人，截至 2020 年 3 月，美团用户数量高达 4.5 亿，平台活跃商户总数达 610 万，美团平台提供的服务涵盖餐饮、外卖、打车、共享单车、酒店旅游、电影、休闲娱乐等 200 多个品类，业务覆盖全国 2800 个县区市。不过，如此巨大规模的超级平台，在全球只有雇员 5.46 万人。实证田野的调查也发现，平台上的任务领取者在实际劳动过程中，虽然从平台上获得工作机会，而且感觉平台无处不在，但是实际上却很难“找到”平台。以外卖平台为例，快递员通常找不到平台在哪里。

他那个客服我们打完以后，就立马给我们封号不让我们跑单，客服是给点餐和商户准备的，只要骑手一打电话就封号三天，然后还得学习，专门有人来给你培训。他们那儿会有专门负责的人，来回找你，但是你有啥事还联系不上他们，他们从来不接你电话，只有他们联系你，你联系不上他。反映问题，给谁都反映不了，客服根本不理你这事儿，你说你上哪儿反映去，你就自己挺着呗……这个工作现在还是不太好干吧（KDQS1，2019 年 5 月 13 日）。

在这样的情况下，平台主要负责发包和调度任务需求，平台上领取任务的劳动者则执行和完成这些任务，平台除了告知基本的安全知识外，几乎不会对其中的劳动者提供任何关于完成任务方面的技能。在平台上领取任务的劳动者基本上已经具备了能够完成任务的技能，否则就会被系统和消费市场筛选和淘汰下去了。除了有些行业，尤其是类似滴滴代驾、滴滴出行等准入型行业需要技能资格证书外，平台对绝大部分岗位既不会提供技能培训，也不会进行技能水平的考核。

2. 平台上领取任务的劳动者之间关系原子化

社会学者们用“社会原子化”概念来形容社会团结的一种状态，原子化意味着社会联结状态发生变化的过程。原子化主要表现为社会个体间关系弱化，个人与公共世界的疏离以及规范失灵、社会道德水准下降等一些基本社会联结被破坏的现象。[①] 因此，社会原子化中的个体是孤独的、埋头于物质享受的、完全“私人化”的。在社会学家马克斯·韦伯、迪尔凯姆等人看来，社会原子化是社会理性化的结果，社会分工改变了传统社会依赖集体意识的联结机制，转向现代社会理性化交换契约。从这个意义上来说，社会原子化是社会现代化的一种必然趋势和结果。迪尔凯姆认为，建设法人社团是应对社

① 田毅鹏，吕方．社会原子化：理论谱系及其问题表达［J］．天津社会科学，2010，05（5）:68–73.

会原子化的重要途径之一：一方面培养职业伦理，形成职业规范，从而减低社会个体之间发生交换行为的成本；另一方面维护社会契约权威，促进社会团结秩序的形成。在零工经济模式下，每个劳动者领取任务、完成任务、收入分配、劳动评价乃至特殊情况处理都是通过数字化系统完成的，平台通过系统计算（依据多种参数）发送任务指令，劳动者依据系统设定完成任务，并且接受系统的全程监控。整个劳动过程中，这些数字劳工只与系统打交道，独立完成相应的劳作环节。

我们知道，从 2018 年开始，中华全国总工会积极在物流行业、卡车运输等新兴职业群体中建立工会，目前已经有 654.7 万会员。另外，一些新兴群体——比如卡车司机、快递员等，通过微信群建立的线上职业类聚集群。沈原等人对卡车司机的研究发现，目前通过平台获取订单已经成为物流行业的常态。不过在实际劳动过程中，卡车司机通过微信等人际交往工具和社会支持等手段，一定程度上改变了零工的原子化状态，比如卡车司机通过微信群使群体组织起来达成了虚拟团结状态。他们的研究发现，卡车司机组织化主要基于四种原因：一是为了突发情况互助，比如道路救援；二是为了应对讨债，通过组织化方式讨债更易成功；三是为了维护权益；四是为了身份认同。沈原等人的研究还发现，虚拟的微信交流群有助于充实卡车司机在信息交流、路线设计、运输货物技巧等方面技能知识①。不过，就技术平台系统本身而言，平台运行很大程度上限制了数字劳工们集体表达和组织化的动机和能力。系统派单会根据数字劳动者的现实表现和用户评价等参数进行，自由市场力量得到了很大程度的释放，无论是低技能依赖工作还是高技能依赖工作，熟练与不熟练劳动者之间的工资级差会进一步扩大，而且很多不熟练劳动者更容易被系统所淘汰掉，劳动者技能形成的试错空间和机会被削弱，不利于技能尤其是制造类技能的累积。

---

① 传化公益慈善研究院“中国卡车司机调研课题组”. 中国卡车司机调查报告 No.1［M］. 北京：社会科学文献出版社，2018.

3. 平台赢家通吃格局逐渐形成，平台运行背后的实际劳动过程和产品制造过程中的利润空间被压缩

在精益类平台上，平台的优势在于控制服务递送的市场渠道。这种渠道控制权垄断会强化供应链条中介力量并增大其利益，在本质上与马克思笔下的“商人控制生产”情况大同小异。在平台模式运行过程中，由于信息透明化程度高，一方面有利于满足平台上任务领取劳动者的核心需求，比如市场需求信息获取、支持类信息采集等，从而提高此类新兴就业者的劳动绩效。但同时，大量为吸引注意力流量的炒作行为和恶性价格竞争等逐底竞争现象层出不穷，比如有些货运平台将货单的价格信息屏蔽，而让平台上所有货运零工通过竞价方式获得货单，这实际上不利于技能的长效累积。

在工业类平台上，将传感器和芯片组件嵌入生产过程之中，通过互联网技术将整个生产流程连接起来，从而弱化工业流程对人力的依赖，减少生产过程中的不确定性，从而优化和提高生产过程效能。在工业类平台运行过程中，生产组件和生产流程的标准化是平台运行的基础。因此，通用性成为工业互联网运行的前提，掌握或者垄断通用标准制定权的平台则是未来工业 4.0 时代最大获益者，真正的大赢家或许不是加入其中的工业制造实体企业，而是那些制定工业标准及提供虚拟平台的所有者。[①] 连接制造工厂、应用程序研发以及市场终端消费之间的工业制造平台一旦达成垄断地位，基本能够对工业制造业产生强大的监视和控制力，未来可以通过授权来获得垄断利益。由此对工业制造领域的格局带来重大影响，其中最突出的就是企业规模之间的严重两极化，大型制造企业会越来越大，中小制造企业则逐渐凋敝。在一个产业中，潜在竞争者的凋敝最终会削弱工业制造领域的创新潜力。从马克思劳动过程理论角度来看，在工业平台运用过程中，标准化实质上是最大限度地将劳动过程客观化，降低人力的不确定性客观上的结果是“去技能化”。当然，现实田野调

---

① 尼克·斯尔尼塞克. 平台资本主义［M］. 广东：广东人民出版社，2018:75.

查中，我们发现工业制造智能化导致的去技能化是复杂的，因为在不同工种、不同工序上，去技能化的表现是不同的。比如生产工序环节去技能化了，反而会强化自动化设备制造和维护等工序环节对技能的依赖程度。这种背景下，会对技能供给和技能培训产生直接影响，一方面技能更新成为技能形成的重要议题，另一方面对技能培训体系的产业敏感性提出了更高要求。

技能形成理论认为，劳动者技能形成是社会建构的结果[①]。换言之，社会个体、企业组织乃至国家产业的技能形成路径并不是随意选择的，而是在一定场域中，由不同主体之间密切互动建构而成的。这种社会建构性意在促进不同技能形成主体之间达成可信承诺关系。技能形成过程中，通常涉及地方政府组织、企业组织、行业协会、职业学校以及学员及其家庭等主体。其中，地方政府组织是国家卷入的象征，主要通过财政投入、政策规制、资格体系搭建等方式卷入技能形成之中；行业协会、企业组织是企业卷入的象征，主要通过行业标准、成本分担、劳动过程安排等方式卷入技能形成之中；职业学校是技能培训的主要承担者，也是国家技能供给任务的核心主体，在技能形成过程中，职业学校的内部治理、专业设置、理论学习与生产实训以及师资课程等方面的安排均与劳动者技能形成直接相关；学员及家庭是技能培训的主要受众方，所训技能的成本投入、难度以及未来职业的前景是影响学员及家庭选择的主要因素。

具体到产业工人技能形成过程，不同技能形成主体之间的可信承诺关系达成集中体现如下几个层面：首先是政府不同行政部门之间，比如技能培训行政主管部门与技能评价行政主管部门之间。在中国，政府不同行政部门间的关系对产业工人技能形成的影响尤其显著，政府不同行政部门分管产业工人技能形成过程中的不同环节。在技能培训阶段，受训学员（准产业工人）通常属于教育部门主管，而户籍制度以及属地化资源配置原则会对受训学员

---

① 王星．技能形成的社会建构：中国工厂师徒制变迁历程的社会学分析［M］．北京：社会科学文献出版社，2014.

（准产业工人）的参与产生影响。另外，学校学历与职业资格体系之间的关系也需要政府部门出台相关政策进行协调。其次是政府部门与行业企业组织之间，政府行政部门在技能培训上的财政投入及政策规制等措施下是否获得认可承认，能否促进整个国家技能供给满足行业企业的生产发展需要，这是衡量可信承诺关系的基本标准。以在技能认证方面为例，政府主导的技能认定体系所颁发的资格证书能否得到行业企业等用工单位的认可，这会对企业在技能供给劳动力市场搜索成本产生直接影响。如果政府将技能评价和认定权授予行业或企业组织，那么行业组织的准公共性如何保障以及相关技能认定的权威性则是其中关键议题。再次是行业企业组织与职业技能培训机构之间，关涉到校企合作质量和产教融合的深度问题。校企合作与产教融合的可信承诺关系达成的一个关键因素在于如何解决合作融合过程中劳动力市场的挖人外部性问题。从这个意义上来说，校企合作及产教融合背后还涉及企业同行之间的关系协调。如上文所分析的，在技能形成过程中，生产实习是其中关涉技能培训质量的重要环节，这中间企业组织间的关系以及校企合作的样态是关键影响因素。最后是受训学员及其家庭与职业培训机构之间，职业培训机构的教育安排能否得到受训学员及其家庭的信任，对于职业培训乃至职业教育的发展都非常重要。对于受训学员而言，职业教育属于一种人力资本投资行为，对技能培训机构的信任很大程度上依赖技能培训投资与未来职业回报之间的相关度。那么在这种情况下，学历文凭与技能资格在劳动力市场上的竞争状况会对受训学员的选择产生重要影响。如果“重学历轻技能”成为社会个体社会流动的基本依据，那么受训学员与职业技能培训机构之间的可信承诺关系达成就会遇到阻碍。同时，这对于职业技能培训机构的办学导向也会产生影响，偏重学历升等（立交桥）而非技能培训逐渐会成为很多职业学校的理性选择。

但是在零工经济模式中，传统工业经济模式里的可信承诺关系达成面临着全新的组织生态。作为一种新业态模式，零工经济在岗位开发上无疑是成功的，它对技能形成的影响集中体现在两个层面上：一是支持零工经济运行平台所需要的数字劳工，现有研究发现，这中间既有信息技术研发的高科技人才，也包括数据标注等劳动密集型低技能劳动者；二是通过平台领取“微任务”的零工型“新兴就业者”，这里既有高技能劳动者，也包括快递、外卖等低技能从业者。席勒等人认为，数字技术重构了劳动过程，一方面要求劳动者不断掌握新的技能，而传统技能则会被淘汰，这意味着很多传统岗位将会被替代或者消失。另一方面，数字技术模糊了传统工业化生产的组织边界，但制造了一个算法网络重新将数字劳工吸纳进来，事实上强化了系统的控制力①。有研究关注了支持平台运行的数字劳工，指出其中劳动密集型岗位大量外包的事实，而且他们的劳动过程在本质上与流水线上的产业工人并无二致。相对来说，目前讨论最多的还是通过平台领取任务的零工型劳动者，相关研究集中在系统控制、权益维护、社会保障以及新业态新就业引发的相关法律问题。在笔者看来，零工经济模式中，常态化的组织缺位除了意味着组织庇护缺失外，对零工的技能形成也会产生直接影响。如上文所言，组织间的可信承诺关系达成是劳动者技能形成的关键。在零工经济模式中，在组织缺位背景下，零工技能形成是社会个体自行选择的结果，其中的学习训练成本以及所学技能可能面临的失业风险都会由社会个体承担。同时，组织缺位意味着没有所谓的校企合作式训练，进而导致系统化技能实训环节缺失。

另一方面，从宏观上来说，零工经济如何突破对渠道垄断的过度偏好进而与实体经济充分融合，这是零工经济本身实现升级创新的关键。有学者对零工经济模式对实体经济造成的冲击表示了担忧：一方面，零工经济强大的就业吸附能力客观上会加剧实体经济招工难的问题。在中国，服务业占 GDP 的比重从 1980 年的 22.31%，增长到 2018 年 52.16%；工业增加值占 GDP 的比重则从 1980 年的 48.06%，下降到 2018 年的 40.65%。尤其近年随着平台

---

① Schiller, Dan. Labor and Digital Capitalism［M］.in Richard Maxwell（ed.）The Routledge Companion to Labor and Media, pp.3–17. New York:Routledge.2016.

经济的快速发展，由于不需要支付传统企业劳动关系需要承担的大额劳动保障成本，凭借自由灵活的就业方式以及高市场工资溢价的优势，农民工群体纷纷从第二产业转向了第三产业，从线下走到线上。农民工从事第二产业的比例从 2013 年 56.8%，下降到 2019 年的 48.6%；从事第三产业的比例则从 2013 年 42.6%，增长到 2019 年的 51%，并形成了“剪刀差”效应[①]。

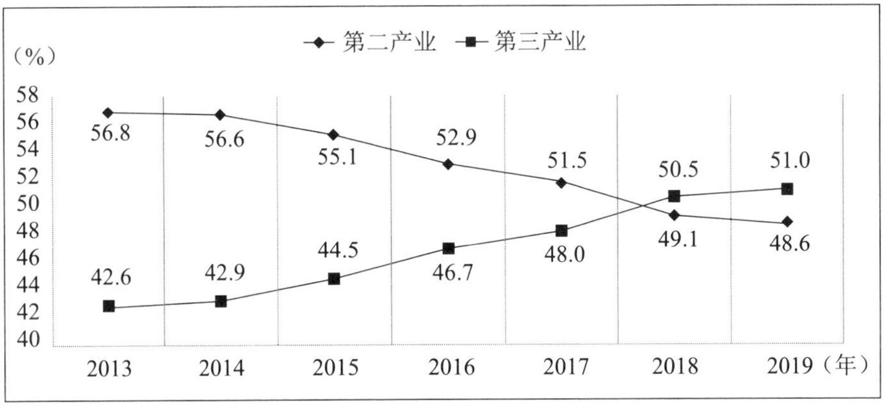

图 6.2　2013—2019 年农民工在二、三产业的分布

大量青年人不愿意从事比较艰苦的产业工人工作，而更乐意投入零工就业中的现象，会在社会上积累出一个规模庞大的打零工、收入不稳定、缺乏社会保障的从事服务业的“不稳定劳工”阶层。由于缺乏收入安全和保障安全，技能水平低下且缺乏学习技能的组织载体和方式，同时由于职业生涯缺乏前景，无法形成职业认同，这些不稳定零工群体学习和提升技能的动机也会被削弱。制造企业招工与用工难会反逼实体经济加大机器换人的步伐，同时也会促使很多实体企业加速资本全球化流动。美国制造业发展历程证明，以制造业为基础的实体经济跨国外迁或衰退带来的结果不仅仅是“产业显著空心化”，而且会带来社会瓦解的风险。所谓产业空心化是指以制造业为中心

① 闻效仪 . 去技能化陷阱：警惕零工经济对制造业的结构性风险［J］. 探索与争鸣，2020（11）.

的第一、第二产业在国家经济中所占的比重过低，导致实体经济衰落，走向以服务业为主的经济模式。1979—2018 年，美国制造业就业人数从 1960 万下降至 1280 万，制造产业普通岗位的流失带来大量产业工人失业进而恶化社会矛盾，甚至催生社会瓦解的风险。与此同时，产业空心化会对国家创新竞争力产生消极影响，美国制造产业中分离式生产模式造成生产价值链中的研发与生产环节的跨国分离，在空间上实际阻碍了技能形成中隐藏知识的传播，研发与生产环节无法即时互动反馈会产生所谓创新死亡峡谷，直接拖累产业创新升级的步伐。由此，美国从奥巴马政府便启动了再工业化战略，推动制造业回流，并将其上升到国家安全层面。事实上，从全球来看，制造业独立，经济才能独立，进而国家才能独立，再工业化已经成为各个国家尤其是发达国家当下的普遍做法。

党的十八大以来，国家多次强调实体经济在国家经济社会发展中的基础性作用。如何协调平台经济与实体经济之间的关系是非常重要的议题。而零工经济在产业工人技能形成以及产业空心化层面对实体经济造成的冲击需要我们去思考。从《中国制造 2025》来看，我国下一阶段要重点发展的产业，不再是大批量标准化生产为代表的产业（如耐用消费品），而是提供适应性生产的产业（如新一代信息技术产业、新材料、生物医药及高性能医疗器械）、定制生产的产业（如高等数控机床、机器人、航空航天装备、海洋工程装备及高技术船舶）、灵活的多品种大批量生产的产业（如先进轨道交通装备、节能与新能源汽车、电力装备、农机装备）等。从制造大国走向制造强国、从中国制造迈向中国创造的进程中，改革制造业现有的生产体制安排，创新与平台经济、零工经济相适应、相融合的生产体制则非常重要。从技能形成体制角度来看，这需要国家出台相关政策，推动建立零工群体技能形成的多元化成本分担渠道，强化零工群体的社会保护以助力其安心钻研和提高技能水平，从而推动零工经济可持续的高质量发展，促进社会包容和进步。

第七章

“技工荒”与中国产业工人工匠精神养成

产业工人技能形成是制造产业转型升级的重要支撑，围绕技能形成体系形成的制度安排也成为一个国家实现比较制度优势的要素之一[①]。当前，我国制造业发展的一大挑战是产业工人劳动力供给不足，尤其是技能型产业工人的供给缺乏，这种现象被形象地称为“技工荒”。在本章中，我们将通过数据来厘清中国产业工人技能供给中“技工荒”的基本事实，并对背后的机理进行梳理，同时分析中国产业工人“工匠精神”养成的意涵。第一部分从理论上对“技工荒”进行界定，并通过数据来分析技工荒的不同特征；第二部分通过微观的质性经验，分析“学技术为了将来不做技术”这个悖论事实；第三部分在学理上分析中国产业工人工匠精神养成的内涵，并分析其养成路径；第四部分从社会保护角度，讨论中国产业工人技能形成的社会路径。

一、中国产业工人技能供给中的“技能短缺”

“技工荒”意味着劳动力市场上技能供给，特别是有效技能供给与企业需求之间存在着差距，是劳动力短缺的一种表现。在经济学视野中，劳动力短缺主要是指在当前的工资水平之下，技能的有效供给不能满足需求。静态短缺理论提出，若当前市场出清的工资水平低于均衡工资，那么就会出现劳动力需求大于供给。阿罗等学者提出了动态短缺理论。他们认为劳动力市场的需求曲线不断上移，若供给调整速度滞后于需求调整速度，就会出现劳动力短缺[②]。近年来，劳动力经济学家开始更为细致地定义技能和技能的短缺。理查

① Peter A. Hall and David Soskice（ed）. Varieties of Capitalism—The institutional Foundations of Comparative Advantage［M］.Oxford: Oxford University Press.2001.

② Arrow, K. J. and Capron, W. M. Dynamic Shortages and Price Rises: The Engineer-Scientist Case［J］. Quarterly Journal of Economics, 1959（2）.

德森提出了四种类型的技能短缺，其中技能错配（Skill Mismatch）是指有足够多的人具备了基本技能并且未能使用这些技能，在当前的市场条件下他们不愿意填补空缺的工作岗位。质量差距（Quality Gap）是指有足够多的人具备了基本技能并且未能使用这些技能，他们愿意申请岗位，但是他们缺乏雇主认为重要的一些素质。大量实证分析表明，可以从宏观和微观两个角度识别技能短缺。在宏观层面上，技能短缺表现为较低的失业率、较高的就业增长率、技工收入的快速增长、企业用人的技能要求放松，以及政府预测的用人需求提升。在微观层面上，技能短缺可以表现为企业持续的岗位空缺、加班的普遍使用、临时工的大量使用、工作条件的显著改善、企业冗员数量的下降、不合格员工的使用等[①]。杨伟国等人的一系列研究讨论了技能短缺的操作化含义。从雇主的视角来看，技能短缺就是指个体雇主经历招聘困难，从市场的视角来看，就是指在现行的工资率下市场上没有足够的适宜人员来填补现有的空缺岗位：一是企业在招聘具有岗位所需技能的新员工方面遇到困难，二是企业内部现有的员工存在技能缺口（缺乏有效率地完成工作所需的技能）[②]。

由此可见，大部分对技能短缺的界定是依据供求关系来进行的，劳动力市场上技能供给规模不足是最突出表现。如本书第四章所言，笔者在本部分继续沿用技能形成的历时性视角，将技能供给视为技能形成链条中最后一环，而技能知识学校与技能实训都会对最终的技能供给状况产生影响。因此，我们突破了仅仅从技能供给数量上来界定“技工荒”的局限，将之界定为三个层面的内涵，即技工数量短缺、技能质量滞后以及技能不匹配。

（一）技工数量上的短缺

对我国产业工人的技能构成和供求状况的分析表明，技工在数量上存在

① CohenM. S., Zaidi M. A. Global skills shortage. Williston, VT: Edward Elgar, 2002.
② 杨伟国，代懋．中国技能短缺治理［M］．上海：复旦大学出版社，2011.

着明显的短缺。技工总量短缺反映在高技能劳动力数量少、比例低。德国制造业中约37%~41%的劳动力具备较高的技能水平[①]。我国未来10年的技术技能人才发展指标提出，2020年高技能人才总量应该达到3900万人，2025年达到7100万人；其中，高技能人才占技能劳动力的比例分别为28%和30%。这一目标接近德国等发达国家的水平，与当前发展水平存在较大的差异。

技工的总量短缺反映在制造业企业中广泛存在的招聘困难，尤其是技术工人的招聘困难。2003年对中国1533个企业调查数据的分析发现，技术劳动力短缺的企业占全部企业的15%。王子成对广东省1606个企业调查结果显示，从企业员工构成来看，技工占比20%及以下的企业占全部企业数量的50%，21%~40%的占33.5%，41%~80%的占14%。这表明，虽然我国东部的制造业属于劳动密集型产业，但是其员工的技能水平维持在较低的水平。技术工人短缺率为1%~20%的企业占13%，20%~40%的占13%，40%以上的占5.6%。近期研究表明27.8%的企业招聘财务人员时遇到了困难，92.5%的企业招聘国际化管理人才时遇到了困难。不同所有制、不同规模企业的技能短缺程度不同，相比于外资和合资企业，内资企业的技能短缺更严重。中小企业缺乏战略设计人才、技术研发人才和高级技术工人，大中型企业需要资本运作、互联网人才。

企业参与产业工人技能培训的比例参差不齐。我们调研的企业卷数据反映，62%的企业内部有体系化的技能培训机制，47.7%的企业内部有体系化的技能等级评价机制。而职工卷数据显示，41.5%的企业内部有体系化的技能培训机制，33.8%的企业内部有技能等级评价机制。企业卷显示的数字比职工卷更高，这与填答问卷的企业特点有关。填答问卷的企业都建立了工会，企业发展相对较好，内部各种设置更健全、管理更规范，因此更

---

① 德国制造业中高技能员工（在技术学校获得学位的个人）占劳动力总量的比例从1996年的23%上升到2006年的25%。同期，大学硕士和博士毕业生的比例从14%提高到16%（莱勒·弗里奇，彼特·奈海斯勒，2016）。

有可能建立内部培训和评价机制。实际情况应该更接近职工卷数据。从表7.1可以看出，企业规模对企业内部建立体系化培训机制与等级评价机制有重要影响，越是大企业越有可能建立相关机制。大企业部门划分更为精细，人力资源管理更为专业，更有可能在内部设置体系化的技能培训与等级评价机制。另外，在高新技术企业中，分别有74.4%、63.2%建立了体系化的技能培训机制和技能等级评价机制，这个比例显著高于非高新技术企业。

表7.1　企业规模与企业内部的技能培训与等级评价机制情况

单位：%

	小型企业	中型企业	大型企业
企业内部有体系化培训机制	48.6	71.0	85.0
企业内部有体系化等级评价机制	30.9	64.5	66.7

对于未建立体系化技能培训机制的主要原因，61%的企业认为“培训成本较高”，55%的企业表示“企业培训技术力量不够”，30%的企业认为“培训周期太长”，29%的企业认为“企业生产太忙”，16%的企业“担心培训后员工跳槽”。企业未建立体系化技能培训机制，既有企业自身培训力量不足的原因（这在许多中小企业比较常见），也有积极性不足方面的因素。企业积极性不足，最核心的因素在于，技能培训是准公共产品，企业不愿意承担所有培训成本。我们调研的数据显示，企业卷数据反映，有48.8%的企业未领到过任何培训补贴，有16.5%的企业表示获得过岗前培训补贴，有13.4%的企业获得过技能人才培养评价补贴，7.3%的企业获得了三项基地补贴，7.3%获得了职业技能培训券，也有4.4%的企业获得过新型学徒制补贴，2.7%获得过校外实训基地补贴。

（二）技能质量的滞后

技能质量滞后是指劳动力技能水平低、可替代性强、难以支撑产业升级的要求。

1. 我国制造业劳动力的受教育水平较低

我国二、三产业劳动力以农民工为主体，这个群体的文化水平不高。国家统计局 2015 年农民工监测数据显示，76.2% 的农民工文化程度为初中及以下，高中以上占 23.8%，高中学历为 16.5%，大专及以上学历为 7.3%。而德国近 65% 的年轻人在初中毕业后经过 3~4 年的学徒制培训才开始成为产业工人。我国制造业员工的主体为中职毕业生和高中毕业生，高职毕业生的比例偏低。装备制造行业的工人中 14% 为高职毕业生，61% 为中职毕业生，14% 为高中毕业生，11% 为初中毕业生；汽车行业工人中 18% 为高职毕业生，44% 为中职毕业生，29% 为高中毕业生，5% 为初中毕业生①。

2. 制造业中农民工的技能培训参与率低，缺乏技能的积累渠道

农民工群体中只有 32% 接受过非农职业培训，大部分工人都是“赤手上阵”。2015 年，我国农民工数量接近 2.8 亿人，超过全国劳动力人口的四分之一，就业集中在制造业和建筑业。农民工收入水平整体较低，社会保护薄弱，接受正规技能训练的渠道缺乏，且限制较多，职业地位普遍较低。2012—2014 年接受技能培训的农民工比例从 31% 上升到 35%，21~30 岁年龄组最高，随年龄递减。只有 33% 的农民工接受过非农业技能培训，5.9% 的农民工拥有技能职业证书，经过培训部门安排上岗的农民工仅为 0.3%。李强的研究表明，15.7% 的农民工具有职业资格或者等级证书，84% 的农民工没有证书。在具有证书的群体中，42% 的农民工仅具有初级证书，24% 的农民工具有中级证书，3% 的农民工具有高级证书。

我们的调研数据显示，调查对象中 48% 的产业工人属于企业认定的专业技术人员或技能工人，40% 的产业工人有专业技术 / 技能 / 操作证书，其中 17.5% 的产业工人为技能人员职业资格证，10.5% 的产业工人为专业技术人员职业资格证，6.9% 的产业工人有专项职业能力证，5.0% 的产业工人有

① 于志晶，刘海，岳金凤等 . 中国制造 2025 与技术技能人才培养［J］. 职业技术教育，2015（21）.

特种作业操作证，1.6% 的产业工人有特种设备作业人员证。这些证书与产业工人当前的工作岗位有 55.5% 是相关的，部分相关的为 24.2%，不相关的为 20.3%（见表 7.2）。

表 7.2 研发人员与技术工人证书持有情况

单位：%

证书类别	技能人员职业资格证	专业技术人员职业资格证	专项职业能力证	特种作业操作证	特种设备作业人员证
百分比	17.5	10.5	6.9	5.0	1.6

我们调研的数据还发现，产业工人技能认证除了国家认证比例低外，企业认证的比例也非常低。企业卷调查数据反映，专业技术 / 研发人员占企业总人数的平均比例为 15.9%，技能工人为 16.58%。而得到国家相关部门认证的专业技术和技能工人平均占比为 16.35%。这表明被国家认证的技能与证书比例很低（见表 7.3）。如表 7.4 所示，产业工人的技能被企业有效认证的仅为 40.3%，部分得到认证的为 22.4%，未得到企业认证的为 37.4%。而被政府有效认证的仅为 35.6%，部分得到认证的为 16.9%，未得到政府认证的为 47.5%。综合来看，目前产业工人的技能得到企业或政府有效认可的比例都比较低。

表 7.3　专业人员 / 技能工人技能得到认证的情况

单位：%

		管理人员	研发人员	技能工人	普工	文员	快递 / 外卖人员	司机	环卫 / 保洁 / 勤杂工 / 保安	建筑工
认证情况	得到有效认证	22.9	24.6	32.4	8.2	12	4.7	28.6	8.2	16.5
	部分得到认证	10.2	15.6	16.5	3.3	2.7	4.7	7.1	1.0	7.9
	未得到认证	14.9	59.8	51.1	11.7	13.6	11.6	5.4	1.0	12.9

表 7.4 产业工人技能得到企业、政府认证的情况

单位：%

	得到有效认证	部分得到认证	未得到认证
是否得到企业认证	40.3	22.4	37.4
是否得到政府认证	35.6	16.9	47.5

3. 产业工人技能培训低参与率与高技能培训需求之间的错位

技能培训意愿反映的是产业工人参加培训的主动性以及在城市长远发展的预期。与产业工人中低培训参与率形成鲜明对比的是，我们调查发现，产业工人技能培训意愿比较强烈。培训意愿与培训实际参与之间的差距事实上说明技能培训供给不足。我们调查的职工卷数据显示，整体上仅有 16.4% 的产业工人没有培训意愿，83.6% 的工人希望接受不同类型的培训（见图 7.1），其中研发人员无培训意愿的比例为 10.5%，技能工人无培训意愿的为 11.7%，相对而言，二者想参加培训的意愿比较强烈。

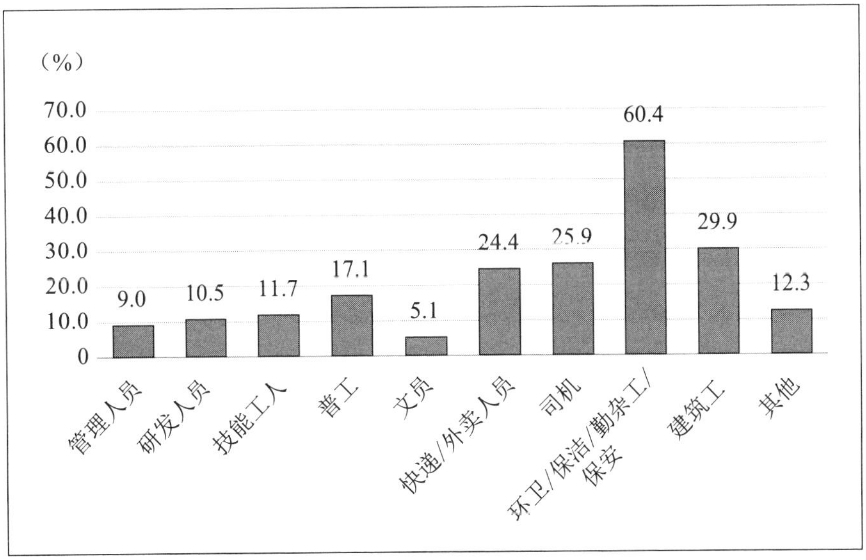

图 7.1 职工选择“无培训意愿”情况

在培训类型的选择上，23% 的产业工人最希望参加综合素质类培训，

22.3% 希望获得生产操作类技能培训，16.3% 希望参加学历教育培训，13.5% 表示想参加语言能力培训，5.2% 想参加非生产操作类技能培训。如图 7.2 所示，希望参加综合素质类培训和生产操作类技能培训的占比最大，表明产业工人对这两类培训的积极性更高一些。

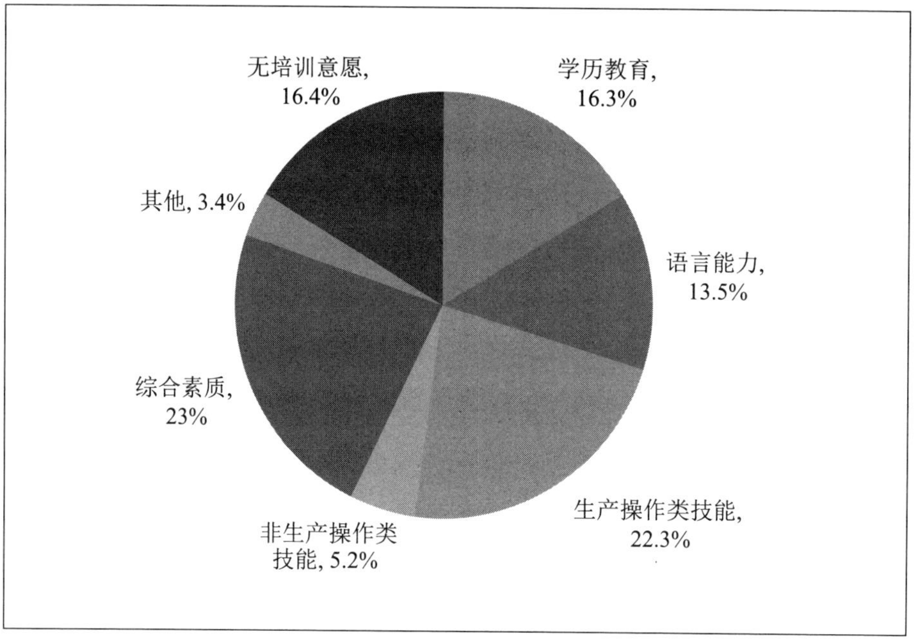

图 7.2　培训类型选择情况

如表 7.5 所示，不同工种职工希望参加培训的类型各不相同，研发人员最想提升的是综合素质能力，而技能工人最想提升的是生产操作类技能。表 7.6 的数据显示，阻碍职工参加培训的最主要因素有工作时间限制、费用太高以及无培训渠道等。以研发人员为例，有 64.9% 认为工作时间限制阻碍因素占比最高，也有 56.7% 的技能工人认为参加培训受时间因素影响。

表 7.5 不同工种职工希望接受的培训类型情况

单位：%

	管理人员	研发人员	技能工人	普工	文员	快递 / 外卖人员	司机	环卫 / 保洁 / 勤杂工 / 保安	建筑工
学历教育	17.9	16.5	21.0	19.1	18.1	19.5	6.0	4.2	8.3
语言能力	16.8	17.8	8.9	8.9	29.3	19.5	6.9	5.2	4.9
生产操作类技能	12.9	17.3	31.3	32.3	4.2	12.2	23.3	14.6	37.5
非生产操作类技能	5.4	3.5	7.5	5.6	4.2	2.4	5.2	5.2	5.6
综合素质	31.9	31.4	16.8	14.8	35.3	19.5	31.0	8.3	10.4

表 7.6 不同工种参加技能培训的阻碍因素

单位：%

	管理人员	研发人员	技能工人	普工	文员	快递 / 外卖人员	司机	环卫 / 保洁 / 勤杂工 / 保安	建筑工
费用太高	34.6	34.9	24.6	23.7	41.3	26.7	6.9	14.8	40.4
工作时间限制	61.1	64.9	56.7	54.5	64.1	68.9	54.3	33.0	46.8
无培训渠道	24.8	27.5	28.8	36.2	29.0	31.1	14.7	22.7	30.9
相关机构培训水平有限	8.9	16.2	12.5	10.7	12.0	0	6.9	1.1	9.6
距离培训地太远	15.6	10.9	11.7	5.5	15.2	8.9	9.5	9.1	9.6
技能提升带来的回报低	10.1	11.3	11.7	8.7	7.6	8.9	12.1	1.1	14.9

我们调查发现，尽管目前产业工人技能培训补贴的方式比较多样化，但职工卷数据则显示，仅有 8.3% 的产业工人领取过 ×× 市的职业技能培训补贴，91.7% 未领取过，这表明仅有少数职工能领取到补贴。而且，技能培训补贴在不同工种之间也存在差异。其中司机、技能工人以及管理人员领取技能培训补贴的比例相较于其他工种的更高，而文员、普工以及建筑工领取技能培训补贴的较少（见图 7.3）。

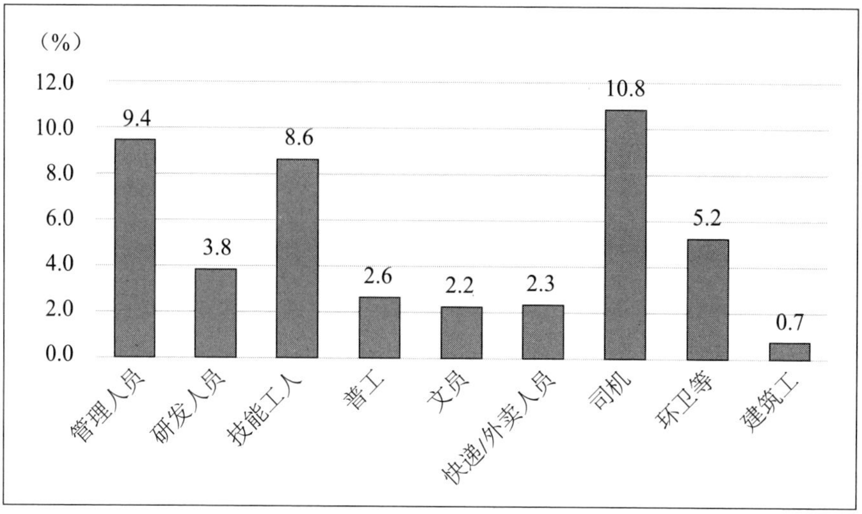

图 7.3　不同工种职工获得技能培训补贴的情况

4. 我国制造业增值率低，反映了较低的技能供给质量

2014 年 5 月 25 日《经济学人》杂志刊发文章《中国将保持制造业霸主地位》。该文章通过对众多新兴经济体 2013—2018 年的劳动生产率与工资上涨的对比预测，发现鲜有国家比中国更具成本竞争力，且没有任何经济体的劳动生产率增幅会超越中国。然而，尽管中国的劳动生产率升幅较大，但是增值率较低。有分析指出，中国的增值率仅相当于美国的 4.38%、日本的 4.37% 和德国的 5.56%。

（三）技能供给与技能需求之间的不匹配

技能不匹配是指在劳动力市场中技能形成体系所供给的技能类型与生产需求错位的现象。

1. 制造业产业结构与技能供给不匹配

如果比照中国制造业产值结构与制造业相关专业的结构，就会发现二者的匹配程度不高（见表 7.7）。劳动力密集型产业（如食品加工、纺织、印刷等）占据我国制造业的三分之一的产值，但是仅有 10% 的培训专业提供此类人才。资本密集型产业（交通设备、电器机械制造等）的产值结构与专业结构较为一致，相差约 10%。知识密集型专业供给比例远大于知识密集型产业（通信设备、医药制造等）的产值比例[①]。

表 7.7　制造业产值结构与相应培训专业结构

单位：%

2008—2012 年中国制造业产值结构			
年份	劳动力密集型产业	资本密集型产业	知识密集型产业
2008	30.2	56.8	13
2009	31.4	56.1	12.5
2010	30.8	57	12.2
2011	30.5	57.6	11.9
2012	31.1	57.1	11.8
2008—2012 年中国制造业相应培训专业结构			
年份	劳动力密集型产业	资本密集型产业	知识密集型产业
2008	10.7	47.6	41.8
2009	10.3	46.3	43.4
2010	10.1	46.8	43.1

① 王志华，贝绍轶，董存田 . 我国产业结构与高校专业结构协调性分析——兼论大学生就业难与“技工荒”问题［J］. 经济问题，2014（10）.

续表

年份	劳动力密集型产业	资本密集型产业	知识密集型产业
2011	9.8	46.5	43.7
2012	9.5	46.6	43.9

资料来源：王志华，贝绍轶，董存田（2014）。

制造业人才短缺行业可能难以通过中等和高等职业教育获得充足的技能供给。据预测，2013—2018 年机械行业的高层次技术技能人才需求总量在 400 万人左右，石油化工行业需求总量在 150 万人左右，交通运输行业需求在 100 万人左右。据粗略统计，近年来我国中职学校加工制造类专业年均招生和毕业生规模都在 100 万人左右；高职院校制造大类专业年均招生和毕业生规模都在 40 万人左右。2011 年中职加工类毕业生为 116 万人，2013 年下降为 90.4 万人。2011 年高职制造类毕业生为 46 万人，2013 年降为 42 万人。历年中高职相关专业毕业生的数量小于制造业的需求。

2. 热门技能（如第三产业）培训饱和，而工业技能培训错位

麦可思研究院对 2015 级高职高专毕业生的就业调查结果显示，从 2010 届到 2015 届毕业生，从事“互联网应用及开发”职业的高职毕业生比例从 1.5% 上升到 4.3%，从事医疗与社会护理服务业的比例从 2.8% 上升到 7.2%。同时，以加工业为主的劳动密集型制造业面临持续的下行压力。2010—2015 届毕业生从事电子电气仪器设备及电脑制造业的比例已经从 8.7% 下降到 5.2%，从事机械五金制造业的比例也从 7.5% 下降到 3.4%。二者相加所占比例从 16.2% 降为 8.6%。由此可见，工业技能的供给不断下降，会导致供需的不匹配。

3. 大学毕业生技能与市场脱节

2016 年，IBM 商业价值研究院与北京大学教育学院合作进行了一项针对高等教育相关性的调查[①]。调查显示，16% 的受访者认为高等教育没有满足产

① IBM 商业价值研究院 . 面向未来、重塑技能：中国如何面对全球技能风暴［DB/OL］.http://www-935.ibm.com/services/cn/gbs/ibv/, 2018-07-23.

业需求。62% 的受访者认为高等教育毕业生的最大缺陷是分析问题并找出解决方案和开展团队合作，60% 的受访者认为毕业生缺乏灵活适应环境的能力，57% 的受访者认为毕业生不能在商业环境中进行有效的沟通。大学生技能与市场需求不匹配的另一个证据是较低的就业满意度。高职高专毕业生毕业三年后的调查显示，就业满意度最低的五个行业分别是矿业、建筑业、初级金属制造业、电子电器仪器设备及电脑制造业、批发商业，均属于制造业行业。制造业专业大专毕业生在进入劳动力市场较长时间后，仍然难以找到满意度较高的工作，可见他们的技能与劳动力市场存在较大的差距。

技能短缺可能会很快使得我国低技能依赖型产业的比较优势趋于消亡。我国的技能短缺导致制造业只能发展低质量、低成本的大规模标准化生产，依赖以农民工为主的低技能、高流动性的非熟练劳动力以及技能与市场需求脱节的高校毕业生。随着我国人口红利的消失和农民工群体的生命周期变化，农村剩余劳动力已经趋于枯竭[①]。我国在大规模标准化生产方面的比较优势有可能因为农村剩余劳动力的枯竭而很快消失。

当前的技能短缺可能影响我国制造业采用新生产体制的可能性。高技能劳动力的缺失以及大学毕业生技能与市场的脱节，将使得我国无法采用类似于美国的适应性生产策略。这是因为适应性生产要求技能形成体系能够提供大量接受过高水平通识教育的人才，这些人才具备高端研发能力，能够适应技术高速变化，并提供相应的解决方案。而我国的高等教育体系未能有效提供适应性生产所需求的高端技术人才。首先，由于培养模式与产业脱节，高校毕业生技能与产业需求有很大差距。60% 以上的雇主认为我国高校难以满足产业发展需求，高校毕业生缺乏软技能等雇主重视的能力。其次，每年高校毕业生的人数已经突破 750 万人，但真正进入制造业生产领域的毕业生并不多，对提高产业中的高技能人才比例贡献不大。最近三年来以加工业为主

---

① 蔡昉 . 人口转变、人口红利与刘易斯转折点［J］. 经济研究，2010,45（04）.

的劳动密集型制造业吸引的高校毕业生人数已经从总毕业生数量的16.2%降为8.6%，即从约六分之一降为约十二分之一，这与制造业劳动力占总就业人数29%的情况极不协调。这意味着近年来制造业吸引的毕业生连年下降，甚至可能无法维持制造业高技能人才的自然更替。最后，已经进入制造业就业的高校毕业生流动性高，对于行业的技能积累可能产生负向影响。2013届和2014届高职毕业生半年内的离职率维持在42%~43%，制造大类毕业生的离职率两年均为43%。考虑到制造业研发创新需要积累、研发与生产过程较长时间的深度结合，过高的短期离职率表明我国制造业难以完成适应性生产所需要的高端技能积累。

熟练技工的短缺和低培训参与率可能导致我国制造业劳动力技能供给状况无法支撑中国制造产业的转型升级。一方面，我国的农民工群体经过多年工作积累了一定的技能，但是制造业企业对农民工的技能培训投入低，造成他们的技能积累速度慢、质量低，难以从非熟练技工成长为熟练工人。另一方面，随着全球化的快速发展，"技能俘获现象"使得发展中国家无法通过承接发达国家转移的制造业生产来积累技能。发达国家在制造业外包的过程中，采用研发与生产相分离的方式，将生产转移到中国企业，但是并未提供技术转移和技能培训。有学者认为，这种以代工为主的形式将我国制造业锁定在低技能依赖工序环节上，导致产业技术技能升级的困难极大①。尽管美国制造业变迁历程证明，研发与生产分离的分布式生产方式一定程度上是有利于"技术的流动输出"的，对生产环节承接国家——如中国——产业工人的技能提升也有帮助，但是"技术流动的社会断裂"则成为中国产业工人技能形成过程中阻碍产业转型升级的新命题。另外，从产业工人外部技能形成体系的数据来看，我国的中高等职业教育体系未能提供大量熟练工人。近年来，我国中等职业教育出现了通识教育化的倾向。接受过职前职业教育的新员工

① 洪联英，彭媛，张丽娟.FDI、外包与中国制造业升级陷阱——一个微观生产组织控制视角的分析［J］.产业经济研究，2013（05）.

实际上不是熟练劳动力，需要企业的二次培训和加工。

国家繁荣离不开制造业的发展。发达资本主义国家的历史表明，如果没有一个强大而且极具创新性的制造业体系，以及它所创造的就业机会，任何一个先进经济体都不可能繁荣发展。制造业发展依赖于渐进型创新，此类创新需要一系列的制度支持，其中包括生产体制、劳资关系、金融体制、福利制度和技能形成体系[①]。目前，技能形成体系已成为支持各国制造产业转型升级的引擎。《中国制造 2025》强调“提高制造业创新能力”和“推进信息化和工业化深度融合”。遗憾的是，我国碎片化的产业工人技能形成体系却无法支撑起制造产业转型升级的技能需求。一方面，技能短缺难以支持当前大规模标准化生产体制的发展，造成我国低技能依赖型产业的比较优势濒于消亡。另一方面，技能短缺难以支撑我国的制造业完成从大规模标准化生产向其他生产体制的转型。我国制造业产业多年来实施的“去技能化”策略已经在很大程度上瓦解了自己的技能基础。

二、中国产业工人技能形成中的悖论事实

除了宏观层面上技能供给短缺外，中国产业工人在技能形成上还面临着动态减弱的风险。对企业老板而言，实体经济不好干，工作苦、风险大、投资见效慢、利润率低、融资难，很多制造企业既面临产业竞争与升级的压力，同时更面临着稳定生产的挑战。很多制造企业老板更关心的是当下车间生产的可持续性，而对产业升级这种关系“企业长远发展的事情”好像并不是太在意。对产业工人来说，不管是否是技术工人，车间里的活都是苦、脏、累的，更主要的是赚得少且没有前景。这两年，我们观察到，产业工人群体对工资水平、工作与生活环境的满意度有所提高，但是他们对工作岗位的兴趣

① Peter A. Hall and David Soskice (ed). Varieties of Capitalism—The institutional Foundations of Comparative Advantage [M]. Oxford: Oxford University Press.2001.

依然多是冷漠的。

这些微观的田野现象，让笔者产生了诸多困惑：在今天的制造产业中，资本与劳工境遇两极化的现象是强化了还是弱化了呢？如果制造企业的资本很难通过生产活动实现资本的保值增值，企业家精神如何培养呢？虽然从学理上我们能够就企业老板对产业升级的“不感冒”现象给出一个理论解释（如制度不确定性），可制造企业受困于当下而无暇“仰望星空”的事实又折射出更多的无奈与忧虑。对于产业工人而言，无论是否专注于技术，他们的未来好像都是既定的，即他们都面临着薪酬与职业的双重天花板。换言之，技术技能水平再高也无法消减他们心中的不安全感，西方人力资本理论里的规则——技能水平与社会融入正相关——在中国制造企业里失效了，起码对于绝大多数的产业工人是失效了。其中，最让人困惑的是，那些在技术技能提升上倾注大量时间与精力的技术工人的最终目的居然是脱离技术岗位，也就是说，他们辛辛苦苦地学技术就是为了不再做技术。“学技术为了不再做技术”这种悖论事实后面的逻辑是什么呢？这种微观事实会对我们国家以《中国制造2025》为标志的产业创新升级战略行动产生影响吗？制造产业中的资本境遇与产业工人状况之间有关联吗？

（一）研发生产互动反馈与制造产业转型升级

古典主义创新理论主流观点认为，创新源自制度化的研发。研发当然很重要，技术进步的源头在于坚持不断的研发投入，技术进步也是产业创新的题中应有之义。但是对制造产业实体来说，技术研发并不会自动导向现实的产业创新实现。这其中有两点非常重要：一方面，在从技术研发走向创新成果的转化过程中，既需要制度政策层面的诸多安排，比如，知识产权保护、融资机制等，也需要生产能力的支撑。因为，只有强有力的生产能力才能将技术研发转化为有竞争力的产品，走向市场获得收益，进而激励企业家研发投入的动机。另一方面，也是大家通常忽略或者重视不够的层面，在制造产业中，“好的”技术研发不是凭空想象或者“灵感乍现”的，通常是基于对车间生产实践充分熟悉的基础上探索出来的。恰如知名学者路风所言，在现实世界中，从来不存在可以脱离工业过程去掌握先进技术，以及进行产业创新的可能性，所有研发活动（实验室）必须与生产实践（车间）结合起来才能实现创新[①]。在产业活动实践中，制造产业的创新升级是一个包括研发创新和生产工艺创新两个环节组成的完整链条，任何一个环节的短板都会制约制造产业的创新升级：缺少研发，会导致重要的技术突破难以实现；而缺乏工艺革新，研发的成果通常难以产品化和商品化。对于企业和产业而言，只有研发成果通过实际生产环节走向市场并获得市场收益后，才能进一步激发其创新的动力。无论是研发环节还是工艺环节，在其创新实践过程中，革新者通常是在懵懵懂懂中摸索前进的，不太可能对结果有准确的预知。但是其最终目标一定是为了获得市场收益，而且是高的市场收益，这样才会有创新的冲动。

因此，在制造产业中，成功的研发通常又源自对生产工艺流程的高度参与和充分熟悉之上。显然，制造产业的转型升级在实践层面上要比理论分析复杂得多，其中牵涉的因素很多。就本部分讨论的主题而言，上文的理论分析告诉我们，对于制造产业转型升级，掌握理论知识、主攻研发的科技人才当然重要，但扎根车间一线、具备丰富技能经验的技术工人同样非常关键。在长三角和珠三角的实地调研也验证了上述理论判断的正确性：我们发现，与前些年不同，近两年来，无论是地方政府还是制造企业自身越来越认识到技术工人的重要性。在制造业发达的珠三角和长三角，很多地方政府逐步改变过度依赖“学历”进行人才评价的做法，越来越重视技能经验丰富的技术工人（比如，各地的工匠评选）的重要性。从以前的“民工荒”到今天的“技工荒”折射的是制造产业生产模式的逐步转型，制造企业过去靠压缩工人

① 路风 . 光变——一个企业及其工业史［M］. 北京：当代中国出版社，2016:190.

劳动力成本即可获利的时代渐行渐远了，这一点在珠三角的企业中体现得尤为明显。大量工业机器人的使用一方面使车间中过去低技能依赖性的岗位逐渐消失，简单操作工种越来越少，另一方面在生产过程中对技术工人的需求和依赖也就随之更加强烈。

（二）技术流动的社会断裂

俗话说“十年树木，百年树人”，技术工人的养成同样如此。对于产业工人来说，其技能形成是指通过理论学习、实际操作以及事件经历中获得工作能力的过程，这个过程不是一蹴而就的，而是需要足够长的时间在经验实践中才能逐步养成的。它通常包括两个环节，即技能知识的学习和技能经验的累积，其中，技能知识学习在学校，而技能经验的累积在车间。技能知识学习与技能经验累积是一个前后连接的紧密序列，只有知识学习的学校和经验累积的实训车间之间有机互动才能促进有效的技能形成。产业工人技能形成的这种特性是与制造产业的创新模式特征密切相关联的。众所周知，与信息产业的创新模式不同，制造产业的创新升级属于渐进型创新模式，尤其是在投资规模大的装备制造产业体现得最为明显。这种创新升级模式通常建立在对现有生产线和生产流程的技术进行持续但规模较小的改进基础之上，这种改良行动通常是持续性的和长期性的，因而效率相对较低，见效较慢，但有助于形成持续竞争力。因此，从这个意义上来说，制造企业的生命周期是其创新升级的基本前提。换言之，只有足够长时间的车间生产实践的积累，制造产业才能逐步完成关键工艺、关键原材料、核心零部件以及技术基础方面（简称为“工业四基”）的真正突破。此规律同样适用于制造产业工人的技能形成，相对稳定且长期的岗位经验是达成技能提升的前置条件之一。

与很多调查数据一致，我们田野调查也发现产业工人就业短期化现象相当普遍。相对来说，这些年，随着国家劳动相关法律体系的完善，劳动关系仿佛不再是影响产业工人职业选择的关键因素。这其中的原因是多方面的，比如，服务业发展对制造产业的劳动力吸引的挤出效应，很多年轻人更愿意从事送快递、中介等服务业而不愿意进工厂当工人。那些已经在工厂里上班的产业工人，很多也是“人心思变”或心有不甘，也时刻准备着离开工厂。这种短期化的就业样态显然不利于产业工人的技能形成，无法为其技能累积提供时间准备，更无法对产业升级创新提供必要的技能支撑。这些年，我们国家在高科技研发上投入巨大，也取得了诸多突破，但是在基础工艺环节对外依存度依然很高，如上文所言，这个环节的突破有赖于制造业基础岗位上的知识和经验积累。因此，车间一线生产岗位上技术工人短缺不只是对制造企业个体竞争力产生影响，更主要的是会对国家整体制造能力产生消极影响。笔者称上述经验现象为“技术流动的社会断裂”问题，当然，这并不是严格的学术界定，但也能引起我们围绕产业工人技能形成与制造产业创新升级进行诸多反思。

在当下中国制造产业创新升级浪潮中，技术流动的社会断裂具体可以表现在如下几方面：首先，产业工人的职业教育与产业生产之间的脱节问题较为普遍。一般认为，产教融合是解决职业教育过程中上述脱节问题的措施。我们坚定相信，成功的产教融合是产业工人技能能够有效形成的重要方式。但是，我们的田野调研也发现，目前在国家推进产教融合过程中，校企关系很多时候难以得到实质性的突破，但校政却意外地得到了强化。与此同时，在很多产教融合案例中，校企合作更多偏向于劳动力的获取而非技能形成。另外，在社会观念中，职业教育的社会地位与其经济贡献显然是不对等的，社会大众一般将职业教育定位为“差生教育”，职业学校的学生和家长也多是把职业教育视为没有出路情况下的无奈选择。这种观念在教育政策上也或多或少地有所体现，比如，“立交桥”政策虽然能够满足很多职业学校学生的学历需求，但带来的意外后果是会导致职业教育成为学历教育的前期准备，进而对职业教育自身以及职业技校学生的技能教育和学习行为产生一定影响。

其次，高科技研发与车间生产之间存在着巨大的鸿沟，在创新科技成果转化生产的整个链条中，高收入的研发人员与低薪酬的一线工人之间存在的社会不平等——既有经济收入上的不平等，更有社会权利上的不平等——实质上已经严重阻碍了研发成果的转化和实际应用。在中国制造产业转型升级过程中，生产一线车间里的人与物往往得不到应该有的重视。根据国家统计局的数据显示，中国产业工人队伍中农民工的占比高达64%，农民工已经成为中国产业工人的主体。显然，我们都明白，这种就业短期化、漂泊无根状况的农民工群体虽然数量庞大，但并非是现代意义上的产业工人。最后，在很多制造企业内部，专注于技术的工人往往存在着薪酬和职业的双重天花板现象，我们调研发现，很多优秀的技术工人偏爱流动到管理岗位，对他们而言，只有做到管理岗位才是体面的。用他们自己的话来说，“(我们)努力学习技术的目的就是将来不做技术”。这样的悖论事实说明，制造产业工人技能形成既是一个经济问题，更是一个社会问题。

近两年来，国家出台了多个政策推动我国产业工人队伍建设，为我国实体经济从劳动密集型走向技术密集型打造人力资本基础。2017年2月，中共中央、国务院印发的《新时期产业工人队伍建设改革方案》明确提出，“要把产业工人队伍建设作为实施科教兴国战略、人才强国战略、创新驱动发展战略的重要支撑和基础保障，纳入国家和地方经济社会发展规划，造就一支有理想守信念、懂技术会创新、敢担当讲奉献的宏大的产业工人队伍。”2018年3月，中办、国办印发的《关于提高技术工人待遇的意见》，专门就如何切实提高技术工人待遇问题，提出指导思想、基本原则和具体政策方向。这些政策措施释放了一个强烈的信号，就是国家肯定了技能以及技术工人对经济社会发展尤其是实现高质量发展的重要支撑作用。我们认为，在这些宏观政策融入制造产业创新升级的实际过程中，重视生产一线的人与物，才能建构起产业升级创新的生产基础。正如本书开篇所言，技能形成被公认为一国经济增长的重要引擎之一，对“国家增长绩效具有绝对的核心作用”。[①]在发达资本主义国家，尤其是实施制造业主导战略的德国和日本，产业工人技能形成体系已经成为其塑造国家竞争力的重要比较制度优势[②]。因此，对产业工人技能形成体系进行经济学与社会学理论分析，不但对产业升级、经济发展有价值，更重要的是，这也是事关劳动者的幸福生活，以及中国社会治理现代化的重要命题。

三、中国产业工人技能形成体系与工匠精神养成

近些年来，工匠精神已经成为一个热门词，无论是官方话语，媒体宣传，还是行业口号，乃至学界研究中都出现了一种语词井喷现象。不过，从历史上来看，工匠精神一直以来多是行业自我治理的话语，只是在这两年才演变为体现国家意志性的话语。2016 年 3 月 5 日，李克强同志在第十二届全国人民代表大会第四次会议上的《政府工作报告》中提出：“鼓励企业开展个性化定制、柔性化生产，培育精益求精的工匠精神，增品种、提品质、创品牌”，这是工匠精神一词首次出现在官方文件中。2016 年 4 月，国务院办公厅发布《质量发展纲要 2016 年行动计划》指出了工匠精神对发展质量提升的作用：“开展质量素养提升行动，塑造精益求精、追求质量的工匠精神”。2017 年 3 月 5 日，李克强总理的《政府工作报告》进一步明确了培育和倡导工匠精神的政策意图，即“质量之魂，存于匠心。要大力弘扬工匠精神，厚植工匠文化……培育众多‘中国工匠’……推动中国经济发展进入质量时代”。习近平总书记一直强调和要求弘扬劳模精神、劳动精神、以及工匠精神。他明

---

① Acemoglu and Pischke，Beyond Becker:Training in Imperfect Labor Markets［J］.The Economic Journal，vol.109，no.453，1999，pp.112-142.

② 彼得·A.霍尔，戴维·索斯凯斯.资本主义的多样性［M］.王新荣，译.北京：中国人民大学出版社，2018:33.

确提出工匠精神是在2016年4月26日在安徽主持召开的知识分子、劳动模范、青年代表座谈会上："无论从事什么劳动，都要干一行、爱一行、钻一行。在工厂车间，就要弘扬'工匠精神'，精心打磨每一个零部件，生产优质的产品"。2020年10月29日党的十九届五中全会强调"弘扬科学精神和工匠精神"是完善科技创新体制机制重要组成部分，提出要"营造崇尚创新的社会氛围"。2020年11月24日，习近平总书记在表彰全国劳动模范和先进工作者大会上再次对弘扬劳模精神、劳动精神、工匠精神进行了系统深入阐释，并对工匠精神的内涵做了清晰界定，即工匠精神意味着"执着专注、精益求精、一丝不苟、追求卓越"。在讲话中，总书记强调了工匠精神养成的长期性和实践性，"在长期的实践中，我们培育形成了爱岗敬业、争创一流、艰苦奋斗、勇于创新、淡泊名利、甘于奉献的劳模精神，崇尚劳动、热爱劳动、辛勤劳动、诚实劳动的劳动精神，执着专注、精益求精、一丝不苟、追求卓越的工匠精神。劳模精神、劳动精神、工匠精神是以爱国主义为核心的民族精神和以改革创新为核心的时代精神的生动体现，是鼓舞全党全国各族人民风雨无阻、勇敢前进的强大精神动力"。因此，"要大力弘扬劳模精神、劳动精神、工匠精神。"

工匠精神从行业话语转向国家政策话语，实质上透射的是国家经济社会发展理念和战略的转变，即从中国制造走向中国创造、从追求速度转向谋求质量提升的发展模式。不过在今天，很多人普遍相信，全球的劳动生产过程在人工智能技术作用下日益"去技能化"，而且马克思主义经典劳动过程理论所担忧和批判的劳动过程客观化正在逐渐变成事实。换言之，工厂车间里劳动过程的巨大变迁意味着工匠精神养成的传统路径也在改变。在这样的背景下，如何更好地理解国家大力弘扬工匠精神的战略考量？本部分意从学理角度，通过对工匠与工匠精神的历史传统进行梳理，理解工匠精神的时代内涵，并尝试对工匠精神的经济社会功能进行分析。正如马克斯·韦伯在其名著《新教伦理与资本主义精神》中所证明的——新教伦理是资本主义生产发展的重要精神驱动力。那么在中国，工匠精神能够成为中国经济社会高质量发展的精神驱动力吗？

（一）工匠与工匠精神的历史传统

一般而言，工匠精神被认为是一种职业规范和职业伦理的体现，需要工匠在技能形成过程中逐渐训练而成，它渗透在工匠作业行为的方方面面，是工匠技能的固有组成部分。因此，理解工匠概念是分析工匠精神的前提。

学界关于工匠的内涵尚没有统一标准。从历史传统角度来看，在传统手工业生产过程中，“工”与“匠”是分立的：“工”主要是指具有一定技能从事直接生产劳动的劳动者，“工，巧饰也”；而“匠”除了要具有专门的生产技能外，即从事治、做、制造等工作外，还要具备教化、教育的能力。换言之，“匠”是传统手工业技能的传承者，“选忠信博闻之士为之师傅，以匠成之”[①]。手工业生产技能需要通过“匠”以师徒制的形式加以传承。当然,后来“工”与“匠”在概念上逐渐混同——指手工业生产中具有一定技能的体力劳动者，但工匠群体内的分层体系却逐渐制度化了。因此，有学者基于技能技艺标准，将“工匠”界定为熟练掌握某种手工技艺并赖以为生的人[②]。伴随着手工行业中工业化进程的推进，“工匠”的指向范围也随着扩大。余同元从狭义的“工业”范畴指出：工匠，既含有专门的技术制作专长，还含有一定的艺术设计能力；不仅是传统工业的主要劳动力，而且还是传统工业的技术主体。中国传统工匠根据其专业技术和工艺制作水平，可分为普通工匠、专业技术工匠、高水平的工匠，在技能水平方面也可以分为上、中、下三个不同层次[③]。

中国传统工匠身上通常会凝聚着如下几个基本要素：一是掌握专门的技能且较为精通，依靠掌握的技能制造某种产品或完成某项任务，并以此来谋

① 余同元 . 传统工匠及其现代转型界说［J］. 史林，2005（04）.

② 周菲菲 . 试论日本工匠精神的中国起源［J］. 自然辩证法研究，2016（09）.

③ 余同元 . 传统工匠及其现代转型界说［J］. 史林，2005（04）.

生甚至谋利。二是置身于师徒式技能形成过程中，一方面，工匠养成是依赖师徒制的；另一方面，技能传授也是传统工匠的义务与责任。这种轮回传递既是维护技能绝活延续的需要；也是工匠行为的基本规范，属于工匠精神要求的准则[①]。三是追求技艺制作的工具理性和价值理性的统一，工匠将产品制作和工艺设计融为一体，强调实用的同时，会追求艺术上的高度。这一个时期的工匠具有四方面的主要特征：一是生产作业活动主要是手工操作而非机器生产，属于典型的“手艺人”，工匠作为技术主体主导整个生产过程[②]；二是采用封闭式技能形成方式，在匠籍制度作用下，通过家传世袭方式进行技能传承，意在防止技能技艺外传，客观上属于严格的技术保守型工匠养成机制[③]；三是工匠技能技艺的全能化，在生产过程中，一个工匠多能够完成某手工行业大部分的核心工序，独立完成一个产品基本架构；四是职业伦理宗法化，这种宗法性依托于匠籍制度和家族制度而作用，贯穿于工匠养成、工匠生产作业与技能传授以及工匠评价等方方面面。通过宗法网络规制工匠养成秩序，这也对中国传统的工匠精神产生了直接影响。有学者直言，传统的工匠精神一定程度上是宗法家长制在工匠身上的一种折射[④]。

传统工匠精神是职业伦理和宗法伦理的统一，属于道德礼俗教育的内容，技艺学习传授与道德礼俗教育融为一体。传统的工匠精神在内容构成上主要包括：一是吃苦耐劳的精神，能够忍受漫长的学徒期的严峻岁月。二是刻苦钻研、精益求精。恰如朱熹在《论语》注中说：此“言治骨角者，既切之而复磨之；治玉石者，既琢之而复磨之。治之已精，而益求其精也”。三是诚实

---

① 王星．技能形成的社会建构：中国工厂师徒制变迁历程的社会学分析［M］．北京：社会科学文献出版社，2014.

② 刘自团，李齐，尤伟．“工匠精神”的要素谱系、生成逻辑与培育策略［J］．东南学术，2020（04）.

③ 王星．技能形成的社会建构：中国工厂师徒制变迁历程的社会学分析［M］．北京：社会科学文献出版社，2014.

④ 同上。

守信，体现在工匠制作上，主要是保质保量，不偷工减料、不以次充好等行为守则。由此可见，传统工匠精神在现代社会的工匠精神中，精神内核得到了保持和传承[①]。从源头上看，传统的工匠精神多带有一定的宗教色彩。在中国传统社会里，工匠精神是一种超越工匠技艺层面的价值关怀，更是对“奇技淫巧”的认识纠偏，“道技合一”“心物与外物的合一”是工匠的最高追求与理想[②]。墨家思想对工匠提出了“尚技”以及“利用”的要求,即对工匠高超的技艺与智慧的崇拜以及工匠的技艺作品能够满足于人的需求，造福于社会，才具有真正的意义与价值。不过，道家思想对于工匠精神的理解具有一定的内在矛盾：一方面，道家提倡注重自然规律、顺其自然等思想，认为政治混乱、礼崩乐坏是工匠的发明及其新造之物所造成的，但另一方面，道家思想又提出如果工匠能够将其自身的技艺与自然之“道”相结合，化于万物，也是备受推崇与赞美的。

在德国和日本，工匠精神也有浓厚的宗教传统。德国的工匠精神来源于新教伦理的天职观，所谓“天职”即是上帝交给的任务，换言之，世俗工作被赋予了浓厚的宗教精神。日本也有其宗教的传统，日本对工匠专门有一个词语叫“职人”，日本的神道教主张万物有灵，因此，他们将能够改变物质形态的技艺视为有神秘力量的咒术，职人群体在创作中更是怀着赋予被制作物以灵魂的信仰[③]。从这个意义上来说，德国以及日本的“匠人”在进行实践的过程中，超越了技艺本身，具有一种精神修行的强大感召，实际上这与我国工匠对“道技合一”的追求，具有相似相通之处。由此可见，工匠精神养成与工匠培养是需要统合在一起的。

---

① 叶龙，王蕊，唐伟 . 以思为生：技能的本质与新时代工匠精神的重构［J］. 清华大学学报（哲学社会科学版），2019（04）.

② 夏燕靖 . 斧工蕴道：“工匠精神”的历史根源与文化基因［J］. 深圳大学学报（人文社会科学版），2020（05）.

③ 杜连森 . 转向背后：对德日两国“工匠精神”的文化审视及借鉴［J］. 中国职业技术教育，2016（21）.

一些研究发现，传统工匠培育和工匠精神养成并非是师徒式的经济理性在技能传授上的等价交换，而是需要社会基础的。在中国，传统工匠既是一种职业，也是一种社会身份，具体分为官制工匠和民间工匠两种类型。所谓官制工匠（也称为官府工匠），是指在官府手工业中从事生产劳动的工匠，官府手工业是由封建国家直接经营、管理的而所有权属于国家的手工业。所谓民间工匠，主要是指在民间私营手工产业中从事生产的工匠。官府工匠与民间工匠在技能形成方式上有差异，但两者在工匠精神养成上是类似的，工匠精神的规范要求都是在技能传授过程中进行的，且依赖一定的社会基础。这种社会基础主要体现在如下几方面：首先是家传世袭式的技能传承方式虽然有利于家族技能技艺的保护，但是却限制了工匠精神的家族外弘扬；其次是强制工匠劳役机制支撑了官府手工业的发展，但却打击了民间工匠的生长空间，压缩了工匠精神弘扬的社会路径；再次是遵循社会习惯法式工匠养成方式，凸显了工匠精神中的宗法伦理性，使工匠精神嵌入在熟人社会关系之中，呈现一种差序格局状态；最后是家族、行会乃至官府的社会控制力是工匠精神养成与弘扬的重要保障，一方面作为职业身份的工匠群体，其内部呈现等级序列；同时，作为社会身份的工匠被纳入严格的政治与社会等级制。这种情况下，家族、行会乃至官府的社会控制力对于维系工匠培育秩序就很重要[①]。

（二）工业化过程中的工匠与工匠精神的时代内涵

工业化和市场化是冲击传统工匠精神养成秩序的两种主要力量。如涂尔干所言，在工业化和市场化过程中，社会分工使传统集体意识的社会凝聚力下降，而职业团体对于社会团结的作用日益凸显。这种背景下，传统工匠精神对职业伦理的统摄力也随之被削弱了，工匠精神逐渐被多样化的专业规范所细分切割。与此相对地，传统工匠的社会性身份逐渐淡化，其职业性身份

① 王星．技能形成的社会建构：中国工厂师徒制变迁历程的社会学分析［M］．北京：社会科学文献出版社，2014.

开始显现。工匠精神的载体也逐渐发生了变化，由传统的基于血缘、亲缘的族内人转向社会化大众，普通劳动者逐渐也成为被要求养成工匠精神的主要载体，而掌握高技能的技术工人或技术人才逐渐被塑造成为工匠精神的践行者与引领者[①]。工匠精神养成方式也由传统的师徒制转向规模化职业学校教育，校企合作、产教融合等议题逐渐成为工匠精神养成过程中的核心研究议题。随着工匠精神养成方式的变化，工匠精神弘扬在路径和影响因素等方面也会发生相应变化。

1. 从手艺人到职业者：工匠的时代内涵

与传统社会将工匠作为一种手艺人不同，在现代社会，工匠属于在工业化生产流程中从事劳动的职业者。因此，在今天，工匠具有不同的时代内涵，通常包括如下几个理解的视角：首先是把工匠纳入技术技能人才整体序列中来定位。依据生产分工，技术技能人才可以分为高层次顶尖产业人才、技术研发型产业人才、应用型产业人才三种类型。所谓高层次顶尖产业人才，指的是在所从事领域具有顶尖的研究能力、创新能力，并具有产业影响力的人员。此类人才是产业人才队伍的金字塔塔尖。所谓技术研发型产业人才，指的是在从事领域具有创造性的研究能力和专业技术知识，并在该从事领域取得创新成果的活跃型人员。所谓应用型产业人才，指的是在所从事领域具有一定的专业技术知识和产业应用能力，并在该从事领域具有技术和技能积累的人员。高层次顶尖产业人才和技术研发型产业人才 90% 集中在各类高校科研院所，应用型产业人才则主要集聚于各类产业的一线领域，多在各类企业中工作。通常而言，大众所理解的工匠主要是指应用型产业人才。其次工匠是技能水平高超的劳动者。技能水平是工匠的核心素质，他们应该具有较高的专业知识和水平；同时掌握精湛的生产劳动技艺和较高的操作技术。脑力劳动的比重较大，具有较强的适应能力和较高的自身素质，且实践经验丰

① 李小鲁 . 对工匠精神庸俗化和表浅化理解的批判及正读［J］. 当代职业教育，2016（05）.

富，能够独立地解决复杂的和关键性技术操作方面的难题，具有创造能力且能够从事创造性劳动①。再次工匠在岗位上多处于生产一线。与生产的管理层和决策层相比，工匠是典型的“工程实践者、工艺创造者和具体生产部门的管理者”，主要分布于第一、第二、第三产业中技能含量较高的岗位，处于操作工与领导者的中间层位。最后工匠是具有高尚职业操守的劳动者。作为工匠，除了有高超的技能外，通常对职业的认同感和责任感很强，爱岗敬业，是遵守职业操守的典范②。换言之，精益求精、爱岗敬业、勇于创新等属于工匠精神的元素都要在工匠身上得到体现和践行。

将工匠纳入技术技能人才序列，有助于此类群体更好地获得地方政府人才政策的红利，与中国经济社会发展现实比较契合。不过在实际操作中，如何对此类人才进行评价则成为政策落地的关键一环。据此，有学者从操作化层面对工匠进行了界定，所谓工匠，是指社会“各行各业中，在一线岗位，从事生产、技术、研发、服务等工作，遵守职业伦理，技能水平拔尖，创新能力突出，劳动贡献巨大，并得到业内广泛认可的优秀技能人才”。如此定义，考虑了行业、岗位、同行、核心元素等几方面的内容，从而使工匠的概念在评价上具有一定政策操作性。

2. 工匠精神的内涵现代界定

对于工匠精神内涵的界定，大部分研究会在历史传统概念基础上，依据时代特征进行新的解读。学者建构了“二维度”“三维度”“四维度”“多维度”说，如薛栋指出，工匠精神最为重要的是“尚技”与“崇德”。张培培认为工匠精神是一种精益求精、追求品质的工作原则与热爱，对工作与职业的敬业以及在此过程中所达成的审美和精神境界。也有学者从“匠心”“匠术”“匠德”来对工匠精神进行解读。类似有从“匠技、匠心、匠魂”来界

① 王星，宁小卫. 产业工人工匠评选指标体系设计：问题、原则与重点［J］. 工会理论研究，2020（3）.

② 杨冬梅. 新时代工匠精神的内涵与特征［N］. 工人日报，2019-11-05.

定。吕国泉认为工匠精神包括“敬业精神”“精业精神”“奉献精神”三个组成部分。朱伟明从服装定制工匠精神的指标体系建构的角度，提出工匠精神可以从人员、服务、产品以及设施四个维度进行建构[①]。在多维度方面，有学者认为可以总结以下五方面：“技艺传承的道乘精神”“存乎一心的志业精神”“笃行信道的伦理精神”“追求极致的超越精神”“致知力行的实践精神”。李朋波根据诸多学者的研究发现，现有的研究存在着视角不够全面，层次较为单一的问题，对此他建构了一个整合性概念框架，具体包括品质追求、履职信念、职业承诺、能力素养、持续创新和传承关怀等六个维度[②]。有些学者特别强调了新时代工匠精神的内涵，并将之与劳模精神、劳动精神合并为一个有机整体，进行比较研究。工匠精神和劳模精神一样，属于“是劳动精神在社会主义制度下的不同实现形式”。工匠精神和劳模精神适用劳动者载体存在差异，“劳模精神的主体是劳模，工匠精神的主体是职工”。二者的核心立足点也不同，劳模精神更尚德，工匠精神更尚技。不过，弘扬劳模精神和工匠精神目标都是为了提高职工素质。福奇把工匠精神的适用群体加以扩大，他认为工匠精神不仅仅是手艺人所具备的，使用现成的技术工具、利用创新精神解决问题的发明家也是具备“工匠精神”主体。桑内特认为，每个优秀的匠人都会展开具体实践和思考方式的对话，并将这种对话慢慢变成持续性的习惯，同时工匠们为了把事情做好而把事情做好的欲望是其精神价值所在[③]。

大部分研究多是立足于劳动者内在个体层面来理解工匠精神，同时多是以列举法来说明工匠精神的内涵。如此界定合乎惯常理解，但忽略了工匠精神的结构性维度和社会嵌入性：（1）多将工匠精神视为劳动者个体层次上的气质，忽视了工匠精神在职业群体和行业层次上的结构特性；（2）认为工匠

---

① 洪子义，朱伟明．服装定制工匠精神价值的评价指标体系建构［J］．浙江理工大学学报（社会科学版），2019（4）．

② 李朋波．“工匠精神”究竟是什么？：一个整合性框架［J］．吉首大学学报（社会科学版），2020（4）．

③ 桑内特．匠人［M］．李继宏，译．上海：上海译文出版社，2015．

精神属于社会成员个体的自我追求，一定程度上脱离了其所嵌入的社会情景性，忽略了其养成的社会基础；（3）对工匠精神进行价值定位无可厚非，但是如果操作化为政府（而非企业）的政策行动，则需要一定程度的价值中立，淡化应然性的推理而强调实然性的执行，这更有助于工匠精神培育和弘扬真正落实[①]。必须注意到，工匠精神的界定除了学理层面的探讨，还具有促进产业工人队伍建设以及新时代劳动者培育的重要政策价值。针对此类界定的不足，有学者从经济社会学的角度对工匠精神进行了一定程度的理论抽象，给出了一个学术性的界定。所谓工匠精神，是指劳动者在特定行业的劳动过程中形成的一种行为习惯，它是嵌入在社会制度结构中形成并作用的，属于生产体系的一个组成部分。如此界定，一方面说明工匠精神是劳动者个体内化于心的职业伦理规范，同时也说明工匠精神无论在养成还是在弘扬上都带有实践性，需要依托具体产业行业的劳动实践展开，并且受到制度环境和社会结构的影响，具有社会嵌入性。因此，工匠精神是劳动者内化于心的一种规范要求，属于劳动者技能的内在构件，除了理论知识学习外，必须经历一定时间积累和经过一线生产实践的实训才能逐步养成，养成具有时间性和实践性。

3. 中国产业工人工匠精神养成的现实困境

工匠精神实践性和时间性意味着工匠精神不是悬浮于空中的，也不是一种空洞的口号，而是凝聚在每一个劳动者身上的，渗透在劳动者每一个作业行为中且通过其行动细节得到呈现。因此，劳动者的技能形成是工匠精神养成的逻辑起点。不过，在今天，工匠精神养成面临着诸多现实挑战。

首先是功利主义、实用主义等思想稀释了工匠精神作为一种职业的信仰，致使一些企业放弃了其应履行的社会责任以及作为一名工匠的职业道德，一味追求经济利益的最大化，出现了偷工减料、以次充好等违背道德与良知的

① 王星．我们需要怎样的工匠精神［N］．光明日报，2018-06-09.

现象，造成了社会道德以及社会诚信体系的瓦解[①]。

其次是工业化的发展，带来机器化的大生产，机器换人与人工智能等技术将传统工匠的技能溶解与解构，使得大量的工人被机器化、信息化、标准化的生产程序所取代。换言之，工匠与产品的关系越来越远，只是按指令来进行操作，负责整个生产过程中的某个环节，这会造成对劳动者的异化。马克思主义劳动过程理论对此具有较强的解释力。马克思主义劳动过程理论认为资本主义工厂通过机器技术、管理制度将复杂的生产过程肢解为极易操作的简单过程，整个生产过程可以由机器与缺乏技能的劳工共同完成。布雷弗曼进一步将其描述为创新性任务与工作实施的渐进性分离[②]。这种分离背后是劳资之间的冲突。在这个斗争过程中，资本家通过两种方式削弱技术工人的控制力：一方面可以通过引进新技术，减少生产过程对工人技能的依赖，另一方面通过科学管理的方式对技术工人进行限制。劳动过程的客观化实际上颠覆和重构了工匠精神养成的车间基础。

再次是在市场化的浪潮下，科学技术的发展与个体追求经济利益最大化的功利主义导向发生耦合，即在可计算与可量化的科学精神之下与经济的结合衍生出强大的经济理性和技术理性，使得我国制造业在发展过程中追求自利性，导致工匠精神的衰落、质量把控意识淡化以及假冒伪劣商品充斥市场等。因此，要警惕市场化和机器化对工匠精神的侵蚀以及异化对工匠精神的吞噬。

最后是技术工人的职业发展空间狭窄和社会地位低下阻碍工匠精神的养成和弘扬。李强认为,中国技术工人面临着“有技术无地位”的事实[③],王星的

---

① 周丽华，李守福．企业自主与国家调控：德国“双元制”职业教育的社会文化与制度基础解析［J］．比较教育研究，2004（10）．

② 哈里·布雷弗曼．劳动与垄断资本——二十世纪中劳动的退化［M］．北京：商务印书馆，1979.

③ 李强．为什么农民工“有技术无地位”——技术工人转向中间阶层社会结构的战略探索［J］．江苏社会科学，2010（06）．

研究发现，中国大量的技术工人努力学习技术最终目的居然是摆脱技术岗位，这背后重要原因在于工匠及其技能缺乏制度认可，产业工人的技术技能无法转化为“应得的社会地位”。因此很多研究认为，弘扬工匠精神除了建立和完善职业培养机制外，还要有相应的激励保障机制①。

从技术工人培育的角度来理解工匠精神，从逻辑上意味着，工匠精神养成乃至弘扬过程中所面临的困境实际上是技术技能人才现实困境的一种折射。换言之，工匠精神养成背后实质上是技术工人培育和发展问题，牵涉的关键制度安排是国家技能形成体系。劳动者获得知识、能力、技术以及培育工匠精神的过程，受到特定的历史、文化、社会等因素影响，涉及政府、企业、行业、劳动者等多个主体的互动②。因此，要从社会氛围营造、机制建立以及社会权利保护等方面寻求工匠精神养成困境的对策。这个过程中，需要国家、行业企业、社会大众、职业学校、劳动者个体都行动起来，在社会上倡导和培育尊崇工匠精神的社会风尚，建立健全工匠培养、使用、评价、激励等配套制度体系。同时加大对产业工人的社会保护力度，提高技术工人在经济、政治以及社会等方面的待遇。与此同时，在企业组织内部，要将工匠精神作为一种职业精神和制度设计贯穿工业管理体系之中才能真正地培养出“工匠精神”。

很多学者认为，工匠精神的培育是一项系统性工程，可以借鉴德国职业教育的“双元制”建立职业学校与企业的联合培养机制，深化现代学徒制的内涵，构建工匠精神培育生态体系，将工匠精神的培育贯穿整个生产过程。另外，从政府介入工匠精神养成的角度来说，在政策上一个关键环节就是如何从大量的技术工人中评选出工匠。在劳动力市场上，可以通过市场机制对工匠劳动力定价格，从而推动工匠精神的养成。但是如果国家和政府部门想

① 王星．我们需要怎样的工匠精神［N］．光明日报，2018-06-09.

② 张学英，朱轩，康路．中国劳动者技能形成的历史逻辑及演进趋势［J］．职业技术教育，2020（1）.

介入其中，则需要建立一套科学、适用且易操作化的工匠评选指标体系。而如何“突出创新和技能导向，规范优秀技能人才评选管理制度”一直是困扰技能人才认定（包括工匠评选）的政策难题。王星等学者认为，工匠评价指标体系设计要充分考虑到地区产业特征、行业类型、工类差异等因素，将定量评价和定性评价结合起来，并且要具有可操作性。科学的工匠人才评价选拔机制是工匠精神在全社会实现广泛弘扬的重要前提。

在全球化逆转背景下，中国经济社会面临着发展升级的问题，工匠精神养成正是与中国产业结构转型升级需要契合。当下中国制造业的问题是大而不强，实现制造业转型升级迫在眉睫[①]。加快建设制造强国，关键在于提高创新能力，而工匠精神是助推创新的重要动力和精神源泉[②]，能够为推进中国制造的“品质革命”提供动力。技术型、创新型、复合型的产业工人队伍短缺正持续掣肘中国制造业高质量发展。工匠精神弘扬对于解决“技工荒”、促进产业工人队伍建设有积极的促进作用。一般来说，技工荒包括三个层面的含义，即技工数量短缺、技能质量滞后以及技能不匹配。而工匠精神短缺是技能质量滞后的重要表现之一。培育和弘扬工匠精神是当前加快建设一支知识型、技能型、创新型产业工人队伍过程中的重要议题，也是“造就一支有理想守信念、懂技术会创新、敢担当讲奉献的宏大的产业工人队伍”的有力举措之一。弘扬工匠精神对于改善普通产业工人的现实境遇，吸引更多劳动者尤其是青年人学技能、钻研技能有激励作用，有助于解决有效技能供给不足的“技工荒”问题。与此同时，工匠精神与社会主义核心价值观中的“诚信”“敬业”高度契合，既是中华民族精神文明的一个组成部分，是激励广大职工实现中华民族伟大复兴中国梦的强大精神力量，也是一个社会文明的重要尺度[③]。更进一步来说，工匠精神的缺失不仅会对我国制造业产业的转型升

① 黄群慧．制造业的春天何时到来［J］．三联生活周刊，2018（49）．

② 马永伟．工匠精神与中国制造业高质量发展［J］．东南学术，2019（06）．

③ 郑大发．什么是新时代的“工匠精神”［N］．人民政协报，2018-08-30.

级、技能工人人才队伍的建设造成巨大影响，更是对整个社会风气的败坏以及中国在国际的形象与影响力的摧毁。

对于处于百年未有之大变局中的中国而言，基于低技能、低成本的经济发展方式与社会平等之间的矛盾日益尖锐，产业工人工匠精神养成与弘扬所关涉的经济发展与社会保护议题被浓缩到一起：在经济层面，低技能依赖型产业的比较优势逐渐消失，技能短缺成为产业升级的主要制约。中国产业工人技能短缺不但体现在技能储备上的不足，还体现在技能结构上，如技能短缺与技能不匹配并存。制造业面向的高端化、数字化、智能化和服务化转型，这对产业工人队伍建设提出了新的要求和挑战。2011 年发布的《高技能人才队伍建设中长期规划（2010—2020 年）》指出，我国高技能人才培养能力与经济发展对高技能人才需求之间的矛盾突出，高技能人才总量短缺，结构不合理，领军人才匮乏；高技能人才培养投入总体不足，培养培训机构能力建设滞后。在社会层面，低技能劳动者劳动权益保护日益成为社会关注的热点，劳资冲突所带来的社会问题越来越多。中国产业工人既有技术技能储备不足的问题，也面临着“有技术无地位”的尴尬境遇。所以，工匠精神养成与弘扬既需要完善技能形成体系建设，也需要从社会保护角度发力，提高产业工人的社会地位，增强产业工人群体的职业认同和社会认同。就这个意义而言，产业工人工匠精神养成不仅仅是产业工人人力资本培育的经济增长问题，更是关乎以社会公平和社会融入为核心的共建、共享社会治理的命题，更是强化工人的主人翁地位、夯实党的工人阶级执政基础的重要议题。

四、中国产业工人技能短缺背后的经济与社会逻辑

劳动力市场上技能短缺是供求关系失衡的直接表现。换言之，当下的技能培训体系无法满足劳动力市场的技能需求。对于造成技能短缺的解释，经济学与社会学出现了不同的解释逻辑。在经济学视野中，劳动力市场上的技

能短缺源自“挖人”外部性导致的技能培训集体行动困境，即自由劳动力市场机制作用下，企业间技术技能人才的恶性争夺严重削弱了企业参与技能培训的动机，最终带来技能供给的整体短缺。经济学逻辑立足于方法论个体主义立场，一定程度上能够解释个别企业的技能策略，但是却无法解释不同发达资本主义国家在技能供给短缺上的差异。针对经济学解释逻辑的失败，出现了制度解释逻辑。此理论将技能供给短缺视为制度短缺的结果，而且不同技能形成系统下，所短缺的技能在类型上也会有差异。本部分将围绕此逻辑路径，结合中国产业工人中的“技工荒”现象，从技能形成体系的角度给予解释。

（一）技能供给短缺的经济逻辑

从经济学视角分析，技能短缺背后是技能培训市场的失败，即在当前的工资水平上技能供给小于需求，仅仅依赖市场机制无法提供充足的劳动力。技能培训市场的失灵是由于企业之间“挖人”（Poaching）带来的外部性。由于劳动力市场培训所具备的外部性，培训企业与未培训企业、培训企业与受训者之间无法达成有关技能投资的可信承诺，产生了集体行动的困境，导致培训市场失灵。

该理论较好地解释了技能短缺的出现，但是也存在一些问题。如果存在“挖人”外部性，那么所有企业都会倾向于选择“搭便车”而自己不投资技能培训，这最终会导致产业生产秩序无法形成。但在生产现实中并未看到很多企业因为技能短缺而关闭。此外，技能短缺是企业常态。技能短缺更多的是企业选择“挖人”策略的现实背景，而不是结果。企业的人力资源策略、工作环境、薪酬待遇等与企业技能需求的满足程度相关，而“挖人”威胁并不会直接导致技能供给不足。

实际上，即便存在劳动力市场外部性，企业和受训者仍有可能合作进行技能投资。贝克尔创造性地提出了通适性技能和专用技能（General Skill and

Specific Skill）的概念。由于技能的特殊性，企业与员工应该分担此类投资：培训期间企业支付给员工的工资低于边际生产力价值；培训后企业支付高于边际生产力价值的薪酬。贝克尔认为造成技能培训市场失败的不是“挖人”导致的外部性，而是资本市场对受训者投资的约束。由于缺乏抵押品和投资的不确定性，银行可能不愿意为个人职业培训提供信贷，这会导致技能投资不足。

近年来，制度经济学家挑战了贝克尔的理论。有学者认为不完全劳动力市场会阻碍工人获得与其边际成本相等的工资，雇主可以从通适性技能的培训中获得租金（支付低于工人边际生产力的工资），因此愿意提供此类培训。除了不完全市场中的工资压缩理论，学者也尝试从信息不对称来解释企业对通适性技能的投资分析产业或者工作岗位特定的买方垄断与企业技能投资的关系，或者讨论生产市场竞争带来的企业培训行为。

经济学解释的一大局限在于仅仅从经济理性的角度思考问题，将市场结构视为给定，而不关注更为宏观的制度要素对劳动力市场供求的影响。正如西伦所言，“如果所有企业都执行无技能培训战略”，由于“挖人”的搭便车行为的大量存在，必然的结果就是，“企业生产所依赖的技能储备不断减少进而导致恶性循环”[①]，最终，企业内的生产秩序将无法形成。然而事实并非如此，在工业化过程中，企业的技工短缺是常见现象，但是技工短缺更多的是企业选择“挖人”策略的现实背景，而不是“挖人”策略的结果。技工短缺可能是因为工业化过程中企业总技能需求膨胀与技能供给不对称所造成的，也有可能是战争伤亡的结果。故经济学所言的“挖人”外部性导致技工短缺的因果相关性只能是理论逻辑上的想象，事实上并不成立。比较政治学研究指出，职业教育培训体系“是在与其他劳动力市场制度和组织历史性的互动过程中成长发展起来的”。这些历史性互动不仅影响雇主和受训者所面临的劳

① 凯瑟琳·西伦．制度是如何演化的：德国、英国、美国和日本的技能政治经济学［M］．上海：上海人民出版社，2010:19.

动力市场类型，而且塑造了解决不同环境中市场参与者的策略选择和社会经济后果。因此，探讨技能短缺的另一个思路是从制度安排视角来分析劳动力市场中的失衡。

（二）中国产业工人技能供给短缺的制度逻辑

从历史发展的角度看，我国当下劳动力市场中出现的技能短缺现象，可能与多种组织制度的短缺或者供给不足有关，这包括缺乏工资、就业保障，技能认证，以及城乡隔离造成的农民工社会保护。

1. 缺乏工资和就业保障是我国劳动力市场技能供给不足的首要原因

工资保障可以防止企业间“挖人”，从而鼓励企业进行技能投资；就业保障可以确保劳资双方长期从技能投资中获益，鼓励双方投资技能培训。实际上，行业或者企业层面的工资和就业保障创造了不完全竞争的市场结构，降低了劳动力市场流动性，压缩了工资结构，这些都有助于企业与员工投资培训。相反，缺乏工资和就业保障会导致技能投资供给不足。

当前我国制造业劳动力的主体是农民工，这个群体普遍缺乏就业和工资保障，因此其技能水平总体不高，技能形成缓慢。刘林平等人的研究还发现，由于外来务工人员的工资较低，他们的工作流动性高。特别值得注意的是，最低工资标准已经失去了调节农民工工资的作用，丧失了帮助农民工群体提高工资的功能。最低工资标准是低端劳动力市场中最基本的制度安排，它在现有条件下基本不起作用，成为导致技能短缺的一种“制度短缺”[①]。

2. 缺乏技能认证制度导致农民工“有技术无地位”，降低了技能积累的激励

李强认为农民工群体面临“技术流动的社会断裂”，即他们在劳动过程中习得的技术虽然能够满足工作需求，但是无法得到相应的资格认可；由于缺

① 刘林平，万向东，张永宏．制度短缺与劳工短缺——“民工荒”问题研究［J］．中国工业经济，2006（08）．

乏制度认可，其技术技能又无法转化为“应得的社会地位”。缺乏帮助农民工实现以技术技能为基础的社会流动的技能认证制度，也会导致产业工人的技能短缺。

实证研究发现，制度短缺已经带来农民工群体的高流动性和技能难以积累的现象。章铮和谭琴的研究发现农民工的劳动力供给存在显著的生命周期效应，一般在35岁以后退出城市劳动力市场，“民工挣够创业资金就及早回乡，这进一步减少了适龄民工的供给量”。[①] 农民工的高流动性造成劳资关系双方的短期化行为，表现为资方不会重视保护工人的权益，不会对人力资本进行投资；工人对企业没有归属感，不关心企业发展，不参与技能培训。制度短缺同样会造成企业内部难以实现人力资本的再生产。由于缺乏对农民工的保障，制造业企业中出现了人力资本积累的负向循环。我国低水平劳动密集型产业的附加值低，多数企业采取了“逐低竞争”策略，通过压低成本来获取利润，直接导致农民工无力参与培训，技能积累速度缓慢，形成了“技工荒”。由于缺乏技能积累，企业无法实现转型升级，只能继续采取低成本战略。企业的低利润率也使得雇主没有能力进行人力资本投资。劳资双方都陷入低技能陷阱之中。

制造业劳动者就业保障、工资保障和技能认证的长期缺乏最终可能导致农民工退出城市劳动力市场。有研究者认为“技工荒”是农民工对中国城市偏向制度的消极反抗，是农民工“退出”策略的结果。制度短缺理论为认识劳动力市场失衡提供了新的启示，但是相关讨论散见于经济学、社会学和教育学等各学科的文献之中，尚未形成系统化的理论解释。制度短缺理论主要关注企业的内部技能形成体系无法满足制造业技能需求的现象，忽视了作为我国技能供给主体之一的外部技能形成体系，即职业教育培训系统的角色和功能。更为恰当地分析我国制造业技能短缺的方式，是从分析我国技能形成

① 章铮，谭琴．论劳动密集型制造业的就业效应——兼论“民工荒”［J］．中国工业经济，2005（07）．

体制的特征出发，系统性地讨论职业教育培训与企业治理机制和国家社会保护体制之间的互动，从而揭示我国制造业技能短缺的深层次原因。

（三）劳动安全与产业工人的技能形成

一般情况下，劳动安全多与“卫生”一词共同使用，基本的含义是指在生产劳动过程中，劳工的基本人身免于伤害的指数。故而劳动安全属于一种技术性概念，指的是劳工物理身体的安全保障问题。由此关涉的制度安排也多指生产过程中技术性程序的设置，比如，劳动过程的操作程序规定、生产条件的安全标准、安全性检查制度等。王星从劳动关系的角度对劳动安全进行了新的界定，将劳动安全定义为生产劳动过程中，劳资双方关系的一种协调稳定性状态，具体包括岗位安全（Job Security）和薪酬安全（Wage Security）：岗位安全是指维持工人雇佣关系的稳定性，这种稳定性即使在经济萧条时也不会受到太大的影响；薪酬安全则是指在稳定的雇佣关系结构中，工人薪资水平的稳定性，薪资很少因为市场波动或者工人之间的竞争而减低[①]。在现实的劳动过程中，劳动安全可在客观和主观两方面得到体现：在客观方面则主要体现在劳动安全组织网络的制度建构，比如，《中华人民共和国劳动法》《中华人民共和国劳动者权益保护法》等法律制度安排；在主观方面，则表现为对劳工对劳动状况及处境的体认和预期。劳动安全感很大程度上建立在劳动安全组织网络基础之上，是对工作持续性地处于风险之中这一压力性事件（劳动不安全）的正面回应。在产业工人的技能形成方面，劳动安全与企业专用技能的生产与积累关系密切。

1. 岗位安全有利于促进个人对企业专用技能的投资

当社会或企业提供高度的安全保护时，个人才愿意参加高成本的企业专用技能培训。这是因为在外部劳动力市场中，员工薪酬等于他们所具备的非专用、可迁移技能的价值；他们对专用技能的投资越高，当前收入与外部劳

① 王星. 劳动安全与技能养成：一种政治经济学的分析［J］. 江苏社会科学，2009（05）.

动力市场收入的差距就越大。制度化的稳定雇佣方式或岗位安全的制度安排，比如，《中华人民共和国劳动法》《中华人民共和国劳动者权益保护法》等法律制度安排，可以看作是企业为专用技能投资提供的保险。

2. 薪酬安全制度能够促进行业专用技能的形成

具备行业专用技能的员工可以在同一行业的企业间流动，他们关注行业专用技能的回报，即熟练工人的工资，有利于工人拒绝行业外或者岗位外的工作机会，使得行业专业技能得到保存和发展。

基于上述分析，Estevez-Abe，Iversen 和 Soskice 通过理论矩阵讨论了劳动安全对技能形成的影响。他们发现，岗位安全和薪酬安全的程度都比较高的国家，有助于同时发展行业专用和企业专用技能，其代表是德国。岗位和薪酬安全都比较低的国家，适于发展通适性技能。岗位安全高、薪酬安全保障低的国家会产生更多的企业专用高技能，代表性国家是日本。最后，岗位安全保障低、薪酬安全保障高的国家常常在行业专用技能投资方面占据优势，例如，丹麦[①]（见表 7.8）。

表 7.8　劳动安全与技能形成类型

		岗位安全	
		低	高
薪酬安全	高	行业专用技能（丹麦）	行业专用与企业专用技能的混合（德国）
	低	通适性技能（美国）	企业专用技能（日本）

来源：作者根据 Estevez-Abe，Iversen and Soskice（2001）整理。

对于中国产业工人的技能形成来说，就业短期化和灵活化是对劳动安全最大的挑战。非正规就业可以缓解就业压力，但不利于劳动者积累技能尤其是专业性技能，进而削弱制造产业转型升级的技能支撑。

① Estevez-Abe M., Iversen T., Soskice D . Social Protection and the Formation of Skills: A Reinterpretation of the Welfare State [M] // Varieties of Capitalism. 2001.

（四）中国产业工人技能短缺背后的社会逻辑

如上文所言，中国产业工人技能形成涉及劳工社会保护与融入意涵。“学技术为了将来不做技术”意味着制造产业转型升级所需的长期技能累积路径已经动摇了。这种技能形成的悖论事实表现为产业工人用脚投票，其背后是更深的制度根源。无论在学理上，还是在政策行动中，都需要我们改变对普通产业工人、普通生产岗位以及制造产业创新过程中研发与生产关系的传统认知。近两年来，国家已经认识到产业工人技能形成的重要性并采取了诸多政策行动。但在现实层面，中国产业工人技能形成依然面临着诸多困难，满足制造产业需求与促进产业工人经济社会地位提升的技能平台尚未形成。我们的调研发现，公共服务资源短缺与技能形成体系不健全分别从外部条件和内部机制两个层面制约着我国产业工人的技能形成。

1. 公共服务资源短缺压制中国产业工人技能形成动机

在西方技能形成理论框架下，社会保护会对产业工人技能形成过程中选择的技能类型产生直接影响。社会保护程度越高，意味着劳动力去商品化的程度越高，那么产业工人则敢于投资学习失业风险更高的特殊技能类型。反之，社会保护程度越低，意味着劳动力去商品化的程度越低，那么产业工人则多选择学习通用型的一般技能。对于制造产业转型升级来说，一般通用技能的形成固然重要，但是特殊技能的作用更大。[①] 但我们发现，在中国产业工人技能形成过程中，不能简单套用这样的理论框架来解释。西方技能形成理论运用场景是产业工人拥有平等的社会权利，但是在中国，作为产业工人主体的农民工群体在城市里没有平等的社会权利。[②] 这里，笔者引入斯科特的“生存安全”概念来解释公共服务资源对中国产业工人技能形成的影响。斯科

① Margarita Estevez-Abe，Torben Ivern and David Soskice. Social Protection and the Formation of Skill，in Peter A. Hall and David Soskice（ed）.Varieties of Capitalism—The institutional Foundations of Comparative Advantage. Oxford：Oxford University Press，2001.p145.

② 王春光．新生代农民工城市融入进程及问题的社会学分析［J］．青年探索，2010（3）．

特认为，在“生存安全”逻辑下，任何超越界线的风险行为都是不合理、不被认可的。[①] 我们调研发现，这种“生存安全”逻辑在中国产业工人技能形成过程中发挥着重要作用。恰如人力资本理论所言，技能学习属于一种投资行为，需要付出成本且具有风险性。在中国产业工人技能形成方面，尽管技能学得与工资收入之间存在一定的正相关但却不显著，而且技能水平对于其在公共服务资源获取以及城市融入方面作用不大。这样，在“生存安全”逻辑作用下，中国产业工人往往倾向于选择技能要求低且来去自由的工作岗位，这实际上动摇了产业工人技能形成的可持续性。

（1）我国大部分的产业工人面临着异地就业与外出打工的情况，在异乡落户是保障产业工人长期投入技能形成的先决条件。

在目前中国城市治理中，户籍往往是公共服务资源获取的依据。我们的调研发现，学历型人才在户籍条件上占有优势，而大部分产业工人包括技术技能型产业工人由于学历水平较低，通常处于明显的劣势。“重学历轻技能”的落户门槛是大部分产业工人群体无法跨越的屏障，往返于家乡与异乡以及季节性迁徙是产业工人的常态。技能形成是一个持续性的过程，在某一个生产岗位上长期稳定的经验积累和训练是技能型产业工人形成的必由之路。显然，这种漂泊无根的状态不利于产业工人的技能形成。

（2）住房短缺是导致大部分产业工人群体居无定所、漂泊无依的直接原因。

近些年来，随着第一代农民工逐渐退出历史舞台，新生代农民工已经成为主体。与第一代农民工的城乡之间高流动性不同，新生代农民工虽然依然处于高流动状态，但是他们更多是城城之间流动，他们中绝大部分已经成为“城市事实移民”。因此，他们的城市融入的需求更为强烈和迫切。一般而言，他们城市融入路径多会遵循“职业非农化—居所城市化—生活市民化”的轨

① 詹姆斯·C. 斯科特 . 弱者的武器［M］. 郑广怀等，译 . 南京：译林出版社，2007:358.

迹，[①] 因此，住房是其落脚城市进而安心工作并逐渐熟悉工作技能的第一道门槛。我们在某一线城市调研发现，近六成的产业工人面临着住房紧张的问题，城市房租价格上涨，包括近年来城中村改造的兴起，都在压缩城市产业工人的落脚空间。居住地点的不断转换以及通勤时间的延长通常会驱使产业工人变换单位或者选择更为自由灵活的工作类型。对于产业工人的技能形成来说，没有稳定的工作环境与良好的工作状态，技能形成的进度较难推进。但是他们很难享受城市低收入群体的住房福利政策和待遇。绝大多数农民工在城市中的居住面积狭窄，夫妻分居和家人得不到团聚的情况较为常见。[②] 这导致产业工人队伍中的农民工群体城市生活质量差、归属感与安全感低的现实。这种漂泊无依的状态不利于他们安心于工作，更无助于其积累技能。

公共服务资源获得是社会保护机制的现实体现。对于中国产业工人队伍中的农民工群体来说，除了户籍限制、住房福利，农民工群体在子女教育、社会保险等方面均面临着诸多排斥。虽然公共服务资源的获得不会直接作用于产业工人技能形成行动，但是这种社会保护机制的短缺往往会使农民工群体谋生动机更加强烈，他们更多追求的是斯科特笔下的“生存安全”逻辑，而会削弱甚至放弃属于发展策略的技能学习动机。

2. 技能形成体系不健全阻碍中国产业工人技能的实际形成

如果说以公共服务资源获得为现实表现的社会保护机制从外部影响中国产业工人技能形成行动，那么技能形成体系不健全则直接作用于他们的技能形成过程。从狭义上来看，技能形成体系主要包括技能培训系统与技能认证系统两个部分。这两个部分的制度安排基本上覆盖了产业工人技能形成的整个流程，前者更多指涉的是技能培训的供给，而后者主要是给技能劳动力价格赋值。从我们对产业工人技能形成实际情况的调研来看，技能培训系统不完备，技能认证系统效力弱是主要问题。

---

① 王星．市场与政府的双重失灵：新生代农民工住房问题的政策分析［J］．江海学刊，2013（01）．

② 汪建华．新生代农民工的城市生活图景［J］．文化纵横，2016（03）．

（1）依据制造产业技能获得方式，技能培训系统可以分为外部技能形成机制和内部技能形成机制。[①]

所谓外部技能形成机制是指从外部获得的技能，职业学校或者社会化培训机构是技能培训供给主体；内部技能形成机制是指企业内部建立的自我组织的培训机制，技能供给主体是企业。从我们的调研数据来看，企业牵头的内部技能形成机制是目前中国产业工人技能形成的主要方式，67.1% 被访产业工人的技能培训是由企业供给的，而外部技能培训供给只占 19.9%，其中，市场化培训机构占 10.1%，职业学校仅占 9.8%。由此可见，产业工人的外部技能形成方式相对较为缺乏。企业内部培训存在着“挖人”的风险，一般大型企业比中小型企业更能承受由挖人导致的培训成本沉没，这在一定程度上会制约企业尤其是中小型企业内部技能培训的供给。从我们对企业的调查数据发现，有 61.0% 的企业因为培训成本较高而未建立内部体系化的培训机制。一般来说，内部技能形成方式会难以满足工业生产大规模的技能需求，因此，外部技能形成方式对于工业生产非常重要。然而，我国产业工人从外部技能形成机制中学得技能的比例不高，以职业学校和市场化培训机构为主体的外部技能形成机制与制造产业之间在技能供给与需求上的有效衔接格局尚未形成。其中的原因值得深思，比如，有可能是职业学校毕业的学生大部分没有成为产业工人，但不容忽视的事实是，中国产业工人在技能形成过程中，面临着内部技能形成机制受制约、外部技能形成机制供给相脱节的窘境。

（2）技能认证机制效力弱是目前中国产业工人技能形成过程中面临的巨大挑战。

众所周知，在劳动力市场中，技能认证是价格信号，它是受训者技能资本获得市场回报的直接指引。因此，互通有效的技能认证机制能够保障产业

---

① 王星．技术的政治经济学——基于马克思主义劳动过程理论的思考［J］．社会，2011（01）．

工人享受应得待遇，降低企业重复培训成本，直接影响技能形成的过程。我们的调研数据显示，产业工人中专业技术人员和技能工人得到政府有效认证的比例仅为 35.6%，16.9% 为部分认证，大部分的技术技能人员是没有得到认证的，仅有三分之一的企业内部有技能等级评价机制。在中国产业工人技能认证机制上，存在着认证主体不明、认证责任不清晰、认证内容不具体等问题。这其中，企业认证与政府认证相互隔离而互不承认是较为突出的问题，很多时候，企业并不会因为产业工人拥有国家颁发的某个技能认证证书就直接建立相匹配的薪资待遇；在政府层面，对于企业或者行业颁发的技能认证同样持怀疑和谨慎态度，一般不会直接将其作为相关公共资源配置的依据。目前的技能认证机制效力弱，权威性和可信度都不够，这对中国产业工人技能形成的影响是直接而深刻的。

总之，中国产业工人技能形成是一个复杂过程，政府相关部门、企业行业、职业学校乃至产业工人本身都是其中的主要参与者。公共服务资源缺乏从外部压制了产业工人技能形成的动机，而技能形成体系中的内外部技能培训供给的滞后与技能认证效力不足则直接削弱了产业工人技能形成的绩效。在外部条件与内部机制存在问题的双重压力下，化解制约我国产业工人技能形成的困境任重道远。

在产业工人社会保护方面，公共服务资源获取均等化是重点。开放包容的户籍政策能够为产业工人技能形成奠定稳定的制度环境，激励其技能学习的动机。在对专业技术技能人才落户开辟“绿色通道”的同时，逐步放开大城市的落户限制，破除劳动力流动的体制性障碍，有助于建立劳动力蓄水池，进而为技能产业工人的培育和形成奠定基础。另外，将城市住房福利政策覆盖技术技能产业工人，并逐步增加普通产业工人的配额。目前中国城市中保障性住房最大的问题是增量不足与分配不均，前者是关乎城市用地的合理分配问题，后者是对学历型人才的偏重。在政府部门积极寻找增量的基础上，合理优化增量是有效策略，依据城市发展中技能技术人才的缺口，划拨与修建与之相匹配的保障性住房。“重学历型人才”的住房资源偏向使得产业工人处于资源分配的不利位置。因而，地方政府要根据实际，适时调配公共服务资源，侧重对技术技能产业工人的资源倾斜，缓解专业技术技能产业工人的住房压力。

公共服务保障性资源关乎产业工人生存保障与生活质量，面对城市公共资源存量不足与分配不均等问题，提升技能因素在公共资源配置中的权重，方能化解中国产业工人“学技术为了不再做技术”的悖论。[①] 与此同时，对于产业工人的技能形成而言，在生产实践中，企业能否在劳动力市场上招到能够参与和支撑其产业转型升级的技术工人也同样重要。换言之，职业学校培训出来的产业工人能否胜任制造企业产业升级的需求，既是一个长期的发展过程，同时也是一个关系到产业升级能否真正实现的关键问题。在这个问题上，主流的观点和现行政策都认为产教融合是其中的主要渠道。在产业工人技能形成过程中，显然是需要产教之间密切融合的，成功的产教融合是产业工人技能能够有效形成的重要方式。但是，我们的实证研究发现，产教融合过程中，大部分校企合作依然面临着诸多障碍。而且在很多产教融合案例中，校企合作虽然得到了强化，可合作目的好像并不在于技能形成，而更多偏向于劳动力的获取。因此，在这个过程中，实习生、职业学校以及企业（行业）参与的动机与积极性对于产教融合的效果都非常重要。与宏观产业政策研究一样，深入制造产业的车间实践是职业学校教育与企业在产教融合过程中走向双向亲和的高效融合的另一个关键因素。思考产教融合的制度环境，倡导基于生产实践的产业工人技能形成模式，无论是对于职业教育，还是对于制造产业升级，都是非常重要的议题。

在产业工人技能形成体系上，政府、行业企业、职业学校以及产业工人

① 王星．“学技术为了不再做技术”背后的逻辑是什么［DB/OL］．澎湃网．https://www.thepaper.cn/newsDetail_forward_3387492，2020-04-03.

之间达成可信性承诺是关键。[①]可以由政府引领和监督，动员多方参与，采用 PPP 方式投资建设一批共享型公共技能培训平台，并委托行业性社会组织进行非营利性管理与运营。这种方式一方面能整合企业、培训机构、行业协会等专业培训力量，另一方面有助于分担企业尤其是中小企业内部技能形成机制的成本负担。深化产教融合，改革职业学校尤其是公立学校在产权、师资设立、课程安排以及利益分配上相关制度改革，激励职业学院与企业深度合作，通过利益共享与责任共担在学校与产业之间建立起可信承诺关系，[②]通过订单班、设置专业对口等方式建立产业工人外部技能形成机制，形成学校到企业，企业到学校，再从学校到企业的循环式技能学习模式，助力产业工人最终成为“专”“精”“强”技术技能人才。针对产业工人技能认证上出现的责任不明与互不认可的情况，政府部门应赋权和放权并举，加强技能评价的相互认可度；继续加大对职业资格证书清理、削减的力度，减少政府技能认证在资源配置中的权重，逐步回归和恢复技能证书作为劳动力价格指引的本质属性；坚持和拓展技能认证社会化，彰显同行评价在技能评定中的专业权威性，尽快推动完善第三方评价机构主导的职业技能等级认定机制，建立技能认证机构的监管体系；打破职业资格证书系统与产业系统、人力资源系统相互封闭的状态，逐步在技能认证、学历与资历之间建立起联通衔接机制，在教育部门、人社部门以及行业企业之间搭建技能认证协调机制，合力打造适合中国产业工人本土实际的技能认证系统。

如果将中国产业工人技能形成面临的挑战与困境置入世界历史进程来看，我们发现，在 20 世纪 70 年代和 80 年代，西方国家也经历了劳动密集型经济发展方式所带来的类似的挑战与风险——产业萎缩与血汗工厂引发的劳工社

---

① Marius R. Busemeyer and Christine Trampusch (eds.), The Political Economy of Collective Skill Formation [M] . Oxford University Press, 2012.p36.

② 李薪茹，王星，茹宁 . 技能形成中的可信承诺及其制度基础——中国职业资格证书制度演化历程分析 [J] . 学海，2020 (2) .

会保护困境。这些资本主义国家通过经济发展方式转型——从劳动密集型转向技术密集型，较为成功地摆脱了经济社会发展困境，实现了经济效率与社会保护之间的相对均衡。改革开放40多年后的今天，中国经济社会体制改革又走到了一个十字路口，依赖透支廉价劳工的经济发展方式已经陷入困境，结构性失业风险及社会矛盾冲突形势严峻。因而，如何调和经济效率与社会平等之间的矛盾成为当下中国改革必须面对的一个重要问题。目前社会各界的共识除了在于必须推进政治治理体制的改革外，在经济社会领域，集中表现为转变经济发展方式、建设创新型国家——从劳动密集型走向技术密集型，以及强化社会建设——从政经社一体化社会走向自治社会。加强技能形成体系建设，是我们从人力资源大国转变为人力资源强国的重要制度安排，基于生产实践的技能形成则是我们实现产业升级创新的制度基础。

五、中国产业工人技能形成中的职业教育与职业资格体系

在本书的理论架构中，职业教育被定位为产业工人外部技能形成体系。国家与企业在其中的卷入程度及相关的制度安排会对职业教育在技能培训上的绩效产生直接影响。本书前面几章从历史制度主义的视角，对革命战争时期到市场化改制后的产业工人职业教育体系变迁进行了分析。本部分将主要对职业教育体系当下变迁进行梳理，并分析其中的技能培训与技能认证对产业工人技能形成的影响。

（一）当下职业教育与技能形成

近些年来，作为技能形成体系中的基础环节，职业教育的重要性越来越得到社会各界的重视，国家对于职业教育在技术技能人才培养的功能也充满期待。2019年初在《政府工作报告》中，李克强总理明确提出从失业保险基金结余中拿出1000亿元，用于1500万以上人次的职工技能提升和转岗转业

培训，不断完善高职院校考试招生办法，实现2019年高职大规模扩招100万人的计划。政府部门对职业教育的高度关注，一时间引发对职业教育未来发展的广泛论题。从理论上来说，技能形成是一个系统性工程，包括技能知识的学习与技能经验的积累，既需要内部培训作为支撑，也需要依靠外部培训的力量。前者主要以企业为主体，通过在职在岗学习与培训的方式实现技能的自我生成；后者则通过自由劳动力市场实现，职业技术学校是主体。职业教育作为技能形成外部培训的主要方式，它的发展与改革无疑对技能形成具有重要的影响。

但现有研究证明仿佛给人们的热情泼了一盆冷水：易红梅等人在大量调研数据分析的基础上得出结论，中等职业教育对中国人力资本积累的作用是消极的[①]。换言之，职业教育在技能形成中乃至支撑产业创新升级方面的实然性功能没有达到其应然性的角色期待。这样的判断与美国著名社会学家柯林斯对20世纪70年代末的美国社会研究具有惊人的相似之处，他认为，在整个技能形成过程中，职业教育的作用是有限的，“职业教育与工作前景几乎没有关系，绝大多数熟练工的技能是在工作或非正式学习获得的[②]”。不过，对德国的研究却又推翻了职业教育“无效论”的判断：很多学者在分析德国制造产业竞争优势的过程中普遍认为，德国双元学徒制职业教育是德国制造产业竞争优势形成的重要支撑制度。

在笔者看来，中国职业教育的事实与德国职业教育的“反事实”实际上指向了一个共同点——产教融合问题。从技能供给角度来看，中国（中等）职业教育在人力资本积累上的消极作用意味着其与产业需求存在着诸多脱节，而德国则相反，双元式职业教育深度融入产业的技能需求之中，而参与主体

① Loyalka, Prashant, Xiaoting Huang, Linxiu Zhang, Jianguo Wei, Hongmei Yi, Yingquan Song, Yaojiang Shi and James Chu. 2016. The Impact of Vocational Schooling on Human Capital Development in Developing Countries: Evidence from China. The World Bank Economic Review, 30（1）, 143–170.

② 兰德尔・柯林斯 . 文凭社会：教育与分层的历史社会学［M］. 刘冉，译 . 北京：北京大学出版社，2018:31.

之间双向亲和行动则是其有效促进技能形成的基本动因。从理论上来看，这样的事实涉及职业教育在技能形成中的一个根本性理论议题，即所谓的可信承诺达成问题。

1. 职业教育扩招：学历升等抑或技能提升？

2019年国务院办公厅颁发《职业技能提升行动方案（2019—2021年）》，方案要求到2021年底，全国技能劳动者占就业人员总量的比例达到25%以上，高技能人才占技能劳动者的比例达到30%以上。一直以来，我国的高级技工缺口很大，德国高级技工占产业工人队伍的50%，日本也高达40%，而我国仅为6%左右，与其他国家存在的显著性差异催发我国职工技能提升计划方案，对我国职工技能提升提出的要求是基于现实所需。李克强总理提出高职扩招100万人，既是为整体提升我国技能人才占比做足准备，也是为解决我国劳动力人口就业的结构失衡矛盾①。但从技能形成的角度来看，职业教育百万扩招计划应该关注以下几个问题。

职业教育是不同于普通教育的另一种类型教育②，普通教育主要是指以升学为目标，以基础科学知识为主要教学内容的学校教育，职业教育则以“实业”为目标，担负着职业技能知识的传承，是国家就业保障的关键一环③。强调职业教育是类型教育，是从职业教育的实践性特征出发，突出职业教育整合性的双重社会价值——育人与就业，和普通教育一样是为社会培养不同类型的人才。在此明确职业教育与普通教育的不同属性，是为准确定位职业教育的社会角色，而后从职业教育“实业救国”的本义出发思考高职百万扩招计划。

从当前百万扩招的对象来看，中职毕业生是高职招生的主要来源。扩招计划出台后，我们在田野调研中发现，不少中职学校开始将其教学目标定位

① 刘继安，陈志文，李马英夏．高职教育扩招：一个社会治理角度配置教育资源的案例解读［J］．中国高教研究，2019（04）．

② 姜大源．职业教育学基本问题的思考（一）［J］．职业技术教育（教科版），2006（01）．

③ 杨金土．论高等职业教育的基本特征［J］．教育研究，1999（04）．

于升学，教学内容与教学实践也转向于以升学为目的。一方面是为执行高职扩招任务，另一方面是迎合从低学历向高学历晋升的社会期待，毕竟在偏重学历的劳动力市场环境下，中职学校提升学生学历更能获得社会认可与声誉。然而，职业教育扩展的初衷是促进就业与提升技能，高学历并不意味着高技能，反而技能形成更多地依赖生产实践的长期经验积累。目前我国缺乏学历型人才与技能型人才互通的制度环境，凭借升学与取得学历并不能打通职业教育发展的“天花板”。作为技能形成的外部机制，职业学校执行百万扩招计划的前提是定位好自己的社会角色，以提升学生职业技能为首任，以高质量就业为目标，打造一支高技能产业工人队伍。

另外，退役军人、下岗失业人员、农民工、新型职业农民等四类社会生源成为预期的扩招生源群体[①]。社会生源招生最大的难点在于职业教育对他们的吸引力，参加职业教育技能培训的成本投入与可预期收益之间的较量是决定因素。以农民工为代表的周期性就业群体学历水平较低，在自由劳动力市场上处于底层位置。参加技能培训学习技能，成为新时代技能型产业工人是其有可能改变经济现状，提升社会地位的有效路径。因而，针对社会生源的招生策略，首先是社会群众对通过职业教育提升技能的认可，其次是技能提升后可预期的收益。前者是职业教育的质量问题，后者则是技能型人才的社会待遇问题。

高职扩招应是我国技能人才的蓄水池，扮演好职业教育应承担的社会角色，避免以升学为噱头，忘却职业教育技能培训的本职任务，更要秉持“招一个，用一个”的质量原则，不为完成数量上的达标而忽视质量。严格执行百万扩招计划，扩大技能培训的受训者人数，发挥学校技能养成的规模化效应，有效缓解“技工荒”带来的现实压力，最终推动技能形成实现。

---

① 任平．高职扩招背景下职业院校发展思考［J］．职教论坛，2020（01）．

2. 职业教育中的工学结合难题

技能形成过程包括技能知识习得与技能经验累积两个环节，前者主要发生在学校，后者则主要发生在车间。无论是技能形成的内部机制抑或是外部机制，一旦割裂这两个过程，技能人才的培育就无法实现。因而，发生在职业教育系统中的技能培训只有将知识传授与实践经验积累同步进行，职业教育才能为社会输送技能储备军。从系统论观点来看，职业教育的发展是内部教育系统与外部整体社会的作用。职业学校与“车间”的合作也不仅仅关涉学校、企业、学生以及职工。索斯科斯在研究资本主义多样性中通过对英美德等国家资本主义市场经济制度比较分析发现，技能形成体系与政治经济领域存在的“制度匹配”，能够带来彼此“双赢”的经济与社会效益。职业教育本身也是一种社会制度[①]，只有与其互补的制度相融，才能带来职业教育与产业和企业互惠性的发展。营造适于职业学校和企业合作的制度环境，首先是要洞悉双方利益博弈的焦点，其次是以政府牵头共建学校、企业与参训者共同信任的市场规则。

随着百万扩招计划的执行，工学结合的矛盾一方面体现在社会生源学习技能知识的困境，另一方面体现为在校学生难以积累技能经验。矛盾的化解需要企业的支持与参训者的支持，构建与之相关的保障制度是关键。从 2019 年百万扩招的完成数据来看，有 50 万名的学生来自退役军人、农民工等社会渠道招生，他们中的大部分都是家庭经济的主要支柱，迫于生计只能选择“边学边工”的学习方式，不住校或不能长期持续性在职业学校学习是职业教育工学结合的困境所在。针对于此，结合新时代教育现代化特征，职业学校采用平台教学、线上打卡，以及手机端随时进入课堂等灵活应对方式。实际上，愿意参加培训学习是主观行为，但在客观条件上工作时间限制、工作劳累是主导因素，在生计安全得不到保障的情况下劳工就无法顺利参加培训，

① 许竞．试论职业教育的制度环境［J］．教育与经济，2014（4）．

职业教育培训的输入与输出之间就不会产生显著性效果。对于低技能依赖型企业而言，鼓励职工自我提升，既是推进产业转型的有效途径，也是承担产业工人队伍整体技能提升的社会责任。但在企业层面，受生产压力与劳动力市场竞争制约，企业很难在行动上支持员工技能的自我生产。这就有赖于国家技能形成体系的整个“制度包”，在财政制度上给予企业与受训者一定的技能培训补贴，尤其是要将职业教育培训补贴落实到具体的企业与个人，在制度环境上适度缓解企业生产压力，并保证参训学生的“生存安全”，社会生源学生工学结合的矛盾可能会得以化解。

职业教育中的技能学习大部分属于操作性技能，依靠在实践与实际操作中不断积累经验以提升技能。职业学校很难具备技能培训所需的硬件设施条件，只能借助对口专业的企业实现技能经验聚集，这涉及的是产教融合的问题。校企合作的方针在很多年前已经开始倡导，但到如今并没有建立有效的校企合作模式，产教融合也未得到广泛推行。相关调研发现，诸如“订单班”等措施的出现，一方面是由于企业担忧学校培养的学生不能满足生产所需的人才质量，另一方面是由于学生就业的稳定性不能得到保障，而学校层面则担心学生进入企业实习会被沦为廉价劳动力。综合来看，企业与学校之间缺乏相互信任的机制，企业在企校合作中投入的沉没成本如果没有一套可转移风险的配套制度，参与产教融合的热情只会逐日递减。产教融合在一定程度上是企业专用性技能人才的来源，提前参与人才的培养既能减少企业内部培训成本与人力资源成本，也是打造企业实际所需人才的最佳办法。工学结合的矛盾在于协调学校与参训者、学校与企业的利益冲突。毫无疑问，在技能形成的实践中，产教融合或工学结合具有重要意义，这不仅仅涉及职业教育具体的技能培训课程设置，更关键的在于其有效运行需要匹配的制度环境和社会基础。

（二）中国国家职业资格证书制度变迁逻辑

所谓国家职业资格证书制度是按照国家职业标准，通过政府认定的考核鉴定机构，对劳动者的技能水平和从业资格进行评价和认证的国家证书制度。在经济学理论看来，职业技能水平认证体系是资源配置的重要指引，职业资格证书能否准确反映出劳动者的技能水平是降低企业搜寻成本的重要基础，也是校企之间相互信任进而达成合作的重要制度基础。国家职业资格证书制度实际上是国家主导下的职业技能资格认证，其有效性源自国家在职业教育及技能评价上的权威和信用。从实践层面来看，面对海量的技术技能工种类型，行业和企业能否深度介入是影响职业资格有效性的重要变量：一方面，企业基于内部人力资源管理，通常会对企业内的技术技能人才进行认定，并将之作为劳动力价格的重要参考，他们的认证虽然具有一定的市场性，但在准公共性及其对公共政策影响等方面会存在不足；而另一方面，国家职业资格证书在实践运用中又需要得到行业或企业的认可，否则，国家职业资格证书体系的合法性基础就会动摇。

以制度变迁关键时刻为节点对国家职业资格证书制度的变迁历程进行梳理后，从可信承诺的角度来看，我们会发现：在计划经济体制下，企业并不是独立的市场主体，它更多地是执行国家计划指令的组织载体，这种一体化的制度架构打通了企业内部技能认证与国家职业技能认证之间的区隔，从而建构了双方可信承诺关系。1978 年改革开放后，市场机制逐步释放，职业培训学校的角色开始凸显。在国家职业资格证书体系探索起源阶段，尽管国家依然是主导，但适应企业行业需求是其中的基本原则。在突破转型阶段，国家职业资格证书体系中的国家导向更加明显，企业行业、职业学校以及国家行政部门间的分化（分离）趋势也随之开始显现。这两种趋势导向一直延续到了后期的规范建设与改革阶段，技能形成相关参与主体之间的可信承诺关系建构层面也随之多元化、复杂化。具体而言，国家职业资格证书在历史演化过程中呈现出四方面的变迁逻辑。

1. 在动力机制上，行政推动是国家职业资格制度变迁的主要推动力

1993 年 7 月，原劳动部制定颁布了《职业技能鉴定规定》，该规定为我国职业技能鉴定工作的有序开展提供管理依据和标准，具体包括职业技能鉴定工作的组织管理、实施机构以及考评员职责等内容。1994 年 2 月 22 日国家劳动部、人事部联合颁布了《职业资格证书规定》(以下简称《规定》),《规定》指出劳动部负责以技能为主的职业资格鉴定和证书的核发与管理，人事部负责专业技术人员的职业资格评价和证书的核发与管理，进一步明确了不同主体的职责范围。由此可以看出，我国职业资格证书制度是国家证书制度的一个组成部分，从我国职业资格证书制度确立以来，它通过国家法律、法令或者行政条规的形式，采取依靠政府力量来推行职业资格证书制度的方式。在该制度下，证书的授予主要由政府或授权机构管理和实施。与西方国家竞争性分权管理的模式相比较而言，我国的职业资格证书制度具有东方国家集权、非竞争性的特点。新中国成立以来，国家职业资格制度顶层设计不断完善，职业资格认证管理的行政职权逐步强化，依靠政府行政力量推行的标准和建立的规范制度，在行政效率、权威性以及认可度方面具有天然的优势。

2. 在制度建构上，体现出一定的合作性色彩

我国的职业资格证书制度从 1994 年正式确立以来，经过不断调整和完善，已经形成了包含职业标准系统、职业教育与培训系统、职业技能鉴定系统以及职业资格证书系统在内的四大子系统，成为集规划、培育、开发、利用、管理和监控人力资本市场的综合人力资源开发体系。四个子系统相互依赖、相互融通，职业教育与培训系统基于职业标准建立而形成的职业技能鉴定系统是职业教育与培训系统质量的检验形式，并最终以职业资格证书颁布的形式呈现出来。由此可以看出，我国职业资格证书制度体系的建立和推行，经过若干次的重要革命性变革，试图改变我国教育培训系统、职业技能鉴定系统与人力资本市场系统相互脱节的局面，职业资格证书制度在国家信用的基础上力图把教育培训、人力资本就业市场以及技能人才认定活动联结成为相互关联的整体，以期待不断推动我国高技能人才培养体系与产业发展需求、就业市场的紧密结合，共同促进我国经济的发展。

3. 在制度变迁轨迹上，行政化导向与社会化导向之间张力持续存在

在国家职业资格证书体系演化过程中，无论是计划经济体制时期的考工定级晋级制度，还是市场经济时期的技能等级认证制度，或是新时代职业资格证书制度的改革创新，国家行政主导是其中一贯的基本原则。不过在具体的技能形成行动策略上，社会化导向则日趋明显。在我国国家职业资格证书体制建设过程中，逐步形成了“考培分离”的社会化操作模式，即通过政府授权的独立的鉴定考核机构来对劳动者的职业技能做出认证和评价。从理论上来说，这种第三方认证机构独立于人力资源市场供给方（学校）和需求方（用人单位），与之没有行政隶属和经济利益关系。

在实践操作层面上，我们的调研发现，“考培分离”某种意义上也是国家转移职业技能考核成本所采用的权宜之计。这种逻辑实际上对国家职业资格证书制度社会化操作方式产生了深刻的影响，比如，国家赋权第三方无形中会造成考核单位与培养单位之间的共谋，导致大量的技能认证异化为市场化谋利的工具：一方面，相关部门有不断扩大职业资格证书认证的数量和规模的动机，另一方面，职业资格证书设置混乱、行业认可度低的弊端不断凸显。职业技能认证证书上的这种行政化导向与社会化导向之间的张力对用人单位（企业）与培训供给方（学校），甚至受训者与培训单位（学校）之间的可信承诺关系建构产生了影响。

4. 在制度运行实践中，对中介性组织依赖性强

职业标准是职业资格证书制度的核心，在教育与培训、技能鉴定以及认证框架体系中，职业标准起着导向作用。我国职业标准起源于工人技术等级标准，最初运用知识分类法对职业标准体系进行建构，由于追求知识体系的完整性而忽视了职业世界发展的个性化需求，导致构建的职业标准不能适应经济、产业的发展需求。通过逐步转变为依靠职业功能进行职业标准体系的开发和构建，当前我国职业标准体系初步形成了集模块化、层次化和专业化为一体的主体内容。为了保障职业标准的专业性，政府委托或授权中介机构承担职业标准制定和修订，其组建的专家机构中，国家职业分类大典和职业资格工作委员会是最高层次的工作组织，由技术方法指导委员会、国家职业技能鉴定委员会以及职业道德指导委员会，根据职业特点、工种需求以及行业发展趋势，指导相关领域职业标准编制、修订事宜。但是由于职业资格证书针对特定职业的分类过细，种类繁多加重了考核成本负担，这为一些中介性组织（培训机构）在职业资格认证过程中的营利性收费制造了空间。最近几年，国家加大了对职业资格证书清理、消减的力度，从侧面也反映出职业资格证书制度在特定时期的制度供给有效性不足的问题，这也影响了技能形成过程中相关主体可信承诺关系的建构。

纵观新中国成立以来我国职业资格证书制度变迁的历程，尽管取得了一系列的成就，但职业资格证书与其他学历、资历之间的联通衔接机制一直没有打通，产业与教育培训之间、“毕业”与“职业”之间均存在着脱节分离的现象。产业升级需要高技能人才的支撑，而职业资格证书作为教育系统育人质量的外在表征形态，在产业结构升级和促进就业实践中，对人力资本系统质量的提升具有显著的正相关作用。打破职业资格证书系统与产业系统、人力资源系统相互封闭的状态，搭建推进相关主体可信承诺关系达成的制度架构或许成为未来国家职业资格体系建设过程中的一个重点。

（三）“1+X”证书制度——学历与技能证书之间的融通?

早期我国劳动人事制度将劳动者分为专业技术人员、行政人员和产业工人，20 世纪 50 年代为构建全国统一工资体系，在劳动者内部进行了等级评定，其中行政人员的评定以工龄为依据，专业技术人员的评定以企业评选为主，而产业工人中的技术人员技能等级则需要考试来确定，劳动者等级水平不同对应不同的薪资待遇。而后在对工人技术等级考核制度的基础上演变为职业技能鉴定与职业资格证书制度。20 世纪 90 年代末，随着企业国有化的推进，开始由各个企业决定内部员工工资，证书的目的从统一的工资体系转向社会流动与社会保障。从而，自1992年开始逐步建立起一套国家制度之下的社会化证书考核体系，具体包括行政管理、技术指导与考核实施的社会化。但在后期的执行中只有考核实施真正做到了社会化，行政管理与技术指导的缺位使得证书的社会化考核缺乏制度约束，引发证书考核的社会乱象，逐日降低企业对证书的认可。近年来，为提高证书的含金量，国家对职业技能培训与考核做出调整。

"1+X"证书制度正是在这样的背景下进入政策议程的。所谓"1+X"证书制度，是建立以学历和若干职业技能证书结合的体系，与职业教育国家学分银行试点共同实现各类生源的学习成果认定、积累和转换[①]。"1+X"证书制度政策设计初衷是为拉近职业教育、培训与企业工作岗位之间的距离，从而推进国家复合型人才的培养。从技能形成角度来看，"1+X"证书制度的提出试图将学校与岗位相连，将理论知识学习与岗位技能需求结合起来，有助于职业教育在有效技能上的供给。但如何真正实现"1+X"证书制度的政策设计初衷，则需要多方面的支持条件。

"1+X"证书中"1"代表学历是确定的部分，而"X"代表若干职业技能证书是不确定的，这就需要有一个明确的证书纳入原则。由教育部门推行证书，最大的优势是对证书进行初次筛选，便于对证书的集中管理，而最大的劣势在于离企业太远，生产实践中所需的技能要求无法获知。因而，"X"的选择重点是要体现出证书的应用性与实践性，尤其是要符合专业对应的职业岗位技能。我国目前的技能等级为初级、中级、高级、技师、高级技师五个等级（劳动与社会保障部），职业教育学生在考核等级规定上限于学历水平，即中职考初级，高职考高级，这种以学历为依据的考核并不能对应学生实际的操作技能水平。只有建立与企业工资岗位实际操作技能水平一致的证书体系，才能消除学生在考核等级上的限制，如果中职学生实际操作能力强，就

① 赵志群，孙钰林，罗喜娜."1+X"证书制度建设对技术技能人才评价的挑战——世界技能大赛试题的启发［J］.中国电化教育，2020（02）.

不仅仅限于从初级开始考，同样高职学生在实践操作上欠佳，就不能直接从高级开始。职业技能证书与企业工作岗位融通不仅可以提升证书的可用性，更是技能形成的直接保证。

技能证书在劳动力市场发挥有效的价格信息信号作用，前提是市场对劳动者所持证书认可。要实现证书的社会化认可，行政管理、技术指导、考核实施三驾马车缺一不可。为顺利推行“1+X”证书制度，行政管理要谨防在学历教育、培训、考试三者之间可能出现的利益捆绑；技术指导要建立统一的标准，包括统一的职业标准、评价考核的规则以及质量要求。统一的标准是职业教育与培训的参照，学生从中考取的技能证书在劳动力市场就能表现出清晰而强烈的价格信号[①]。另外，教育部职业技能鉴定与人社部技能鉴定有效对接的问题也是关键，前者主要是职业教育学生，后者是产业工人，二者的融合能够促进技能证书的社会化过程，增加企业对技能证书的认可度。

以“1+X”证书制度为先声，证书体系的改革对技能形成影响深远。职业教育在完善职业技能鉴定与职业资格证书体系方面的尝试，能够直接提升证书质量，对于企业而言，职工所持有的证书就能代表劳动力价值，对于社会而言，证书就是技能型人才的身份证。在此基础上，才有可能建立以证书等级对应的企业内部薪资待遇和城市公共服务保障资源分配体系。因而，职业资格证书不单是职业学校对学生的学分管理，更是学生进入工作岗位的劳动安全保障，最终关涉我国产业工人技能形成过程。

（四）技能证书与技能形成中的可信承诺

技能证书的社会认可事实上是技能形成中可信承诺关系的现实体现与折射。如上文所言，职业资格证书制度是技能形成中相关主体可信承诺关系达

① Finegold,D.,Wagner,K.and Mason,G.National Skill-creation Systems and Career Paths for Service Workers: Hotels in the United States, Germany and the United Kingdom. International Journal of Human Resource Management, No.11,2000.

成的基本制度载体之一。技能形成中的可信承诺是指技能形成相关主体之间达成长期稳定的委托合作关系。在传统学徒制技能形成过程中，可信承诺通常发生在行东与学徒之间①。在高度分工的现代社会，传统学徒制式技能形成机制显然难以满足大规模机器化大生产的技能需求。这种情况下，较之于传统学徒制的技能形成方式，现代社会中的技能形成相关主体则相对多元化，其可信承诺关系通常包括三方面的关系：一是企业与企业之间，二是企业与职业学校之间，三是受训者与企业及学校之间。对于技能形成而言，上述三方面的可信承诺关系意味着存在一种契约保证，以保证受训者、学校（或培训机构）以及企业之间长期稳定合作关系的达成。在企业与企业层面，主要涉及的是“挖人”外部性给可信承诺关系达成所带来的影响，行业竞争关系的管制是制度安排的主要内容；在企业与职业学校（或培训机构）之间，可信承诺关系则主要在职业理论知识学习与车间实训经验之间的融合衔接上，双向参与和互认是相关制度安排的主要内容；在受训者与企业、学校（或培训机构）层面，可信承诺关系体现在受训成本与培训质量之间的均衡之上，相关制度安排一方面要防止受训者劳动力被廉价化而影响培训质量，另一方面也要维护企业和学校的利益以激励其积极参与的动机。

在保证可信承诺达成的制度安排上，传统学徒制技能形成过程主要是依赖行会行规实现的，其中强制会籍制下行规治理权威是基础，在具体制度手段上主要包括竞争管制、规模限制、直接干预以及就业垄断等。这些制度安排在当时成为学徒制有效技能形成的基础，但工业革命后，随着市场力量的释放，经济自由化程度日益加深，传统行会行规治理手段负面效应也逐渐体现。在今天，推进可信承诺达成的相关制度已经发生了巨大变化，以有效促进技能形成的德国双元式学徒制职业教育为例，传统的阻碍经济自由的大部分制度手段逐渐被抛弃，形成了以劳资共决制、职业技能行业认证以及社会

① 王星.师徒关系合同化与劳动政治 东北某国有制造企业的个案研究［J］.社会，2009,29（04）.

保护机制等为主的适应现代市场经济运行规律的诸多制度安排。

总之，尽管近些年来职业教育对经济社会发展的作用越来越得到各界的重视，但有两个问题一直困扰着当下中国的职业教育：一是职业教育技能供给与产业需求的匹配问题；二是职业教育本身的社会认可问题。这两个问题虽分属不同学科（教育学和社会学）的研究范围，但二者是密切相关的，并且融入完整的技能形成实践中。作为一种实践行动，技能形成包括技能知识的习得与技能经验累积两个过程，前者通常是在职业学校里进行，后者则主要是在车间生产中实现。在从职业学校到工厂车间的技能形成链条中，涉及政府、学校、受训者以及企（行）业等多个行动参与者，且嵌入宏观制度环境中。笔者以为，从学理上厘清上述行动参与者之间的复杂关系，对于思考当下中国职业教育所面临的困惑具有重要的启发价值。正如艾什顿等人的研究所指出的，国家、教育与培训系统、资本以及劳动之间的关系是了解不同国家技能形成过程的切入点，技能形成主体之间的对抗与合作决定了一国的技能形成体系演化轨迹。不难发现，每一个国家的技能形成体系都是在经济、文化、政治与教育等相互影响的制度环境中形成的。纵观德国技能形成体系的历史发展过程，以企校共建的“双元制”职业教育系统为代表的合作模式发挥了关键性作用，德国的职业教育成为世界典范，为德国制造的国际竞争优势奠定了坚实的技能基础。对于技能形成而言，职业教育不仅是承载外部技能培训的系统，职业教育本身的发展也反映了当下的社会与制度环境，进而直接预示着国家技能形成体系的未来。

第八章

产业工人技能形成体系的历时性跨国比较分析

当下中国，《中国制造 2025》将技能人才培训置于前所未有的高度，构建新时期产业工人的技能形成体系成为促进产业升级、改善劳工境遇的一项创新性的改革任务。在推进产业工人技能形成过程中，产教融合仿佛是目前职业教育界回应产教脱节问题的共识性路径选择。不过，我们在田野调研中发现，中国很多地方产教融合既有一些成功的案例，但也有很多失败的实践，这些失败的实践的一个共同特征就是过度依赖行政推动而非源自产业与职业教育之间的双向亲和。产教融合举措在很多地方被大多数企业异化为解决用工荒的替代性措施。对于制造产业转型升级来说，产教融合当然非常重要。不过，产教融合不仅仅涉及具体技能培训的课程设置，其有效运行更关键的是需要匹配的制度环境和社会基础，职业学校之外的行动者——如地方政府、行业企业、劳工组织甚至大众认知都会对产教融合的效果产生重要影响。但遗憾的是，我们在这一方面的讨论、研究甚少，更缺乏针对性的政策回应。

本章以英国和德国学徒制的演化过程，以及中国计划经济体制时期厂办技校变迁为案例，通过历时性跨国比较分析，探寻一个国家技能形成过程中相关主体复杂的互动样态，并思考相关行动主体互动对技能形成效果的影响，进而从跨学科的视角反思中国产业工人技能形成体系建构。

一、国家卷入与行业卷入：英国学徒制的历史变迁

众所周知，在英国，学徒制具有长久的历史传统，曾为该国制造业的竞争优势奠定了坚实基础。回溯英国工业化的历史，19 世纪中叶，发达的纺织业、采煤业、炼铁业、机器制造业和海运业奠定了英国“世界工厂”的辉煌。

在19世纪的前70年里，仅占世界人口2%左右的英国，一直把世界工业生产的1/3~1/2和世界贸易的1/5~1/4掌握在自己手中。一般认为，两种力量直接造就了英国世界工厂的地位——以蒸汽机为标志的技术革命及海外殖民。但无论是技术革命还是远洋海运，都是以资源比较优势和技术创新为前提的，技术资源及高素质的人力资源在“工厂”生产过程中扮演了最重要的角色。例如，著名的珍妮纺织机、提花机、水力纺织机以及蒸汽机几乎全部是由英国学徒制培养出来的工匠所发明的。可以说，英国的学徒制技能形成体系为其工业革命先发优势奠定了最坚实的基础。

经济社会史学界一般将英国学徒制划分为行会学徒制和现代学徒制两个阶段。就前者来说，行会学徒制在时间跨度上从12世纪初期一直延续到20世纪中期。不过，在如此长的历史长河中，根据不同时期的关键事件，行会学徒制又经历了如下三个阶段：首先是中世纪时期的传统行会学徒制，在这阶段学徒制多局限于手工产业，行会制度为学徒制技能的形成提供了制度保障；其次是16—18世纪国家立法学徒制，这段时期学徒制技能形成的辐射范围由家庭作坊扩展到工厂化手工产业，国家权力开始干预行会组织的学徒制治理控制权；最后是工业革命学徒制，这阶段是英国传统学徒制走向衰落的时期——逐渐被外部技能形成方式所取代，“自愿自助”逐渐成为英国学徒制的基本特征。无疑，这种转变是适应生产过程机器化和工业化要求的产物。可是，生产技术更新与技能供给方式变革的背后并不是简单的物理更替过程，而是更为复杂的制度变迁，国家、企业以及劳工卷入其中的程度和角色均发生了巨大变化。

（一）传统行会学徒制：学徒制的微观实践与王权特许的宏观政治

英国传统行会学徒制作为一种技能形成方式开始于12世纪。尽管有学者认为当时的英国学徒制更多属于一种劳动生产组织形式，还不能算是一种职业教育[①]，但不可否认的事实是，传统行会学徒制在当时已是最重要的劳动技能培训形式，具有较为复杂的制度属性。第一，它是一种技能传承手段，由于手工业生产过程尚未形成完全的技术分工，生产的顺利展开依赖于全能工人的技能保障，技工师傅的技能多源自日常生产经验的积累，属于一种“隐性知识”，需要通过生产过程中的在岗学习及技工师傅的言传身教才能学得。第二，它是一种重要的行业治理手段。在传统行会学徒制期间，英国的经济生产活动主要依赖行业组织进行治理，遵循严格的等级制，即“学徒—帮工—师傅”[②]三级治理架构，学徒、帮工和师傅三者之间长少有序，其身份地位的晋升要遵循时间、技能水平等严格规定。第三，它是一种带有宗法色彩的劳动雇佣制度。行会组织赋予学徒制较为强烈的宗法家长制色彩，师徒关系三种形态——契约工、人身依附和师徒技能传授关系——具有较强的社会关系属性。第四，它是一种社会流动机制。在中世纪的英国，市民资格获取通常有三种途径：合法出生于该城市，缴纳一笔钱购得，以及通过做学徒来获得。所以，传统行会学徒制是青年人尤其是农村青年实现社会流动的重要途径。年轻人经过 7 年学徒工，3 年帮工后（亚当 · 斯密称之为“工友期”），经过行会的资格认定，就可以成为师傅，这是其进入社会中层的标志。中世纪时期，英国传统行会学徒制的成长及发展有其历史合理性，在劳工职业教育普遍滞后的情况下，这是与家庭作坊式手工业生产特性相匹配的产物。从历史来看，行会组织管制及其背后的王权特许因素对学徒制实际运行产生了重要影响。

1. 行会治理与学徒制的运行

在英国经济社会历史上，行会组织是重要的社会经济组织之一，曾一度

---

① 徐平利 . 中世纪行会制度与职业教育的孕育［J］. 教育评论，2009（5）.

② 在经济史学界，虽然这种三层等级的划分已经没有异议，但在中间一级，即工匠，尚存在着争议，有学者指出，处于学徒与师傅之间的中间一级应该是帮工，也有学者认为应该是契约工。具体可参见梁茂信（2010）、金志霖（1996）的研究。

控制了英国城市的经济活动。在中世纪时期，英国主要城市的行会组织非常发达。据统计，14 世纪中叶，伦敦的行会组织数量就达到 48 个，到 1422 年，这个数量增加到 111 个。15 世纪上半叶，在约克郡，与制铁行业相关的手工业行会组织数量就达到 10 个之多[①]。当然，中世纪时期的英国行会组织类型较为多样，辐射的领域也较多。从历史序列上来说，英国经济性行会组织先后经历了商人行会、手工业行会、同业公会三个阶段。按照金志霖的考证，"12 世纪上半叶和 13 世纪上半叶是商人行会的全盛时期；13 世纪下半叶和 14 世纪则由手工业行会独揽大权；从 15 世纪起，同业公会开始进入城市经济领域"。

在行会经济中，行会组织基本上依赖垄断特权，通过建构"一道阻止竞争的保护性屏障"[②]来维护行业利益。尽管行会组织这种治理特性曾受到一定诟病，但现在看来，这种对同行恶性竞争的管制却为学徒制技能形成的顺利展开提供了支撑——同行之间的竞争管制一定程度上克服了学徒制技能形成中的"挖人"外部性问题。在中世纪，行会组织主导下的竞争管制主要包括开业限制、规模限制、经营方式限制和作息时间限制等方式，其中尤其以前两者对学徒制的发展影响最大。

开业限制是指进入此行业必须提出开业申请并得到行会允许才能开业，具体表现为就业机会垄断与"一人一行业"两种管制手段。

（1）就业机会垄断在大量使用学徒制作为技能形成方式的手工产业中表现得尤其明显。[③]手工业行会通过就业垄断，即"独占与某一产品或某一产品的某一部件或某一产品的某一工序有关的就业机会"，来实现排斥竞争。就

① 金志霖 . 英国行会史［M］. 上海：上海社会科学出版社，1996:94.

② 金志霖 . 英国行会史［M］. 上海：上海社会科学出版社，1996:79.

③ 就商业行会而言，一般执行严格的共同交易制度来限制恶性竞争。在利物浦，所有上市商品必须首先出售给行会，外乡商人如果想购买必须购买一张许可证。而在布里斯托尔，为了避免同行之间的竞争，行会组织规定对于所有上市商品由行会商人共同商议拟定一个统一的价格。而对于违反此规定者，行会组织将给予惩罚。如斯坦福德行会规定，对于拒不执行共同交易规则的成员，将在一年内不得从事该行业的生产经营活动（Lipson，1935）。

业垄断的行规是与手工生产中“学徒—帮工—师傅”的技术等级性相对应的。行会组织对就业垄断权的规定严格限定了师傅阶层的进入门槛：一是“要拥有一定数量的生产资料和生活资料”；二是要“精通有关手工业行会所从事的经济活动的全部技艺”；三是必须要“按手工业行会的规定完成一定年限的学徒期和帮工期”。只有满足上述三个先决条件的，才能以师傅身份从事该行业，其开业申请方能得到手工业行会的批准。

（2）“一人一行业”是指一个人“只能从事一个行业的经济活动，亦可从事与某一类行业的某一工序或某一种类有关的经济活动”[①]。“一人一行业”制度属于行业组织就业垄断控制在劳工个体职业生涯上的延续，其影响主要表现为：一是阻止师傅阶层跨行业生产经营，从而避免因竞争而造成的一些师傅阶层利益受损。牛津市公开声明，每个人必须“就业于他自己已经接受训练过的那个行业，这样他们每个人都可以通过为别人的劳动来维持生计”[②]。二是造成了同行业从业者在空间上的积聚。比如，伦敦的圣马丁·格兰德教堂附近是马鞍工匠的聚居区，鞍具工匠则在克里普尔门附近，织匠在加农街，铁匠在斯密斯菲尔德，盾牌匠在巴克勒斯伯里。同行业师傅集中居住一方面有助于行会组织对学徒制的技能传承、学徒工数量、学徒工薪水等情况进行监管；另一方面，也便于行业内部的同业者之间对破坏行规行为的相互监督。

如果说行会组织的就业垄断与“一人一行业”是通过外部手段来管制同行之间的竞争，那么规模限制则是对具体生产过程的直接干预。与学徒制培训相关的规模限制主要包括如下两点：

（1）师傅雇佣的学徒工最高数量由行会组织统一规定。在行会经济中，雇佣学徒工的数量要根据实际生产规模由师傅具体决定，但行会组织会对行业中每个师傅最多可雇佣的学徒工数量进行严格的限定。比如，伦敦的剪绒匠行会和诺里奇的粗呢织匠行会允许每个师傅最多只能雇佣4个学徒工。伦

① 金志霖. 英国行会史［M］. 上海：上海社会科学出版社，1996:104.

② Lipson E. The economic history of England［M］. London: Adam and Charles Black, 1935:357.

敦理发师和外科医生行会规定的最高学徒数为 3 个。约克的织毯匠行会和考文垂的无檐帽匠行会规定的最高学徒工数量为 2 个。埃克赛特的裁缝行会和约克的玻璃匠行会规定的学徒工最高数量只为 1 个。同业行会组织之所以对学徒工最高雇佣数量进行规定主要是基于两个原因：其一，是为了抑制师傅大量雇佣学徒工的动机，因为学徒工多比较廉价，同时为了保证学徒制技能形成的质量。其二，这客观上也有效避免了不同师傅之间在学徒工上的争夺，有助于化解“挖人”外部性给学徒制技能形成所造成的困扰。在实际生产过程中，如果行会组织发现行会内某位师傅没招到学徒工或帮工，行会执事甚至会对行业内部进行人事调配，要求其他有较多学徒工或帮工的师傅让出几个学徒工或帮工出来，从而避免行业内部因劳动力资源配置不均而引发恶性竞争。

（2）对学徒工的劳动报酬做统一规定。在中世纪的英国，工资劳动已经成为当时手工产业重要的劳动力雇佣方式。工资劳动形态上包括两种典型方式：一种是所谓的“生命周期仆从（Life-cycle Servant）”，是指常年雇佣的农仆、家仆和学徒；另一种是临时雇佣（计工或计件）的雇工，包括短工和帮工①。学徒工资属于第一种形式，其工资额度的规定一般基于两条线：一条是不能低于学徒或帮工的生活最低工资标准，因为这样才能使学徒或帮工脱离贫困，安心参与生产，学习技能。另一条是不能与师傅收入持平，这样使师傅保持经济优势，从而使行会学徒制中的宗法等级性得到延续。行会组织对学徒工资规模的限定带来了关键影响：一是打消了学徒工跳槽的动机，有助于学徒契约的执行，保证了师傅与学徒工之间可信承诺的达成。当然，这种限制劳动力流动的做法后来引起了亚当·斯密激烈的批评②。二是有利于学徒制技能培训的展开。雇工长期化有利于师傅技能的传承，也有利于学徒工在长期生产过程中不断积累技能经验。

行会组织通过强制性行规对学徒制技能形成的具体过程进行直接干预，

① 戴尔. 转型的时代：中世纪晚期英国的经济与社会［M］. 北京：社会科学文献出版社，2010:28.
② 亚当·斯密. 国富论［M］. 北京：华夏出版社，2005:91.

均衡师傅与徒弟的利益需求，以保证学徒制技能形成的培训质量。行会组织对同行竞争的管制，以及对学徒雇工的直接干预为中世纪时期学徒制技能形成方式的有效性提供了匹配制度。

2. 行会治理权威背后的王权特许

行会组织在同行竞争的管制，维护师傅阶层的优势地位，以及促进师徒之间可信承诺达成上发挥了重要作用。在行会经济治理实践过程中，行会组织如何保证其行规的权威性，以及如何均衡各方利益相关者的利益需求则是关系到治理成效的关键因素。根据韦伯的支配社会学理论，行会经济时期的行会组织权威更趋向于传统型权威[①]。因为与近现代英国所形成的"最小国家"背景不同，在中世纪时期，行会组织的治理权威恰恰源自强大王室授予的特许权。在王室的特许状中会对行会组织的税赋承包权、就业垄断权、价格制定权等特权做出规定，如 1175 年授予牛津科尔多瓦皮革匠行会的特许状中就规定"汝等周知，朕已特许牛津科尔多瓦皮革匠行会保留其在朕外祖父时代所拥有的各种特权和习惯法，并保留其行会组织，为此，非行会成员不得在牛津从事该行业"。而且，为了保障行会就业垄断规定的权威性，王室特许状会劝导新入行者也要遵守此项规定，"朕准许其后进入牛津的科尔多瓦皮革匠成为改行会员,并享有该行会已经拥有和将会拥有的各种特权和习惯法"[②]。在亨利一世统治时期，伦敦等地的手工业行会也拥有就业垄断权，如牛津织匠行会在半径为 5 里格的范围内拥有就业垄断权，林肯织匠行会的就业垄断权作用半径则为 12 英里。获得此特权的代价是行会组织必须向国王支付一定数额的金钱。

通过权钱交易，行会组织取得了控制市场的各种垄断特权，使行会组织对外构建了一道阻止竞争的保护性屏障，对内树立了管制权威。可以说，中世纪时期行会组织在经济治理上的管制力背后是强大而稳定的中央集权式王

① 韦伯．支配社会学［M］．康乐，简惠美，译．桂林：广西师范大学出版社，2004:11.

② 金志霖．英国行会史［M］．上海：上海社会科学出版社，1996:80.

权支撑。不过，到了15世纪中叶，随着城市资本主义生产关系的萌芽及资产阶级力量的生发，王室与城市间的矛盾也越发激烈，这对传统行会学徒制的运行产生了以下重要影响。

（1）国王、封建领主（市政当局）及行会组织在经济与城市治理上的争斗。在中世纪，行会组织扮演着双重角色：它既是王室控制经济、谋求利益的工具，同时也是行会成员的利益保护者。这种角色的复杂性导致行会经济治理过程中，各方利益相关者之间的斗争关系也较为错综复杂。

行会组织与封建领主（市政当局）之间的斗争，主要涉及两点：一是利益分割的问题。由于行会组织所获得的收益部分会直接交给国王，这引发了“封建领主（市政当局）的嫉妒”[①]。二是城市经济治理权的争夺。行会组织与封建领主之间的斗争由来已久，到13世纪中叶则达到了高峰，这就是“行会革命”的由来。利益分割引发的斗争只是表象，而城市经济治理权的争夺则是行会组织与封建领主（市政当局）之间斗争的根本，这直接关系到行会组织的生存。比如，1256年，诺里奇市政当局提请国王直接剥夺行会组织的特权，“从今以后，为了保护城市，禁止手工业行会在市内存在……”。由封建领主控制的市政当局之所以排斥行会组织，主要原因在于行会组织的国王特许权使之摆脱了市政当局的控制。1376年，英国下议院就有议员提出，一些行会组织的特许状阻碍了城市官员的管理，建议取消行会组织的王室特许权。

而关于王室与封建领主之间的斗争，在中世纪，地方城市如果想获得城市自治权，必须向国王购买，比如，伦敦从亨利一世开始每年向王室缴纳300镑，从而交易获得自选市长和市政官的特权。因此，王室会利用行会组织与市政当局之间的斗争实现自身利益最大化。比如，在约翰国王统治初期，伦敦织匠行会与伦敦市政局发生了冲突。伦敦市政局提出，如果国王取缔织匠行会组织，那么不但将弥补国王由此而遭受的经济损失，而且还将额外提供

① 金志霖．英国行会史［M］．上海：上海社会科学出版社，1996:117.

一笔钱款。于是在 1202 年，国王约翰颁布了取缔伦敦织匠行会的敕令：“汝等周知，鉴于伦敦市长及市民之请求，朕等已经批准，并通过该敕令宣布，取缔伦敦织匠行会，并不得以任何理由恢复之”。不过国王要求伦敦市政要承担原来行会组织购买特权的费用，“然而朕等已习惯于每年从织匠行会收取 18 马克银子，故伦敦市民应在每年的圣米凯尔节于国库向朕等及朕等继承人缴纳 20 马克银子”。当后来由于伦敦市政局没有兑现承诺，约翰国王又收回以前颁发的敕令，重新宣布织匠行会的合法地位及其经济治理权威。

不过，在王室、封建领主以及行会组织间的斗争中，国王往往会转而支持行会组织，利用行会组织满足王室的经济利益要求，同时压制城市自治权扩大。这中间除了基于利益最大化考量外，更重要的原因在于国王对封建领主自治权膨胀的担忧。所以王室一般会严格控制城市自治权的授予。在亨利二世的 50 份特许状中，只有 2 份是授予城市选举自治权的。国王对城市自治权的严格控制目的在于使城市的地方领主难以摆脱国王的财政和政治控制。王室的这种态度从侧面为行会经济治理权威提供了保障，使行会组织在与封建领主之间的斗争中一度占据上风。从 13 世纪 60 年代开始，伦敦的行会组织就逐渐从掌握市政大权的权贵群体手中夺回了伦敦市的领导权[①]。

（2）商业资本家对同行竞争管制行规的反对。商业资本家主要反对行会组织在经济治理上的平均主义政策及其直接支配生产的做法。最初，商业资本家的反抗行为基本上是个体性的，且多以失败而告终。在考文垂，行东与行会组织之间的斗争甚至演化成了暴力事件。考文垂染匠行会对于一部分拒绝执行加工费统一标准的行会成员不惜使用暴力，他们雇佣爱尔兰或威尔士人击杀这些违反行规者。后来，尤其是 15 世纪中叶以后，商业资本家行东们的反抗逐渐集体化。伦敦印刷行业中很多商人违反行会规定，从外乡印刷匠处购买纸张。1579 年，伦敦的 3000 名制毡匠公开反对商人行会对原材料的

① 蒋孟引主编 . 英国史［M］. 北京：中国社会科学出版社，1988:124.

垄断权。越来越多行会成员突破行会组织对学徒工及雇工数量上的统一规定，这种情况在毛纺织业尤其常见。比如，约克郡的很多纺织工场主雇工都超过了行会限定，最多的一家拥有 21 架织机，雇工达 100 余人。在利兹的呢绒行业中，工场主雇工一般 120 人左右。在牛津的呢绒工场中，最多的雇工甚至达到了 2000 人[①]。行东们的集体性抗争不但动摇和挑战了行会平均主义政策，而且还动摇了行会组织经济治理权威的基础——就业垄断权与“一人一行业”制度。

（3）学徒工或帮工反抗劳动力廉价化的斗争行动。在中世纪早期，引发学徒工及帮工群体反抗的原因有很多，比如，虐待、师傅授艺不精等，但最主要原因在于经济物质利益，即师傅通过延长学徒期将学徒制演化为廉价用工机制。中世纪的行会学徒制中，根据学徒契约，一般学徒的年限不得少于 7 年。不过，行会组织并没有对学徒的最高年限做出规定，而且更重要的是，对于学徒技能学习的质量没有一个统一的认证程序和体系。行会组织一般将学徒技能水平的认证权力赋予师傅本人，只要师傅认定学徒已经具备从事该行业的技艺能力，那么学徒期就可以结束了。这样，由于学徒工较帮工更为廉价，所以很多师傅为此就故意延长学徒年限。

如图 8.1 所示，1309—1312 年伦敦市财政官登记簿记载，有四分之一的学徒工年限超过了 7 年。但到了 17 世纪，随意延长学徒工培训年限的情况更加普遍，在诺里奇，有超过四分之三的学徒工从未出徒[②]。就学徒工群体而言，他们的反抗行为主要有两种：要么是用脚投票，很多不堪忍受的学徒工半途弃学，这种情况到 15 世纪中叶越发明显；要么是临时性地集合起来进行群体反抗。1400 年，为了反抗师傅的虐待，伦敦学徒工群体发动了集体骚乱，导致多人死亡。以至于国王不得不出面写信给学徒工家长和师傅，要他们组织学徒工群体的集会。现在看来，中世纪早期学徒工群体尽管也出现了集体性

① Lipson E. The economic history of England［M］. London: Adam and Charles Black, 1935:477–480.

② Clarkson L A , Clark P , Souden D . Migration and Society in Early Modern England［J］. Albion A Quarterly Journal Concerned with British Studies, 1989, 42（2）.

抗争，但他们的反抗行为基本是碎片化的，没有明确的抗争目标指导，也没有形成自我利益维护的组织架构，更没有形成统一的阶级意识。

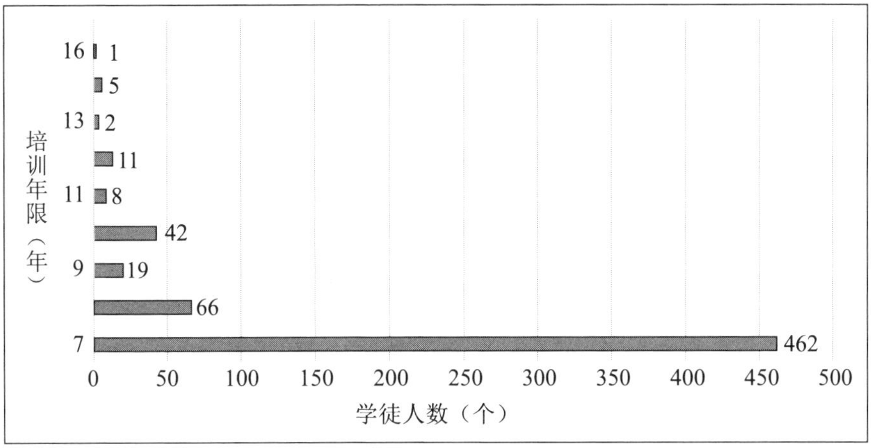

图 8.1　1309—1312 年伦敦登记学徒培训年限统计

（二）国家立法学徒制：国家干预与行业调适

在中世纪晚期的英国，面对师傅与学徒工及帮工之间的劳动冲突，为了规范生产秩序、保障国家（王室）财政收入渠道的稳定性，英国王室开始动用国家政策手段来应对行会学徒制的困境。

1. 国家干预：从行规管理到法规管理

在市场力量不断冲击行会组织治理权威的背景下，为巩固行规的约束力，也为了阻止学徒制沦为廉价用工制度，英国在 1563 年颁布了《工匠学徒法》（*Statute of Artificers*），将行会学徒制的相关行规上升到了国家法律层面。法律强制性要求所有适龄青年必须进行学徒制培训，并对学徒工培训年限、学徒工与技能帮工比例（3 ∶ 1）做了限定[①]，同时对师傅义务、教学要求、工作条件、学徒工资水平做出了相应规定，以避免师傅过度剥削学徒工。更重要的

① 凯瑟琳·西伦．制度是如何演化的：德国、英国、美国和日本的技能政治经济学［M］．上海：上海人民出版社，2010:83.

是，该法律赋予了行会学徒制就业垄断权的法律地位，“今后无论何人，如果从事当时英格兰所有的一切手艺、工艺或技艺，至少需做七年学徒”[①]，学徒培训成为将来从业的前提条件（见表 8.1）。

表 8.1　英国 1563 年《工匠学徒法》的规定

必须进入学徒制培训的社会成员			
年龄	11~21 岁	30 岁以下	30 岁以下
具体条件	城市的所有青年（包括进入城市的农村青年）	无生计的未婚者	行为不端的青年，由监护人和教会知事指派师傅

资料来源：王川（2008），经笔者整理而成。

《工匠学徒法》的颁布意味着行会学徒制由行规管理过渡到国家法令管理，这是伊丽莎白王室试图延续行会学徒制的努力：首先借助该法律，将学徒制由原来行会控制的产业扩展到了所有产业，由此行会学徒制被推广为一种社会公共制度；其次扩大了强制性学徒的范围，要求所有无业流动人口进入学徒制培训；最后赋予了师徒契约的法律地位，使师徒技能形成以及劳动雇佣关系都得到了规范。在当时，《工匠学徒法》在解决围绕行会学徒制产生的冲突纠纷，控制劳动力市场进而保障劳动力供给，以及稳定社会秩序方面起到了一定的作用。

不过，1563 年颁布的《工匠学徒法》在条例上还存在着两个重要的司法解释：一是明确指出该法律的条例不适用于以后的新兴产业，“再就条例的用语，加以严格解释，则其适用范围，又只限于伊丽莎白治世第五年以前，已在英格兰境内确定的职业，绝没有扩大至以后新立的职业上去”（斯密，2011）；二是该法律条例中对学徒制的规定只适用于“通商都市，农村劳动者则不受此条例的拘束。他不妨一时兼做几种未从事学习七年的职业”（斯密，2011）。这两条法律条例解释规定，为后来资本主义新兴行业冲击传统行会

① 王川．论学徒制职业教育的产生与发展［J］．职教论坛，2008（09）．

学徒制的开业限制与学徒工数量、年限等方面的权威提供了空间，学徒工流动现象越来越多，迁移范围也越来越大。1570—1640 年，伦敦 12 家公司中，来自伦敦周围县区的学徒占 19%，32.5% 的学徒工来自伦敦北部和西部地区各县。到 1674—1690 年，在伦敦 6 家公司中，31.7% 的学徒来自伦敦所在的县，而来自西部和北部的学徒工比例下降到 14.5%。但是在南安普敦，1670 年以后，半数以下的学徒工来自外地。与此同时，劳工的迁移半径范围也不断扩大，在 1625—1649 年迁移到谢菲尔德的学徒工中，7% 的学徒工迁移距离超过 40 英里。1598—1638 年迁移到索尔兹伯里的学徒工中，有 15% 的学徒工迁移距离超过 40 英里[①]。与此同时，这些劳动法令不但损害了劳动者（学徒工和帮工）的利益，而且还损害了工匠乃至师傅（尤其是试图扩大生产规模的大生产者）阶层的利益。在 1598—1638 年，索尔兹伯里注册的 651 名流民名单中，不但有学徒工而且还有行会工匠及商人。其中，因为雇主虐待而出逃的学徒工有 18 人，行会工匠有 77 人，而沿街叫卖的小商人则占到了三分之一。正如亚当 · 斯密所言，这些延续行会学徒制治理传统的法律条例，不仅“侵害了劳动者正当自由权，同时，还侵害了劳动雇佣者的正当自由”。可以说，在未来的新兴市场力量面前，以《工匠学徒法》为基础的传统行会学徒制模式逐渐无法维护其传统特权了。

2. 行会自我调适：从王权依赖到司法行政依赖

随着英国王室中央集权对经济直接干预力的逐渐削弱，行会组织慢慢抛弃了过去依赖王权而独立封闭的模式，开始与地方市政当局进行合作，寻求其司法与行政上的支持。行会组织通常的做法有如下两种：

（1）行规治理权力的让渡。从 14 世纪后期到 15 世纪中叶，传统行会组织开始将行会章程审批权让渡给地方市政当局[②]。当时在很多城市，行业大会

① 转引自梁茂信 . 近代早期英国契约工制度的形成及其性质［J］. 求是学刊，2010,37（04）.

② 在行会经济中，行会章程（行规）非常重要，不但涉及每个行东的利益，而且直接关系到行会组织的城市经济治理状况。对行会成员来说，行会章程就是行会组织内部通行的法律，一旦行会大会通过，每个成员就必须遵守，违者将会受到严惩。

通过的行会章程必须要送到市政当局审查，在获得市政当局的认可后才能付诸实施。比如，在布里斯托尔，从1344年开始所有行会章程都必须得到市政当局的批准方可颁布。而为了进一步约束行会组织的权力，强化市政当局对经济工商业活动的控制，1437年英国议会通过了一项法令，规定行会组织必须将其章程呈送郡治安法官或市政主要管理者审批[①]。另外，行会组织在价格控制权上也做出了让步，尤其是与百姓日常生活密切相关的食品价格制定权。

（2）通过参政维持行会地位。从14世纪开始，行会组织出现了参政趋势，很多行会成员不但进入议会参政议政，还有一些直接兼任市政当局管理官员，从事城市治理。比如，在14世纪下半叶，伦敦丝绸行会的尼古拉斯·布雷伯两次出任伦敦市长。伦敦呢绒商行会成员约翰分别在1381年和1382年两次担任伦敦市长。在整个16世纪，伦敦市长全部来自伦敦12大行会组织，其中24人是丝绸、丝绒商，17人是呢绒商，14人是食品杂货商。其他各个行会组织中也有六七人出任过市长职务。除此而外，伦敦26个区的26个市参议员也多是从行会成员中遴选。行会成员参政趋势不仅局限于地方市政，而且还扩展到中央政权机构中，在1509—1558年的16届英国议会中，伦敦市议员共36人，其中有26人来自伦敦12大行会组织，诺里奇有19人，其中行会会长就有13人。

中世纪中晚期，行会成员之所以热衷于参政议政，其背后一个重要的现实条件是，王室权力逐渐削弱而地方城市自治权日益增强。在这样的现实背景下，行会组织与市政当局相互之间的依存度增加了，行会组织通过参政行动策略协调了行会自治与城市自治之间的关系，一定程度上维护了其权威。

行业组织除了转向市政当局外，从中世纪中晚期开始，他们开始进行合并，"同业公会"的组织形式出现。行会组织的合并通常有两种途径：一是根据生产链条来进行合并，即生产同一种产品的不同部件或不同工序的行会组

① 金志霖．英国行会史［M］．上海：上海社会科学出版社，1996:119.

织之间进行合并，这种合并是基于劳动分工基础之上的；二是根据生产原料进行合并，即使用或经营同种生产原料的行会组织之间进行合并，这种合并是基于商品交易基础之上的。尽管不同行会组织的合并路径有所差异，但其性质基本上殊途同归，即商人直接支配生产，商人资本家通过垄断市场交易途径，切断直接生产者与市场之间的直接联系纽带，从而控制直接生产者的经济活动。① 随着行会合并，商人直接支配生产模式的兴起，传统行会学徒制运行的制度环境已经悄然转变：同行竞争的管制日益放松了，商业资本家学徒工雇佣规模的扩大颠覆了传统行会学徒制的可信承诺结构，王室王权的衰落使行会治理特权一去不复返，这些事实使行会组织单方面维护努力变得徒劳无功，这从制度层面规定了英国学徒制的演化趋向。

（三）工业革命学徒制：去管制化与行会学徒制的瓦解

通常认为，英国行会学徒制去管制化是源于工业革命的推动。工业革命对行会学徒制的冲击是整体性和根本性的，大机器生产替代手工劳动，改变了生产过程中的技术分工方式，使工序设置、生产线安排、机器化程度以及各种技术标准制式等方面都出现了重大的变化，这动摇了学徒制存在的技术基础。生产中，自动机器使生产过程简单化，对工人技能的依赖性极大地降低了。这对立足于传统技术分工基础上的行会学徒制构成了挑战②。随着机器大生产的推进，工厂生产规模越来越大，行会学徒制这种传统的技能形成方式已经无法满足机器化大生产技能需求。可以说，在工业革命的滚滚浪潮中，行会学徒制技能形成方式无论在技能培训内容上，还是在技能培训效率上都

① 在行会经济中，商人阶层基本上通过如下两种方式实现对生产过程的直接支配：一是控制原料来源和产品销售渠道，通过在流通领域中的优势来迫使生产者接受其控制，比如，16世纪通过行会合并成立的伦敦皮革商公会垄断产品销售权控制生产过程，原来自产自销的独立生产师傅，如钱袋匠、皮囊匠、手套匠和皮革匠等不能直接进入产品市场，必须假手皮革商人才能出售（金志霖，1996）。二是通过委托加工生产的方式，即通过雇佣独立的小生产者进行代工生产，建立长期直接的经济联系来实现对生产过程的控制。

② 杜以德．成人教育发展纵论［M］．北京：中国人民大学出版社，2007:19.

落后了。

工业革命对行会学徒制产生了很大影响，这是任何人都无法否认的，但仅仅从技术转型变迁的角度无法完全解释行会学徒制瓦解的深层次原因：首先，这种判断不符合历史的事实，早在英国工业革命发生之前，行会学徒制的治理权威已经面临着来自商业资本家以及那些急于扩大规模的生产者的挑战。其次，从技能形成的角度，工业技术革命带来的技能形成挑战是所有生产者共同面对的。全新的技术分工使传统行业中的师傅、工匠以及学徒工都面临着技能转型。而且20世纪80年代后，对资本主义技术进步的大量经验研究已经证明，工业革命虽然简化了生产劳动过程，但未必会带来对技能工人的“去技能化”（Deskill）结果。技术进步意味着对技能熟练工人的需求也不断地增长，技能附加值越来越高。而且更为关键的是，如果说工业革命左右了行会学徒制的命运，导致其走向瓦解，可同样经历工业革命的其他资本主义发达国家（如德国和日本），其工厂学徒制为何没有瓦解呢？[①]所以，工业革命作为一种技术力量在行会学徒制演化进程中更多是扮演了一种推动者的角色，起到了一定的加速作用，而技术作用的社会基础是潜藏在背后的更为重要的力量。

1. 行会学徒制危机背后的社会根源

与技术决定论观点不同，笔者以为，引发英国行会学徒制陷入危机并走向瓦解的深层根源不在于技术而在于社会阶层结构的转型变迁。社会阶层是指基于某种社会关系的分化而形成社会地位以及相应的社会群体。不同社会阶层在身份地位、权力资源、利益需求与机会结构上都存在着差异，而这种差异所造成的社会冲突及矛盾是形塑制度变迁的重要力量。中世纪中晚期，随着资本主义生产关系的萌芽拓展，行会学徒制所依赖的社会阶层结构基础也发生了巨大的变化。在行会经济早期，“学徒—帮工—师傅”的等级序列构

---

① 具体讨论参见王星．技能形成的社会建构：中国工厂师徒制变迁历程的社会学分析［M］．北京：社会科学文献出版社，2014.

成了稳定的职业晋升体系。不仅如此，无论是学徒、帮工还是师傅都属于一种社会身份，代表着不同社会阶层的利益关系。在传统行会学徒制中，劳动雇佣关系，师徒技能传承关系与社会身份关系之间相互嵌入，为行会学徒制技能形成奠定了社会基础。但随着资本主义自由市场力量的释放，行会学徒制赖以存在的社会阶层结构基础也开始发生改变。

（1）商人资本家直接支配生产，这不但是行会经济治理组织形式的变化，更是一种生产关系的变化。这种改变给社会阶层结构带来了两方面的重要影响：第一，行东阶层原来独立平等的社会身份被打破，相互之间开始出现两极化。同业公会时期，少数商人行东财富急剧膨胀，完成原始资本积累，转型成为商业资本家和工业资本家，而绝大多数公会的直接生产者在代工生产或直接工厂生产过程中成为（商业或工业）大资本家雇佣对象。第二，社会阶层结构流动路径转型。在同业公会时期，商业资本家的剥削导致大批公会的普通工匠贫困破产，彻底失去生产资料，独立开业已不再可能，甚至很多帮工沦为乞丐。1574 年，伦敦呢绒匠公会的帮工向公会理事会指控，由于大量的公会师傅违反行规超额招收学徒工，使帮工得不到就业机会，有很多人被迫改行，有的甚至沦为乞丐与盗贼。到了 17 世纪，行会学徒制原有的社会阶层流动路径更加堵塞，且已经对工匠师傅构成了冲击。伦敦的成衣商公会、伦敦丝织匠公会、伦敦制毡匠公会与伦敦呢绒匠公会的工匠们就不断地诉苦请愿，并且列出了很多违反行规的公会成员名单。因而，对于学徒工和帮工而言，原先的社会阶层等级序列被打破，随之而来的是行会学徒制的社会基础被动摇：一方面，传统学徒制的宗法性及社会济贫性渐弱，劳动雇佣性成为师徒关系中的主要原则。另一方面，不同社会阶层之间的结构性利益对立态势出现，破产的帮工阶层、流动的学徒工群体、传统的工匠师傅、商业（和工业）资本家之间开始出现复杂的阶层间冲突，而这种冲突在日后对行会学徒制的演化变迁产生关键影响。

（2）小师傅阶层的兴起。英国小师傅阶层兴起于 15 世纪末，由独立开业的约曼（帮工）群体组成。16 世纪初，独立开业的帮工群体已经相当普遍了。伦敦的裁缝公会甚至要求撤销 1563 年《工匠学徒法》中关于学徒工数量限制的条款，以方便帮工群体开业。不过，尽管帮工群体取得了独立开业权，但由此形成的小师傅阶层与行会组织内传统师傅阶层还存在着诸多差异。在社会地位上，当时的行会师傅群体划分为制服作坊主和非制服作坊主，小师傅阶层属于后者。是否穿制服是社会地位的象征，15 世纪中叶，只有制服师傅才有资格进入伦敦的公共会场。而且小师傅阶层在招收学徒工的数量上也比传统师傅阶层要少。在经济资源上，小师傅阶层经济实力薄弱，占有的生产资料非常有限，甚至有些小师傅连 10 先令的会费都缴纳不起[①]。在支配权力上，行会组织多为制服作坊所控制，会长和执事均在制服作坊中产生，因而小师傅阶层的权力会受到行会组织的严格限制。

在英国资本主义生产关系发展历史上，小师傅阶层的兴起成为商业资本家代工生产的主要雇佣对象，满足了扩大生产规模的需要，小师傅阶层与工业技工之间的身份逐渐模糊了。对于行会学徒制而言，小师傅阶层的兴起瓦解了传统的“学徒—帮工—师傅”的等级序列结构，取而代之的是“普通劳工—半熟练技工—熟练技工”的等级序列，行会学徒制中的社会性淡化了，而劳动力市场雇佣交易性凸显。面对新兴市场所带来的压力，自由资产阶级力量不断壮大，传统行会组织已经无力维护其传统权威，1814 年，英国废除了《工匠学徒法》，行会学徒制的最后保护伞也随之消失了[②]。

2. 学徒制的去管制化：由行会到技术工会

在 19 世纪中叶的英国，技工工会组织逐渐取代行会成为学徒制的主要管制者。工业革命后，英国政府逐渐采用自由放任的经济政策（Laissez-faire），去管制化是经济治理的主流。在法律法规上，虽然英国从 1799 年就颁布执行

---

① 金志霖 . 英国行会史［M］. 上海：上海社会科学出版社，1996:229.

② 即使在 19 世纪早期，英国依然保留着行会制度，但此时的行会组织基本上只具有一些慈善、宗教以及学术讨论的功能。

了《禁止结社法》，阻止劳工组成工会。不过，《禁止结社法》更多是针对无技术劳工的，目的在于阻止无技术流民的流动从而维护生产与社会秩序。而技术帮工（Journeyman）群体的结社组织化，早在1793年就获得了合法地位。英国政府1793年出台的《互助结社法》（*The Friendly Societies Act*）的目的在于发挥帮工群体的济贫功能，维护社会安定。但实际上，技术工人们常常利用互助社作为合法化的掩护，从事各种组织化维权斗争。因而，互助社也被很多经济史学者认定为英国工会组织的前身①。

国家立法对互助会（Friendly Society）的鼓励，为地位每况愈下的传统师傅与帮工阶层之间的联合搭建了一个纽带。而且互助会所具有的互助福利（Friendly Benefits）及其所带来的安全保障功能广泛激发了工人加入的动机。因此，如韦伯夫妇所言，“在1800—1820年”，英国的技术工人“得到了前所未有的全面组织化”。1824年，《禁止结社法》废除后，技术工人之间的阶级联合势头则更盛。在技工工会与企业主之间的劳动斗争政治图景中，学徒制“纠缠于英国工会主义运动之中”②，蜕变为劳资双方谈判的工具，学徒制技能培训的质量已经不再是重点了（见表8.2）。无质量保障的培训过程导致的结果就是英国学徒制逐渐名存实亡。19世纪中叶，技工工会组织也不断降低入会门槛，技能等级要求逐渐被抛弃，如英国机械制造业工会将入会要求从必须完成学徒制培训降低为“连续从业五年以上，或有两名正式在册会员推荐”。到1877年，完成学徒制培训的工会成员比例不足10%，而到了20世纪初，是否参加学徒制培训对能否获得工会会员资格而言已经不再重要了。与此同时，学徒工数量急剧下降，而且在一些行业中已经逐渐消失。1925年，英国学徒培训咨询处关于16个行业的调查报告指出，英国男性学徒工的比例

① 转引自凯瑟琳·西伦.制度是如何演化的：德国、英国、美国和日本的技能政治经济学［M］.上海：上海人民出版社，2010:87.

② 转引自凯瑟琳·西伦.制度是如何演化的：德国、英国、美国和日本的技能政治经济学［M］.上海：上海人民出版社，2010:113.

已经从 1909 年的 36.2% 下降到 30.1%。在工程、木工、装潢行业，所有 21 岁以下的男性劳工中，学徒工比例只占 14%。

表 8.2　英国行会学徒制的演变历程

	早期行会学徒制（16 世纪前，传统行会学徒制）	中期行会学徒制（16—18 世纪，国家立法阶段）	晚期行会学徒制（工业革命后）
师傅资格	行会认定	行会认定	工厂内熟练技工 无明确资质认定
学徒工身份	未来同业者 技能学得者	未来同业者 技能学得者	廉价雇佣劳动力
师徒关系	契约化 宗法社会性	契约化 宗法社会性	受雇于同一雇主的工作伙伴
学徒合同	行规约束的契约	国家法令规范及行规约束的契约	自愿自助性非正式口头契约或正式文本契约
制度属性	技能形成 社会化机制	技能形成 社会化机制	劳动雇佣制度 技能形成
治理机制	行规 师徒契约	国家法律 行规 师徒契约	技工工会
技能形成功能	技能培训 社会化并重	技能培训 社会化并重	技能培训弱化 劳资斗争的工具

资料来源：金志霖（1996），关晶（2010）。经笔者整理而成。

由此可见，行会学徒制的历史演化过程一直伴随着不同类型的劳动政治斗争。行会治理权威与英国中央集中王权与地方力量的对比有着密切关系：中世纪早期，英国中央集权稳固而强大的背景下，地方城市自治力量较弱，行会组织管制学徒制的权威性强、效果明显；反之，随着王权衰微，地方城市自治以及自由商业资产阶级力量的兴起，“最小国家”传统以及生产体制上去管制化的趋势日渐形成[①]，国家外部强制性力量逐渐削弱，1814 年，《工匠学

① Burawoy M . The politics of production : factory regimes under capitalism and socialism ［M］. Verso, 1985.

徒法》被废除是一个重要标志。可以说，从最初的行规治理上升为国家法律管理意味着行会学徒制达到了高峰，而《工匠学徒法》的废除则说明行会组织管制学徒制的外部权威基础不再存在。工业革命浪潮中，随着自由放任理念的生根发芽，英国再也无法建立起与行会学徒制相匹配的制度安排。

（四）未完的故事及对中国产业工人技能形成体系建构的启示

工业革命以来，伴随着英国行会经济瓦解以及行会管制力的削弱，无论是国家、企业还是劳工组织，他们重建学徒制的努力均因为相应制度环境的缺失而收效甚微。工业革命后，英国学徒制只能在技术工会与雇主劳资冲突所达成的短暂权力均衡中蹒跚前行。在雇主与技工工会之间对抗性劳资冲突关系结构下，英国学徒制一直无法形成统一的联合治理机制（类似于行会组织）——无力克服集体行动中的“搭便车”现象，雇主与学徒工之间也达不成可信承诺关系。正如 Green 和 Sakamoto 所指出的，在自由性生产体制下，只有建立起一个稳定的机制安排以打破自由主义传统，内部技能选择路径方才有立锥之地①。

英国学徒制的演化历史证明，很多经济问题的背后实质上是社会政治问题。无论是行会治理权威的王权依赖，还是学徒或帮工的崛起与抗争，都启示我们，中国产业工人技能形成将会是突破职业教育范畴而成为一个多主体参与的复杂互动过程，国家、地方政府、行业企业、职业学校、受训者以及劳工组织都将介入其中并对职业技能培训产生重要影响。笔者以为，认识这一点，并且首先从学理上分析中国产业工人技能形成体系改革过程中利益相关者的互动图式，对于我们国家引进他国技能形成经验、推进本土产业工人技能形成实践具有重要的政策启示。不过，在中国，强国家传统、弱势的行业自治能力、劳工劳动力的廉价化事实、用工短期化与工匠精神累积之间的

① 转引自凯瑟琳·西伦. 制度是如何演化的：德国、英国、美国和日本的技能政治经济学［M］. 上海：上海人民出版社，2010:123.

本质冲突以及劳动力市场上存在的社会体制性障碍，也意味着我们与自由市场制度占据主导的英国存在着诸多不同，这对西方技能形成理论提出了挑战，同时也对学界有效知识供给提出了更高的要求。

二、技能形成体系的社会基础：德国学徒制演化进程分析

在本部分，笔者选择德国学徒制为对象，以其现代化转型的关键历史时刻为切入点，尝试透析学徒制制度变迁的经济社会基础与动力机制。具体而言，主要讨论两个问题：一是阐述支撑德国厂内技能形成体制（学徒制）成功运行的经济、政治及社会制度基础；二是解释德国管制自由市场的社会保护与厂内技能形成体制之间的相关性，进而从理论上反思技能形成过程中的所谓“市场失败”现象。

众所周知，德国是实现经济效率与社会保护协调发展的典范，在其被称为“组合主义”的治理架构中，以学徒制为基础的技能形成体系是支持劳方和资方实现社会性合作并达成社会伙伴关系的基石①。所以，从社会学视角梳理和解释德国学徒制历史演化过程，对于思考当下中国经济社会转型中面临的重大现实问题，如市场效率与社会保护关系问题，具有启发价值。

一直以来，学界对于学徒制的研究聚集于两个方向，一是关注学徒制的功能，包括经济功能和社会功能：前者视其为提高经济绩效，提升劳动者人力资本并增加经济收入的路径选择；后者则指出其在劳动者尤其是移民劳工的阶层地位获得乃至社会融入方面的作用②。二是专注于学徒制经验的转介之上，通过分析制造业发达国家的学徒制培训模式，要么是讨论企业组织内学徒制作用效率议题，或是挖掘对我国产业工人技能形成的启示。这些围绕学

---

① 转引自凯瑟琳·西伦. 制度是如何演化的：德国、英国、美国和日本的技能政治经济学［M］. 上海：上海人民出版社，2010:36.

② 安东尼·哈尼，詹姆斯·梅志里. 发展型社会政策［M］. 北京：社会科学文献出版社，2006.

徒制的讨论为后续研究积累了丰硕的成果，但遗憾的是，这些研究多没有从宏观上将学徒制处理为一种整体性制度安排而考察其运行的社会基础，也未能透视学徒制本身制度变迁的历史轨迹及其背后的动力问题。

其实，一味强调技能形成的功能导致我们忽视了“人力资本理念的条件性约束”的问题[①]，人力资本培训需要与一国的经济社会结构相匹配，并不是培训越多越好。国际劳工组织2012年的调研报告显示，“技能失衡（Skill Mismatch）”现象在全球劳动力市场中日益普遍，并带来了大量的消极后果。因而，作为技能形成的一种制度类型，学徒制的形成、发展与作用是嵌入性的，这在德国学徒制的历史转型过程中也得到了较强的呈现。恰如Soskice、西伦等学者所指出的，学徒制之所以在德国能够立足并成为其重要比较制度优势，是与德国悠久的国家主义传统密切相关的。

（一）技能形成制度演化过程中的“市场失败”与社会建构

从制度类型上来说，技能形成机制可分为外部形成和内部形成两种方式，前者属于技能生产的外部替代，自由的技工劳动力交易市场是其运行路径；后者则属于技能的自我生产，工厂与受训劳动力之间的可信承诺是其运行的关键。技能形成理论认为，两种技能形成机制的类型区分不是基于技能生产的物理空间，而是根据其匹配的制度基础所确定的。基于此，有学者通过历史比较分析发现，不同资本主义国家所依赖的技能形成制度类型存在着很大差异：英国主要依赖的是外部技能形成机制；而在德国，内部技能机制（学徒制）则占据重要位置[②]。

为何同是资本主义国家而其选择的技能形成体制存在如此大的差异呢？针对这个问题，学界一般从两个路径切入进行解释：一是理性选择路径，核

① 唐兴霖，周幼平．整体型社会政策——对发展型社会政策的理性认识［J］．学海，2011（05）．

② Hall P，David Soskice. Varieties of capitalism—The institutional Foundations of Comparative Advantage［M］. Oxford：Oxford University Press, 2001.

心观点认为，“成本—收益”机制规定了企业选择技能形成方式的行为，“挖人”外部性最终导致内部技能形成机制无法立足[①]；二是社会建构路径，认为不同资本主义国家技能形成体系差异乃是社会力量间相互妥协的结果，是社会建构的产物。理性选择解释推演了内部技能形成机制瓦解的成因，在逻辑上是具有说服力的，但却与资本主义国家技能形成历史事实不相符。如西伦所言，在资本主义工业化过程中，技能短缺更多是企业选择“挖人”战略的现实背景，而不是“挖人”的结果。更关键的是，理性选择解释抽离了制度变迁过程中的历史性，仅强调市场竞争替代铁则对技能形成方式所产生的影响，而忽略了环境约束性及行动情境性。所以，该理论代表认为贝克尔（Becker）后来也承认，不是所谓的“挖人”外部性导致企业抛弃内部技能形成方式，这个现象形成的根本原因在于缺乏一种约束技能劳动力流动的机制。这为社会建构解释路径提供了理论准备。

其实，经济社会学理论已经证明，行动实践中的行动者理性选择是嵌入在社会网络中的，是社会建构的，这包括三个层面的含义：一是所谓建构，主要是指通过行动者之间的磋商与协调然后达成妥协共识。二是这种建构是社会的：一方面，参与磋商的行动者是多元的，既有社会成员个体，也有各类组织架构。另一方面，影响建构的因素是社会性的，包括利益、价值、权力、意识形态以及社会规范等。三是不仅社会事实是建构的，而且理性也是社会建构的。如果以此论来透视学徒制的制度变迁历程，我们会得出一种全新的解释。基于此，笔者以为，在对技能形成制度类型多样化进行解释时，要对理性选择路径进行调适：一是突破理性选择路径中的“动机还原”解释

① 理性选择解释路径认为，在竞争性市场环境中，企业技能形成的最优策略是选择从其他企业中“挖人”，偷取其他企业的技能培训投资从而将自己的利益最大化。同样，对于技能劳动力而言，也能够选择进入出价最高的企业，以实现自我利益最大化。在完全竞争市场及经济理性的指引下，选择此战略的企业和个人会越来越多，“如果所有企业都执行无技能培训战略”，由于“挖人”的搭便车行为的大量存在，必然的结果就是“企业生产所依赖的技能储备不断减少进而导致恶性循环”（Thelen，2004），带来技能短缺并最终导致企业内部技能形成方式无法存续。

框架，引入社会建构因素。笔者在早先发表的文章中指出，技能形成机制的选择受制于两个变量：可信承诺的达成与劳动力市场的管制。所谓可信承诺，是指企业和技术受训工人之间达成长期稳定的委托合作关系[①]，是一种克服投资不确定性的契约保证。不过，在现实技能生产过程中，劳资双方的契约在外界诱致性因素作用下依然会失效，这种情况下外部力量的介入则是必要的（如工会组织、行会组织等）。如果说可信承诺是企业内部的契约安排，那么劳动力市场管制则是社会契约，这具体表现在如下两个层面的内涵：首先是企业间劳动力竞争方式的管制，涉及“挖人”外部性的问题；其次是去商品化的社会保护行动，涉及技能培训成本在企业、受训者与国家三者之间分担的问题。二是要回到前现代的历史阶段来寻求德国学徒制现代化转型的动力机制。在制度演化过程中的关键时间节点上，新的参与力量会加入，制度转型与制度创新由此产生，但这并非是完全割裂历史的，而是会延续制度体系中核心元素的。

（二）“从传统到现代”：德国学徒制的转型历程

其实，在德国行会学徒制走向工厂学徒制的工业化转型过程中，就催生了工会组织与行会组织，以及手工业部门与工业部门之间的利益政治行为，这推动了学徒制在魏玛共和国时期逐渐走向现代化，且为后来闻名于世的双元制奠定了基础。正如西伦所指出的，资本主义国家技能形成制度差异的成因可以“追溯到早期工业化时期，独立工匠、技能熟练的产业工人与技能密集型产业中的雇主之间所达成的政治妥协安排不同”[②]。所以，有必要回到历史中，方能厘清德国学徒制的现代化转型过程。

---

① 王星．劳动安全与技能养成：一种政治经济学的分析［J］．江苏社会科学，2009（05）．

② 凯瑟琳·西伦．制度是如何演化的：德国、英国、美国和日本的技能政治经济学［M］．上海：上海人民出版社，2010:20.

1. 行会父权主义下的学徒制技能形成

在德国行会发展历史上，商人行会（基尔特—Gilde 或汉莎—Hanse）较手工业行会（Zunft）成立要早，不过后者与学徒制的相关性更强。德国手工业行会组织是独立生产的师傅阶层自治性联合组织，13 世纪末，它开始介入学徒工的技能形成过程之中，形成了较为制度化的学徒制（Meisterlehre）体系。[①] 到了 14—15 世纪，行会学徒制度已经在德国主要城市里较为发达了，如法兰克福有 137 个，纽伦堡有 96 个，里加有 90 个，汉堡有 114 个，吕贝克有 129 个[②]。通过行会学徒制，德国的手工业部门实现了劳工雇佣及技能传承两个目的，不过该制度的有效性依赖于三个最重要的社会基础条件：

（1）中世纪时期，德国在政治上的分权成全了行会组织在城市经济社会治理中的主导地位，学术界称之为"先有经济德国，尔后有政治德国"。13—15 世纪，皇权与教权之间的斗争使德国一直处于一种政治上的分裂状态。1250 年，随着霍亨斯陶芬王朝的衰败，德意志陷入了分裂状态，分解成为众多半独立性的诸侯国。随着城市商业与生产手工业的发展，各种不同形式的诸侯领地逐渐演化成由小商人、小生产等市民组成的自由城市。这些城市虽然历史起源不同（有的兴起于主教领地，有的起源于修道院领地，有的是在王室领地及采邑领地基础上发展起来的），但基本都实行相同的政治、经济和社会治理结构：在政治上，围绕城市议会建立起主权实体，拥有独立的司法、货币等方面的权利。在社会治理上，由市民社会进行自治；在经济上，则主要依赖行业协会进行行业经济行为的管理：一方面，行业组织是城市税收征收的一个重要渠道；另一方面，在与王室和贵族的斗争过程中，行会组织是维护各个行业集体利益的重要力量。从德国城市行会组织成立之初，与王室

① 德国制度化的行会学徒制通过行会章程（Satzungen）或案卷（Zunftrollen）对劳动时间，教授方式，学徒工资格，学徒契约鉴定，师徒双方责任、义务与行为守则，学徒期限以及满徒后独立经营的资格考核和认定都有详细而严格的规定。关于德国行会学徒制管理的具体内容比较庞杂，鉴于篇幅所限，在此不再详述。

② 转引自关晶．西方学徒制研究［D］．华东师范大学，2010:53-54.

和贵族之间的斗争就一直伴随行会组织的成长过程，处于对抗王权的斗争中。行会组织除了能够维护商人和生产者的利益外，城市经济社会治理对行会组织的依赖性也逐渐增强。所以在中世纪的德国，为了保障行会组织的地位，特别为行会组织颁布了相关法律，如在行会结社方面进行了法律规定。在德国经济社会治理过程中，行会组织强大的干预力量推动了中世纪德国自由市场经济的成长，而且也使之成为当时欧洲市民社会发展较为成熟的国家。时至今日，这种悠久的行会主义传统成为几百年后德国经济社会伙伴制治理架构的基本元素，这种工业民主传统也是形塑德国学徒制走向的重要制度力量。

（2）行会组织推行的“强制会籍制（Zunftzwang）”。所谓强制会籍制是指行会组织为了将行会成员之间的经济竞争降到最低程度而采取的一系列强制性控制手段，并且为保证行会行规及禁令（Zunftbann）的有效性，对于违反强制性规定的成员行会组织会施以一定处罚措施——最为严厉的是，任何违反行会规则、损害行会声誉的成员将会被开除出行会，同时被禁止从事此行业的职业活动。强制会籍制（Zunftzwang）保证了行规的权威性，这在行业竞争管制，以及师徒之间可信承诺达成上起到了重要作用，从而维护了行会学徒制的技能形成秩序。

（3）行会组织的父权主义传统，主要体现在两方面：一方面是行业利益的组织化保护，最初是为了抵抗城市贵族的压迫与剥削，在工业革命发生过程中，则逐渐演变为抵抗工业资本家对传统行业的侵蚀。另一方面，在学徒制治理上，包括徒工劳动力的控制与生产秩序维持、学徒制参与主体责任与义务的规定以及对师徒契约的监管等内容。在德国工业化历史进程中，这种父权主义传统（管制与保护责任）被很多学者认定为其社会伙伴制治理模式起源的社会文化基础。

2. 重回集体主义管制：行会学徒制的工业化转型

工业革命后，德国行会学徒制面临着来自市场力量和工业资产阶级的强大冲击，尤其普鲁士政府1810年实行了“营业自由（Gewerbefeiheit）”改革后，行规约束力逐渐衰弱。这种背景下，越来越多的师傅行东违反行规，大量雇佣学徒工、虐待学徒工的事件也开始大量出现[①]。具体而言，工业革命从如下三方面动摇了德国行会学徒制度的存续环境：

（1）工业革命冲击了行会学徒制技能形成所依赖的生产方式基础。在机器化大生产模式下，行会学徒制的“师傅—帮工—学徒”的三级体系逐渐瓦解，取而代之的是工厂车间劳动过程中的新等级体系，即“工头—技能工人—准技能（Semi-Skill）工人—无技能工人”的等级体系。在这样的等级分工体系中，传统行会学徒工群体已经无法寻找到其分工位置[②]。

（2）自由市场经济中的逐利原则打破了传统“维持生计”（Versorgungsprinzip）原则。行会经济以家庭为单位的生产劳动往往是基于“维持生计”（Versorgungsprinzip）的原则和思想，家庭生活与生产在劳动分工上是一体化的，可工业革命打破了这种原则。在波兰尼看来，市场经济是建立在逐利动机和技术因素基础之上的，工业革命的实质就在于自我调节的市场经济。自由市场机制中的竞争替代原则打破了传统行会学徒制原有的可信承诺格局：一方面，行东师傅之间形成了竞争态势，寻求更为廉价的可替代劳动力（如女工甚至更廉价的童工）使学徒工群体难以有生存的空间；另一方面，车间里处于不同技能层级的工人之间形成了竞争关系，这使行会学徒制的技能形成链条无法移植到机器化劳动生产过程之中。

（3）经济自由主义和社会民主化浪潮颠覆了传统行会学徒存在的社会制度性基础。18世纪开始，伴随德国工业革命的推进，追求民主和自由的资产阶级启蒙运动也随之逐渐达到顶峰：第一，营业自由动摇了行会组织的垄断地位，其中的标志是1869年颁布的《北德意志邦联工商条例》，取消了行会

---

① 凯瑟琳·西伦.制度是如何演化的：德国、英国、美国和日本的技能政治经济学［M］.上海：上海人民出版社，2010:42.

② 关晶.西方学徒制研究［D］.华东师范大学，2010:28.

的强制入会制，行会组织对青年学徒工训练的传统权力也随之下放，企业雇主们拥有招收学徒工和帮工的权利[①]；第二，传统行会学徒制中的社会性等级秩序被打破，师徒之间传统的人身依附性转变为一种经济依附性。随着这些社会制度性基础的改变，师徒之间的矛盾与张力得到了释放——德国各地虐徒事件层出不穷，学徒工反抗性运动包括群体性反抗也多有发生，引发了很多社会问题。为了维护技能形成秩序，国家干预已势在必行。

德国国家力量对行会学徒制的干预可分为三个阶段：第一阶段是在18世纪中后期，主要是通过国家法令规范行会学徒制的管理。中世纪以来，行会学徒制的管理主要依赖行业自我规范即行规（Zunftbann），从18世纪开始，国家干预开始出现。1733年和1794年，德国普鲁士地区先后出台法令对行会学徒制中的“学徒资格、学徒年限、师傅义务、教学要求、满徒条件以及违规处罚”等内容进行规定。不过，这阶段的干预虽然对师傅行东的行为（比如，滥用和虐徒）进行了约束，但并没有触及传统行会组织特权的核心——强制入会制，没有直面传统行会学徒制危机的实质。第二阶段的干预则开始触及核心议题。1810年，德国普鲁士政府就已开始落实资产阶级的经济平等权。1869年德国《北德意志邦联工商条例》颁布，正式废除了“强制入会制”[②]“学徒合同被认为是私人合同，只受普通合同法的规范”。可事与愿违，1869年的改革为德国资本主义经济自由主义松绑了，却导致了行会学徒制中可信承诺的瓦解，带来了意外的经济社会后果。19世纪中期尤其是1869年以后，虐徒事件大量出现，为占有廉价徒工的“过度培训（Lebrlingszücbterei）”现象也愈演愈烈。同时，学徒劳动力开始自由流动，大量学徒对于长期而艰苦的技能培训兴趣不大，他们更愿意进入工业化生产车间里充当廉价劳动力，

---

① 凯瑟琳·西伦．制度是如何演化的：德国、英国、美国和日本的技能政治经济学［M］．上海：上海人民出版社，2010:48.

② 该法令的115—125条款去除了当时强制性的职业资格证书、书面师徒合同、学徒比例、学徒制期限、学徒制费用等方面的规定。

生产工人技能质量急剧下滑。第三阶段从 19 世纪 80 年代开始，是对 1869 年法令中的自由放任主义进行修正。德国国民议会先后在 1881 年、1883 年、1884 年、1887 年、1891 年五次对《北德意志工商条例》进行修正。在此基础上，1897 年德国政府颁布了著名的《手工业保护法》(*Handwerkergesetz*)，通过赋予手工业行会（Handwerkskammern，HWK）准公共性权力[①]，将学徒制从自由放任的状态拉回到行会组织集体主义的管制框架之中。值得注意的是，该法令摒弃了传统行会妨碍经济自由的做法，特别规定手工业行会决不能采取传统的“市场保护行动”。因此 Hansen 认为，1897 年《手工业保护法》是“传统与现代元素的完美结合”[②]，它在国家干预与行业自治之间的有效调适使德国传统的行会学徒制成功完成了工业化转型，也为后来的现代化转型奠定了制度基石。

3. 迈向现代化的德国学徒制

19 世纪末，集体主义管制使德国学徒制成功地抵御了自由市场的冲击——既没有沦为廉价劳动力的剥削工具，也没有被外部技能形成机制所取代，成为德国技能生产和积累重要的制度性安排，并对学徒制迈向现代化起到了巨大的推动作用。德国学徒制的现代化转型是在魏玛共和国时期开始形成的，具体表现为如下几点转型：

（1）内容标准化。主要包括行业内基础技能培训要求及课程设置的标准化。德国学徒制的标准化进程是在魏玛共和国时期率先从机械制造产业开始的。1919 年，机械制造业行会制定了一份适用于整个行业的标准化学徒合同范本，同时，德国职业培训委员会着手制定了行业技术标准目录，并且根据此目录编写了标准化培训教材。到 20 世纪 30 年代，机械制造产业已经成为

① 1897 年《手工业保护法》通过如下两点树立了行会组织对学徒制的集体主义管制权威：一是赋予行会组织监督和执行学徒制培训规范的权力，二是赋予行会组织学徒制技能资格考核与认证的唯一权力。关于该法令具体内容，可参见西伦（2004），孙祖夏（2006），关晶（2010）等。

② Hansen H E . Caps and gowns: Historical reflections on the institutions that shaped learning for and at work in Germany and the United States, 1800-1945. [D] . 1997:326.

德国第一个广泛采用标准化技能形成体系的行业，手工业行会组织也认可了学徒制技能培训的技术标准目录[①]。

（2）管理制度化。主要是根据行业及岗位技能要求不同而科学地确定培训次序，并据此开发培训课程，制定技术岗位目录，从而在岗位技能之间划分清晰的边界。传统学徒制在技能传授方法上，多采用师傅指导下以岗位实训形式进行，即“边干边学”。这种技能训练方式具有一定的随机性，不但师傅的教学技巧、教学内容甚至教学态度也会对培训质量产生一定的影响，而且学徒工从事的岗位种类和学习环境也会对培训质量产生影响。为了使学徒制技能培训质量可控，在魏玛共和国晚期，一些手工业企业开始推动学徒制技能培训制度化。

（3）社会教化功能的回归。在中世纪，行会学徒制被定位为一种教育制度，社会教化功能是其中应有之义。到了19世纪末，在自由主义冲击下，学徒制在工业部门中被认定为一种劳动雇佣制度，市场交易理性逐渐剥离了学徒制中的社会教化义务。到了20世纪初，德国产业部门开始倡导学徒制社会教化功能的回归，以培养新型的产业工人。他们认为，工业化时代的产业工人除了掌握技术知识和实践操作技能外，还应该具备一定的劳动品质，如纪律性、顺从性、忠诚性与勤奋等，这样才是一个“完整”的产业工人。其中尤其值得注意的是，保护性的社会政策行动起到了重要推动作用，通过社会政策的怀柔行动既可以培养学徒工的忠诚，培养新型技术工人从而取代企业内部的激进工人，也有助于技能培训秩序的稳定。

回溯德国学徒制制度演化的历史，尽管有学者指出德国学徒制的现代化模式是在20世纪30年代开始建立，并最终在20世纪60年代末实现了法制化（通过《职业教育法》）。但笔者以为，在“现代”之前，德国学徒制现代化模式所具有的基本原则已经得到了奠定，比如企业自治权限与国家干预权

① Hansen H E . Caps and gowns: Historical reflections on the institutions that shaped learning for and at work in Germany and the United States, 1800–1945. [D] . 1997:326.

限分离[①]，以及嵌入式的集体主义管制等，所有这些都为德国学徒制的现代化转型提供了匹配环境。

（三）德国学徒制现代化转型背后的社会建构

通过梳理德国学徒制的历史演化轨迹，我们发现，从19世纪下半叶开始，德国学徒制治理中的国家干预主义传统就已经形成。在这样的历史过程中，学徒制相关的参与者，如行会、工会以及政府等，其相互之间的角色、互动方式与行动原则得到了规定和建构，进而形塑了学徒制演化变迁的轨迹。

1. 行会学徒制工业化转型过程中的利益政治及其影响

由上文可知，在19世纪尤其是下半叶行会学徒制工业化转型过程中，围绕其展开的利益政治行动是嵌入在威权主义政体下展开的。相较之下，英国行会学徒制的工业化转型是在“最下国家”背景下展开的。相异的国家管制取向使英德两国行会学徒制转型过程中的利益政治行为类型也大相径庭，并使各自的学徒制走向了不同的转型道路：“自愿自助”逐渐成为英国学徒制的基本特征，在行会制度瓦解后，英国传统学徒制也随之消失。相反，德国行会学徒制却走向了带有强制性色彩的“双元式”技能形成方式，并且一直延续到现代化转型阶段。具体而言，在德国行会学徒制工业化转型过程产生的利益政治类型主要表现为两个层面，即手工产业与工业产业之间的利益政治类型，以及工会组织与行会组织之间的利益政治行为。

（1）手工业与工业产业之间的利益政治行动。对于德国学徒制而言，手工业与工业产业之间的斗争绝非所谓落后保守势力与进步开放势力之间的对抗，而是德国社会不同社会阶层利益之间的斗争：师傅阶层代表旧中产阶级，工业产业中的资产阶级代表新中产阶级。二者之间的利益政治行动主要围绕两方面展开：技能工人的培训渠道以及技能培训的考核与认证权。

---

① 孙祖复，金锵．德国职业技术教育史［M］．杭州：浙江教育出版社，2000:33.

争夺技能工人的培训渠道方面，18 世纪末 19 世纪初，为了对抗手工业行会对技能培训的垄断（通过行会学徒制），工业资产阶级极力推动技工培训社会化，其中工业学校是当时最典型的代表。与行会学徒制一样，工业学校（Industieschulen）也是面向社会下层群体（主要是贫困儿童和青少年）开设的技能培训机构，它采取半工半读方式进行技能培训。18 世纪末到 19 世纪初，德国工业学校在资本主义经济发展推动下取得了大发展[①]。不过，随着工业化进程进一步推进——大规模机器生产取代了早期的分包制生产方式，同时，童工保护法令的出台，逐渐动摇了工业学校发展的经济社会基础，工业学校技能培训方式走向了衰败[②]。

不过，工业学校的困境使工业资产阶级认识到，技能形成渠道争夺绝不能局限于简单地在行会学徒制外设立平行渠道，更重要的在于改革行会制度本身。自由主义色彩浓厚的 1869 年《北德意志工商条例》则是当时资产阶级斗争获胜的标志性结果。可 1869 年的此法案降低了德国整体的技能培训质量，给经济社会带来了巨大的负面效应。为了克服 1869 年该法令的负面效应，1897 年，德国出台了《手工业保护法》。

1897 年法令成功地调和了资产阶级与手工业主之间的矛盾，产生了两个结果：一是双方之间就技能供给进行合作，手工业学徒制成为工业部门稳定的技工供给源。19 世纪 80 年代以前，德国制造业的技工几乎完全来自手工产业部门，即使到了 1907 年，所有的受训年轻工人中仍然有 46.5% 是通过小型手工作坊学徒制学习技能的。二是激发了工业部门建立厂内学徒制的动机，以摆脱对手工业学徒制的依赖。所以，19 世纪末至 20 世纪初，德国工业产业部门所培训的学徒工数量在不断上升（见图 8.2）。

---

① 1798 年，伯门有 674 所工业学校，威斯特法伦有 231 所，利伯河一带的特莫尔德有 26 所，哥丁根及其市郊有 20 所。到了 1807—1808 年，巴伐利亚有 450 所，到 1822 年，符腾堡有工业学校 342 所，普鲁士地区几乎所有学校都是工业学校（孙祖夏等，2006）。

② 具体讨论参见孙祖复，金锵 . 德国职业技术教育史［M］. 杭州：浙江教育出版社，2000.

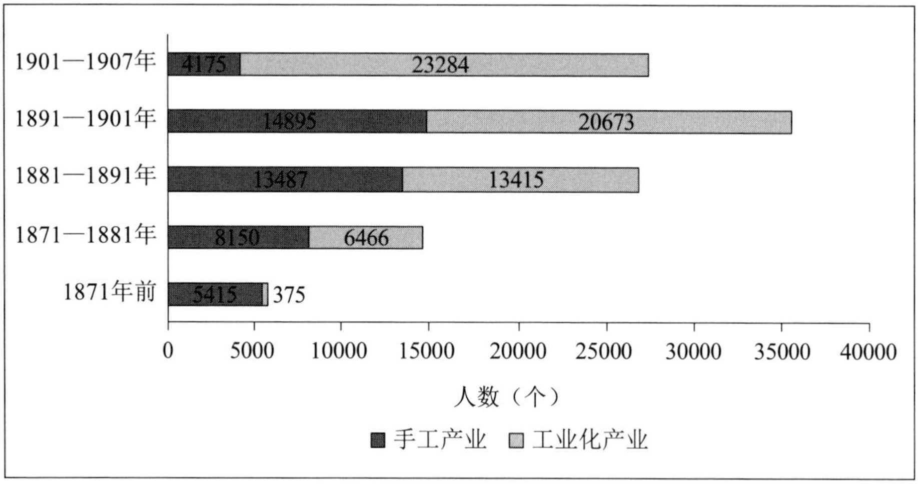

图 8.2 普鲁士地区两产业部门受训学徒工人数

资料来源：转引自关晶（2010），经笔者整理。

在这种情况下，两个问题凸显出来：一个是手工业学徒制与工业学徒制在技能培训内容上的衔接问题，即现代化转型过程中的标准化问题；另一个是技能培训考核与认证权逐渐成为双方关注的焦点。

争夺技能培训的考核与认证权。1869 年法案意味着在手工业与工业部门之间的斗争中，自由资产阶级获得了胜利。对手工业生产部门而言，自由市场力量的释放使它们无论在劳动力资源争夺，还是在经济实力上都无法与工业化产业部门相抗衡。在这种情况下，大量的手工业生产部门关闭破产，德国出现了低技能化的趋势：一方面，可信承诺无法达成，导致传统行会学徒制走向衰败；另一方面，企业之间与廉价劳动力之间的恶性竞争导致技能培训质量日趋低下。随后，国家干预并颁布了 1897 年《手工业保护法》，通过赋予手工业行会技能培训考核和认证权，成为手工业部门维护行业利益，对抗工业部门侵蚀的重要优势。

从规定上来说，工业部门自身培训的学徒工原则上是要在手工业行会获得技能资格认证的。可是在实际操作层面上，手工业行会总是设置种种障碍为难工业学徒工的技能考核认证。为了应对这种局势，工业部门采取了多管齐下的斗争策略：建立制度化的厂内学徒培训机制；试图通过与手工业行会组织达成合作从而分享其技能资格考核和认证权；通过增加企业内部的社会服务项目以及劳工福利等父爱主义方式吸引青年人加入；试图创立一套与手工业行会相平行的技能资格考核与认证体系。

但是，在技能资格考核认证权的争夺上，工业部门一直处于下风，在整个魏玛共和国时期都未能得到政府法律上的支持。不过，双方的斗争却给德国学徒制发展带来了意外效果：客观上推动了技能培训的标准化和制度化，为后来现代化转型奠定了基础；管制了工业部门之间在技能人才上的恶性竞争行为。通过斗争使工业部门认识到相互间的恶性竞争实质会削弱他们在争夺技能形成相关权利上的战斗力。因而在 1911 年，工业行会要求所有行会会员企业承诺把在训学徒工人数的数量维持在全厂总职工数的 10%~15%，以此来限制企业间在学徒工劳动力资源上的恶性竞争。双方委托联合性行会组织进行学徒工技能资格的考核与认证，为二者在 20 世纪 30 年代的自愿性合作奠定了基础。

（2）工会组织与行会组织之间的利益政治行动。从治理层面上来说，德国社会伙伴制就是不同社会利益集团之间达成的一种社会契约，而基于“劳资共决”基础上的劳动共同体和经济民主是其中最根本的制度安排[①]。所以在德国，与强大行会相对应的是，工会组织也是一支重要的参与力量。不过在参与立场上，19 世纪末 20 世纪初的德国工会已经逐渐抛弃了意在消灭资产阶级的“阶级斗争”立场，转向寻求一种合作性的“劳资共决”民主化模式。这种价值理念在 1918 年工会组织与工业行会组织签订的《斯廷内斯—列金协议》（the Stinnes-Legien Agreement）中得到了集中体现。具体而言，工会与行会围绕学徒制的政治行动主要集中在如下两点：

---

① 孟钟捷．德国劳资关系演进中的里程碑：1920 年《企业代表会法》的发生史研究［D］．华东师范大学，2006:33.

学徒制管制权。早在20世纪初，针对手工业行会组织在学徒制管制方面的特权，德国工会组织就持反对立场，提出要打破手工业行会的垄断地位，主张学徒制技能形成要实行更“民主化”的管制结构：要削弱手工业行会组织在学徒制执行、监督以及考核认证方面的权力，将学徒制纳入“劳动共同体”管理模式之中，其中劳资集体协商是主要工具。

今天看来，德国工会之所以能够与行会组织在技能培训上达成共决，很重要的原因在于魏玛共和国时期，劳动共同体模式为劳资双方协调利益提供了一个制度平台。1919年3月12日的《魏玛（集体）协议》对劳资共决权做出了详细规定，工会组织不但有参与企业管理决策的权利，而且可以就工人（包括学徒工）的工资福利待遇等方面与企业协商决定。在德国，这种合作主义式的治理机制一直延续至今。

学徒制制度属性的认定。对于学徒制技能形成方式而言，如何界定师徒关系的属性一直是相关争论的核心议题。从理论上而言，学徒制属于一种教育制度。不过在实践过程中，教育属性与劳动力雇佣属性之间存在着一定的张力，并且会随着相应环境的变化而产生变化。在行会经济时期，德国学徒制被界定为一种具有社会伦理道德色彩的教育机制。工业革命后尤其是1869年法案颁布后，学徒制中教育属性被淡化，逐渐演变成一种劳动力雇佣制度。1897年《手工业保护法》出台后，德国学徒制的教育属性开始回归。

就当时学徒制属性认定的斗争而言，主要是在工会组织与手工业行会组织之间展开的。一直以来，德国工会组织都试图将之认定为一种劳动力雇佣关系：一方面可以将学徒工尤其是手工产业部门中的学徒工纳入工会组织之中，壮大工会组织自身的力量，同时为学徒工提供集体保护；另一方面压缩手工业行会组织在学徒制上的管理权，扩大劳动“共决权”的作用范围。可对于手工业行会而言，一旦将学徒制界定为一种雇佣关系，就意味着学徒工在身份上将成为出卖劳动力的雇佣工人，其相关的工作条件及工资待遇将会受到工会组织的干预。与手工产业不同的是，在工业部门中，工商业行会组织对于工会组织介入学徒制持不反对态度。1918 年，借着劳资集体协议的东风，德国工商业行会组织与工会组织之间就学徒制在技能培训、学徒工待遇等方面达成了协议。

在 19 世纪末 20 世纪初，工会组织的参与和斗争产生了较大影响。德国工业企业基本上接受了将学徒工认定为一种雇佣关系的主张，这种认定为工会参与工业学徒制的管理（通过合作主义性的集体协商方式）提供依据与空间。在德国技能依赖型的机械制造产业中，集体劳资协议覆盖的学徒工数量从 1925 年的 61173 人增加至 1929 年的 87237 人，大约占这个行业所有学徒工总数的 66%[①]。正如 Hall 和 Soskice 所言，劳资集体协商制度不但能够有效地阻碍企业间的“挖人”行为发生（促进可信承诺的达成），也可以缩小工人技术工资之间的级差，从而维持厂内技能形成体系（包括学徒制）的稳定[②]。

总体而言，在威权主义国家体制的背景下，德国行会学徒制工业化转型过程中产生的利益政治类型为学徒制现代化转型奠定了制度基础：手工业与工业之间的利益政治为后来学徒制的标准化和制度化做好了铺垫，而工会组织与产业行会组织（包括手工业行会和工商业行会）之间的斗争结果是形成了劳动共同体的共决管制模式。

2. 工业化时期的遗产：社会市场经济与学徒制现代化转型

从知识考古学角度来说，描述德国的“社会市场经济”（SozialMarktshaft）术语始于“二战”后，但社会市场经济的内涵、方式与理念可回溯到 19 世纪下半叶，并在俾斯麦社会保险立法时期得到明确和拓展。在那个时候，德国国家干预主义传统已经形成——“凡是市场经济不能达成之目标，应由国家政策干预予以达成”[③]。从上文可知，在国家干预主义背景下，工业革命时期国

① 数据转引自凯瑟琳·西伦．制度是如何演化的：德国、英国、美国和日本的技能政治经济学［M］．上海：上海人民出版社，2010:61.

② Hall P , David Soskice. Varieties of capitalism—The institutional Foundations of Comparative Advantage［M］. Oxford：Oxford University Press, 2001.

③ Hans F. Zacher，1982 Social Market Economy,Social Policy, and the Law. Journal of Institutional and Theoretical Economics.1982.Vol.138:367–388.

绕学徒制的利益政治最终导向了社会伙伴式的合作主义，成功地解决了学徒制技能形成过程中面临的合作困境，从而为学徒制现代化转型奠定了制度基础，具体包括如下两方面：

（1）劳动共同体制度。劳动共同体制度是现代德国社会伙伴制形成的先声。早在工业化初期，德国劳资共决做法已经开始出现。正如尤尔根·陶德贝格（Jurgen Teuteberg）所言，德国“现代的工业共决权并不是近代社会政策发展的产物，而是应该回溯到工业化之初……共决权的历史同德国的工业生产史一样悠久”[①]。德国劳动共同体制度真正的大发展是在19世纪末20世纪初，尤其是魏玛共和国时期，劳动共同体制度在德国得到了广泛推广，并且在1920年取得了法律上的认可（1920年颁布的《企业代表会法》），成为劳动权的核心内容之一。劳动共同体制度实质上是在劳资关系处理基础上扩展而成的，企业民主化模式是其最为集中的表现。

企业民主化指涉的是企业生产组织过程中生产关系民主化，核心机制是劳资共决制度[②]。与学徒制技能形成相关的，如学徒工培训期限、学徒工数量与学徒工工资待遇和劳动福利等都是劳资共决制协商决定的内容。一般而言，企业民主化行动是制度环境约束和路径依赖基础下的现实选择，它需要如下现实条件作为支撑：

自治性雇主行业组织。德国具有悠久的行会治理传统，在经济社会治理过程中，德国行会组织具有强大的自治性行动能力，这是德国企业民主化中“劳资共决制”达成的前提条件。1871年，德意志帝国的第一部成文宪法取消了国家对企业的直接控制，从法律上进一步赋予行会组织自治地位。一直以来，行会组织作为一种公法法人是德国政府国家行政的间接组成部分，行使

① 孟钟捷．德国劳资关系演进中的里程碑：1920年《企业代表会法》的发生史研究［D］．华东师范大学，2006:15.

② 杨瑞龙，周业安．论利益相关者合作逻辑下的企业共同治理机制［J］．中国工业经济，1998（01）.

准公共性权力。对学徒制而言，从传统行会经济开始，手工业行会组织都对学徒制技能形成过程具有准公共性的管制权力，1897 年法案后，这种权力得到了进一步强化。到了 20 世纪 30 年代，纳粹政府时期，工商业行会组织也获得了类似的管制权力。

德国行会组织的上述特性促进了企业民主的达成：一方面，自治性使组织能够成为行业利益可信任的代表；另一方面，行会组织准公共性权力又保证了行业自治协议的权威。这些特征为学徒制技能形成过程中的可信承诺和劳动力市场管制提供解决的制度框架。

强大的劳工组织。在德国的经济社会治理过程中，支撑劳资共决制另一端的就是强大的工会组织。1869 年，北德意志颁布自由主义色彩浓厚的《北德意志邦联工商条例》，取消了工人结社禁令，但德国工会组织真正大发展是 1914 年 8 月“城堡和平”（Bürgfrieden）及在此基础上形成的《为祖国志愿服务法》（*Gesetz über den Vaterlăandischen Hilfsdienst*）颁布之后。1916 年之后，工会组织的入会率尤其是大型企业的入会率直线上升，而且工会组织得到了国家法律上与雇主行会组织的认可，“迅速成为一支举足轻重的政治与经济力量”①。

1916 年之后，推动德国工会组织力量迅速增长的主要因素有：一是德国工会组织在爱国主义感召和社会政策保护行动下主动放弃阶级斗争立场而转向采用合作主义立场。工会组织立场的转向使德国产业工人罢工也随之锐减，从 1913 年的 2000 多起迅速下降到 1915 年的 137 起。工会组织合作主义立场在缓和劳资关系的同时也为组织自身的发展赢得了机遇。二是就企业主行会组织而言，20 世纪初持续而激进性的罢工行为使工业雇主们尤其是机械制造产业的雇主们有了劳动和解的愿望。在 1916 年后，工业资本家以往坚守的“企业主人”立场也逐渐发生了松动，企业主立场的改变为工会组织的大发

① 孟钟捷．德国劳资关系演进中的里程碑：1920 年《企业代表会法》的发生史研究［D］．华东师范大学，2006:31.

展提供了空间。三是国家力量的介入与支持。无论是1914年的“城堡和平”还是1916年的《为祖国志愿服务法》，德意志帝国的一个基本动机就是建构稳定的战备供给渠道，而且帝国政府认为和谐劳资关系是该渠道建立的必要条件。

在19世纪末20世纪初，德国企业行会组织与工会组织从阶级斗争立场转向合作主义立场，其中更主要的因素在于双方基于现实压力以及利益诉求上的一致性。1920年，德国颁布《企业代表会法》将劳资共决制正式制度化和法制化：劳资共决制的组织基础是双方共同参与的企业代表会，共决的内容从传统的劳工福利延伸至企业经济政策。在德国学徒制逐渐迈向现代化的过程中，劳资共决制实际上为学徒制搭建了一个集体主义管制框架。这种新框架摒弃了传统学徒制中父权主义式的管制方式，是一种适合理性化市场经济需要的民主化管理方式。它通过经济决策参与、劳资集体协商等方式，在压缩工资差距、劳动力流动限制与企业间恶性竞争管制等方面对学徒制现代化转型产生了重要的影响。

（2）去商品化的社会保护。去商品化与商品化是一个相对应的概念，在波兰尼看来，商品化（土地、劳动力与货币）是市场力量释放的结果，指理性化的金钱交易原则渗透和支配程度。去商品化则属于一种应对市场风险的社会自我保护行为，即国家通过给劳工提供社会救助、社会保险、社会服务等措施使之分享经济福利，增强抵抗市场风险的能力[①]。艾斯平·安德森认为，所谓去商品化是指个人（或家庭）能够独立于市场参与之外，仍然能够维持社会可接受的基本生活水准程度，福利国家的社会政策行动就是要提升劳动力的“去商品化”程度，减少劳动者对市场的依赖。

对德国学徒制而言，从早期工业化时期开始，学徒制度内部的商品性（作为劳动力雇佣制度）和社会性（作为技能传授的教育制度）之间的张力就

① 王星.阶级化与商品化：劳工抗争政治的两种模型［J］.中国工人，2012（02）.

一直存在。作为一种内部技能形成体制，投资学徒制对于企业以及受训者而言都存在着一定的风险：一是企业投资厂内学徒制培训所面临的“挖人”外部性风险。英国的学徒制历史已经证明，同行之间对技术工人的恶性争夺最终只能导致企业选择“低技能均衡”的生产体制。二是受训学徒工选择厂内培训所面临的风险。一般而言，企业尤其大型制造企业投资的厂内学徒制培训主要意图在于形成企业需要的特殊技能以维护其在产品市场上的竞争优势。[①] 因而对于受训学徒工而言，选择学习企业特殊技能的培训意味着其将来会在劳动力市场上面临着一定的风险——失业或投资所学特殊技能对其就业无价值的风险（只能依赖一般性技能进行就业）。

显然，如果完全依赖劳动力市场机制理性调节的话，理性受训者是不会选择投资（以低薪的形式）参加厂内学徒制培训的。所以，这中间需要去商品化的社会政策行动干预，从而修正学徒制技能形成中的市场失灵现象。在 Margaita Estevez-Abe 等学者看来，这种去商品化的社会政策行动与一国选择何种技能形成体制类型之间存在着紧密的相关性。[②] 他们在 1999 年（1999 年 9 月 2—5 日亚特兰大召开的美国政治学会学术年会）发表的一篇题为《社会保护与技能形成：福利国家的再解释》（*Social Protection and the Formation of Skills: A Reinterpretation of the Welfare State*）文章中，将社会政策行动概念化为雇佣保护和失业保护两个社会保护的维度，从而建构了解释厂内技能形成方式与社会保护体制相关性的理论框架（见表 8.3）。而且他们还形成了操作化的测量指标，通过收集经合组织（OECD）十八个国家（包括德国和英国）的翔实量化数据对理论框架进行了有说服力的论证。

---

① 德国厂内学徒制技能培训的标准化并不是针对此类风险而采取的应对行动，首先，标准化主要是指一般技能层面上的；其次，标准化是以中小型企业为参与主体。其意图在于通过学徒制培训内容以及培训年限上的标准化规定一方面提高培训质量，另一方面抑制学徒工的流动及企业间的挖人行为。

② 就这个问题，笔者曾在 2009 年撰文详细论证了劳动安全保护与技能形成类型差异之间的相关性，具体参见王星（2009）。

尽管在这篇文章中，Margaita Estevez-Abe 等人引用的是现代德国去商品化社会保护行动方面的数据，但其形成的理论框架对于理解德国学徒制长期的历史演化过程同样具有重要的推论价值。在笔者看来，雇佣保护与失业保护的社会政策行动实质上通过抑制劳动力市场弹性[①]而实现了劳动力去商品化，进而有效地克服了培养企业特殊技能方式面临的劳动力市场风险，也激励了受训者投资参与厂内学徒制培训的动机。

表 8.3　社会保护与技能形成类型[②]

		雇佣保护（employment protection）	
		低	高
失业保护（unemployment protection）	高	产业特殊技能（丹麦）	混合型（产业和企业特殊技能）（德国）
	低	一般性技能（英国）	企业特殊技能（日本）

资料来源：Margaita Estevez–Abe 等（1999）。经笔者整理而成。

去商品化的社会福利制度是德国社会伙伴治理模式的关键特征，甚至有学者直言，如果将德国社会福利制度尤其是社会保险体制排除的话，那么德国与其他工业资本主义国家的经社制度并无多大差异[③]。据历史考证，现代德国的去商品化社会政策体系从 19 世纪 80 年代就已经初见雏形了，俾斯麦时期的社会保险体制被称为德国福利国家的原型[④]。19 世纪末 20 世纪初，德国

① 当然，除了去商品化的社会政策行动外，德国对自由劳动力市场弹性的管制还通过行会、工会等大的利益组织进行。在本书第七章中，笔者将社会保护操作化为劳动安全，分析了劳动安全与技能形成的关系，具体参见表 7.1。

② 雇佣保护，是指保障就业稳定性的制度化机制。工人被解雇的可能性越低，说明雇佣保护越强；失业保护，是指降低失业对收入影响程度的制度化机制。产业特殊技能（Industry Specific Skill）是指适用于某个行业的技能；企业特殊技能（Firm Specific Skill），是指企业专有技能；一般技能（General Skill）是指所有行业都需要掌握的基本技能。标准化的德国学徒制，在技能形成内容上通常是整合了产业和企业层面的特殊技能的混合培训。

③ 郭明政 . 社会安全制度与社会法［M］. 台北：翰庐出版社，2007:49.

④ 林万亿 . 福利国家：历史比较的分析［M］. 台北：巨流出版社，1994.

采取了一系列的社会保护政策，都对参与学徒制培训的受训者动机激励具有一定的作用：从失业保护政策行动上来说，1927 年德国强制性的失业保险金制度打消了学徒工投资学习特殊技能的顾虑；从雇佣保护政策行动上来说，德国除了通过各种组合主义政策对雇主在劳动力雇佣及解雇权利进行管制外，还通过学徒工实习工资补贴、雇佣失业人员工资补贴与短时雇工补贴等方式激励年轻人参与技能学习的动机，创造就业岗位，从而维护雇佣关系的稳定性；在德国社会福利体系中，尤其是国家保险体系中，福利资源的配置要遵守严格的标准，即以就业身份来区隔社会保障的程度。此种社会福利资源分配体制在劳工阶层与职员阶层，国家雇员与私有企业雇员之间进行明确的职业身份区隔：有利于维持社会阶层结构的稳定，也有助于培养劳工对企业与国家的忠诚。对于德国学徒制而言，这种意识形态上的忠诚对于抑制技工（学徒工）流动，促进雇主与学徒工之间可信承诺的达成起到了非常重要的作用。

（四）小　结

在本部分中，笔者梳理了德国学徒制转型的一个关键历史节点，即 19 世纪末 20 世纪初学徒制的现代化转型，并从历史制度主义视角对其进行了解释：一方面，19 世纪末 20 世纪初，德国宏观层面的社会市场治理模式为学徒制提供了匹配制度环境，劳动共同体模式以及去商品化的社会保护奠定了学徒制有效作用的经济社会基础；而另一方面，这些制度安排的达成在历史源头上可追溯到工业化时期，围绕学徒制而发生的利益政治是建构学徒制转型演化轨迹的社会力量。在德国学徒制的制度变迁过程中，无论是行会组织父权主义色彩浓厚管制方式，还是经济民主化中的劳资共决制，都较好地解决了学徒制面临的可信承诺达成和劳动力市场管制的问题。由此，德国学徒制能够在工业化和现代化转型过程中继续保持并成为一种重要的技能形成体制，并且制造了德国制造产业在全球市场的强势表现，成为支撑德国渐进型创新模式的重要比较制度优势。

所以，技能形成机制不是企业随意取舍的结果，更不是企业在经济理性指引下理性选择的自然生成，而是各方力量互动博弈所达成的妥协性制度安排。正是从这个意义上来说，笔者认为，德国学徒制技能形成实际上是社会建构的。围绕学徒制而展开的议题绝非只是培训教育领域的问题，而是一个现实的经济社会问题。与此相对应地，在学科研究上，学徒制也不应该仅仅是教育学关注的议题，而更应该成为经济社会学、社会政策研究所要重视的议题。笔者认为，在讨论德国学徒制演化轨迹的过程中，这种研究视野的转化，对于思考当下中国经济社会转型中面临重大现实问题，如经济与社会建设之间的关系、社会质量建设等，都具有一定的启发意义。

三、国有企业厂办技校与国家工业能力积累的技能支撑

无论是学理还是工业发达国家的工业史都证明，一个国家工业能力尤其是制造工业的积累特别依赖于两种制度安排：一是融资体系，耐心资本的获取对于制造产业完成工业能力积累尤为重要；二是技能形成体系，构建集体主义式或者国家主义式（而非自由主义式）的技能形成体系。[①] 近些年来，与以往通常聚焦于中国国有企业产权结构、运作效率以及内部代理人困境等研究议题不同，越来越多的学者开始挖掘国有企业在中国工业化进程中对于国家工业能力积累方面的独特贡献。[②] 我们以为，以往之所以很多研究关注国有企业在市场上的表现，以及企业组织运营管理等方面的议题，有两方面的原因：一方面是因为在市场化改革初期，国有企业表现出强烈的市场不适应性，这种不适应性集中体现在国企僵化的内部管理机制与高度灵活的市场需求之

① Marius R. Busemeyer，Christine Trampusch. The political economy of collective skill formation［M］. Oxford: Oxford University Press，2008.

② 路风 . 光变—— 一个企业及其工业史［M］. 北京：当代中国出版社，2016:300–420.

间的冲突；另一方面也是因为积累和形成企业核心竞争力的生产技术领域存在着“研究黑箱”的情况，研究者在进入和深化研究方面都面临着诸多阻碍和困难。近些年来，随着国有企业现代企业制度的逐步建立和完善，打造和增强核心竞争力成为国有企业的行动重点，随之，关于国有企业研发制造能力和核心技术技能积累等方面的议题也成为关注焦点。

从制造产业转型升级实践来看，由于工业技术技能领域存在着不确定性强、投资见效慢以及基础技术领域准公共性等特性，故国家参与和介入尤为重要。路风等人的研究发现，制造产业领域“以市场换技术”为基调的产业政策事实上并没有为我们国家换来“卡脖子”技术，相反，一定程度上还强化了国家制造产业核心技术的对外依存度，甚至导致我们陷入“技术壁垒”和“技术封锁”的困境。实际上，《中国制造 2025》战略意味着国家已经开始调整制造产业转型升级过于依赖市场自我调节的产业政策倾向，开始全面介入制造产业的发展。我国高铁技术的成功在于中国铁路装备工业的技术基础和国家对铁路产业创新的支持[①]，高铁技术突破事实证明，攻破“卡脖子”技术依赖于老技术的根基和新技术的产生。而且，新技术的产生向来都不是一蹴而就的，往往是在对老技术的革新中逐渐颠覆老技术的过程中实现的。这给予我们的启示是现阶段我国工业由劳动密集型向技术密集型的转变在很大程度上依靠工业发展的“根”。我国工业的根基正是自 20 世纪 50 年代初开始以“五年计划”形式发动的工业化过程中打下的。当时，在资源与技术极度匮乏的条件下，国家通过行政计划和国有企业组织和动员了各种资源，成为推动工业技术进步和积累的直接行动者。[②]正如有学者所言，国有企业是我国工业计划的重要产物，它不仅是中国技术与资本密集型工业的知识与经验的主要载体[③]，也为我国早期民营企业的发展提供了最初的技术支持和生产

① 路风．冲破迷雾——揭开中国高铁技术进步之源［J］．管理世界，2019（09）．
② 路风．光变——一个企业及其工业史［M］．北京：当代中国出版社，2016:427.
③ 路风．光变——一个企业及其工业史［M］．北京：当代中国出版社，2016:425.

经验[①]，奠定了我国工业发展的根基。

当然，国有企业对于国家工业能力的奠基性作用背后是举国体制的强大支持，关涉到多种制度安排。不过，计划经济体制时期国有企业内所形成的完整的技能形成体系无疑是其中重要的制度安排之一。1956年基本成形的国有企业“八级”工人技术等级制度[②]，以及与之捆绑在一起的学徒制、厂办技校等技术技能培训机制，不但为国有企业供给了大量技术技能人才，而且还成为后来国家职业资格体系的雏形。对于国有企业技能形成体系，已有研究从师徒制切入，以制度匹配为理论框架，剖析了国有企业内部技能形成过程中的运行逻辑。[③]实际上，在国有企业技能形成过程中，除了师徒制是一种技能供给方式以外，厂办技校也是非常重要的一种方式。而且在实践过程中，师徒制和厂办技校会密切互动共同进行技术技能工人的培养。本部分主要通过梳理计划经济体制时期国有企业厂办技校的历史印记，回溯早期国企技能形成的事实经验，探寻国企厂办技校有效运行背后的机理，以从技能形成的视角来透视国家工业能力积累的微观基础。

（一）厂办技校——国家与企业双重深度卷入的技能形成体系

厂办技校是企业在工厂内筹建的学校，属于半工半读教育实验的产物。[④]1958年，中央多次发文强调理论与实践结合、学习与生产结合的重要性，倡导在全国范围内逐步开展半工半读教育制度。[⑤]同年4月，天津市委起草了《天津市半工半读学校（班）组织章程草案》，天津国棉一厂是第一所选

---

① 蔡莹莹．浙江经济持续竞争优势问题研究［J］．商业时代，2012（11）．

② 罗季荣．论八级工资制［J］．厦门大学学报（财经版），1952（01）．

③ 王星．师徒关系合同化与劳动政治——东北某国有制造企业的个案研究［J］．社会，2009（04）．

④ 胡昭衡．从天津市厂办学校看半工半读的优越性［J］．历史教学，1965（02）．

⑤ 梁卿．职业教育半工半读的概念、目的与实现形式——基于对政策文本的分析［J］．职教论坛，2008（09）．

定的实行试点，同年5月开办全国第一所厂办技校。[①] 半工半读教育制度是“两种教育制度，两种劳工制度”，“两种”是指全日制形式和半日制形式的劳动制度和教育制度。[②] 半工半读教育实验一方面是指在工厂内筹建学校，另一方面是指在学校办工厂。厂办技校自1958年在天津国棉一厂开办以来受到了全国的关注与效仿，至1959年初全国16个省、市中参加厂办学校学习的约有29万人，这些学校多由工矿企业创办。[③]

在已有的文献研究中，对“厂办技校”的研究较少，研究者多是以“半工半读教育”引入对厂办技校的分析，但研究成果主要汇聚于教育领域。有学者从相关政策文件的梳理着手，追溯了“两种教育制度，两种劳动制度”的由来、发展阶段和历史影响[④]，提出半工半读教育实验经历了1957—1963年、1964—1966年、1966—1976年三个阶段。[⑤] 有学者以天津市半工半读学校从试点到推广的历史过程为背景，阐述了刘少奇提出的“两种教育制度，两种劳动制度”的历史意义。[⑥] 也有研究通过对计划时期我国半工半读教育的历史回顾，分析其对当下职业教育的借鉴意义。[⑦] 可以发现，从教育视域着眼对半工半读教育制度的研究多是从宏观的政策视角对发展历程的整理，较少聚焦于半工半读教育在特定历史阶段对国家工业化战略实施以及工业能力积累过程中扮演的主要角色。实际上，半工半读制度下设立厂办技校的首要意图就是培育国家工业化需要的技术技能人才，兼具社会改造——通过培养新社会力量（工人阶级）——的意涵。根据数据记载，厂办技校创办以来，为企业培养了大量的技术人才，不仅解决了当时较为严峻的就业问题，也推动

① 李庆刚 . 刘少奇两种教育制度思想发展的内在逻辑——以天津半工半读教育发展为参照［J］. 天津大学学报（社会科学版），2002（01）.

② 陈小梅 .“两种教育制度，两种劳动制度”［J］. 中国档案，2012（03）.

③ 何东昌 . 中华人民共和国教育史［M］. 海口：海南出版社，2007:321.

④ 曹晔 . 新中国初期半工半读教育的形成及其实现形式［J］. 职业技术教育，2013（16）.

⑤ 周明星，汤霓 . 我国半工半读教育实验的回顾与展望［J］. 职教论坛，2008（05）.

⑥ 李庆刚 . 世纪回眸：刘少奇与天津的半工半读教育［J］. 教育与职业，2001（01）.

⑦ 王华轲 . 半工半读教育及其当代意蕴探寻［J］. 西北成人教育学报，2003（04）.

了我国企业核心技术的发展。[①]

厂办技校从试点到全国推广的历程并不是一帆风顺的，当时受到的质疑一方面是担心厂办技校“不文不武”，既抓学习又抓生产是异想天开，另一方面是考虑到学生面临着文化知识学习与生产任务的重任而无法坚持下去。[②]事实证明，1958—1966年近10年时间中厂办学校收获了较为显著的成效，仅天津市到1958年底半工半读学校就达89所，培养学员2万多人[③]，而截至1965年底全国半工半读学校达到了7294所，在校学生人员为126.6万人。[④]可见厂办技校不仅完成了创办之初教育普及的重任，也在后期的发展中对我国技术与技能人才的培养做出了巨大的贡献。对于国企而言，厂办技校在此阶段是企业内部技能形成体系建立的重要支撑。本研究通过对国企厂办技校在计划经济体制时期的历史追溯：一方面再现国企厂办技校在技工技能形成体系中的具体实践，另一方面通过历史资料，挖掘厂办技校成功助推国企技能形成的作用机制，从而思考国家工业能力积累的微观基础。

（二）厂办技校在国企技能形成中的历史印记

自1958年天津第一所厂办技校筹建后，全国范围内掀起了厂办技校的浪潮。尽管在开创之初企业内部质疑之声不断，但在短短的几年内，厂办技校就培养出了一批优秀技术人才毕业留厂。厂办技校作为一种教育制度在新中国成立至改革开放时期对国企内部技能形成影响深远，通过将理论与实践结合、生产与学习并行的技能培训方式，从多个层面强化了国有企业的技能自我供给能力。

---

① 何东昌．中华人民共和国教育史［M］．海口：海南出版社，2007:323.

② 教育与生产劳动相结合展览会湖北馆．几所半工半读学校［M］．上海：上海教育出版社，1958:2.

③ 河北人民出版社编．天津市试办半工半读学校的经验［M］．天津：河北人民出版社，1965:75.

④ 李蔺田．中国职业技术教育［M］．北京：高等教育出版社，1994:311.

1. **双向式技能提升**

第一所厂办学校在天津国棉一厂试行，第一期与第二期学生均为本厂内的技术工人与管理人员，实行“六二”制与“七一”制的生产与学习安排。[①]随后在全国范围内开始的工厂办学逐渐以招收初中毕业生为主，课程设置融合了文化课与专业课两种类型。当时厂内的大部分工人的文化水平仅处于高小毕业程度，但有较为丰富的生产实践经验。而初中毕业生虽然在文化知识上略占优势，却没有生产与实践的直接经验。厂办学校的出现成为老工人与学生之间理论知识与实践经验互补的桥梁。众所周知，技能形成包括了技术理论知识与生产操作的学习，这就意味着技能的提升既要有理论知识方面的集聚也要有生产操作水平上的经验积累。因而，厂办技校将学生与老工人结合，推进了彼此技能水平的双向式提升。

在天津感光胶片厂文化课的老师由河北大学四年级学生和天津市第四中学教师兼任，专业课是由本厂工程技术人员兼任的，后来使用自己厂培养的学生担任专业课教师。[②]在学生的劳动时间中，老工人指导学生完成生产任务，学生在与老工人的接触与互动中又将理论知识传导给老工人。类似于“老工人技术理论知识缺少，不会看复杂的图纸，在学工的帮助下就可以了”[③],以及“在老工人的指导下用醮了酒精的纱布擦拭仪器表面”等这样的实例多有发生。[④]学生与老工人在共同的空间场域中实现了优势互补，厂办技校不仅培养了新的技术人才，也提升了厂内老工人的技能水平。

2. **渐进式技术革新**

厂办技校对国企技能形成的贡献不单单体现为个人的技能水平提升，还表现在对企业整体的技术改进上。技术革新是在成品设计、工艺改良以及工

① 人民教育出版社编．半工半读中等技术学校经验选［M］．北京：人民教育出版社，1965:5.
② 河北人民出版社编．天津市试办半工半读学校的经验［M］．天津：河北人民出版社，1965:13.
③ 原载于人民日报，1964-11-12.
④ 河北人民出版社编．天津市试办半工半读学校的经验［M］．天津：河北人民出版社，1965:38.

业流程等方面的革新，如对现有设备、机器部件的改进，对工序的改进，技术难点的解决，发明创造出新产品等。技术革新是技术进步的直接动力，对企业而言，工艺改进与设备更新带来的直接效果是生产效率的提升，进一步加速企业对技术革新的鼓励与支持。在厂办学校的开办中强调对技术理论知识与技术经验的交汇，塑造了有益于学生与老工人技术革新的场域。

在天津市制药厂半工半读中等技术学校，一个毕业生被分配到维生素乙车间一个小组当工人。他和同一小组的 3 个学生成立一个技术研究小组。他听说柠檬酸母液还有使用价值，就和研究小组一起参考技术理论资料，在生产中进行实验，终于解决柠檬酸母液回收使用的问题。[①] 在天津胶片厂改进 21DIN 胶卷乳剂配方时，有一个毕业生提出了减少乳化明胶含量的建议。经技术员同意，进行试验，结果很理想，达到了质量要求。[②] 在天津市电子仪器厂两个毕业生根据过去所学的检验测定技术，通过检验工作的实践，在总结工作的基础上，制定了各种产品的检验操作规程，使检验工作科学化制度化。[③] 在上海机器制造厂的技术学校中，学生在工厂实习中提出了 200 多条合理化提案，学生改进的工具夹提升了原有效率的 10 倍。[④] 诸如此类的事实案例都说明厂办技校推动了国企内部的技术革新，为国企技能形成贡献了力量。

3. 合作式技术创新

厂办技校一定程度上缓解了在计划经济初期，我国对技术技能人才的需求问题。从厂办学校毕业后的学生大部分留在原厂工作，少部分被调配到兄弟厂。从一定意义上而言，厂办学校是一种企业技术技能自我供给机制，与生产过程结合度非常紧密：不论是在专业课的教材编写与教授上，还是在生

---

① 天津人民出版社编 . 培养新人的道路——记天津市半工半读学校［M］. 天津：天津人民出版社，1965:36.

② 人民教育出版社编 . 培养新型劳动者的半工半读学校［M］. 北京：人民教育出版社，1964:2.

③ 天津人民出版社编 . 培养新人的道路——记天津市半工半读学校［M］. 天津：天津人民出版社，1965:21.

④ 上海市教育与生产劳动相结合展览会 . 上海市中等专业学校怎样进行教育改革半工半读［M］. 上海：上海教育出版社，1958:50.

产实践过程中，大部分是关于本厂的技术训练，具有较强的专业性。厂办学校将学生的培养模式与本厂的专业技术相匹配，这对于计划经济初期国企的技术创新有显著的作用，同时这种技术创新往往是由学生与老工人相互合作共同孕育出的技术结果。

例如，天津感光胶片厂原先是一个只能生产玻璃干板的只有 200 多人的小厂，1958 年扩建时招收初中毕业生 400 名，很快这个厂就生产出当时社会急需的 X 光胶片，黑白、彩色电影胶片和科研用的各种干板[①]，学生与老工人在其中发挥了极其关键的作用。而在电子仪器厂，由一个教机械零件的教师带 5 个毕业生担负的工程设计任务，在一年里完成了车间的空调、冷冻、涂布机、乳化设备、打孔机以及全部设备安装设计。[②]技术创新不仅体现在技术突破与技术创造上，学生的技术能力也在不断地超越已有的水平。例如，有一个钳工学工刚从厂办技校毕业时，不过是二级工，但不久就学会了做只有五级工能做的跳步模具、骨架模具。而电子仪器厂“工厂生产的一种精密的电子仪器，有两万一千多个焊点，九千多条线路，质量要求极为严格，但许多学工操作起来却井然有序，完全合乎标准”。[③]这些事实案例都突显出厂办学校在国企内部技术突破上的卓越表现。

今天看来，在国有企业工业化生产推进过程中，厂办技校在技术技能上的培训方式适应了技能形成的内在规律，有利于工人有效技能的形成，为国家工业化战略实施提供了技能支撑：在生产与学习的融合中双向式提升了学生与老工人的技能，由学生与老工人共同构成的生产空间里实现了对企业原有技术的改进与革新，以及在技术创新上的显著成果。

① 教育回望：1958 年天津实验半工半读教育［N］. 中国教育报，2009-08-21.

② 天津人民出版社编 . 培养新人的道路——记天津市半工半读学校［M］. 天津：天津人民出版社，1965:25.

③ 人民教育出版社编 . 培养新型劳动者的半工半读学校［M］. 北京：人民教育出版社，1964:21.

（三）厂办技校在国企技能形成中的作用机理

厂办技校对国企技能形成的作用具有一定的时代特征。计划经济体制时期国有企业的单位性是厂办技校最基本的运行环境①。笔者以为，厂办技校之所以能在此阶段成为国企技能形成的重要支持，在于企业—学生—老工人之间的互利共生关系构筑了彼此相互信任的体系，同时，构建了有益于学生学习与劳动结合的制度环境，而情感教育则拉近了老工人与学生的关系，有利于企业内共同体的建立。这些因素是厂办学校之所以能在此阶段为国企技能形成做出巨大贡献的原因。

1. 互惠互利的共生关系

互惠是社会交换的一种方式，互惠的发生既可以是组织与组织之间、个体与个体之间，也可以是组织与个体之间。②由互惠构成的彼此之间互不可缺的共生关系意味着相互制约与相互监督，一旦这种互惠行为发生变动就会导致共生关系消失，彼时就会是一方对另一方的依赖关系。在新中国成立至改革开放前，厂办技校的存在真正将企业、学生与老工人纳入一个共同的空间，彼此之间构成了不可或缺的互惠互利式共生关系，是厂办技校在国企技能形成中能够充分发挥作用的影响因素之一。

（1）企业—学生之间的共生关系建立在劳动力生产与教育回报的互利行为之上。在计划经济体制时期，由于招工指标是指令性计划安排的，因此，在“招生即招工”的政策激励下，国有企业创办技校的积极性很高。厂办技校招收上来的虽然是学生，但在身份上已经是国企的工人。通过厂办技校的技能培训毕业后，学生将直接进入工厂，以中级技术工人身份参加工作。这种制度安排既打消了国有企业在开办厂办技校及参与学生技能培训上的投入

---

① 路风 . 单位：一种特殊的社会组织形式［J］. 中国社会科学，1989（1）.

② 罗家德，李智超 . 乡村社区自组织治理的信任机制初探——以一个村民经济合作组织为例［J］. 管理世界，2012（10）.

顾虑，同时也有助于受训学生安心积累某项技能。在厂办技校中，企业高度参与有助于将学习与生产融合，学生在车间生产中就能充当劳动力的角色，为企业带来的是直接的生产效益。呼兰火柴厂厂办技校的学生对企业的直接利益体现在："招用固定工人也减少了，并能随时补上生产上的临时缺额，起了平衡生产、稳定生产的作用。据 1964 年上半年全校 369 个学生计算，为工厂减少了 81 个三级固定工人"。[①] 学生自愿充当劳动力是由于企业给予的回报，每个学生"入学后经过一年的劳动，平均每人每月收入十三四元，除缴纳学杂费，用于办学费用外，其余全归学生自己"。[②] 有的企业甚至是将学生的医疗与生活保障费也纳入企业的固定支出中，如郑州中药厂"一年级学生每人每月补助 8 元，二年级学生 9 元，三年级学生 11 元，四年级学生 13 元，每个学生每月医疗费 5 角，劳动保护用品与工人同"。[③]

（2）企业—老工人之间的共生关系是以企业给予的劳动保护与老工人付出的技能传承代价为依托的。计划时期，国有企业是每个单位人的直接归属，一旦进入单位就终身是单位的人，从这个意义上说，企业对于老工人而言是一个稳定的庇护所，是老工人工作安全的最有力保障。而对于企业而言，拥有多年工龄的老工人在技能经验上是厂办学校学生最好的专业老师，同时在学生的生产过程中能充当技术指导的角色。在天津感光胶片厂"学生一半时间在课堂学习，一半时间在车间劳动。每个学生进车间要固定和老工人订师徒合同。学生随工人倒班、确定师徒关系，并对学生生产、学习、生活实行三包"。[④] 实质上，全国范围内的厂办学校都是直接将学生的技能操作任务分给老工人指导，正是由于企业—老工人之间的互惠共生关系保证了老工人不会因为学生留厂而被更替，才使得没有实际操作经验的学生能够受到较好的

① 人民教育出版社编 . 工读学校经验选［M］. 北京：人民教育出版社，1966:58.
② 人民教育出版社编 . 培养新型劳动者的半工半读学校［M］. 北京：人民教育出版社，1964:45.
③ 人民教育出版社编 . 工读学校经验选［M］. 北京：人民教育出版社，1966:68.
④ 河北人民出版社编 . 天津市试办半工半读学校的经验［M］. 天津：河北人民出版社，1965:16.

技术指导。

（3）学生—老工人之间的互惠共生关系，在表面上二者之间是技术师傅与学徒的关系，老工人将自己的技术传授给学生，但实际情况是学生与老工人之间也存在着互利行为。学生从老工人身上汲取的是技术经验，老工人则一方面通过学生提升了自己的技术理论知识，另一方面学生补充了老工人作为劳动者的生产任务。例如，在呼兰火柴厂厂办学校的学生每天晚上下课后要完成白天师傅们还没有装完的火柴盒，有时是对空盒的检查。[①]存在于企业、学生以及老工人之间的共生关系本质上是彼此牵制、相互作用的过程，一方面，企业对老工人的劳动保护避免了新老工人之间的竞争，另一方面，保证了老工人对学生的技能传承的进行。

显然，在企业—学生—老工人三者之间构筑起的互惠共生关系是企业内信任体系建立的基础，由此才可能形成企业招生、学生学习、老工人技术传授的完整环节，厂办学校得以顺利开展学习与生产的任务，企业内部技能形成体系的建立才可实现。这种互惠共生的关系铸造的信任大厦，是此阶段国企技能形成的重要成因。

2. 与生产实习相融的制度环境

制度是一个社会的博弈规则，或者更规范地说，它们是人为设计的、形塑人们互动关系的约束。[②]一个完整的制度过程包括制度的创立、运行、监督以及变迁，每一个环节都存在成本，被称为制度成本。[③]选择一种制度就意味着放弃了另一种制度，制度的选择也存在成本[④]，而一种新制度的执行势必会带来对旧制度的更替，会引发更高的成本，因此在短时间内对制度的更换是不太容易的事。但在国企厂办学校的开办过程中，自上而下的制度安排与调

---

① 人民教育出版社编．培养新型劳动者的半工半读学校［M］．北京：人民教育出版社，1964:52.
② 道格拉斯·C.诺思．制度、制度变迁与经济绩效［M］．杭行，译．上海：格致出版社，2014:3.
③ 陈丰．论非正式制度对制度成本的影响［J］．当代经济研究，2009（10）.
④ 汪丁丁．从“交易费用”到博弈均衡［J］．经济研究，1995（9）.

整使得制度环境与学生生产实习的契合度较高，显著提升了厂办技校中学生生产实习的实践效果。

（1）在学生的劳动与实践安排上，天津感光胶片厂为了让老工人和学生的接触机会更多，工厂在学习和生产时间的安排上做了多次的调整，从最开始的半天劳动半天学习，到一天劳动一天学习，再到一周劳动一周学习，把学生分为两部分，一部分在车间劳动，一部分在学校学习，每周轮换一次。[①] 这样做使得学生在劳动周可以与工人一样实行劳动制度，学习周又可以实行学校的教育制度。而电子仪器厂为了把学生培养为多面手，“一开始三个月调动一次，但发现学生还不能及时地掌握技术，后来是先进行简单劳动再到复杂劳动，第一年做简单的；第二年学习专业知识，以熟悉生产工艺过程为主进行轮换劳动；第三年量才使用，根据学生的思想、学习与劳动固定劳动岗位。[②] 呼兰火柴厂为了调节生产与学习的节奏，从原来的半天学习半天生产改为每日学习、劳动各四小时，一周一班倒，并给学生单设了一个学生车间，分上下午两班生产。[③]

（2）在学生培养的课程安排与教学制度上，以厂内实际情况及时进行调整。在天津感光胶片厂，最初是请化学专业的大学毕业生给学生讲专业理论课，但发现单纯的专业知识的输入并不能启发学生实际应用的本领。后来，学校就改为由本厂技术人员讲课，最后为了更好地结合本厂实际，在教学环节中直接加入了问题解决环节。例如，讲感光材料制造工艺学《乳剂制造水洗》时，根据自己厂水质变化幅度较大，影响乳剂性能的实际问题，让学生总结工厂在解决这个问题上的经验。[④] 另外，在招生规模与专业设置上，根据每年实际的需求量，将学校的规模大小与工厂的生产任务对口，设置的专业

---

① 人民教育出版社编．培养新型劳动者的半工半读学校［M］．北京：人民教育出版社，1964:6.

② 天津人民出版社编．培养新人的道路——记天津市半工半读学校［M］．天津：天津人民出版社，1965:24.

③ 人民教育出版社编．培养新型劳动者的半工半读学校［M］．北京：人民教育出版社，1964:49.

④ 人民教育出版社编．培养新型劳动者的半工半读学校［M］．北京：人民教育出版社，1964:67.

与工厂的产品对口，各个专业的人数与各车间的需要对口进行动态的增减。[①]

在计划经济体制时期，国有企业是由政府经营管理，厂办学校的经济支出与收入也直接与政府部门挂钩，对政府部门的依附性决定了在厂办学校的制度调整中成本分担机制较强。因而，厂办学校可以在不受制度成本约束的情况下最大限度地寻找适合自己厂的新制度，才能在学生的学习与实践、课程安排、教学内容等制度中及时做出调整。与生产实习相融的制度环境赋予了厂办学校因地制宜、因时而异的管理氛围，为学生的理论与实际结合创造了极其有利的条件，最终有益于国企内部技能形成。

3. 情感教育中的共同体

情感是联结社会成员的核心内在因素，也是社会成员互动的一种方式。[②]情感教育是指在教学过程中以情感的渗透引发学生的共鸣，从而对学生进行教育的一种形式。[③]情感教育的目的是以情感熏陶学生，帮助学生与施教者建立情感共同体，而情感共同体有助于组织内成员凝聚力的形成。情感教育在厂办技校的教学过程中也起着政治教育的目的，经常是以忆苦思甜、讲述悲惨遭遇以及送温暖等途径展开，学生在老工人营造的情感氛围中提高了学习的积极性，情感共鸣则缩短了学生与老工人之间的心理距离，这在主观上缔造了“隐性知识”传播的良好环境，更有益于学生对技术经验的积累。

通过对国企厂办技校的历史资料整理，可以发现开展情感教育是一种经常性的非正式教学方式。例如，在呼兰火柴厂开展“忆苦思甜”“三史（厂史、家史、身史）教育，听自己的父母亲讲家史，学生经常失声痛哭，发誓要好好学习技术”，[④]实质上这既是一种思想政治教育，更是一种在情感上的共鸣。在天津制药厂，“一个出身于工人家庭的学生，在老工人忆苦思甜的启

① 人民教育出版社编 . 办好半农半读学校［M］. 北京：人民教育出版社，1965:29.

② 朱志伟，孙菲 . 空间、结构与网络：社区情感治理的三重论域与实践路径［J］. 社会科学文摘，2020（07）.

③ 朱小蔓 . 当代情感教育的基本特征［J］. 教育研究，1994（10）.

④ 人民教育出版社编 . 培养新型劳动者的半工半读学校［M］. 北京：人民教育出版社，1964:51.

发下——他访爹问娘，控诉了旧社会给他带来的饥饿逃荒、家破人亡的悲惨遭遇——激发了学生的斗志，出色地完成了学习和劳动任务，被评为天津市1963年‘五好’工人”。[①] 在河南省郑州中药制药厂，“有个学生很调皮，老工人老师傅对他说在旧社会自己17岁当学徒，天天伺候掌柜的……讲自己的悲惨遭遇，学生听后很感动。学生在思想和情感上向老工人靠拢，成为优秀学生”。[②]

对以上几个国企厂办学校的资料分析可以发现，情感教育拉近了老工人与学生之间的距离，尤其是在学生的心理上激发了对老工人的尊重与敬佩之情，学生与老工人在情感上的共鸣使得学生更愿意听从老工人的指导与安排，在主观上形成了对技能学习的主动意识。更为关键的是，学生与老工人建立在情感上的沟通与交流对于“隐性知识”的传播以及“技能绝活”的传授效果显著。

（四）产业工人技能形成体系与国家工业能力积累的微观基础

1958—1966年，厂办技校经历了三次办学高潮，“文革”后随着对刘少奇的批判，“半工半读”制度下的厂办技校也随之走向了低谷。作为一种制度化的技能形成方式，厂办技校以理论与实际结合、生产与学习融合的方式实现了广大农民子弟与工人阶级子女的教育普及任务。作为一种劳动制度，厂办技校完成了生产增量，推动了国家经济发展，同时培养了一大批技术型人才。而厂办学校对此阶段国企技能形成的贡献表现为，其一，通过学生与老工人的生产互动弥补了彼此在技能形成中的缺陷，双向式提升了学生与老工人的技能水平；其二，由老工人与学生组成的技术团队在企业的技术革新上做出了巨大贡献，卓有成效地提高了企业的生产效率；其三，厂办学校的开办以企业为中心对人才的培养更具专业化，在技术创新与技术突破上屡创佳绩。

---

① 人民教育出版社编．培养新型劳动者的半工半读学校［M］．北京：人民教育出版社，1964:34.
② 人民教育出版社编．工读学校经验选［M］．北京：人民教育出版社，1966:66.

本部分以历史社会学的分析视角对国企厂办技校的历史资料进行梳理和分析，厂办技校在国有企业技能形成中有效作用的背后是企业单位（包括老工人）、厂办学校以及受训学员三方之间达成了可信承诺关系：首先是由企业—学生—老工人三者之间存在的互惠共生关系助推了企业内部信任体系的建立，企业方可执行招生计划，学生愿意学习技术，工人才可能进行技术指导；其次是不囿于制度成本的限制，为厂办学校营造了较为灵活的制度环境，在时间安排与教学计划上才能最大限度地与企业生产相吻合，为学生融合生产与学习创造了良好的条件；最后是在此阶段厂办学校开展的情感教育，拉近了学生与老工人之间的心理距离，学生与老工人之间的情感共鸣加强了企业内部凝聚力，使得隐性知识与技能绝活在企业内部得以流传。

全球化逆转事实证明，制造业独立，经济才能独立，进而国家才能独立。制造业的发展是当下全球再工业化进程中的核心议题。因此，技能形成体系的建立是一个关乎国家实体经济发展质量以及国家工业能力积累的重要命题。众所周知，国家工业能力反映的是一个国家工业发展的水平高低，是软实力与硬实力的铆合①，前者包括了金融实力与市场实力，后者主要是指技术实力，在国家工业能力体系中，硬实力是最直接产生生产力和效益的②。在工业制造领域，技术实力通常是在长期累积中形成的，而技术传承、技术革新以及技术创新的发生都离不开技术工人在车间生产过程中的探索与实践。正如拉佐尼克在《车间竞争优势》一书所言的，车间是一个国家竞争优势形成的关键环节。从这个意义上来说，技术工人是国家工业能力形成的基本内核。纵观厂办技校在国有企业技能形成中的历史印记，厂办技校的发展历程与技能供给上的成功并不具有偶然性，它是在一定的历史条件与主观意识形态作用之下的结果。现阶段，我国对校企融合的探索正在如火如荼地进行中，是技能形

① 时杰 . 智能制造提升中国工业能力［J］. 现代国企研究，2015（13）.

② 王喜文 . 中国制造 2025 曙光：智能、绿色、融合、创新［M］. 济南：山东科学技术出版社，2018:64.

成的一种重要途径。虽然校企融合在本质上不同于计划时期的厂办技校，但就厂办学校的成功经验而言是具有借鉴意义的。首先，要破解当下校企合作中互不信任的困境，可能需要在了解彼此的实际需求之上找到均衡点；其次，如何营造有利于校企合作的制度环境问题，因地制宜、因人而异、对症下药也许是最根本的准则；最后，企校合作中如何激发学生学习的主动性与企业职工指导的积极性，可在物质支持与情感支持等方面双向考量。于此而言，本研究对于厂办学校在国企技能形成中的历史回顾，试图以技能形成的视角来透视国家工业能力积累的微观基础，有一定的实践与理论意义。

第九章

从技能经济学到技能社会学：中国产业工人技能形成的社会面向

一般而言，技能在惯常话语体系中，无论是学术话语还是政策话语，多是作为人力资本的组成部分而存在，并嵌入经济生产活动之中。因此，经济学视技能为“经济增长的引擎”。随着人力资本理论判断在经济学界取得基本共识后，技能慢慢淡出了宏观经济学的理论视野，逐渐细分至人力资源管理领域的范畴。在此理论架构中，技能形成事实上是企业组织或者社会个体的一种投资选择策略。在社会学脉络中，经典社会学家将之界定为一种劳动能力，并置入劳动关系结构中来分析。因此，技能一方面是劳动者谋生的工具，因为受雇劳动者没有生产资料，只能依靠出卖体力或技术劳动来谋生；同时，技能也是劳动者对抗资本剥削控制的依赖。产业工人通过技能及技能组织搭建劳动过程的壁垒，以此强化对生产过程的控制权，并将技能作为与资本谈判斗争的筹码。至此，“技能”具有了强烈的社会色彩。

不过，随着福特主义和泰勒制的盛行，生产劳动过程的去技能化和客观化基本上成为社会学尤其是经典马克思主义劳动过程理论的一个共识性判断。尽管布雷弗曼对于技术变迁导致的劳动退化甚为惋惜，但是不可否认的是，技能分析在社会学甚至劳工社会学理论框架中已然被边缘化了，取而代之的是市场组织、劳工运动、亚无产阶级等议题。与此同时，随着家庭作坊式生产逐渐被工业化机器大生产所替代，技能形成过程逐渐外化为职业学校教育体系，企业组织内的技能形成行动多作为一种“技术黑箱”而无法被研究者观察与分析。所以，在教育学理论框架中，技能是劳动者经过系统学习和培训后的产物。技能形成更多的是教师与学生之间教与学的微观互动过程。在这个过程中，个体运用已有的知识经验，通过练习而形成的智力动作方式和肢体动作方式的复杂系统，与技能形成相关的教学内容、教学方式、教学时间、教学手段等是教育学所主要关心的议题。教育不仅要教给学生系统的知识，同时还要形成一定的技能，知识学习和技能训练都是具体的教学内容，而技能形成则是教育尤其是职业教育所要达到的目的。显然，在教育学理论框架，技能及其形成是专业教学行动，而与技能形成密切相关的制度基础、产业结构以及社会环境等议题并没有进入其分析的视野。

近些年来，随着技术进步、新兴业态兴起所引发的巨大经济社会结构变迁，技能议题重新进入学界的分析视野中，并引起了社会各界的普遍关注。就产业工人技能形成来说，从本书前面章节的分析可知，无论是革命战争时期、新中国成立初期还是改革开放以来，国家都高度重视产业工人技术技能素质提升。在今天，国家政策话语是从技术型、创新型高素质劳动者培养、制造强国战略实施与支撑以及国家执政基础巩固三个层面来定位的。2017 年 2 月 6 日，中央全面深化改革领导小组第三十二次会议审议通过的《新时期产业工人队伍建设改革方案》(以下简称《改革方案》) 中明确提出了“构建产业工人技能形成体系”改革任务。《改革方案》指出：“产业工人是工人阶级中发挥支撑作用的主体力量，是创造社会财富的中坚力量，是创新驱动发展的骨干力量，是实施制造强国战略的有生力量”，是“实施科教兴国战略、人才强国战略、创新驱动发展战略的重要支撑和基础保障”。产业工人队伍建设意在“造就一支有理想守信念、懂技术会创新、敢担当讲奉献的宏大的产业工人队伍”，“对进一步巩固党的执政基础，实施制造强国战略，全面提高产业工人素质”具有重大而深远的意义。[①] 随之，在学术领域，“机器换人”“产业数字化对技能形成的影响”“新型职业农民”“技能强国”等议题逐渐成为新的研究热点。笔者以为，把“技能带回”理论研究的视野，对于拓展劳工社会学、经济社会学、职业教育学乃至人力资本理论的研究视域具有积极价值。

---

① 中共中央，国务院 . 新时期产业工人队伍建设改革方案［DB/OL］.http://www.gov.cn/xinwen/2017-06/19/content_5203750.htm，2017-02-06.

事实上，技能既是一种劳动者个体能力，同时还带有强烈的社会公共品色彩：它既是劳动者谋生的工具，同时也是国家经济增长的引擎；它既是劳动者社会流动和社会地位获得的载体，也是国家竞争优势达成的核心要素之一。技能形成既是一种人力资本投资选择，也是社会融入的一种努力。基于此，我们可以说，技能形成政策既是一种经济政策，也是一种社会政策。在本章中，我们尝试从学理上重新认识“技能”，倡导对技能及其形成过程进行跨学科的对话分析。第一部分阐释技能经济学的内涵，对技能及其技能形成在经济学上的内容进行分析和梳理。第二部分通过对知识社会的分析，讨论去工业化战略与文凭通货膨胀的影响。从理论上对技能形成社会学分析进行定位。第三部分拓展技能研究的传统界限，分析技能形成社会学视角，探寻技能社会学的理论框架。第四部分围绕本书的核心问题，对产业工人技能形成研究进行小结，并展望未来的研究方向。

一、技能经济学：基于技能产权的行动分析

在经济学笔下，无论是宏观经济学还是微观经济学，“经济”都属于一种行为。“经济”是指人们为了创造满足自身物质需求的行为总和[①]。这种行为在主体上既包括社会个体，也包括企业、政府以及其他组织，行为的焦点通常聚焦于稀缺资源的配置与利用。经济行为虽然意欲遵循用最小耗费取得最大收益的原则，但由于社会嵌入性，理性、自利、完全信息、效用最大化及偏好一致性等假设原则在经济行为实践中很难实现，而身份—社会地位、情景理性与局部知识、人格情绪以及认知不协调等因素会对这种行为产生直接影响（行为经济学的观点）。正如罗宾斯在《论经济科学的性质与意义》一文中所做的定义，经济学是“一门研究目的与具有可供选择的用途稀少手段之

① M. N. 杜冈—巴拉诺夫斯基 . 政治经济学原理［M］. 北京：商务印书馆，2009.

间关系的人类行为科学”[①],深刻地概括出经济学不同研究取向的共同实质。因此，在经济学视域中，“技能”作为人力资本的组成要素之一，是指凝聚于劳动者个体身上的一种专业能力，这种能力天然具有产权私有性，且所有权与其载体不可分离。据此而言，技能形成本质上是行动者的一种技能投资选择行为，而技能经济则是一种基于技能产权基础上的行为选择样态，由此产生了诸多制度安排，并对经济增长和生产力提高产生了直接影响。具体而言，技能经济学主要包括如下几种议题。

（一）技能类型及其形成的投资行为选择

贝克尔根据技能适用性，将技能分为通用技能和专用技能（General Skill and Specific Skill）两种类型。在贝克尔分析的基础上，玛格丽塔·伊思特维兹—亚伯、托本·伊韦尔森、戴维·索斯凯斯进一步将专用技能细分为行业专用技能和企业专用技能两种类型。所谓行业专用技能主要是指适用于某类行业所有企业并对之生产率提高有促进作用的技能类型，此类技能对其他行业无效。行业专用技能主要通过职业学校和生产实训交互培训过程中学得。所谓企业专用技能是指只对提供技能培训的企业生产率提高有效的技能，对于其他企业无效。企业专用技能通常只能在企业内部实训中才能学得，具有不可转移性。当然，在现实生产过程中，通常需要三种技能混合使用才能完成工作任务，而且很多劳动者会同时掌握这三种技能。这种理念型划分主要是为了分析的便利。技能类型不同，技能形成的投资行为选择也会有差异。一般来说，技能形成的投资行为涉及两个层面主体，即企业组织和受训者。在劳动力市场机制下，企业组织是否参与技能形成投资取决于其能否从此行动选择中获益。在不完全信息下，企业组织投资行为的计算，一方面依据所投资技能是否属于对企业有用的判断，另一方面也得评估“挖人”外部性所带

---

① 罗宾斯．论经济科学的性质和意义［M］．朱泱，译．北京：商务印书馆，2000.

来的技工流动风险，以及相关预防措施的有效性。对于受训者来说，技能投资行为选择通常取决于技能与工作机会之间的相关性：如果一项技能培训能够显著提升其获取工作机会的概率，以及改善其就业质量，那么通常会促进其对技能学习的投资。反之，则会削弱受训者的技能投资动机。在经济学理论看来，技能投资在抽象意义上是一种理性计算行为。

1. 通用技能及其形成的投资行为选择

所谓通用技能是指劳动者进入所有工作岗位都应该具有的基本能力，这种技能通常可以跨行业和跨企业进行运用，可迁移性和基础性是此技能类型的主要属性。通用性技能在形成上具有如下几个特点：一是在技能形成主体上，以职业学校为主，企业和行业参与度较低。技能训练多属于常规性训练，专业性不强，但技能知识标准化程度高。二是在技能劳动力市场，对于技能认证制度依赖程度较高。劳动力市场上，企业会依据技能认证证书所释放的信号来对劳动者技能进行定价。三是技能流动性更高，由于技能通适性强，从理论上会激发技能所有者岗位转换和流动的动机。四是在技能等级上，此类技能通常处于低位，技能可替代性更强。五是技能供给规模较大，通过职业学校大量培训能够更好地满足工业化大生产的规模化技能需求。

对于通用技能，企业组织和受训者投资行动在策略选择上是有差异的。对于企业组织来说，通用技能满足可以通过劳动力市场购买，其参与培训的动机不强。与此同时，通用技能流动性高同时意味着劳动者被挖的风险更高，这种不确定性会抑制企业在此类技能培训上的投资动机。对于受训者而言，通用技能有助于其降低对企业雇主的依赖，因为通用技能“可以得到所有雇主的认可，其价值实现独立于企业类型和行业类型”[①] 这种情况下，如果受训者在劳动力市场中面临的不确定性风险高，那么其更会偏爱投资学习通用技能。

---

① Estevez-Abe M., Iversen T., Soskice D . Social Protection and the Formation of Skills: A Reinterpretation of the Welfare State［M］// Varieties of Capitalism. 2001.

因此，如果不对企业间挖人风险和劳动力市场中不确定风险进行管制约束，那么投资通用技能则是企业和受训者更为偏爱的共同选择。另外，在技能形成上，劳动者基于风险规避的需要，在学习通用性技能基础上，一般也会追求溢价更高的通用技能。此种技能形成行动背后事实上意味着企业组织与技术工人之间在雇佣关系上是松散而灵活的，且相互之间的可信程度较低。

2. 专用技能及其形成的投资行为选择

无论是行业专用技能还是企业专用技能，企业参与都是此两类技能形成的关键。那么，这中间涉及多层次风险分布的问题：首先，企业参与行业专用技能培训，主要是提供实训岗位，与职业学校培训过程合作互动中促进行业专用技能的形成。那么企业提供实训岗位可能导致的风险如何应对则是影响其参与度的重要变量。这种风险包括岗位实训过程中可能导致的生产资料损失损坏风险、企业投入成本沉没的风险、受训学员工伤风险以及受训学员流动风险等。面对这样的风险，提供实训岗位的企业通常会有两种选择：一是寻求风险分担机制，与职业学校、受训学员之间达成共识，或者借助社会化风险机制以规避风险；二是降低技能培训质量，通过将受训学员安置在技能依赖度低的岗位上，转移技能实训目标，并通过将劳动力廉价化以转移风险。其次，受训学员在投资专用技能上也会进行一个计算以评估投资风险，即掌握技能与其未来职业机会和发展之间的相关性。在劳动力市场中，如果劳动者只掌握某种专用技能，那么意味着其应对不确定风险的能力较弱。如果只掌握了行业专用技能，那么一旦行业衰败，意味着此类劳动者风险暴露度更高，受到的冲击会更大。如果只掌握了企业专用技能，那么意味着其对企业的依赖度会很高。这种情况下，企业规模及其对特殊技能的变化都会影响受训劳动者的技能投资行为选择。受训劳动者的失业风险焦虑会影响其技能投资行为选择。再次，企业规模对企业组织和受训劳动者专用技能的投资行动会产生直接影响。一般而言，规模大的企业对于专用技能投资更果断。原因在于，那些行业领头企业或者领军企业尽管对于专用技能也会从企业组织内部进行管制，比如通过合同约束，但此类企业相较于中小企业，对于企业间挖人风险不是那么敏感。而受训者一旦进入此类企业组织中，对企业未来发展抱有信心，这会强化其投资学习专用技能尤其是企业专用技能的动机。最后，专用技能的形成有赖于企业组织、职业学校以及受训者之间的合作，以分担技能培训的成本，同时分散其中的风险。

在技能经济行动中，技能形成属于一种投资。对企业而言，组织内部的技能构成（专用技能类型和通用技能类型）很大程度上与风险分担机制相关，同时与企业规模密切相关。而对于受训劳动者来说，投资学习何种技能类型与其工作岗位及其未来前景相关度很大。当然，这些抽象规律通常是嵌在制度环境、社会文化传统中作用的，受到产业类型、岗位稀缺度、经济治理机制等因素的影响。

（二）劳动力市场供求结构中的技能形成

劳动力市场机制是技能形成经济功能实现的主要载体，通过市场这只“看不见的手”：一方面，技能类型的稀缺性得到检验，由此释放出来的价格信号成为技能投资行为的重要参考指引；另一方面，技能等级得到显现，劳动力市场机制形塑并强化了核心技能与边缘技能的价格级差，从而制造了劳动力市场分层。在劳动力市场中，体现的是技能形成绩效的初次分配，企业人力资源部门会依据一定的评价标准确定技能价格。职业技能培训机构尤其是市场化机构会依据劳动力市场的价格信号设置相应专业培训科目，而受训者则在劳动力市场中捕捉技能投资的方向。劳动力市场中，技能供给属于技能形成的后置环节，直接反映了技能培训的质量及其与产业企业的需求契合度。

当然，劳动力市场机制协调会出现所谓市场失灵。在中国劳动力市场失灵主要表现在信息不对称、市场分隔以及信号失灵等方面。就技能形成而言，基本上体现在两个层面：一是一些市场表现热门的技能专业会吸引技能培训资源大量涌入，这会增大技能类型的市场风险，甚至导致某些技能供给过剩。二是劳动力市场上的信号失灵[①]，即技能培训与经济之间的桥梁连接信号上的失灵。比如，技能证书或学历文凭在劳动者收入上的作用在减弱，这属于劳动力市场信号失灵的典型体现。

在劳动力市场供求结构中，技能适配与错配是一个有意思的现象。技能适配与技能错配主要是立足于技能生产角度来界定的，所谓技能适配主要是指受训者在职业学校受训技能类型与其进入企业工作岗位的技能要求具有一致性，即通常所言的“专业对口”。专业对口率越高也就意味着劳动力市场上技能供给与企业技能需求匹配度越高。反之，则匹配度越低。而技能错配主要指的是专业不对口的现象，换言之，企业较难从劳动力市场上购买到所需的技能类型。这种情况下，本书前文所分析的“技工荒”就会出现。事实上，技能适配或错配涉及三方面的主体——技能生产者、技能所有者与技能使用者：

技能适配对于技能所有者来说，意味着其所学所训技能有了用武之地，在劳动力市场上能够更好地依靠其技能获得合适的岗位。这种现象会形成市场信息信号，反过来会进一步激励技能投资行为，吸引更多的受训者参与相关技能培训。对于技能生产者而言，技能适配通常能够说明所培训技能与行业或企业的技能需求契合度较高，技能形成的绩效高。对于技能使用者而言，直接从劳动力市场上购买到所需技能，能够节约其投资生产所需技能的成本。

劳动力市场上的技能适配能够成为一个国家或地区技能形成绩效的有效考量，这也说明在技能生产、技能供给以及技能运用之间形成了一个衔接相对紧密的全链条，技能培训较为有效地适应了经济结构的需求，就业结构比较合理。

---

① 蔡昉 . 中国劳动力市场上存在的市场失灵与政策失灵［J］. 中国发展高层论坛，2014.

技能错配通常意味着“学非所用”，按照Shimer的界定，是指“劳动者所掌握的技能与就业岗位的要求不匹配”。从理论上存在着两种：一是高技能密集型行业的高技能劳动力配置不足，即技能不足；二是低技能行业的高技能劳动力配置冗余，即技能过剩。具体表现为：一方面，技能生产者供给的技能类型不是行业或企业所需的，而行业或企业所需要的技能，又缺少技能供给者。换言之，劳动力市场不能满足生产的技能需求；另一方面是技能所有者在实际工作中“不得其用”，劳动者从事“过于胜任”的工作①。比如，我们国家的劳动力市场上，大量的高学历劳动者从事低教育水平即可胜任的工作，以及大学生毕业即失业与民工荒同时并存的现象。麦肯锡2014年的调查数据显示，中国劳动力市场上，大学生的就业率不到65%，真正的体力劳动者的失业率在4.3%以下，接受调查的企业中有1/3称很难找到高技能人才，61%的企业将此归因于应届毕业生缺乏基本的就业训练，“无论是本科毕业生还是高职高专毕业生，毕业时对基本工作能力掌握的水平均低于工作岗位要求的水平”。

在全球劳动力市场上，技能错配属于一种常见现象②，不过在中国劳动力市场上，技能错配具有一定的特殊性：首先是技能错配的体制区隔。企业是所有国家就业岗位提供的主体，但在中国，企业面临严重的招工难问题。与此形成鲜明对比的是，体制内单位招工异常火爆；其次是技能错配的城乡区隔，大量的技术技能人才集中在城市里，农村面临着人才流失日益虚空化的境地；再次是岗位选择上的技能错配，大量接受过高等教育的就业者往往青睐体制内岗位，很难“降身价”去从事生产性行业中的技术工作，就业期望与市场需求脱节；最后是从事生产岗位的主力军——农民工——技能严重不

① Sahin A., Song J., Topa G., and Violante G., 2014, Mismatch Unemployment［J］. American Economic Review, Vol. 104, pp 3529–3564.

② Hobijn B., 2012, The Industry–Occupation Mix of U. S. Job Openings and Hires［D］. Federal Reserve Bank of San Francisco Working Papers, No. 2012–24.

足，接受技能培训的机会匮乏。

在中国，技能错配都意味着技能形成过程中在技能生产、技能供给与技能需求之间存在着结构性不匹配问题，也说明了劳动力市场自我调节的失灵，会对经济产生诸多影响：一是带来人力资源的浪费，尤其对技能生产者和技能所有者更是如此。高校学生“毕业即失业”现象与体制外尤其是蓝领技术岗位招工难并存的现象，意味着人力资本投资的浪费。二是在技能使用者层面，高技能依赖型岗位中的技能不足与低技能依赖型岗位的技能过剩并存现象，会阻碍中国产业尤其是制造产业的升级创新。郑江淮等人的研究发现，中国制造行业高技能劳动力配置偏离最优状态将极大地不利于中间产品创新能力的提升，加剧了中国制造业陷入“低端锁定”的风险。他们通过跨国中介效应模型的分析，从理论上证实了“技能错配—中间产品创新能力减弱—全球价值链分工地位攀升受阻”传导机制的存在①。三是激化劳动力市场上技能供给的失衡。陈利锋的研究发现，技能错配中高技能劳动力从事过于胜任的低技能岗位，带来所谓技能退化现象，一定程度上缓和了高技能劳动力的就业压力，但是客观上会压低低技能劳动力的价格，恶化其劳动福利②。

对于企业组织来说，技能内生化战略或许是满足其技能需求的最佳选择。换言之，企业部分参与或者完全参与技能生产，对于克服技能错配现象很有效。不过，如上文所言，不同国家技能形成体系中，技能投资风险是有差异的。因此，不是所有企业都是适合采用技能内生化战略的，同时，也不一定所有产业中的企业都有必要采用此种技能生产战略。

---

① 郑江淮，郑玉．技能错配、中间产品创新与全球价值链分工地位提升［A］．中华外国经济学说研究会发展经济学研究分会．现代化经济体系与高质量发展——第十三届中华发展经济学年会会议论文摘要集［C］．中华外国经济学说研究会发展经济学研究分会：中华外国经济学说研究会发展经济学研究分会，2019:1.

② 陈利锋．技能错配、不平等与社会福利——基于包含异质性技能的 DSGE 模型［J］．经济科学，2017(6):58–71.

（三）技能形成的个体性、组织性与产业创新

资本主义多样性研究发现，产业创新并不是同质的、线性的。相反，产业类型不同，产业创新的路径有差异，匹配的技能形成制度体系也不同。比如有学者认为，信息软件产业、生物科技产业等技术产业，通常走急进创新的路径。而装备制造、加工制造等传统工业产业，其产业创新更多属于渐进型创新模式。就急进型产业创新类型而言，更倾向于通过弹性强、灵活程度高的劳动力市场机制购买技能劳动力，由此，技能供给市场主要是通用性技能、技能形成体系以自由主义模式为主。就渐进型创新而言，与急进型产业创新不同，比较依赖于受管制的劳动力市场机制满足技能需求，行业和企业有动机参与到技能形成过程之中，技能供给上行业专用性技能和企业专用性技能占比较高，匹配的技能形成体系以集体主义或分隔主义模式为主。

从另一方面来看，产业不同，技能形成过程也不同。比如，工业产业与农业产业之间，技能形成是不一样的。在工业生产体系中，"技能"一词多指涉劳动者以客观物质要素为作用对象的实践改造能力。例如，封凯栋就将工业生产中的"技能"定义为，实践者根据个人的知识和经验积累得以处理相对复杂的生产问题，得以实现企业的生产操作规程未能完全描述的技巧的能力[①]。这是由于在效率机制的作用下，工业生产往往伴随着高度的劳动分工，生产与管理的分离与细致的工种划分使得工人的劳动技能不断专业化，最终演化为单一人对物的行为，规范化的学校培训在工业生产技能形成过程中更为重要。而在以家庭为单位、有限社会分工的传统农业生产体系中，情况与工业生产体系则大为不同，"那些只能从实践中获得的知识"[②]，亦即包括了语言、文化、在地规范等范畴的地方性知识有着举足轻重的地位。因此，乡土

① 封凯栋，李君然．技能的政治经济学：三组关键命题［J］．北大政治学评论，2018（02）．

② 詹姆斯·C. 斯科特．国家的视角：那些试图改善人类状况的项目是如何失败的［M］．北京：社会科学文献出版社，2004.

农业生产体系中的“技能”，不仅包括以物为作用对象的技术性技能，也包括面向社会和市场的社会性技能①。具体来看，它们既包含种植、收割、加工等面向农产品和农业生产工具的生产环节，也包括收购、贸易等面向地方社会的人际互动环节。在形式上，传统农业生产体系中的技能通常内化于个体的身体之中，并且以家庭为基本的运作单位。本研究主要分析的是工业生产领域的技能形成过程，但如上文所言，工业生产体系中，产业类型与技能形成体系的匹配关系是多样化的，而这会对一个国家形成不同的产业比较优势产生直接形塑作用。

1. 制造产业链条及其转型升级

全球产业链条是由市场调研、创意形成、技术研发、模块制造与组装加工、市场营销、售后服务等环节所形成的一个完整链条。在这个链条上，参与其中的各个国家依据要素禀赋负责链条上不同环节的工作，由此形成了全球产业链条的国际分工格局。根据产业微笑曲线理论，这种全球化生产分工协作的产业链条可以分为研发、加工制造以及流通三大环节，其中：研发和流通环节处于微笑曲线的两端，而加工制造环节则处于底部，那么，产业附加值更多体现在两端——研发和流通，处于中间环节的制造附加值最低。因此，产业从低端向高端转型升级的路线应该是沿着微笑曲线从底部向两端发展，即从加工制造环节向研发和流通环节发展。由此可见，全球产业分工模式实质上对应的是全球产业价值的分布。

不过，现实中如果一个国家的产业战略完全遵守“微笑曲线理论”所设计的路径的话，一方面，在全球化背景下，资本逐利动机会进一步被激发，进而强化其全球流动以寻求替代低端生产环节的趋势，但另一方面，也会给经济社会发展带来诸多意外后果。如上文所言，美国制造产业发展历程对于“微笑曲线”理论提出了越来越多的挑战。从20世纪后期开始，美国制造产

① 艾约博．以竹为生：一个四川手工造纸村的20世纪社会史［M］．江苏人民出版社，2016.

业采取了分布式生产战略后，将其认为的低端制造环节大量转移至低成本国家，只将其认为高端的研发保留在国内。这种战略的理论假设是研发环节创造的价值能够弥补加工制造环节流失所造成的损失。然而事实证明，这种理论假设虽然在经济成本上能够形成一定的对冲，但是却带来了“产业显著空心化”的结果，并且研发与加工制造环节的空间分离客观上造成了所谓的创新死亡峡谷，不但拖累了整个制造产业创新进程，而且也带来了社会瓦解的风险。

路风等人的研究发现，“产业微笑曲线”理论所主张的升级路径逻辑上是将产业创新视为一种线性模型，即将创新过程看作一个由“研究（科学）——开发（技术）——生产——营销”等环节组成的单向流[①]。事实上，在制造产业中，技术进步过程通常是以产品为形式的累积性演进过程（路风，2020），在这个过程中，技术实践和科学研究进行复杂而频繁的互动，经过创新和再创新的多轮次改进，这样才能“把一项从原理开始的发明转变为可应用的产品”，从而达到有效的产业创新。从这个意义上来说，制造产业的升级创新属于一种混合创新模式，研发劳动和生产劳动之间在价值链条上形成的所谓高低之分，更多属于收益分配权上的不均等状态，而非可有与可无之间的等级区分。实际上，现代制造业尤其是奠定国家制造产业竞争力基础的复杂产品制造产业多是高度技术技能依赖型的，其产业链条不是简单的线性结构而是一种高度复杂的网络结构。在这个网络结构，由“主制造商——供应商”共同组成，形成了主制造商主导、大规模供应商多层级参与的生产组织模式。这种组织模式虽然覆盖全球生产分工体系，但却是高度垂直纵向一体化的，其中，主制造商通过主导国际规则制定、支配产业资源、影响市场价格等方式，在整个体系中获得高度控制权，相应地也占据产业价值链条分配的顶端。而供应商则由关键核心设备供应商、主要零部件供应商、一般标准零部件供

① 路风．新火［M］．北京：中国人民大学出版社，2020:24.

应商、配套服务供应商等多层级构成。相较于主制造商，供应商的产业控制力则相对较弱，并且呈现出依据生产网络的层级逐级递减趋势[①]。不过，应对主制造商的控制力，那些负责关键零部件的供应商依然能够依托其在研发和生产上的技术能力而拥有较强的谈判能力。与此同时，为了激发和保持生产网络的内生创新能力，复杂产品产业的主制造商通常在培育多个同类供应商的同时，也支持和引导供应商强化其研发和生产能力。

由此可见，制造产业的转型升级是一个产业链条和生产网络重构的过程，对于后进者来说，一方面面临着产业资本投资的不确定性风险，另一方面又会遭遇生产网络的地位锁定约束。从制造产业链条角度来看，中国制造产业转型升级属于典型的后进者，需要在工业四基上的全方位突破，即在关键基础原材料、核心基础零部件、先进基础工艺、产业技术基础等四方面全面突破，方能真正实现制造产业的高质量化[②]。正如萧新桥所言，中国制造业在向高质量转型升级过程中存在着诸多短板，“绝大部分企业目前尚不具备主导全球价值链的能力”，其中突出表现为“规模巨大但生产效率低”“研发投入增速快但基础支出比重低”“资源能耗高创新产出低”[③]。因此，克服上述四方面的短板，培育和积累制造产业技术能力，打造自主可控的产业链条对于中国制造产业转型升级非常重要。

2. 制造产业升级创新与技能生产的定位

制造产业的转型升级理论上是从低附加值环节走向高附加值环节，但实际上一个国家往往难以越过低附加值生产阶段而直接达致高附加值生产阶段。与信息产业不同，制造产业需要在生产实践过程中长期摸索方能逐步积累技术能力。就技术能力形成来说，仅仅掌握技术知识是不够的，因为技术知识只是原则上说明了生成技术能力的条件。只有经过生产实践过程，消化了技

① 张亚豪，李晓华．复杂产品系统产业的全球价值链条升级路径［J］．改革，2018（05）．

② 黄群慧．制造业的春天何时到来［J］．三联生活周刊，2018（49）．

③ 萧新桥．以“四个变革”实现新时代制造业由大变强高质量发展［N］．光明网，2020-03-19.

术知识，并积累了相关的技能和经验，才能生成和发展出具有自主性的技术能力[①]。具体来说，制造产业技术能力形成通常包括如下几种方式。

（1）模仿制造模式，俗称“山寨”式学习，是一种反求工程（Reverse Engineering）。所谓反求工程（也称为反向工程），是指一个企业在没有来自掌握技术方直接投资和外部技术转移的条件下，制造出市场上已有但自己过去又不能生产的产品的过程。这种工业开发模式是在分解、组装工业制成品的基础上，了解和分析产品的制成原理，并进行模仿制造，在这个过程中逐步形成初步的加工制造能力，力图从获得生产能力逆向爬升到获得产品设计能力[②]。

从全球工业史发展进程来看，模仿制造是比较常见的工业能力学习方式，也是很多国家和企业形成技术能力的必由之路。对于企业来说，模仿制造意味着企业要经过一个由“策划到产品设计与开发，再到工艺的设计与开发，乃至产品和工艺的确定”的流程，然后达到生产的开始，即通过常规的冲压、焊装、涂装、总装等工艺手段把设计变成真实的产品[③]，在模仿制造实践过程中，一定程度上能够帮助模仿者理解工业制成品的全过程，形成一些基础工艺生产能力，积累初步的工业制造方面的技术技能。但是模仿制造方式形成的技术能力通常比较有限，无法解决复杂产品系统、基础原材料、关键核心技术等方面的工业能力，比较适用于产业起步阶段。

（2）技术转移模式，包括技术合作和技术引进两种方式，从获取路径上来看，引进与合作本质上都属于通过市场交换获得技术能力。因此，技术转移俗称为“市场换技术”。在这种技术能力形成模式中，通过吸引跨国企业的投资，引进其生产线、专利许可、技术技能人才以及管理方式等，从事工业生产。作为投资交换，接受技术转移的一方将为跨国企业提供在市场进入、

---

① 路风．光变——一个企业及其工业史［M］．北京：当代中国出版社，2016:187.

② 顾淑林．序言一，载于路风．走向自主创新［M］．北京：中国人民大学出版社，2019:3.

③ 路风．走向自主创新［M］．北京：中国人民大学出版社，2019:90.

税费、土地、资金等方面的优惠。与技术引进不同，技术合作理论上是指通过与技术领先企业进行合作从而获得学习核心技术的机会，积累自身的技术能力。但很多案例证明，技术合作在实操过程中往往是浅层次分工合作，与技术引进本质上并无二致，甚至会因为产业政策催生的“躺赢”而削弱后进企业的学习动机①。

通过技术转移，企业在生产实践中“干中学”，能够获得技术技能经验的积累。而且在一些加工制造环节和组装环节能够形成一定的产业集群，产生规模效应。显然，这种经验的累积对于制造产业升级创新是重要的。技术技能经验积累在制造产业中的作用，路风的研究给予了充分肯定。

> 尽管这个生产过程是全自动化的，但这个工序却有一个设计难点：当液晶滴到玻璃上之后，根据不同的像素设计，液晶跑的速度会不一样……任何一个产品都需要一个公式，这是一个经验公式，它与理论公式不一样的地方在于，理论公式的范围非常大，在实际运用上，需要一系列边界条件，而这些条件都只能根据企业特定的经验和工艺条件来经验性地确定②。

不过，技术转移模式中，通常是按照产业中的领先企业和核心企业给定的产品设计和工艺设计进行生产的，技术引进或合作方只能进行被动的执行。这种情况下，后进者在生产过程中甚至缺乏错误修正和反思的机会，形成的技能通常是执行技能而非能够解决技术尤其是核心技术问题的有效技能。因此，通过技术转移能够积累技术能力，但几乎不可能“换来”关键的核心技术能力，甚至会陷入低端锁定的困境。

（3）自主创新模式，是指通过引进、消化、吸收、再创新等方式突破技术“瓶颈”，依靠本地化实践和有机结合，形成掌握自主权的核心技术能力。

---

① 路风 . 走向自主创新［M］. 北京：中国人民大学出版社，2019:131.

② 路风 . 光变—— 一个企业及其工业史［M］. 北京：当代中国出版社，2016:190.

与模仿制造和技术转移一样，自主创新模式也相信技术能力的形成是主动学习的结果，但不同的是，如果模仿制造和技术转移倾向于在分工体系中攫取利润的话，那么自主创新模式在发挥比较优势和借用技术的同时，更强调内生创新在产业升级中的作用。因此，自主创新模式主张技术模仿、技术转移必须与本土改进相结合，才能生产出具有自主性的本土化技术能力。技术能力是指能够有效使用技术知识的能力，在结构上，是工作组织的知识、劳动者技能和经验的集合[①]。与技术能力密切相关的知识大部分是非标准的缄默知识，实际是潜藏在企业生产常规行动之中的。因此，几乎所有的技术能力都是在研发和生产等实践活动中通过解决具体问题形成的，而且“由于现代技术高度复杂使产品和工艺的技术知识远超任何个人所能掌握的知识和技能”，这使得技术能力具有组织性。技术能力的组织性带来了两方面的影响：一是削弱了全球化可能带来的技术扩散效应。全球化导致了资本、产品、技术等要素在全球范围内的流动，但是由于技术能力是内生于企业、知识生产体系、国家创新体系等组成的组织结构中的，这意味着物化在人工制成品上的技术即便在全球流动扩散，但未必能够导致内嵌于组织结构中的技术能力的同步扩散。二是这种组织性使工业特定的知识、技能、经验和诀窍在组织之间的转移很困难。因此，企业组织或者国家需要通过投资人力资本以提高劳动者的技术学习能力，进而强化国家和企业的技能生产和技术研发的能力。

不过，自主创新模式在实践过程中面临的不确定性风险要远远大于技术模仿和技术转移。高“创新租”与高创新失败风险二者如影随形，这种情况下，产业政策与不确定性风险调节机制就非常必要：一方面，要稳步创新，尤其是制造产业中，在生产实践过程中逐步技术改进和技术积累从而获得创新能力；另一方面，需要出台配套产业政策以支持“给新技术以应用机会”，减少自主创新的不确定性风险。比如，耐心资本的金融支持体系对于制造产

① 路风 . 走向自主创新［M］. 北京：中国人民大学出版社，2019:20.

业升级创新就非常重要。总之，在制造产业升级创新进程中，通过技术研发和技术应用的互动实践而形成的有效技术能力是其中的关键。由此，技能形成也从劳动者个体知识经验获得层次拓展延伸至组织性技术能力形成层次。就本书所研究的产业工人来说，技能形成从个体到组织层面的拓展，意味着除了关注产业工人的个体技能投资行为外，还需要对技能形成体系进行制度分析，关注校企合作、产教融合、社会保护等议题，研究也有必要从经济学方法论个体主义转向经济社会学的组织制度分析。

二、知识商品化与文凭社会的证书通货膨胀

托夫勒将人类社会的发展进程划分为三种样态，即农耕时代、工业时代以及服务业时代。在这三个时代中，知识均贯穿其中。在农耕时代，“种植”知识的积累与折旧是经济财富的主要表现。在工业时代，“制造”知识的积累与折旧是经济财富的主要表现，具体包括物质资本和人力资本两种构成。在服务业时代，“专业性”知识的积累与折旧则是经济财富的主要表现。不过，在服务业主导的第三次浪潮中，知识生产尤其是专业知识生产的重要性比以往任何一个时代都要强。很多学者认为，20 世纪 60 年代以来知识越发成为经济发展的重要动力。“知识是今天唯一有意义的资源，传统的生产要素——土地、劳动力、资本——没有消失，但它们已经成为次要的了”[①]。知识经济成为工业经济之后的一种新的经济模式，这种经济模式与依赖有形资本积累完全不同，它是以知识（信息）为主要资源，通过知识（信息）资源的开发、加工、转化，形成社会产品，满足社会需求。在知识经济架构中，存在三方面的核心组件：一是新技术带来的信息编码、存储和传输的新方法；二是掌握新知识并能够使用新技术的人力资本；三是能够最大限度发掘生产潜力的知

① 德鲁克．后资本主义社会［M］．上海：上海译文出版社，1998:45.

识管理组织方式。

从这个意义上来说，技能经济学可以说是对知识经济微观运行过程的再探索，技能经济学所关注的议题一定程度上是知识经济模式的现实体现。在本部分内容，将延续技能经济学的分析理路，并从社会学的视角对技能形成研究进行定位。

（一）知识社会与去工业化

如果说知识经济是工业经济之后的经济模式，那么知识社会则是工业社会之后的社会样态。著名社会学家丹尼尔·贝尔将这种以知识为基础的社会称为“后工业社会”，但他同时也声称“后工业社会就是一个知识社会”，“如果工业社会是以机器技术为基础，那么后工业社会是由知识技术构成的”。在工业社会里，资本与劳动是社会构成的主体，而在后工业社会中，信息和知识则是社会的主要结构特征[①]。

丹尼尔·贝尔认为，知识社会的特征集中体现在如下三方面：一是经济结构从产品生产产业转向服务性产业；二是专业人员和技术人员成为社会的主导阶层，掌握社会支配权力；三是理论知识成为社会价值创造的源泉，具有中心地位，“后工业社会是围绕知识组织起来的”。德鲁克直接将此社会形态定义为“知识社会”，他认为，在工业社会中，加工制造工业产品是中心活动，也是工业经济财富积累的主要方式。而在知识社会里，知识管理成为中心活动，知识的生产与运用成为创造财富的基本动力。在这样的趋势下，分化出一个全新的社会阶层，即掌握专门知识的社会成员，德鲁克称之为“知识工作者”，以知识为生产要素的产业成为主要的产业类型。知识社会的到来意味人类社会的范式转换：从以生产物质产品为主导的工业社会范式转变到以生产知识信息为目的和以知识生产为主导的“网络社会”或知识社会的新

① 丹尼尔·贝尔．后工业社会（简明本）［M］．北京：科学普及出版社，1985:21.

范式[1]。在现实世界，与知识社会的到来相伴随的是工业化社会的逝去，换言之，一个国家踏上知识社会的轨道也就意味着国家去工业化进程的启动。从最初的微软、苹果、谷歌到现在的脸书、腾讯、阿里、美团、滴滴等，这些知识企业的巨头已经全方位战胜传统的工业巨头，对人类经济社会的发展进程产生了巨大影响，一个去工业化的时代来临了。

以工业化和去工业化为主线，有助于我们更好地理解工业社会向知识社会的转型。在工业社会，工业企业是主要的社会落脚点，“轴心是围绕机器生产来组织劳动的社会等级制”[2]。丹尼尔·贝尔认为，工业社会在技术技能上具有较强的同质性，技术标准是通用标准化的，“在哪里都一样”；技术和技术知识以及生产此类知识的学校类型也是大同小异的；职业与技能的分类也大致相同；拿工资、从事集体劳动的产业工人群体构成了社会阶层的主体。而工业社会转向知识社会最直观的表现是传统产业工人阶级衰落，而“新中间阶级”兴起：技术人员、白领以及事务人员在劳动力所占比重不断增加，传统的蓝领产业工人的比重则不断下降。与此同时，白领雇员——以技术人员（技术专家）为主体——依托其专业知识对资产阶级的支配权力造成了冲击，成为新的“真正的权力”掌握者。在研究操作上，工业化与去工业化可以通过一些关键指标来进行测量，其中，就业结构、三次产业增加值结构以及工业结构是最主要的指标。就业结构主要是指第二产业就业人数占总就业人数的比例；三次产业增加值结构中，如果第二产业大于第三产业，通常认为是处于工业化阶段，而如果小于第三产业，则标志着进入了后工业化阶段，当然这中间，第一产业增加值占比一般不超过 10%。工业结构主要是指制造业增加值占总商品增加值的比重。三个指标值与标准值的比较可以对工业化和去工业化程度进行衡量。具体而言，知识社会的去工业化集中体现在如下几方面。

就业结构上，产业工人阶层在结构上出现变化重组：一方面，产业工人

① 金吾伦 . 迎接知识社会的到来［J］. 社会学研究，1998（06）.

② 丹尼尔·贝尔 . 后工业社会（简明本）［M］. 北京：科学普及出版社，1985:19.

群体内部依据技能水平差异出现分化出新的群体，即丹尼尔·贝尔笔下的技术人员，这些技术人员已经脱离传统的产业工人车间劳动，成为一种白领阶层。另一方面，从事体力生产劳动的传统蓝领产业工人数量不断下降并低于白领工人和服务业就业人数。以丹尼尔·贝尔后工业社会蓝本的美国为例，从 20 世纪 50 年代开始，美国蓝领工人的数量不断下降，占全国工人的比例从 20 世纪 50 年代的 60% 下降到 80 年代的 20%，90 年代的 17%，一直到 21 世纪初的 13% 左右。与产业工人中蓝领工人数量下降相伴随的是，服务业从业人员的数量不断增加。1950 年，美国的服务就业人数占总就业人数的比例就达到 54%，按照丹尼尔·贝尔的界定，那时美国已经成为服务经济的国家，并迈入后工业社会。到了 2000 年，这个比例达到了 75%，2004 年增长到了 83%。制造业就业岗位数量不断下降的同时，蓝领产业工人的岗位收入也在下降，1973—1990 年，美国蓝领工人收入下降了 15%~19%。而从 20 世纪 90 年代一直到现在，美国蓝领产业工人的境遇并没有多大改进。而且如上文所言，知识社会的去工业化进程进一步导致了产业空心化，收入两极化问题突出，社会瓦解风险显著增大。

在工业结构上，知识社会改变了过去"以物生钱"的生产模式，基本生产资料构成中，资本、自然资源以及劳动力的比重下降，知识成为主要的经济资源。随之，生产力创造的基础从货物生产转向了高技能、高技术的服务。换言之，知识社会中，知识价值论取代了劳动价值论。以美国为例，从 20 世纪 60 年代开始，美国去工业化进程明显加速，制造业增加值的占比不断下降，服务业增加值的比重不断上升。到了 90 年代，美国服务业对 GNP 的贡献率从原来的 50% 增加到了 80%，服务业就业人口占总就业人口的比例高达 73%，工业就业人口占比只有 24%。美国的这种去工业化状况一直延续至今，2019 年美国 GDP 为 21.43 万亿美元，服务业贡献其中的 81%，为 17.36 万亿美元。其中：广义工业（制造业、采矿业、建筑业）创造的 GDP 为 3.9 万亿美元，制造业创造的 GDP 约为 2.36 万亿美元，制造业的产值只有服务业的

13.6%，占美国经济总量的 11%。持续地去工业化给美国经济社会带来了深远的影响：一方面，知识经济成为美国经济增长的源泉，改变了封闭、保守的工业经济传统，知识的开放性流动成为创新的重要驱动力；另一方面，促使了美国产业政策和企业生产战略的巨大转型：保留高人力资本、高技能依赖的研发和服务型岗位，剥离“低技能”的生产型岗位成为其进入知识社会后的产业政策核心导向，全球分布式离岸生产模式也随之成为美国工业资本实现资本转移的策略选择。

从理论上来说，去工业化分为过早去工业化和成熟地去工业化两种类型。当一个国家和地区制造业增加值占 GDP 比重达到 30% 以后，制造业所带来的技术渗透效应、产业关联效应和外汇储备效应都已经得到充分体现，服务业效率提高能够承担支持经济增长的引擎，此时制造业占比降低被认为是“成熟地去工业化”。发达国家的工业占比达到 20% 就不错了，甚至有的比这个还低。黄群慧认为，成熟地去工业化意味着经济服务化，服务业占比达 80% 或更高。但是这种去工业化并不会对国家工业能力和工业创新力产生消极影响。因为，在成熟地去工业化进程中，工业占比在降低之前，工业里的制造业的技术渗透效应、产业关联效应和外汇储备效应一定要得到充分发挥。可是蒂姆·哈特泽尔等人对美国去工业化战略的分析发现，这种成熟地去工业化理论仿佛与事实不符。他们认为，去工业化战略在很大程度上削弱了美国的工业能力。具体而言，去工业化战略虽然可以帮助美国较为有效地应对传统工会组织的刁难，但其产生的所谓涓滴效应，对美国经济社会发展产生了巨大影响：（1）削弱了美国工业的创新能力。去工业化事实上就是剥离工业生产，由于研发设计与生产的分离，研发部门与生产部门缺乏必要的互动反馈，这极大压缩了产品改进的可能性，增加了新产品开发的难度，进而削弱了美国工业企业的创新能力。（2）职业技能和工作信念逐渐被瓦解侵蚀。由于实体经济岗位的消失，年轻人对实体工作技能的兴趣在下降，缺乏学习和培训的动机。追求弹性灵活的工作类型或者申请福利救济的社会态度开始在社会上蔓延。这是去工业化战略的社会代价。（3）催生了社会瓦解的风险。去工业化战略下，工厂陆续关门，大量失业人员出现。系统性失业和依赖政府救助的人口在不断增加，社会不平等的两极化趋势进一步强化。知识占有的断层造成了新的社会分化，高技能、高收入的技术精英与技术知识匮乏的普通民众之间的对立成为社会冲突的重要内容之一，“各个高技术国家的政府所面临的一种可怕威胁来自国民分裂成信息富有者和信息贫困者两个部分：下层阶级与主流社会之间的鸿沟实际是随着新的系统的普及而扩大了，这条大峡谷深的信息鸿沟最终会威胁到民主”①。

在今天，知识的重要性不言而喻。20 世纪 90 年代，美国信息产业的成功也证明了知识经济与知识社会的巨大创造力。但我们需要警惕和反思的是，知识爆炸与知识社会膨胀所带来的过度去工业化趋势。美国去工业化的发展进程告诉我们，传统发展理论所判断的所谓“成熟地去工业化”模式仿佛并没有奏效。知识社会与去工业化实质上是一体两面的，过度去工业化导致经济基础的虚化，增加了社会瓦解的风险。

（二）知识商品化与文凭社会

在现实世界，经济与社会是深度互嵌的。知识社会告诉我们，科学技术对生产力发展的巨大作用，科学知识在生产中的运用成为一个国家经济社会发展的重要动能。在产业工人阶层，监领的体力劳动者数量下降，而掌握知识的技术工人逐渐成为新的构成。产业工人劳动力结构的变化背后是生产劳动过程的变迁：一方面，服务经济兴起，创设了大量新的岗位；另一方面，工业科技的进步，改变了传统的生产工艺流程，大量低技能岗位逐渐消失或者被机器所替代。因此，如上文所言，知识社会的到来：一方面，促进了去工业化进程加速，但因为知识经济的非物质生产性，所以增加了产业空心化

---

① A. 托夫勒. 力量的转移：临近 21 世纪的知识、财富与权力［M］. 北京：新华出版社，1991:195.

的风险；另一方面，也重组了产业工人的阶层结构，社会知识化进程促进产业工人阶层的多样化。从社会学的视角来看，社会知识化改变了工业社会的阶层分化标准，以知识拥有量决定阶层的划分，知识成为社会地位获取的主要动力源。在这样的背景下，知识本身成为一种资源，具有与土地、货币、劳动力一样的商品属性，知识生产与其他商品生产一样，成为受市场机制支配的交易行动。

知识本身成为一种商品。由于对知识的投资与开发成为知识经济发展的首要驱动力，这使知识与资本日益密切融合在一起。知识商品化意味着具有双重属性：一方面，知识是人类生命意义的体现，是凝固理性的一种精神成果。另一方面，知识也成为一种无形资本或资产，遵循普通商品的交易逻辑，像工业产品一样，纳入生产、消费的流通环节之中。如同法国社会学家布迪厄将文化视为一种资本一样，知识本身在商品化后也成为一种市场流通商品，在市场动机和资本逻辑作用下，使知识及其生产依从于“逐利”原则，并受供求规律制约。知识成果的载体比如图书、软件等和其他商品一样，通过市场渠道进行发布和获取，实用性和赢利性成为知识成果输出的重要考量。伴随着知识商品化进程，知识消费成为积累文化资本的重要手段，甚至成为特定阶层的符号，因为社会大众认为“知识消费得越多越体面”。

在今天，知识商品化进程达到了空前的高度，在网络信息技术助推下，各种类型的知识借助网络平台广泛传播：知识被转换为信息化、数据化的样态，加速了知识的传播、共享以及交换。通过市场机制作用，信息化、数据化的知识成为网络流量，进而被标价售卖，知识社会中的服务经济甚至进一步演化成为眼球经济。面对知识社会中的知识商品化，很多学者表示了担忧：“信息崇拜使语言、文字、图形等都变异为信息库中的数据”，知识在形态上以信息和数据表现出来，“信息和数据排挤了思想和意义，致使知识的意义丢失”①。

① 王丽．当代西方知识社会批判思想评析［J］．南开大学学报，2002（02）．

事实上，从工业革命开始，在资本主义生产关系中，当劳动力被作为一种商品被交易的时候，附着在劳动力身上的知识与技能就已经被商品化了。但是与工业社会不同的是，知识社会中的知识商品化是一个自我运行的独立过程，知识类似于一种制成品，其生产、传播、流通、消费甚至应用对于劳动力的依赖性大大降低了，知识本身无须依附于劳动力而独立流通。这种情况下，在知识产品的市场交易过程中，代表知识产品质量的各类符号的重要性日益凸显。其中最重要的符号是学校文凭与各类资格证书，它们成为知识产品的品牌象征，并且标识着知识产品价格的高低。而随着知识商品化程度加深，文凭和证书成为知识的替代物，演化成为柯林斯所言的“文化通货”[①]。

知识生产受制于趋利偏好，成为一种“实效工业”[②]。知识社会学依据知识生产主体的不同，划分了三种知识生产方式：一是知识生产是少数人的专有权力，知识经过自上而下的渠道生产和传播，这个过程同时塑造了知识生产的权威性，知识的占有和使用成为特定社会阶层的地位象征（如中国传统社会中的士大夫阶层）。这种知识生产方式主要是在传统社会中比较普遍。与此同时，师徒制、私塾传教等也是此时期的知识生产方式。此种类型的知识生产受传统礼俗及宗族伦理规则约束较大[③]。二是知识生产是专门机构的责任，学校是其中的主体。通过学校教育，知识得以规范化地生产出来。这种知识生产方式在工业社会比较流行，以学校为主体的知识生产主要供给的是标准化知识，基本采用单向式路径进行知识传播。在这个知识生产过程中，尤其是教育产业化后，市场性与社会性之间的张力成为形塑此过程的主要力量。三是知识生产的社会化，这也意味着知识生产过程的去权威和去中心。一定程度上来说，知识生产社会化也意味着知识民主化，市场机制催生了丰富而多

① 兰德尔·柯林斯．文凭社会：教育与分层的历史社会学［M］．刘冉，译．北京：北京大学出版社，2018:112.

② 罗贝尔·艾斯卡尔皮．文学社会学［M］．上海：上海译文出版社，1988:4.

③ 王星．技能形成的社会建构：中国工厂师徒制变迁历程的社会学分析［M］．北京：社会科学文献出版社，2014.

样的知识供给渠道。在这个过程中，知识生产的主体不是既定的，客体是多样化的。除了正式的学校机构外，还包括各种各样的社会化培训机构、实验室以及智库机构等，甚至每个社会个体都成为知识生产的主体。在社会化的知识生产过程中，知识的传播不是单向度的，而是以网络互动形态进行的，每个知识客体也可以成为知识生产的主体。对于社会个体而言，积极主动参与知识生产成为很多人的理性选择，通过投资知识学习可以增强知识能力，进而搭建社会地位获得的阶梯。这种知识生产方式主要运行于知识社会之中，知识本身成为商品后，知识生产也随之成为"知识商品"的加工制造过程，是否符合知识市场的需求以及能否出售盈利成为其中的重要考量，资本的趋利偏好渗透整个生产过程。

时至今日，当网络技术介入知识生产过程中后，尤其在"推荐算法"加持下，进一步强化了知识生产的商品化。知识被信息化和数据化后，经过"推荐算法"技术的精准推送，产生了所谓的"过滤气泡"效应，即每一个社会个体生活中所接收到大量的知识信息实际上是经过算法过滤的，这形成了一种气泡，将社会个体包裹其中[①]。而作为知识生产商的网络平台在生产内容的同时又精准匹配内容用户的喜好，平台利润最大化原则是这种知识生产背后的根本驱动力。只不过，埋单的不是知识产品的直接消费者，而是通过推荐算法精准推送广告的商家。换言之，网络平台只是改变了知识商品的购买方式，但没有改变其中的资本逻辑。恰如哈佛商学院教授肖沙娜·朱伯夫在《监视资本主义时代》(*The Age of Surveillance Capitalism*)一书中所言，网络平台将内容数据转化为"行为盈余"(Behavioral Surplus)，可用于提高定向广告的精确度，形成一项利润更为可观的风险投资。肖沙娜·朱伯夫认为，网络平台的内容生产高度商品化并成为资本主义世界一种全新的累积逻辑，对我们的经济社会产生了巨大的影响。比如，平台垄断了社会个体的信息获取入

① 沈虹．至此，一个算法客观的时代过去了［N］．澎湃研究所，2020-12-02.

口，从而建构了社会个体所生活的信息世界，同时依据偏好调整社会个体的关系网络进而导致其社会关系同质化。而其中最严重的后果是，由于平台通过算法进行偏好和利润计算并推动相应内容，注重知识信息的吞吐量，但对于信息内容的"是"与"非"较少进行辨识和取证。在肖沙娜·朱伯夫看来，这种貌似价值无涉的知识内容的长期推送会对社会心态和社会认知产生直接冲击，带来社会撕裂的风险。

无可否认，从工业社会到知识社会是人类社会进步的一大跨越。知识成为新的生产驱动力，创造了大量社会财富，并引发了信息革命。但我们需要警惕的是，知识社会所带来的结构性风险[①]。笔者以为，这种结构性风险除了贝克尔笔下所描述的科技知识膨胀和滥用给整个世界所带来的不确定性风险外，更有知识商品化给知识生产与运用所带来的社会风险。在波兰尼看来，知识生产具有公共属性，蕴含了认识者对真理的一种承诺和寄托，而知识产品质量背后是生产者的信用担保[②]。而随着知识商品化程度的加深，知识及其生产背后的资本逻辑开始全面渗透与释放，这很大程度上扭曲了知识生产的公共属性，其中一个突出表现是文凭和证书逐渐成为知识的替代物，一个类似于柯林斯笔下的文凭社会开始慢慢显现了。

文凭通货膨胀与文凭社会。从工业社会到知识社会，伴随知识生产商品化程度加深，知识生产分工也日益精细化，并走向专业化与职业化。为了加速知识产品的传播与流通，标准化的专业知识由于其适用性强且易于再生产，在知识产品市场上更受知识消费者（使用者）青睐。而很多依附于劳动者的默会知识或者"个人知识"则由于无法适应知识市场规模化的需求以及难以再生产而逐渐被边缘化甚至被淘汰掉。众所周知，技能属于一种在生产实践中形成的劳动能力，既包括理论知识也有经验性的默会知识。因此，在知识

① 赵万里．结构性风险与知识社会的建构［J］．探求，2003（01）．

② 迈克尔·波兰尼．个人知识：迈向后批判哲学［M］．许泽民，译．贵阳：贵州人民出版社，2000:98.

社会中，充分释放知识生产中的市场机制效力，则会极大地拓展标准化专业知识的生产空间，但同时会进一步压缩技能知识的生产余地。正如森内特所言：农业社会迈向工业社会的过程中，手艺人的技能经验知识的重要性慢慢衰落了，这同时意味着“工匠精神（craftmanship）”的凋敝[①]。在工业社会转向知识社会的时候，专业知识的重要性更加凸显，知识生产对专业知识生产机构（如学校、社会研究机构等）的依赖性也更强了。与此相对应地，个人知识面临的失传风险则更大了[②]，技能知识的生产渠道和空间则进一步被窄化压缩。

面对知识生产中市场力量的过度释放、对科技知识的迷信以及正式知识生产机构的极度膨胀，美国社会学家柯林斯认为，这种“盛行的技术管治意识形态”实际上扭曲了知识生产过程，由此带来的“教育扩展”催生了“文凭通货膨胀”，整个社会沦为一种“文凭社会”[③]。所谓文凭社会是指依赖文凭证书系统来组织社会结构的一种社会样态。在柯林斯看来，从工业社会开始，文凭就开始成为社会流动的通行证，随着知识生产专业主义的推进，文凭市场出现了分层，不同层次的文凭反而制造了职业隔离。具体而言，文凭社会主要指涉如下几方面内涵：

（1）文凭成为一种资源，文凭通货成为组织现代社会结构的基础。文凭作为一种通货是正式教育的产物，具有两方面的功能：一是社会个体竞争职业身份并进入某一阶层结构的入门证，高度文凭化的职业是现代社会分层的缩影[④]。二是通过文凭系统，教育被工具化为一种垄断工作机会的手段。学校教育主要目的是提供文凭而非提供技能训练，社会成员投资正式学校教育，

---

① Sennett, R. The Craftsman［M］. New Haven: Yale University Press, 2008:9.

② 张乾友 . 个人知识、专业知识与社会知识［J］. 自然辩证法通讯，2017（01）.

③ 兰德尔·柯林斯 . 文凭社会：教育与分层的历史社会学［M］. 刘冉，译 . 北京：北京大学出版社，2018:VI.

④ 兰德尔·柯林斯 . 文凭社会：教育与分层的历史社会学［M］. 刘冉，译 . 北京：北京大学出版社，2018:14.

以交换取得文凭通货。柯林斯认为，拿着这个文凭通货在劳动力市场上可以购买到相应的职业地位。文凭通货的价值越高，那么获得闲散职业、从事政治性劳动的可能性就越高。比较而言，产业工人阶级由于文凭通货短缺，大多只能进入蓝领阶层从事低质的生产性劳动。

（2）文凭通货在文化市场上是有价值等级的。在文化市场上，文凭通货的价值高低受三个因素的影响：一是文凭生产所需要投资的物质财富数量。文凭生产所投入的财富越多，文凭通货的价值越高，反之亦然。二是文化市场上文凭生产者的竞争程度。一般而言，在去中心化和分散性文化市场中，文凭生产者之间的竞争程度通常会比较激烈，文凭供给相对会比较充足。反之，如果是集中性或集权性文化市场，则会压制竞争，文凭供给也就相对短缺。三是文凭生产的正式化程度。相较于非正式的文凭生产机构，正式的机构不仅能够更好地宣传其知识产品，通过品牌名声建设提升文凭价值，而且可以为文凭质量提供一种信用担保。在不同的教育序列中，正式化程度差异导致文凭价值的不同。

（3）文凭通货存在着通胀风险，当文凭供给数量过剩时就会引发文凭通货膨胀，导致文凭贬值。在柯林斯看来，文凭通货膨胀最直观的表现是，一定时期里，同一种工作岗位所需要的教育水平提高了，"随着越来越多的人获得更高的学位,工作职位对教育水平的要求也在水涨船高"[①]。文凭通货膨胀的发生源自对教育效力的崇拜：教育不但能够提高社会个体人力资本，助力其社会地位获取，而且推动了科技革新。因此，全社会对教育产生了一种信念，即认为"更多的教育能够生产出更平等的机会、更高科技的经济表现和更多的好工作"。文凭通货膨胀的结果是文凭贬值，催生一个怪圈循环，即攻读学位的社会个体，在面对学位贬值风险的时候，理性的选择是获取更多的教育，以谋求更高的文凭。

---

① 兰德尔·柯林斯．文凭社会：教育与分层的历史社会学［M］．刘冉，译．北京：北京大学出版社，2018:I.

自著名经济学家贝克尔提出人力资本理论以来，无论是学术研究者，还是政府部门的政策制定者一直都坚定地相信，教育水平不但是社会个体实现阶层流动和社会融入的重要资本，而且也是衡量一个国家经济社会发展质量的基本标准。人力资本理论证明，人力资本投资不仅能够提高社会个体生产能力、促进其社会阶层流动，而且更关键的是，这种知识投资可不受投资效益递减律的支配，持续性促进经济增长。尽管在柯林斯眼中，教育投资与生产率提高甚至科技革新之间并没有因果关联，但美国经济学家保罗·罗默通过对知识生产投资与经济增长的关系研究发现，知识生产的投资可以为国家积累人力资本，形成内生增长。不过，正如本书第三章所言，人力资本理论的抽象规律运用是嵌入社会制度环境中的。在人力资本投资实践中，学校教育的质量以及文凭证书系统的信用都会对个人或组织具体的投资行动产生直接影响。当劳动力市场主要依赖文凭系统作为信号对人力资本进行定价的时候，由于完全透明和充分竞争的市场机制在现实中并不存在，这种情况下，对文凭证书的追求可能会成为行动者教育投资所关注的重点。而且，将文凭证书当作社会阶层上移（获得闲散职业）的基本门槛则会进一步强化这种趋势。

（4）文凭主义泛滥导致文凭认证系统膨胀扩张。从依据出身转向重视成就、从特权系统转向技术精英系统管理，是迈向现代社会的重要标志。因此在现代社会，文凭系统既是社会个体成就（潜力）的重要标识机制，也是技术精英管理社会的制度载体之一。文凭认证系统的核心功能有两个：一是认证专业，主要包括确定专业的各类标准，组建专业组织，设置专业职业的门槛等；二是发放文凭证书，在考核评估的基础上，进行文凭和执照发放，进而对劳动力市场起到稳定作用。依托这两种功能，文凭系统尤其是其中从事人事管理的文书部门不断自我扩张，并且渗透到现代工业社会几乎所有的工作领域。

柯林斯将文凭认证系统划分为保荐式和竞争式流动两种类型。在保荐式的文凭认证系统中，通常会设置关键分流点，一旦到了这个分流点，学生未来的职业教育和职业生涯就相对稳定了。而在竞争式流动文凭认证系统中，一般不会设置这样的关键分流点，而是持续性保持竞争，将专业划分和职业去向贯穿于学生的整个教育生涯。因此比较而言，竞争式流动的文凭认证系统更容易导致文凭主义的出现。文凭认证系统的自我扩张背后是文化市场的膨胀和技术管治意识形态的统摄。从社会学角度来看，文凭认证系统属于社会第三部门，其扩张是社会支配去中心化的体现。因此，为了维护这种去中心化的趋势，在政治授权和政策保障下，文凭认证系统不断发展，以至于产生了新的问题。在柯林斯看来，文凭认证系统设立专业标准以及发放执照事实上强化了对专业领域的控制，推动专业取得垄断权和专业自治，一方面维护了专业群体的专业权威，另一方面也催生了职业隔离①。

（5）文凭主义使技能培训成为文凭证书获取的副产品。理论上，在劳动力市场上，文凭证书是反映劳动者技术技能素质的信号：一方面，文凭系统通过质量管控、标准设定等手段构建了文凭证书的获取门槛，以保障文凭证书与专业能力之间的一致性。另一方面，文凭系统机构自身的声望与信用也为文凭证书的效力提供了担保。不过，在实际的文凭生产过程中，这种一致性状态太过理想化了：专业设置标准带有一定的随意性，很多时候是权力斗争均衡的结果，无法做到真正的客观、科学。在专业化实践中，很多技能水平是难以测量和预测的。因此，柯林斯认为，所谓专业属于一种自我规管的社群，通过排他性的权力来训练新成员并掌握其能否执业的判定权力。专业的地位高低和重要程度更多取决于政治资源的差异，专业集体性权威的背后是政治赋权。很多技能不是通过正式教育机构培训形成的，而是在实践机会中学到的。柯林斯认为，教育的主要功能是提高大众识字率、培养社交能力和礼节。而技能形成主要来自工作经验，而非正式的学校训练，“绝大多数熟

① 兰德尔·柯林斯．文凭社会：教育与分层的历史社会学［M］．刘冉，译．北京：北京大学出版社，2018:310.

练工的技能是在工作或非正式学习获得的”“教育与职业生产力往往无关”[①]。正式学校包括职业学校目的不是训练学员的工作能力，而是发放文凭。这是正式学校比其他社会化培训机构更有市场、更受欢迎的重要缘由。当然，柯林斯清醒地认识到，现有的证据只能说明正式学校教育水平与工作技能形成之间不存在简单的线性关系，但不能够证明，没有受过学校教育的人相比有大学或以上学历的人是更好的雇员，而且岗位对最低教育资历的要求也确实是有必要的。在现实社会中，文凭是从体力劳动跨越到非体力劳动不可逾越的障碍。这种情况下，社会成员进入学校教育主要是为了获得文凭，而非训练技能。文凭系统建立起来的职业社群，通过设立准入要求、结构性职位晋升通道以及社群内部的联盟，自我强化了专业壁垒。这种情况下，文凭证书是社会成员实现社会阶层向上流动的重要凭证，也吸引越来越多的人来追逐。

直到今天，柯林斯依然坚持这样的观点，2018年8月3日，他在接受澎湃网采访时说“工程师是被文凭主义化的几大职业之一；开创了工业革命、手机革命的发明家和企业家不是在工程学院中学到知识的，而是在操作机械的实际工作中学到的，此后才会尝试创造发明”。柯林斯认为，社会陷入文凭通货膨胀后，教育的功能也就会出现异化——非但不是社会流动的阶梯，反而为社会流动制造了障碍。近些年来，很多社会学者的实证研究指出，并没有证据显示人力资本投资与社会不平等（尤其是劳动力市场上的分层）程度之间存在直接关联。而且更为重要的是，虽然大家都认可国家公共财政对教育投资是提升弱势社会群体教育获得，进而改善社会不平等程度的重要手段之一，但这并非是必然结果，而是需要其他重要的制度条件作为支撑。

有学者认为柯林斯的观点过于偏激和怪异，不过在笔者看来，柯林斯并非全面否定教育在增强公民意识、提高文化能力等方面的功能，他反思或者反感的是社会盛行的文凭主义及由此导致的文凭通货膨胀。柯林斯提醒我们

---

① 兰德尔·柯林斯．文凭社会：教育与分层的历史社会学［M］．刘冉，译．北京：北京大学出版社，2018:37.

需要警惕，知识与知识生产的过度市场化是导致文凭通货膨胀的直接诱因，但潜藏背后的政治资源不平等则是更深层次的因素。通过扩张教育系统让更多的劳动力留在学校中以缓和就业压力。而教育扩张的后果就是文凭通货膨胀，文凭贬值会进一步刺激中产阶级家庭不断投资教育，由此陷入了一个悖论：文凭越贬值，社会成员越追逐更多更高的文凭。这种情况和今天的中国有许多相似的地方，教育产业化给中国中产阶级家庭造成了巨大的焦虑和经济压力，各种逐利的教育培训机构以及五花八门的证书竞赛无情地撕开了教育神圣的外衣，柯林斯笔下的文凭通货膨胀及其引发的经济社会后果在今天的中国也在不断地上演。比如，很多研究发现，学历教育更有助于实现向上进行社会流动，而注重技能培训的职业教育与社会地位获得之间的相关性不大。中国青少年发展研究中心 2007 年的调查数据显示，绝大多数青少年不愿意上职业学校，54.9% 的家长希望孩子读博士。

文凭通货膨胀的文凭社会概念是社会学家为我们敲响的教育异化的警钟。事实上，教育尤其是职业教育供给过程中，如何提升教育产品质量、增加技能形成的有效供给，一直是一个难题。对此，柯林斯显然属于悲观主义者，他认为只有文凭凯恩斯主义和文凭废除主义才是我们走出文凭通货膨胀陷阱的出路。今天看来，这两个路径都是不太现实的。面对这样的难题，合作式教育是目前比较具有共识性的解决方案。合作式教育强调技能供给者和技能使用者之间的密切互动，专业知识的学习在定位上主要不是获得阶层身份的显示符号，而更多是为解决经济社会运行过程中的实际问题。

三、技能社会：技能形成的社会学探索

如果说柯林斯所描述的文凭社会注重的是文凭证书的覆盖状况，那么技能社会则更强调技能形成的过程。文凭社会基本不关注技能形成，因为文凭社会中，正式教育供给的主产品不是技能而是进入某一社会阶层的入门证。

与此同时，与技能经济学聚焦于技能投资行为不同，技能社会学更多关注技能形成的制度环境和社会基础，分析技能形成不同主体之间的互动以及背后的形塑力量，讨论技能形成的经济社会结果。具体而言，技能社会主要涉及如下几方面的命题。

（一）技能供给的主体是谁？

在文凭社会中，（职业）学校教育并不是技能供给的主体，因为，柯林斯认为几乎所有的技能都是在工作实践中形成的。不过，德国双元制职业教育在技能形成上的表现事实上推翻了柯林斯略显极端的判断①。在技能形成过程中，技能知识的学习和技能经验的积累之间密切互动方能形成有效技能。因此，在技能供给主体上，应该是多元化的，比如学校、企业、社会培训机构等。但其中的关键在于，如何构建相关的制度安排以协调不同技能供给主体之间的关系。一般而言，三方面的关系协调对于技能形成效果会产生直接的影响，即企业与企业之间、技能供给主体与受训者之间以及企业与学校之间。从前文的理论分析来看，在市场主义技能形成体系中，主要依赖市场机制进行协调；在国家主义技能形成体系中，对于国家干预的非市场协调机制依赖比较重；在分隔主义技能形成体系中，企业组织的内部劳动力市场机制起到更关键的作用；在集体主义技能形成体系中，行业组织具有较为强大的治理能力和权威，对技能供给进行协调。

在工业社会来临后，传统师徒制式非正式技能形成方式在技能供给规模上面临着诸多挑战，学校逐渐成为技能供给的主体。作为正式技能训练机构，学校在技能供给的规模化、系统化、理论化、规范化等方面有着独特的优势。但与此同时，学校作为一种相对独立的机构，在技能培训过程中，如何与产业技能需求相结合，则是关涉技能形成绩效质量的重要命题。

---

① 王星．技能形成的社会建构：德国学徒制现代化转型的社会学分析［J］．社会，2015（01）．

如果比较依赖市场机制进行协调，那么技能培训的学校之间、企业组织之间、学校与受训学员之间以及用人单位（企业组织）与受训学员之间的关系，均会受到市场机制的影响。如前文所言，技能供给主体以学校为主，企业参与度不高，所供给的技能以行业通适性技能为主。市场机制协调下，一定程度上会巩固龙头企业的技能获取优势，但也会激励企业间挖人行为。这种情况下，如果缺乏对市场机制的管制，那么企业内部的技能供给渠道就会受限。

在国家干预下，技能供给主体依然多以学校尤其是公办学校为主，作为市场主体的企业参与度并不高。当然，在中国计划体制时期的技能供给是一个特例。在计划时代的中国，国有企业是国家的延伸组织，招生即招工政策将学校和企业之间的利益深度捆绑，企业办技校的动机强烈。但市场化改制后，企业作为独立经营主体，与学校之间的关系随之也重构了。国家主义技能形成体系中，国家角色主要体现在公共财政对技能形成的支持上。这种情况下，职业技能教育公共性比较强烈，所供给的技能也多以通用型技能为主，标准化的技能训练适应产业的一般性技能需求。

在行业协会的非市场机制治理下，多实行学校和企业组织双主体技能供给模式。在这种双主体模式中，学校（公办或私立的）和私营企业组织分工明确，学校主要进行技能理论知识的传授，而企业则提供生产技能的实训。不过，学校与企业组织之间的有效协作依赖于多种具体的匹配制度安排。如果双方能够建立信任关系并通力合作，通常能够有效对接学校技能供给与产业（企业）技能具体需求，提高技能形成质量。而如果双方之间缺乏信任且合作焦点不一致——如企业为了获得廉价劳动力，而学校则是为了完成技能培训中的实习承诺——那么客观上会扭曲技能形成过程。因此，这种技能供给模式的绩效对于行业组织的治理能力依赖较大。

在企业内部劳动力市场为主要调节机制的分隔主义技能形成体系中，国家主要对公共职业教育承担一定的责任，比较而言，各类私营法人，比如企业法人、学校法人、行业协会、财团法人等机构，都可以开办职业学校，组成了私营法人为主体的技能供给网络。在这种体系下，企业间挖人行为受到一定的制约，企业通过内部劳动力市场提供了相对稳定的劳动安全保障，私营部门参与技能供给的积极性较高，能够较好地满足企业特殊技能的需求。

（二）谁控制（主导）了技能形成过程？

在前工业化社会，技能形成是基于匠籍制度进行的。匠籍制度意味着工匠职业带有强制世袭制，在具体执行中或许有所差异，如传男不传女，但整个技能形成过程是由组织（如家族）控制的，而非社会个体可以自由选择的。这固然可以在一定程度上稳定技能形成秩序，但却限制了劳动者的社会流动。现代社会，技能形成多为社会个体可以自由选择的，但也体现出了多样性。比如，在职业教育与学术教育上，有些国家是强制分流的，而有些则是通融、开放的。在企业参与上，有些国家通过资格审查等方式进行规制，而有些国家对此则较少干预管制。具体而言，技能形成过程的控制主体主要包括如下几个。

1. 国家

主要是技能教育的行政主管部门具体执行。国家高度卷入技能形成过程集中体现在对培训技能的类型、技能训练规模、技能培训方式、技能培训教师、招生招考以及毕业就业等方面全方位地介入。计划性劳动人事制度和行政化的技能评价认证制度是国家控制技能形成过程的主要制度手段。一般而言，为了保障国家对技能形成过程的控制能力，通常需要国家具有强大的资源汲取能力和整合能力。国家对技能形成的干预控制，有助于配合国家需要进行技能培训供给，如计划经济时期广泛建立的产业工人技能形成体系，实质上就将国家工业化战略方面的技能需求与改造旧社会培育新社会力量的意图贯彻在整个产业工人技能形成过程之中。但如上文所言，国家直接的行政控制会带来诸多负面影响。因此，全世界国家直接控制技能形成过程的不多见了，而更常见的是国家通过法律法规进行间接指导。

2. 行业组织

通过上文对德国学徒制的历史演化过程的分析可以发现，行业协会组织控制技能形成实质上是手工业时期的一种常态化现象，强制会籍制、技能认证和执业权垄断等安排是行业协会能够对技能形成实现有效控制的制度基础。在现代社会，行业组织对技能形成的控制通常源于政治授权。在控制手段上，集中体现在对自由市场力量的管制上，包括企业间恶意挖人行为的管制、对技能受训学员进行去商品化的社会保护等。另外，行业组织对执业资格的决定权依然是其能否对技能形成过程有效控制的基础。行业组织还对技能培训的教材、技能培训质量监督考核、技能水平评价以及技能培训机构资格认定等方面进行干预控制。行业组织对技能形成的控制比较有助于在职业培训学校与企业之间达成稳定可信的合作关系，对于技能形成秩序的长期稳定以及行业特殊技能适配度提高具有重要作用。但也会在一定程度上削弱劳动力市场的弹性，限制劳动力在不同教育体制之间的流动，造成职业区隔。不过，行业组织对技能形成控制存在着组织行为失控的风险。比如，行业组织掌握了技能认证权后，如果对行业组织缺乏有效制约，在逐利动机驱动下，会导致其滥发文凭证书，催生文凭（证书）通货膨胀现象。显然，这会对技能认证的信用造成极大损害，最终削弱技能形成体系在技能供给上的效力和质量。

3. 企业组织

在技能形成过程中，企业组织既是技能使用者，也是技能劳动力的购买者。从使用者层面来看，技能水平与企业产品质量密切相关，并对企业组织竞争力产生重要影响。从购买者层面来看，企业组织无论自身投资还是通过外部劳动力市场，物有所值是基本考量。所以，企业组织控制技能形成过程主要考虑的是，在技能形成质量和成本方面寻求适合组织自身的路径。企业组织一般通过订立劳动契约、开发教材、定向委托或师徒制以及内部技能评价考核等方式对技能形成的过程进行干预或控制。企业主导控制下的技能形成体系，所供给的技能与企业需求之间的适配度会更强。但在不同企业之间，通常会形成一定的技能分隔，技能共享和标准化程度较低，会阻碍技术工人在不同企业之间的流动。因此，实施企业控制技能形成战略，一方面，对企业组织与技术工人之间的可信承诺要求更高，企业对员工的劳动安全承诺以及员工对企业的忠诚度相互促进；另一方面，也需要对企业间恶意挖人行为进行约束与管制。

另外，从社会学劳动过程理论来看，企业组织也会通过提高生产过程的自动化程度以降低对技术工人的依赖，换言之，通过去技能化以强化对技能形成的控制。不过，这种情况下，技能形成可能沦为劳资冲突工具的风险。

4. 学校

学校尤其是职业学校主导下的技能形成体系能够实现技能供给的规模化，从而更好地适应工业化大生产的需求。在现实中，这种学校主导的技能形成体系主要围绕两个层面的问题展开：一是技能供给的适配性问题，即职业学校主导下的技能形成是否适应产业发展的技能需求。这涉及学校与产业组织合作的问题，而双方出发点是否一致会对技能形成过程中的合作产生直接影响。二是学校技能形成的社会吸引力，即职业学校在招生市场上是否具有竞争力。这中间除了职业学校的教育培养质量起到作用外，更主要的影响因素是受训学员未来的就业前景和社会地位。

这两个层面会对学校主导技能形成实践产生直接影响。一般来说，学校的行动策略选择会在技能供给适配性与技能形成的社会吸引力之间做钟摆运动，以谋求一种均衡：如果职业学校主导的技能形成体系具有一定的社会吸引力，那么学校在行动策略上会更注重技能供给的适配性提升；而如果职业学校的技能形成社会吸引力不够，那么学校在行动策略上则会偏向于满足学员的直接需求——如学历提升而非技能训练的愿望——而非产业组织的技能需求。形塑职业学校钟摆行动策略的是国家技能形成体系的相关制度安排。以技能实训为例，校企合作是主要方式。在学校主导的技能形成体系下，学校与企业组织之间可信承诺关系建构过程中，学校是主导者，一般会评估企业参与可能给现有的技能形成过程造成什么的影响。评估结果和现实状况都会对双方合作的进程和质量产生直接影响。这种情况下，学校控制或主导的技能形成面临最大的不确定性是其可能会成为学历教育的一个过渡，而一定程度上背离职业教育技能形成的目的。

5. 产业工人组织

除了行会组织，工会组织也是技能形成过程的重要参与者。不过，工会组织只能对企业内部技能形成环节产生影响。一般而言，工会组织控制企业内部技能形成主要采取两种方式：一是建立技术工人工会，通过组织化工人师傅强化对生产劳动过程的控制力，在此基础上，掌握技能形成的主导权。二是通过界定企业内技能形成的制度属性。理论上，只有当参与内部技能形成环节的学员被界定为受雇员工时，即师徒制被认定为一种劳动雇佣制度而非教育制度的情况下，工会组织才能介入内部技能形成。因此，工会组织意欲控制技能形成过程的前提是学徒工属于企业雇员。这其中劳资共决制度是工会组织控制或主导技能形成过程的制度基础，只有当工会组织力量比较强大，且对企业决策具有重要影响力的情况下，学徒制的技能形成机制方才有可能被认定为一种劳动雇佣制度。因此，从上文英国学徒制演化历史分析可知，技术工会组织控制了技能形成过程后，也容易将之作为劳资冲突的一个工具。

（三）技能形成的成本分担与社会保护机制

通过梳理历史我们会发现，技能形成体系在实践中通常会扮演两种角色：一是扮演社会救济角色，技能形成被当作待业或失业工人重新就业以摆脱贫困的重要手段。通过对待业或失业工人进行技能训练，一来将他们留在训练中心，缓冲就业压力，二来也可以帮助他们进行技能更新，提高其就业能力，并重新进入劳动力市场以竞争就业岗位。如果技能形成作为一种社会救济手段，公共财政多是技能形成训练服务的购买者，受训者基本不会承担技能形成的训练成本。不过，这种情况下所培训的技能多是简单技能。二是技能提升角色以更好支撑产业发展和升级。通过技能训练提升劳动力的技术技能水平，这是建立技能形成体系的基本出发点。这种情况下，技能形成的成本承担受制于多种因素。同时，技能形成的成本分担机制也会影响到相关行动者技能形成的行动策略选择。

技能形成既是一种经济行为，也是一种社会行为；技能形成政策既是经济政策，也是一种社会政策。因此，技能形成在成本承担上通常包括政府部门、企业行业组织、受训学员个体及其家庭。成本承担方式上，既有以学费方式，也有低价劳动；既有基础设施的公共投资，也有企业组织内部或企业间共享设施方面的投入；既有当下的培训成本，也包括未来风险成本的考量。社会保护机制主要针对的是技能形成的未来风险成本。

如上文所言，社会保护制度决定技能形成体系所提供的技能类型，即资产专用技能（企业专用技能和行业专用技能）或者通用性技能（高端或低端通用性技能）。与技能形成相关的社会保护机制集中体现在失业保护和就业保护上。现有研究发现，一个国家的社会保护机制会影响技能形成行动，并对企业的生产战略产生影响：在就业保护和失业保护水平较低的国家（剩余型社会保护机制的盎格鲁-撒克逊国家），工人为了应对劳动力市场的不稳定，会偏向于投资可移植性高的技能，通用型技能劳动力储备就比较多，企业组织也愿意采用通用型技能支持的生产战略。这种情况下，市场上的通用型技能需求会不断变大，能够提供通用型技能训练的普通职业教育对学员更具有吸引力。就业保护和失业保护水平较高的社会保障制度下（制度型社会保护机制的斯堪的纳维亚国家），工人会更乐意学习专用型技能，专用型技能劳动力储备就会比较多，企业组织也多采用专用型技能支持的生产战略。这种情况下，企业在技能形成过程分担训练成本的动机更强烈，企业层面的技能形成体系相对而言也更为完善。

社会保护机制与技能形成体系之间耦合形成了不同的成本分担机制，同时对企业生产战略选择乃至国家比较竞争优势达成都会产生深层次的影响。一般来说，在盎格鲁-撒克逊国家中，社会保护水平较低，更强调自由市场力量的释放，行业或企业专用型技能形成体系较为滞后，国家会通过加大高等教育的投资进行弥补。这种技能形成体系虽然不利于积累专用型技能，但更有利于高等科研体系发挥作用并促进信息产业的发展。而在斯堪的纳维亚国家中，社会保护水平较高，更强调对自由劳动力市场的管制，去商品化程度较高，专用型技能形成则相对发达。这种技能形成体系下，职业学校和企业合作更发达，有利于积累制造产业的积累，促进国家在制造产业的竞争优势达成。不过在中国，社会保护除了提供失业保护和就业保护以应对未来风险成本外，农民工的社会权利保护则是其中更重要的内涵。

（四）技能形成的社会后果

经济学和社会学一般认为，人力资本投资是克服新自由主义社会政策弊端的重要举措，也是建设"社会投资型国家"的基本内容[①]。对于社会成员个体而言，技能是劳动者实现实质自由的可行能力的核心组件[②]，是其融入社会的重要载体。不过，技能培训到底是一种资本还是一种权利？这不是命定的结论，而是需要全社会共同参与和认定的。如果教育培训产出仅被界定为一种资本类型的话，那么社会个体及其家庭的资本投资能力将会极大地影响未来的收益产出，长期如此，将会固化现有的社会阶层结构，客观上反而不利于社会不平等程度的削减。近些年来，很多社会学者的实证研究指出，并没有证据显示人力资本投资与社会不平等（尤其是劳动力市场上的分层）程度之间存在直接关联。而且更重要的是，虽然大家都认可国家公共财政对教育投资是提高弱势社会群体教育获得，进而改善社会不平等程度的重要手段之

① 安东尼·吉登斯．第三条道路：社会民主主义的复兴［M］．北京：北京大学出版社，2000.

② 阿玛蒂亚·森．以自由看待发展［M］．北京：中国人民大学出版社，2013.

一，但这并非是必然结果，而需要其他重要的制度条件作为支撑。其中，技能形成体系就是一项重要的支撑性制度安排。越来越多的学者认识到，它既是推进国家创新的基础制度安排，也是工人阶层分享发展成果、融入社会的基本路径，是调和经济增长与社会平等冲突的有力工具。

在本书第三章，我们分析了不同技能形成体系下导致的社会结果是存在差异的。在国家主义技能形成体系下，国家对教育的公共财政再分配功能减弱了家庭先赋性因素对劳动力社会不平等的影响，劳工间技能工资级差小，劳工阶层社会平等程度高。在市场主义技能形成体系下，更强调社会个体与企业在人力资本培育上的责任，国家公共财政投入比例低于私营部门。强调通过拉大技能工资级差以增强技能工资溢价，从而提高劳动力市场的弹性，这可以拓展青年人就业机会，有助于培育国家急进型创新产业（如信息产业）所需要的强调灵活和创意的技能劳动力。不过，在这种技能形成体系下，工人阶层社会不平等程度很高，容易激化社会矛盾，影响社会稳定。

在集体主义技能形成体系下，强调国家干预与市场自治的均衡，组合主义式工资认定机制：一方面，在保证劳工高水平工资的同时，也使制造业岗位对青年人保持了很强的吸引力。另一方面，通过压缩技能与非技能工人之间的工资级差，抑制了技能工资溢价过度膨胀，使工人阶层社会平等程度较高。企业雇主与劳工之间的跨阶级联合使劳资关系融洽，双方在技能培育上能够达成可信承诺关系。双轨制教育及职业教育与学术教育之间的区隔使高技能劳动力供给持续，有利于国家渐进型创新能力的培育。不过，这种技能形成体制也会在一定程度上抑制青年人的就业机会，且对中介性经济社会组织的依赖程度很高。在分隔主义技能形成体系下，企业通过建立内部劳动力市场机制，强化劳工的就业稳定性。劳工在职业学校毕业后进入企业内部技能形成体系中，训练特殊生产技能。大企业主导了技能形成，并主导技能认证。由于所训练的技能标准化程度低，由此带来的另外一个意外后果就是，技能通用性弱导致技能劳动力的失业风险较大，但同时，劳工阶层的社会平等化程度比较高，劳资关系比较缓和[①]。

四、中国产业工人技能形成体系的研究关怀

党的十九届五中全会确立了“十四五”期间国家经济社会高质量发展的理念，指出“发展是解决我国一切问题的基础和关键”，要坚持“以经济建设为中心，坚定不移地把发展作为党执政兴国的第一要务”，同时明确“坚持把发展经济着力点放在实体经济上，坚定不移建设制造强国”。由此可见，“脱虚向实”已经取得了政策共识且将成为中国未来一定时期里产业政策的主导方向。这同时也意味着中国进入了一个重新工业化的轨道。只不过，这个再工业化过程与传统低技能依赖的粗放工业不同，对技术技能的要求更高，是以企业为创新主体、以技术技能人才为支撑的新型工业化过程。对于中国而言，很多研究证明，去工业化存在着过早和过度的双重情况，效率低下的服务业占比迅速提高、效率相对高的工业占比迅速下降，黄群慧称之为“转型和未升级的结构性失衡”。中国的去工业化实质上被人为地简化为去生产化，因为这些环节被认为是低端的，这和美国去工业化初期惊人类似。事实上，制造业链条精细化分工生产的基础上，生产工序上或许有高端低端之分，而产业之间所谓的高端和低端区分是有违事实的。因此，需要我们重新审视去工业化战略，在发展理念上抛弃“重研发轻生产”的简单二元对立思维，将弘扬“科学精神”与倡导“工匠精神”并重，强调高质量研发和高效率生产的双轮驱动。从这个层面上来说，产业工人技能形成体系的系统研究对于我国推进“十四五”规划提出的高质量发展愿景具有重要的理论启示。

在中国，产业工人群体绝不仅仅是一个经济意义上的劳动雇员，而是具有丰富政治社会意涵的群体。新中国建立初期，产业工人群体不仅仅代表着

---

① Marius R. Busemeyer and Christine Trampusch (eds.) . The Political Economy of Collective Skill Formation [M] . Oxford University Press, 2012.p15.

一个职业，更是被赋予了主人翁政治身份。这段时期的产业工人队伍建设主要是围绕“红（政治高度）”与“专（技能专长）”两个主轴展开的。当时，在国企技改和生产过程中，驱逐政治上不可靠的英日技术工人而引进政治上更值得信赖的苏联工程师，就是一个例证。“文革”时期，政治高度成为产业工人队伍建设的主要依据，对“专”的忽视动摇甚至颠覆了产业工人技能形成的基础。改革开放后，尤其是产业工人劳动人事制度改革后，产业工人技能形成体系趋向于市场适应性调整，技能形成过程中的专业设置、招生招工、技能训练以及技能考核认证都逐步走向了市场化和社会化。随之，产业工人群体在身份上去政治化而转向职业群体，成为劳动雇佣者。在群体构成上也多元化，农民工成为产业工人群体的主体。这一群缺少“文凭证书意义”上技能教育的产业工人群体缔造了中国制造的世界工厂地位。

但到了今天，随着全球各国重新启动工业化进程，产业升级创新对产业工人提出了更高的技术技能方面的要求，中国产业工人技能短板也日益凸显。如本书前文所分析的，中国现有技能形成体系中的种种制度设置既不适应新型工业化的战略需求，也不利于产业工人在技术技能的长期积累。产业工人队伍主体长期的劳动安全缺失以及全社会去工业化的偏好，制约了国家制造产业的转型升级，也对国家经济社会治理能力产生了消极影响。正是从这个意义上出发，2017 年中共中央、国务院颁布的《新时期产业工人队伍建设改革方案》中将产业工人队伍建设视为“适应新形势新任务新要求，进一步巩固党的执政基础，实施制造强国战略”的重要举措。产业工人队伍建设意在“推动建设宏大的知识型、技术型、创新型劳动者大军”，以更好地适应与支持国家经济社会高质量发展的需求，产业工人技能形成体系建设则是其中五大建设改革任务的重要内容之一。事实上，近几年国家对职业资格认证体系的改革也体现出了对文凭证书通货膨胀的反思。从 2014 年开始，国家对职业资格证书的考试标准、认证标准、实施流程以及管理制度等方面进行改革：一方面是对技能证书泛滥、社会信用贬值状况的纠正；另一方面也是国家对技能形成中的过度行政化倾向的调整。通过政府“放管服”改革，简政放权，促进职业资格与职业岗位需求之间的契合度，提升技能形成过程中的适配性。

理论上来说，中国产业工人队伍技能形成过程包括技能教育、技能实训以及技能考核认证等环节，在制度体系上，却涉及多项制度安排，也包括多方面的行动主体。在制度安排上，技能教育训练机制、行业治理机制、劳动过程机制以及社会保护机制构成了技能形成体系的主体制度框架。从历史上来看，国家、市场、社会以及家庭在这个制度架构下的行动选择形塑了中国产业工人技能形成体系的演化进程。各种类型的技能教育训练机制是产业工人技能生产的主体，供给有效技能的标准不在于文凭证书的发放数量，而在于与产业企业技能需求的适配度。

在市场化背景下，影响技能教育训练机制行动选择的是其招生吸引力与技能产品质量之间的均衡。企业组织是技能产品的主要使用者，产业性质与行业治理机制直接影响企业组织的技能形成。“挖人”外部性会制约企业参与技能形成的积极性，但是企业规模和劳动力市场劳动力紧缺程度会直接影响“挖人”外部性的实际作用。德国学徒制的历史演化进程证明，产业行会在技能形成中的非市场性协调机制，有助于企业间竞争关系的调适，促进技能教育训练和技能认证上的可信承诺关系达成，为高技能依赖型制造产业竞争优势奠定基础。不同社会保护机制下，去商品化程度意味着自由市场协调机制与非市场协调机制在技能形成过程中的功能分工，背后体现的是资本主义制度的多样性。而在不同的资本主义国家，社会保护机制影响了技能供给的类型，进而导致企业组织的生产战略差异，而这也导致了资本主义国家竞争优势在产业层面上的不同。对于中国产业工人的技能形成而言，社会保护机制具有更多的内涵，而以农民工为主体的产业工人社会权利方面的平等是其中的核心内容。就此，中国产业工人技能形成对于国家贫困治理的功能或许是未来值得进一步研究的议题。

在工业社会向知识社会转型过程中，知识的重要性愈加凸显。知识社会中的知识主要是指科学技术的知识，科学通过技术普及被应用于生产，创造了巨大的生产力，技术由于科学的升华而克服了经验的局限性。可是，对科技知识的迷信以及知识与知识生产的高度商品化，一定程度上催生了文凭主义。以文凭通货膨胀为主要特征的文凭社会里，知识被信息化、数据化进而被符号化，对文凭的追逐一定程度上替代了对知识真理的追求。而对技能社会的理论倡导，一方面意在提醒我们警惕文凭证书泛滥给社会带来的危害，另一方面也试图找到应对知识生产过度异化的出路。对技能形成过程的经济社会学分析，讨论研发劳动与生产劳动对工业创新的重要价值，厘清社会成员个体技能与组织或国家的技术能力之间的逻辑关联，反思规范知识与实证运用之间结合的制度基础，探索技能经济与技能社会的内涵，这是本书对中国产业工人技能形成研究更深层的理论关怀。因此，技能社会不是一个理想社会类型的想象，而更多是基于现实的反思。

参考文献

英文文献

1. Asuyama Y . Skill Formation through Education and Training: A Comparison of China and India [M] // Industrial Dynamics in China and India. Palgrave Macmillan UK, 2011.

2. Acemoglu D., Pischke J. S . Beyond Becker: Training in Imperfect Labour Markets [J] . Economic Journal, 1999, 109.

3. Albert M., Rohatyn F. G , Haviland P . Capitalism versus capitalism: how America's obsession with individual achievement and short-term profit has led it to the brink of collapse [M] // Capitalism vs. capitalism : how America's obsession with individual achievement and short-term profit has led it to the brink of collapse. Four Walls Eight Windows, 1993.

4. Busemeyer M. R , Trampusch C . The political economy of collective skill formation [J] . Oup Catalogue, 2012, 64 (3) .

5. Busemeyer M. R . Asset specificity, institutional complementarities and the variety of skill regimes in coordinated market economies [J] . Social ence Electronic Publishing, 2009.

6. Blossfeld H. , PMills M . Globalization, uncertainty and changes in early life

courses［J］. Ztschrift Für Erziehungswissenschaft, 2003.

7. Becker G. Human Capital［M］. Chicago: The University of Chicago Press, 1993.

8. Bosworth D. L , Dutton P., Lewis J . Skill shortages : causes and consequences［M］. Avebury, 1992.

9. Blossfeld H. P . Is the German Dual System a Model for a Modern Vocational Training System?［J］. International Journal of Comparative Sociology, 1992, 33（3）.

10. Burawoy M . The politics of production : factory regimes under capitalism and socialism［M］. Verso, 1985.

11. Crouch C., Finegold D., Sako A M . Are skills the answer［M］. Oxford : Oxford University Press, 1999.

12. Clarkson L. A , Clark P., Souden D . Migration and Society in Early Modern England［J］. Albion A Quarterly Journal Concerned with British Studies, 1989, 42（2）.

13. Davies A., Brady T. Organisational capabilities and learning in complex product systems: towards repeatable solutions.［J］. Research Policy, 2000.

14. Estevez-Abe M., Iversen T., Soskice D . Social Protection and the Formation of Skills: A Reinterpretation of the Welfare State［M］// Varieties of Capitalism, 2001.

15. Evans K.. The development and structure of the English educational system［M］// The development and structure of the English educational system /. London: University of London Press, 1975.

16. Frey C B . The future is not what it used to be［J］. Cdhowe Org, 2014, 171（7）.

17. Finegold D . Creating self-sustaining, high-skill ecosystems［J］. Oxford Review of Economic Policy, 1999（1）:60-81.

18. Feess E., Gerd Mühlheu?er. Economic Consequences of Transfer Fee Regulations in European Football［J］. European Journal of Law & Economics, 2002, 13（3）.

19. Grossman G. M , Rossi-Hansberg E . Trading Tasks: A Simple Theory of Offshoring［J］. American Economic Review, 2008, 98.

20. Green, Francis, Ashton, et al. Skill Shortage and Skill Deficiency: A Critique［J］. Work, 1992.

21. Hall P. A , Soskice D. W . Varieties of Capitalism: The Institutional Foundations of Comparative Advantage［J］. The Academy of Management Review, 2001, 28（3）.

22. Hollingsworth J. R , Boyer R . Contemporary Capitalism: From National Embeddedness to Spatial and Institutional Nestedness［J］. 1997, 10.1017/CBO9781139174701（14）.

23. Hansen H. E . Caps and gowns: Historical reflections on the institutions that shaped learning for and at work in Germany and the United States, 1800-1945.［D］. 1997.

24. Iversen T. Capitalism, democracy, and welfare［M］. Cambridge, UK: Cambridge University Press, 2003.

25. Knights D., Willmott H . Labour Process Theory［M］. Palgrave Macmillan UK, 1990.

26. Katz E., Ziderman A . Shared Investment in General Training: The Role of Information［J］. Economic Journal, 1990, 100（403）.

27. Lee J. J , Yoon H . A comparative study of technological learning and organizational capability development in complex products systems: Distinctive paths of three latecomers in military aircraft industry［J］. Research Policy, 2015, 44（7）.

28. Lauder H., Brown P., Ashton D . Globalisation, Skill Formation and the Varieties of Capitalism Approach［J］. New Political Economy, 2008, 13（1）.

29. Lazear E. P . Firm-Specific Human Capital: A Skill-Weights Approach［J］. NBER Working Papers, 2003.

30. Lynch L. M . Training in the Private Sector: International Comparisons［J］. Foreign Affairs, 1994, 73（6）.

31. Lipson E. The economic history of England［M］. London: Adam and Charles Black, 1935.

32. Office. I. L . Global employment trends for youth 2013 : a generation at risk［J］. Global Employment Trends Reports, 2013.

33. O'Connell P. J , Esping-Anderson G . The Three Worlds of Welfare Capitalism［J］. American Journal of Sociology, 1990, 70（2）.

34. Soskice D . Divergent production regimes: coordinated and uncoordinated market economies in the 1980s and 1990s［J］. Continuity & Change in Contemporary Capitalism, 1999.

35. Tan E . Human Capital Theory: A Holistic Criticism［J］. Review of Educational Research, 2014, 84（3）.

36. Thelen K . How Institutions Evolve: The Political Economy of Skills in Germany, Britain, the United States, and Japan［M］. Cambridge：Cambridge University Press, 2004.

37. Hans F. Zacher. 1982 Social Market Economy,Social Policy, and the Law［J］. Journal of Institutional and Theoretical Economics, 1982, 138:367-388.

38. Kathleen. Union of Parts: Labor Politics In Postwar Germany［M］. NY：Cornell University Press. 1991.

39. Clarkson L. A , Clark P., Souden D . Migration and Society in Early Modern England［J］. Albion A Quarterly Journal Concerned with British Studies, 1989, 42（2）.

40. Knights D., Willmott H . New Technology and the Labour Process［M］. Palgrave Macmillan UK, 1988.

41. Estevez-Abe M., Iversen T., Soskice D.Social Protection and the Formation of Skill［Z］.The 95th American Political Association Meeting at the Atlanta Hilton and the Marriott Marquis, 2–5 Sept. 1999.

42. Margarita Estevez-Abe,Torben Ivern & David Soskice. Social Protection and the Formation of Skill［R］. the 95th American Political Association Meeting, 1999.

43. Estevez-Abe M., Iversen T., Soskice D . Social Protection and the Formation of Skills: A Reinterpretation of the Welfare State［M］// Varieties of Capitalism, 2001.

44. Hall P., David Soskice. Varieties of capitalism—The institutional Foundations of Comparative Advantage［M］. Oxford University Press, 2001.

45. Lucas R. E . On the mechanics of economic development［J］. Journal of Monetary Economics, 1988, 22（1）.

46. Mark W. Frazier. The Making of the Chinese Industrial Workplace［M］. Cambridge University Press,2002.

47. Meyer J. W , Rowan B . Institutionalized Organizations: Formal Structures as Myth and Ceremony［J］. American Journal of Sociology, 1977, 83（2）.

48. Nile.W.Hatch and David C.Mowery.Process Innovation and Learning by Doing in Semiconductor Manufacturing［J］.Management Science,1998,44（11）.

49. Paul M. Romer.Increasing Returns and Long-run Growth［J］.The Journal of Political Economy,1986,94（5）.

50. Peter A. Köhler and Hans F. Zacher.The Evolution of social insurance, 1881-1981 : studies of Germany, France, Great Britain, Austria, and Switzerland［M］.New York : St. Martin's Press,1983.

51. Remington, Thomas F . Regional Variation in Business–Government Relations in Russia and China [J] . Problems of Post-Communism, 2016,1 (12) .

52. Richardson, S. What is a Skill Shortage? [R] . National Centre for Vocational Education Research, 2007.

53. Rowan M. B . Institutionalized Organizations: Formal Structure as Myth and Ceremony [J] . American Journal of Sociology, 1977, 83 (2) .

54. Soskice D. W , Hall P A .Varieties of Capitalism：The institutional Foundations of Comparative Advantage [M] . Oxford:Oxford University Press, 2001.

55. SmilV. Made in the USA:The Rise and Retreat of American Manufacturing [M] .MA:MIT Press,2015.

56. Streeck W . Social Institutions and Economic Performance: Studies of Industrial Relations in Advanced Capitalist [J] . Contemporary Sociology, 1992, 23 (23) .

57. Thomas, F., Remington. Regional Variation in Business-Government Relations in Russia and China [J] . Problems of Post Communism, 2015,63 (2) .

58. Thelen. How Institutions Evolve: The Political Economy of Skills in Germany, Britain, the United States, and Japan [M] .New York: Cambridge University Press,2004.

59. Weisz,G.Report of an Inquiry into Apprenticeship and Training [R] . London:Ministry of Labour,1925.

中文文献

一、著作类

1. 阿玛蒂亚 · 森 . 以自由看待发展［M］. 北京：中国人民大学出版社，2013.

2. 埃米尔 · 涂尔干 . 社会分工论［M］. 上海：生活 · 读书 · 新知三联书店，2013.

3. 安东尼 · 哈尼，詹姆斯 · 梅志里 . 发展型社会政策［M］. 北京：社会科学文献出版社，2006.

4. 安东尼 · 吉登斯 . 第三条道路：社会民主主义的复兴［M］. 北京：北京大学出版社，2000.

5. 奥利弗 · 索姆，伊娃 · 柯娜尔 . 德国制造业创新之谜［M］. 北京：人民邮电出版社，2016.

6. 柏拉图 . 理想国［M］. 北京：中国社会科学出版社，2009.

7. 彼得 · 泰勒 - 古比 . 新风险、新福利：欧洲福利国家的转变［M］. 北京：中国劳动社会保障出版社，2010.

8. 波兰尼 . 巨变：当代政治、经济的起源［M］. 台北：台湾远流出版事业股份有限公司，1989.

9. 戴尔 . 转型的时代：中世纪晚期英国的经济与社会［M］. 北京：社会科学文献出版社，2010.

10. 丹尼尔 · 贝尔 . 后工业社会（简明本）［M］. 北京：科学普及出版社，1985.

11. D. C. 诺斯 . 制度、制度变迁与经济绩效［M］. 上海：上海三联书店，2008.

12. 蒂姆 · 哈特泽尔，戴夫 · 里珀特 . 美国制造业回归之路［M］. 北京：人民邮电出版社，2016.

13. 哈里 · 布雷弗曼 . 劳动与垄断资本——二十世纪中劳动的退化［M］. 北京：商务印书馆，1979.

14. 尼克 · 斯尔尼塞克 . 平台资本主义［M］. 程水英，译 . 广州：南方出版传媒，2018.

15. 加里 · 贝克尔 . 人力资本［M］. 陈耿宣，译 . 北京：机械工业出版社，2016.

16. 马克思 . 资本论（第 1 卷）［M］. 郭大力，王亚南，译 . 北京：人民出版社，1963.

17. 马克思 . 资本论（第 1 卷）［M］. 北京：人民出版社，1975.

18. 马克思 . 资本论（第 1 卷）［M］. 北京：中国社会科学出版社，1983.

19. 迈克尔 · 布洛维 . 制造同意：垄断资本主义劳动过程的历史变迁［M］. 林宗弘等，译 . 台湾：群学出版有限公司，2005.

20. 迈克尔 · 布洛维 . 制造同意：垄断资本主义劳动过程的变迁［M］. 李荣荣，译 . 北京：商务印书馆，2008.

21. 马克斯 · 韦伯 . 经济与社会（上下卷）［M］. 林荣远，译 . 北京：商务印书馆，1997.

22. 尼尔 · 弗雷格斯坦 . 市场的结构［M］. 甄志宏，译 . 上海：上海人民出版社，2008.

23. 马歇尔 . 经济学原理［M］. 北京：商务印书馆，1998.

24. 兰德尔 · 柯林斯 . 文凭社会：教育与分层的历史社会学［M］. 刘冉，译 . 北京：北京大学出版社，2018.

25. 亚诺什 . 短缺经济学［M］. 北京：经济科学出版社，1986.

26. 奥利弗 · 索姆，伊娃 · 柯娜尔 . 德国制造业创新之谜［M］. 北京 : 人民邮电出版社，2016.

27. 彼得 · A. 霍尔，戴维 · 索斯凯斯 . 资本主义的多样性：比较优势的制度基础［M］. 北京 : 中国人民大学出版社，2017.

28. 小罗伯特 · E. 卢卡斯 . 经济周期模型［M］. 北京 : 中国人民大学出版社，2003.

29. 威廉 · 拉佐尼克 . 车间的竞争优势［M］. 北京 : 中国人民大学出版社，2007.

30. 亚当 · 斯密 . 国富论［M］. 北京：华夏出版社，2005.

31. 西奥多 · 舒尔茨 . 对人进行投资［M］, 北京 : 商务印书馆，2017.

32. 凯瑟琳 · 西伦 . 制度是如何演化的 : 德国、英国、美国和日本的技能政治经济学［M］. 上海 : 上海人民出版社，2010.

33. 西奥多 · W. 舒尔茨 . 报酬递增的源泉［M］. 北京 : 北京大学出版社，2001.

34. 尔特 · W. 鲍威尔，保罗 · J. 迪马吉奥 . 组织分析的新制度主义［M］. 上海 : 上海人民出版社，2008.

35. 小罗伯特 · E. 卢卡斯 . 经济发展讲座［M］. 南京 : 江苏人民出版社，2003.

36. 威廉姆 · 邦维利安，彼得 · 辛格 . 先进制造：美国的新创新政策［M］. 上海 : 上海社会科学出版社，2019.

37. 詹姆斯 · C. 斯科特 . 弱者的武器［M］. 郑广怀等，译 . 南京 : 译林出版社，2007.

38. 杜以德 . 成人教育发展纵论［M］. 北京：中国人民大学出版社，2007.

39. 高柏 . 经济意识形态与日本产业政策［M］. 上海：上海人民出版社，2008.

40. 郭明政 . 社会安全制度与社会法［M］. 台北：翰庐出版社，2007.

41. 李强 . 社会分层十讲［M］. 北京：社会科学文献出版社，2011.

42. 李蔺田等 . 中国职业技术教育史［M］. 北京：高等教育出版社，1994.

43. 蒋孟引主编 . 英国史［M］. 北京：中国社会科学出版社，1988.

44. 金志霖 . 英国行会史［M］. 上海：上海社会科学出版社，1996.

45. 林万亿 . 福利国家：历史比较的分析［M］. 台北：巨流出版社，1994.

46. 路风 . 光变——一个企业及其工业史［M］. 北京：当代中国出版社，2016.

47. 王星 . 技能形成的社会建构 : 中国工厂师徒制变迁历程的社会学分析［M］. 北京 : 社会科学文献出版社，2014.

48. 吴晓波，朱克力等 . 读懂中国制造 2025［M］. 北京 : 中信出版社，2015.

49. 杨伟国，代懋 . 中国技能短缺治理［M］. 上海 : 复旦大学出版社，2011.

50.《2012 中国中等职业学校学生发展与就业报告》编写组 . 2012 中国中等职业学校学生发展与就业报告［M］. 北京 : 外语教学与研究出版社，2013.

51. 李廉水 . 中国制造业发展研究报告［M］. 北京 : 科学出版社，2004.

52. 吴敬琏 . 中国增长模式抉择［M］. 上海 : 上海远东出版社，2013.

53. 张海东 . 社会质量研究 : 理论、方法与经验［M］. 北京 : 社会科学文献出版社，2011.

54. 王觉非 . 近代英国史［M］. 南京 : 南京大学出版社，1997.

55. 康乐，简惠美 . 支配社会学［M］. 桂林 : 广西师范大学出版社，2004.

56. 孙祖复，金锵 . 德国职业技术教育史［M］. 杭州：浙江教育出版社，2000.

57. 国家统计局人口统计司 . 中国人口统计年鉴（1988）［M］. 北京：科学技术文献出版社，1989:382-383.

58. 麦可思研究院 .2016 年中国大学生就业报告［R］. 北京：社会科学文

献出版社，2016.

59. 麦可思研究院，王伯庆，周凌波 . 2015 年中国高职高专生就业报告［R］. 北京：社会科学文献出版社，2016.

二、期刊类

1. 蔡昉 . 人口转变、人口红利与刘易斯转折点［J］. 经济研究，2010，45（04）.

2. 陈慧玲 . 中国实习劳工［J］. 中国乡村研究，2018，000（001）.

3. 陈佳贵，黄群慧，钟宏武 . 中国地区工业化进程的综合评价和特征分析［J］. 经济研究，2006（06）.

4. 戴戴翔，金碚 . 产品内分工、制度质量与出口技术复杂度［J］. 经济研究，2014，49（07）.

5. 付文林，赵永辉 . 价值链分工、劳动力市场分割与国民收入分配结构［J］. 财经研究，2014，40（01）.

6. 复旦大学，清华大学 . 中国劳动力市场技能缺口研究［DB/OL］. http://www.199it.com/archives/651604.html，2016.

7. 高柏 . 为什么全球化会发生逆转——逆全球化现象的因果机制分析［J］. 文化纵横，2016（06）.

8. 龚洁 . 全球化背景下的德国中小企业对华直接投资——江苏太仓德资工业园区考察［J］. 德国研究，2008（04）.

9. 关晶 . 西方学徒制研究［D］. 华东师范大学，2010.

10. 关晶 . 西方学徒制的历史演变及思考［J］. 华东师范大学学报（教育科学版），2010，28（01）.

11. 郭建玉 . 农民工市民化的新思路——对中山市流动人口积分制管理的解读［J］. 江西农业大学学报（社会科学版），2010，9（03）.

12. 郭智健，荆晓静，马怡菲等 . 智能社会劳动分工发展趋势研究［J］. 现代基础教育研究，2019，35（03）.

13. 洪联英，韩峰，唐寅 . 中国制造业为何难以突破技术技能升级陷阱？——一个国际生产组织安排视角的分析［J］. 数量经济技术经济研究，2016，33（03）:23-40.

14. 洪联英，彭媛，张丽娟 .FDI、外包与中国制造业升级陷阱——一个微观生产组织控制视角的分析［J］. 产业经济研究，2013（05）.

15. 胡昭玲，赵媛 . 产品内国际分工对中国制造业技术进步的影响［J］. 世界经济研究，2008（11）.

16. 华昱 . 劳动供给结构、技术进步与收入差距——基于 CHNS 数据的研究［J］. 河海大学学报（哲学社会科学版），2018，20（02）.

17. 黄群慧 . 制造业的春天何时到来［J］. 三联生活周刊，2018（49）.

18. 机器之心编译 . 从技术、就业、教育、政策、道德五大维度剖析人工智能革命［J］. 经济学人，2016.

19. 李俊 . 我国企业参与职业教育的困境及其突破——基于公共选择理论与劳动经济学的分析［J］. 教育发展研究，2015（03）.

20. 刘传江 . 中国农民工市民化研究［J］. 理论月刊，2006（10）.

21. 刘林平，陈小娟 . 制度合法性压力与劳动合同签订——对珠三角农民工劳动合同的定量研究［J］. 中山大学学报（社会科学版），2010，50（01）.

22. 刘林平，万向东，张永宏 . 制度短缺与劳工短缺——“民工荒”问题研究［J］. 中国工业经济，2006（08）.

23. 刘林平，雍昕，舒玢玢 . 劳动权益的地区差异——基于对珠三角和长三角地区外来工的问卷调查［J］. 中国社会科学，2011（02）.

24. 刘明兴，田志磊，王蓉 . 中职教育，如何突破现实之困［J］. 基础教育论坛，2014（29）.

25. 刘玉照 . 中国新产业工人技能养成难题［J］. 探索与争鸣，2015（08）.

26. 刘玉照，苏亮 . 社会转型与中国产业工人的技能培养体系［J］. 西北师大学报（社会科学版），2016，53（01）.

27. 马克，谢丽容 . 制造强国，梦想如何成真——专访工信部部长苗圩［G］. 财经，2015.

28. 欧阳慧 . 农民工市民化“积分制”模式的实践成效与启示——来自中山市小榄镇的调研［J］. 中国经贸导刊，2013（36）.

29. 潘小璐 . 中山市产业集群的现状与发展对策研究［J］. 现代商贸工业，2009，21（01）.

30. 祁海芹 . 冷静看待中等职业教育升学问题［J］. 职业技术教育研究，2006（03）.

31. 李强 . 为什么农民工“有技术无地位”——技术工人转向中间阶层社会结构的战略探索［J］. 江苏社会科学，2010（06）.

32. 李萍，谌新民，谢斌 . 劳动合同期限对制造业与非制造业部门工资差异的影响——基于广东省南海区劳动力调查的数据［J］. 中国工业经济，2014（04）.

33. 李路路 . 社会结构阶层化和利益关系市场化——中国社会管理面临的新挑战［J］. 社会学研究，2012，27（02）.

34. 梁茂信 . 近代早期英国契约工制度的形成及其性质［J］. 求是学刊，2010，37（04）.

35. 黎峰 . 全球价值链下的国际分工地位 : 内涵及影响因素［J］. 国际经贸探索，2015，31（09）.

36. 林毅夫，蔡昉，李周 . 中国经济的奇迹：发展战略与经济改革［J］. 上海人民出版社，1994.

37. 李升 . 阶层分化与居住分异 : 移民对中国城市社会结构变动的影响——基于青岛市的个案研究［J］. 城市发展研究，2019，26（06）.

38. 李晓华 . 国际产业分工格局与中国分工地位发展趋势［J］. 国际经贸

探索，2015，31（06）.

39. 刘志彪 . 产业升级的发展效应及其动因分析［J］. 南京师大学报（社会科学版），2000（02）.

40. 卢仁祥 . 全球价值链分工背景下中国企业的技术进步效应问题研究［J］. 科技管理研究，2017，37（10）.

41. 李云飞 . 德国工匠精神的历史溯源与形成机制［J］. 中国职业技术教育，2017（27）.

42. 隆国强 . 制造业是立国之本、强国之基［J］. 中国发展观察，2019（23）.

43. 孟钟捷 . 德国劳资关系演进中的里程碑：1920 年《企业代表会法》的发生史研究［D］. 华东师范大学，2006.

44. 张兴祥，范明宗 . 技能偏向性技术进步与要素的收入分配——基于 CES 生产函数的建模与理论解释［J］. 福建论坛（人文社会科学版），2020（04）.

45. 周济 . 智能制造是"中国制造 2025"主攻方向［J］. 企业观察家，2019（11）.

46. 杨子舟 . 劳动替代还是技能偏向：技术进步的路径选择与教育面向［J］. 曲靖师范学院学报，2019，38（05）.

47. 王潇 . 技术空心化：人工智能对知识型员工劳动过程的重塑——以企业电子研发工程师为例［J］. 社会发展研究，2019，6（03）.

48. 王星 . 制造产业升级路径与产业工人技能形成［J］. 高等职业教育探索，2019，18（03）.

49. 沈春苗，郑江淮 . 制度环境改善与技能偏向性技术进步［J］. 产业经济研究，2019（01）.

50. 唐志芳，顾乃华 . 制造业服务化、全球价值链分工与劳动收入占比——基于 WIOD 数据的经验研究［J］. 产业经济研究，2018（01）.

51. 王星 . 制度优化促本土技能形成［N］. 中国社会科学报，2017-05-17

（005）.

52. 杨林，薛琪琪 . 中国城乡社会保障的制度差异与公平性推进路径［J］. 学术月刊，2016，48（11）.

53. 岳经纶，刘璐 . 中国正在走向福利国家吗［J］. 党政视野，2016（Z1）.

54. 王增文 . 新型城镇化背景下中国城乡社会保障制度发展路径研究［J］. 农业技术经济，2016（07）.

55. 汪建华 . 新生代农民工的城市生活图景［J］. 文化纵横，2016（03）.

56. 余泳泽，杨晓章 . 技术进步的原因及性质——基于分工和外部性的理论分析框架［J］. 产业经济评论，2016（03）.

57. 王兵，赵惠莉 . 省域统筹视角下江苏高等职业教育发展研究［J］. 江苏高教，2016（03）.

58. 吴华杰 . 全日制专业学位硕士研究生扩招政策执行效果分析［J］. 研究生教育研究，2016（01）.

59. 于志晶，刘海，岳金凤等 . 中国制造 2025 与技术技能人才培养［J］. 职业技术教育，2015，36（21）.

60. 王子成 . 雇佣条件、企业类型与劳动力短缺——来自广东省用工企业的调查［J］. 中国人口科学，2015（02）.

61. 王星 . 技能形成的社会建构 德国学徒制现代化转型的社会学分析［J］. 社会，2015，35（01）.

62. 王志华，贝绍轶，董存田 . 我国产业结构与高校专业结构协调性分析——兼论大学生就业难与“技工荒”问题［J］. 经济问题，2014（10）.

63. 杨东梅 . 中职学生资助政策演变［J］. 职教通讯，2014（07）.

64. 王燕梅，简泽 . 参与产品内国际分工模式对技术进步效应的影响——基于中国 4 个制造业行业的微观检验［J］. 中国工业经济，2013（10）.

65. 巫云仙 .“德国制造”模式：特点、成因和发展趋势［J］. 政治经济学评论，2013，4（03）.

66. 孙翠香，张雪芹 . 中职学校招生政策分析［J］. 职教论坛，2013（10）.

67. 王星 . 市场与政府的双重失灵——新生代农民工住房问题的政策分析［J］. 江海学刊，2013（01）.

68. 王星 . 阶级化与商品化：劳工抗争政治的两种模型［J］. 中国工人，2012（02）.

69. 郑梓桢，宋健 . 户籍改革新政与务实的城市化新路——以中山市流动人口积分制管理为例［J］. 人口研究，2012，36（01）.

70. 徐增阳 . 农民工的公共服务获得机制与"同城待遇"——对中山市"积分制"的调查与思考［J］. 经济社会体制比较，2011（05）.

71. 唐兴霖，周幼平 . 整体型社会政策——对发展型社会政策的理性认识［J］. 学海，2011（05）.

72. 王星，李放 . 制度中的历史——制度变迁再思［J］. 经济社会体制比较，2011（02）.

73. 任力 . 古典内生增长理论研究［J］. 中国经济问题，2011（02）.

74. 王星 . 技术的政治经济学——基于马克思主义劳动过程理论的思考［J］. 社会，2011，31（01）.

75. 朱仲羽 . 中德企业合作基地的支撑条件与发展取向［J］. 德国研究，2010，25（04）.

76. 魏下海，黄乾 . 技术劳动力短缺的影响因素及其对生产率的影响——来自 15 省 1533 家制造业企业微观数据的发现［J］. 经济科学，2010（06）.

77. 田毅鹏，吕方 . 社会原子化：理论谱系及其问题表达［J］. 天津社会科学，2010（05）.

78. 姚志毅，张亚斌，李德阳 . 参与国际分工对中国技术进步和技术效率的长期均衡效应［J］. 数量经济技术经济研究，2010，27（06）.

79. 王春光 . 新生代农民工城市融入进程及问题的社会学分析［J］. 青年

探索，2010（03）.

80. 佘时飞 . 珠江三角洲产业结构升级策略研究——基于中山市产业结构调整的调研［J］. 企业活力，2010（05）.

81. 唐子来，赵渺希 . 经济全球化视角下长三角区域的城市体系演化：关联网络和价值区段的分析方法［J］. 城市规划学刊，2010（01）.

82. 张惠强 . 重访网络求职：基于南中国服装制造业的研究［J］. 北京大学研究生学志，2009，25（03）.

83. 徐平利 . 中世纪行会制度与职业教育的孕育［J］. 教育评论，2009（05）.

84. 王中华，赵曙东，王雅琳 . 中国工业参与国际垂直专业化分工的技术进步效应分析［J］. 中央财经大学学报，2009（09）.

85. 王星 . 劳动安全与技能养成：一种政治经济学的分析［J］. 江苏社会科学，2009（05）.

86. 王星 . 师徒关系合同化与劳动政治 东北某国有制造企业的个案研究［J］. 社会，2009，29（04）.

87. 许丽丽 . 建国后我国中等职业教育发展研究［D］. 东北师范大学，2009.

88. 张宁 . 从世界职业教育发展历程看中国职业教育发展［J］. 教育研究，2009，30（02）.

89. 王川 . 论学徒制职业教育的产生与发展［J］. 职教论坛，2008（09）.

90. 杨伟国，代懋，王婧 . 美国技能短缺治理及对中国的借鉴［J］. 中国人口科学，2008（01）.

91. 杨伟国 . 全球遭遇技能短缺［J］. 求是，2007（08）.

92. 王璐，李亚 . 劳动分工与经济增长：从斯密到马克思［J］. 山西财经大学学报，2007（01）.

93. 张伟兵 . 发展型社会政策理论与实践——西方社会福利思想的重大转型及其对中国社会政策的启示［J］. 世界经济与政治论坛，2007（01）.

94. 王春光 . 农村流动人口的“半城市化”问题研究［J］. 社会学研究，

2006（05）.

95. 杨伟国，吴守祥 . 德国技能人才短缺及其治理［J］. 德国研究，2006（02）.

96. 王仕豪，张智勇 . 制造业中农民工用工短缺 : 基于粘性工资的一种解释［J］. 中国人口科学，2006（02）.

97. 杨伟国，孙媛媛 . 英国应对技能短缺的政策选择及其对中国的借鉴［J］. 中国人口科学，2006（02）.

98. 袁正 . 分工的一般理论与古典增长框架［J］. 经济学家，2005（06）.

99. 陶然，徐志刚 . 城市化、农地制度与迁移人口社会保障——一个转轨中发展的大国视角与政策选择［J］. 经济研究，2005（12）.

100. 王国辉，穆怀中 . 民工荒、技工短缺与农民工社会保障制度建立的临界点［J］. 人口与经济，2005（04）.

101. 章铮，谭琴 . 论劳动密集型制造业的就业效应——兼论“民工荒”［J］. 中国工业经济，2005（07）.

102. 王建 . 制造业生产体制创新与技能形成模式选择——兼论振兴东北老工业基地的高技能路线［J］. 职业技术教育，2005，26（13）.

103. 周丽华，李守福 . 企业自主与国家调控——德国“双元制”职业教育的社会文化及制度基础解析［J］. 比较教育研究，2004（10）.

104. 原小能 . 国际产业转移规律和趋势分析［J］. 上海经济研究，2004（02）.

105. 赵万里 . 结构性风险与知识社会的建构［J］. 探求，2003（01）.

106. 杨瑞龙，周业安 . 论利益相关者合作逻辑下的企业共同治理机制［J］. 中国工业经济，1998（01）.

107. 周强 . 中式经济模式及其对科技创新的启示［J］. 上海交通大学学报（哲学社会科学版），2014（01）.

108. 邹农俭 . 江苏沿江农民工现状调查报告［J］. 南京师大学报（社会科

学版），2008（03）.

109. 史耀疆，马跃，易红梅，等 . 中国农村中学辍学调查［J］. 中国改革，2016.

110. 杨伟国，张婧，孙媛媛 . 技能短缺问题研究评述［J］. 经济学动态，2006（10）.

111. 姚洋 . 制造业才是中国经济脊梁［J］. 中国战略新兴产业，2016，No.65（09）.

112. 姚洋 . 新冷战迷雾下，“十四五”到底布什么局［J］. 文化纵横，2020（10）.

113. 王星 . 我们需要怎样的工匠精神［N］. 光明日报，2018-06-09.

三、电子类

1. 曹雨平 . 职业教育如何应对“中国制造 2025”［DB/OL］. 中国教育报 .http://www.jyb.cn/zyjy/sjts/201507/t20150716_630165.html，2005.

2. 广东省东莞市教育局 . 多措并举全力做好中职招生工作［DB/OL］. http://www.moe.edu.cn/publicfiles/business/htmlfiles/moe/s8427/201411/177989.html，2013.

3. 国际劳工组织（ILO）. 世界青年就业趋势［DB/OL］.https://www.ilo.org/global/lang--en/index.htm，2012.

4. 国家统计局 .2009 年农民工监测调查报告［DB/OL］.http://www.stats.gov.cn/ztjc/ztfx/fxbg/201003/t20100319_16135.html，2010.

5. 国家统计局 .2013 年农民工监测调查报告［DB/OL］.http://www.stats.gov.cn/tjsj/zxfb/201405/t20140512_551585.html，2014.

6. 国家统计局 .2015 年农民工监测调查报告［DB/OL］.http://www.stats.gov.cn/tjsj/zxfb/201604/t20160428_1349713.html，2016.

7. 国务院 . 国家中长期人才发展规划纲要（2010—2020 年）[DB/OL] . http://jnjd.mca.gov.cn/article/zyjd/zcwj/201102/20110200133509.shtml，2010.

8. 国务院 . 国务院关于印发《中国制造 2025》的通知（国发〔2015〕28 号）[DB/OL] .http://qys.miit.gov.cn/n11293472/n11293877/n16553775/n16553792/16594486.html，2015.

9. 国务院 .《中国制造 2025》解读之健全多层次人才培养体系 [DB/OL] .http://qys.miit.gov.cn/n11293472/n11293877/n16553775/n16553822/16642757.html，2015.

10. IBM 商业价值研究院 . 面向未来、重塑技能：中国如何面对全球技能风暴 [DB/OL] .http://www-935.ibm.com/services/cn/gbs/ibv/，2018-07-23.

11. ILO.2012/2013 年全球工资报告 [DB/OL] .https://www.ilo.org/global/lang--en/index.htm，2013.

12. IBM 商业价值研究院 . 面向未来、重塑技能：中国如何面对全球技能风暴 [DB/OL] .http://www-935.ibm.com/services/cn/gbs/ibv/，2018-07-23.

13. 清华大学课题组 . 农民工就业出现“短工化”趋势 [DB/OL] . 人民网，http://travel.people.com.cn/GB/17155711.html，2012-02-20.

14. 中共中央、国务院 . 新时期产业工人队伍建设改革方案 [DB/OL] . http://www.gov.cn/zhengce/2017-06/19/content_5203750.htm，2017-2-6.

15. 习近平 . 习近平在庆祝五一国际劳动节大会上的讲话 [DB/OL] . 新华网，http://www.xinhuanet.com/politics/2015-04/28/c_1115120734.htm，2015-4-2.

16. 王星 .“学技术为了不再做技术”背后的逻辑是什么 [DB/OL] . 澎湃网，https://www.thepaper.cn/newsDetail_forward_338749，2019-05-03.

后 记

某种意义上，本书所讨论的主题既是笔者过去工厂师徒制研究的延续，也是近五年来笔者在工厂里田野调查的一种思考。新中国成立后的工业化阶段，师徒制作为一种工厂内部技能形成方式曾经为国家工业能力积累做出了巨大贡献。但事实上，除了师徒制外，厂办技校、工农业职业高中、中等职业技术学校、半工半读补习班等技能形成方式，在产业工人培训及国家工业生产技能供给方面，更是发挥了非常重要的作用。那么，在中国市场化转型过程中，这些技能形成机制发生了什么变迁？这些制度变迁背后的动力是什么？这种变迁对于当下的产业工人队伍建设乃至制造强国战略有何意义？面对这些问题，学术界积极回应并积累了大量有价值的学术成果。但一直以来，学术界关于技能形成的研究往往受限于学科专业之间的分工，而缺乏一种跨学科的视角，这不能不说是一种遗憾。本书尝试以跨学科的视角，讨论国家技能形成体系与产业工人技能形成之间的相关重要议题，并以此为窗口探寻中国工业社会史的演化。

在经济学中，技能是作为人力资本的构成组件而存在的。随着人力资本理论判断取得基本共识，技能慢慢淡出了宏观经济学的理论视野，逐渐细分至人力资源管理领域的范畴，技能形成属于企业组织或社会个体的投资选择策略。在社会学脉络中，经典社会学家将之界定为一种劳动能力，并置入劳动关系结构中进行分析。因此，技能既是劳动者谋生的工具，也是劳动者对抗资本剥削控制的依赖。教育学理论框架中，技能是劳动者经过系统学习和培训后的产物，技能形成更多地属于教师与学生之间教与学的微观互动过程。事实上，技能虽然依附于劳动者个体，但却带有强烈的社会公共品色彩：是劳动者谋生的工具，也是国家经济增长的引擎；是劳动者社会流动和社会地位获得的载体，也是国家竞争优势的驱动力。技能形成既是人力资本投资选择，也是社会融入的一种努力。技能形成政策是一种经济政策，也是一种社会政策。近些年来，随着平台技术、机器换人以及新业态兴起所引发的巨大经济社会结构变迁，技能议题重新进入学界的分析视野中，并引起了社会各界的普遍关注。因此，本书主张把“技能”带回理论研究的视野，这对于拓展劳工社会学、经济社会学、职业教育学乃至人力资本理论的研究视域具有积极价值。当然，在写作过程中，笔者才真正体会到跨学科研究的艰难，一种难以言状的挫败感始终伴随着我。有时候我会想，这种理论向往与现实写作之间的巨大张力，或许是每一个学者在学术研究中都要面对的一种常态。

写作是一个自我省思的孤独旅程。在本书成稿的时候，我终于理解大多数学者喜欢抽烟的原因。于我而言，尼古丁带来的短暂快感是次要的，手指间夹着一支烟更像是一种陪伴和对话。当津南校区办公楼长廊中空无一人的时候，室内花盆中的烟蒂会给我一种安慰和鼓励，刺激我继续前行。当然，学术研究绝非一个人在战斗。在拙著付梓之时，我要感谢很多学术前辈的关心与帮助。我的导师吉林大学田毅鹏教授为人为学都对我影响很深，感谢他一直以来的帮助和鼓励。与杜克大学高柏教授的多次讨论让我逐渐明晰了本书的分析理路。北京大学路风教授、宋磊教授曾经邀请我参与相关学术会议，让拙作有机会接受跨学科的意见。还记得，与北京大学邱泽奇教授在贵州机场国航候机室的讨论，虽然匆忙但印象深刻。中山大学蔡禾教授和王宁教授对我研究的肯定和认可，始终铭记，心怀感恩。参与清华大学沈原教授的小组讨论会，让我获益良多。加拿大维多利亚大学吴正教授的邀请为笔者的思考深化提供了时间和空间。在我的研究过程中，上海大学张海东教授给予了我诸多支持和指导，深表感谢。北京大学刘世定教授、中国人民大学刘少杰教授、中国社会科学院王春光教授、中国劳动关系学院冯同庆教授、南京大学成伯清教授、华东师范大学文军教授曾经在不同场合给予拙作指点。

此外，主持和参与的调查项目使我有机会将理论思考不断与现实议题进行对话。与北京大学教育学院的杨钋老师合作研究为我提供了跨学科的灵感，部分研究成果也被融合到本书不同章节中。与北京大学中国教育财政研究所的田志磊、同济大学的李俊、中山火炬职业技术学院的朱俊等学友一起去广州进行调研，其中的访谈资料成为本书研究的有力支撑。参与中国人民大学汪建华主持的深圳产业工人调研项目，促使我思考研发劳动和生产劳动之间的理论关联，感谢他授权我使用其中部分调研数据。与全国电子商务职业教育教学指导委员会陆春阳老师一起举办了两届洪堡青年学者论坛，其中的讨论推进了本书的写作。天津中德应用技术大学张兴会书记多次邀请我参与会议研讨和相关课题研究，使我更深刻地理解职业教育与技能形成之间的关系。广州番禺职业技术学院吴强、樊明成、赵锋等学友给我的调研和研究提供诸多帮助，表示感谢。本书的部分内容曾经以论文形式在《社会》《华东师范大学学报》《探索与争鸣》《高等职业教育探索》等刊物上发表，对评审专家和编辑给予的修改意见表示感谢。学友吴树罡、梁玉成、闻效仪、纪元、刘晓、杜学文、吴清军、杨典、杨可、李国武、甄志宏、吴海琳、闻翔、黄晓星、符平、吕方、刘杰、芦恒、贾文娟、刘玉照、窦学伟、邓鹏、周衍安、潘海生、林盼、朱妍、封凯栋、刘云波、王庆明、刘长喜、蔡寿松、王水雄、桂勇、袁泉等均在不同时间、不同场合对拙作提出过中肯的意见，与他们的交流让我的思考更加充分。

在写作过程中，深圳市总工会的王同信主席，深圳市宝安区总工会的欧瑞志主席、黄世斌副主席的支持坚定了我对产业工人技能形成研究的信心。南开大学周恩来政府管理学院的同事给予了很多帮助，关信平教授、赵万里教授、宣朝庆教授、王慧书记的帮助让我的研究工作更加顺利。在田野调研中，伍志英、邬云、李林冬、郑喜高、熊艳、王龙、孙功宪、牛兆明、纪国红等很多朋友给予了无私的帮助，在此表示感谢。我的学生孙茜、张璐婷、宁小卫、徐佳虹、周重礼、牛佳丽、陈颖、刘明洁、李久波、杨雯映、刘韵竹、陈璇等参与了部分数据整理和资料收集。在拙作修改期间，我在山东省滨州市庞家镇建立田野点，尝试以技能形成理论框架来分析中国农村农技体系变迁及其带来的影响，高祥、赵金凤、刘建波等朋友的信任为研究拓展奠定了基础。中国工人出版社的罗荣波一直跟进我的研究，他的帮助使本书的出版更加顺利和迅速。很多不具名的一线产业工人无私地接受我多次访谈，他们真诚的态度和对制造业一线岗位的坚守让我深受感动，与他们的交流克服了我研究中的挫败感，让我觉得一切努力都是值得的。

最后，我要将这本书献给我的爱人李凤艳和儿子王思远，是他们让我忘记了研究的倦怠与疲劳，鼓励我一次次投入新的探索之中。

王星于南开园

2021 年 3 月

图书在版编目（CIP）数据

走向技能社会：国家技能形成体系与产业工人技能形成 / 王星著.
—北京：中国工人出版社，2021.1
ISBN 978-7-5008-7597-0

Ⅰ.①走… Ⅱ.①王… Ⅲ.①产业工人—人才培养—研究—中国 Ⅳ.①C961

中国版本图书馆CIP数据核字（2021）第001252号

走向技能社会：国家技能形成体系与产业工人技能形成

出 版 人 王娇萍
责任编辑 罗荣波 黄冰凌
责任印制 栾征宇
出版发行 中国工人出版社
地　　址 北京市东城区鼓楼外大街45号 邮编：100120
网　　址 http://www.wp-china.com
电　　话 （010）62005043（总编室） （010）62005039（印制管理中心）
（010）82075935（工会与劳动关系分社）
发行热线 （010）62005996 82029051
经　　销 各地书店
印　　刷 三河市东方印刷有限公司
开　　本 700毫米×1000毫米 1/16
印　　张 26.75
字　　数 370千字
版　　次 2021年5月第1版 2023年10月第3次印刷
定　　价 88.00元
